THE IMPULSE SOCIETY
# 근시사회

# 근시사회

내일을 팔아
오늘을 사는
충동인류의
미래

THE
IMPULSE
SOCIETY

폴 로버츠

김선영 옮김

민음사

# 세상은 왜 지독한 근시가 되었나?

시애틀 동부 지역에서 30분 거리, 마이크로소프트와 아마존을 비롯한 디지털 시대 중추들의 본사와 멀지 않은 이곳에 가면 구불구불한 시골길이 방문객들을 리스타트센터로 안내한다. 이곳은 첨단 기술 중독자를 위한 미국 최초의 재활 센터로, 장차 다가올 더 큰 세상을 엿볼 수 있는 곳이다. 센터의 환자들은 대개 인터넷 게임을 끊기 위해 입원했다. 이들은 한때 게임에 지나치게 중독되어 경력도 잃고 대인 관계도 끊겼으며 행복한 미래도 무너져 버렸다. 외부 사람들은 인터넷 게임 중독을 이해할 수 없을지 모른다. 그렇지만 환자들의 사연을 듣다 보면 그 매력을 알게 된다. 잔디밭이 내려다보이는 응접실에서 스물아홉 살 청년 브렛 워커는 월드 오브 워크래프트에 빠져 살던 시절 이야기를 들려줬다. 이 게임은 게이머가 중세풍의 스팀펑크 세계에서 전사로 활약하는 인기 있는 온라인 롤플레잉 게임이다. 워커는 4년 동안 현실의 삶이 무너졌는데도, 마치 마피아 보스나 록 스타처럼 사실상 무제한의 권력과 지위를 누리며 온라인에서 완벽에 가까운 삶을 살았다. "무엇이든 원하는 대로 할 수 있고, 어디든 원하는 곳에 갈 수 있었습니다." 워커는 자부심과 자조가 섞인 말투로 내게 말했다. "온 세상이 제 손바닥 안에 있었거든요."

그렇지만 워커는 자신의 아이러니한 삶을 인정했다. 온라인에서 슈퍼 영웅이 되어 시간을 한없이 갖다 바칠 동안 그는 신체적으로 허약해지고 경제적으로 쪼들렸으며 사람들과 마주보고 대화하는 것이 힘들 만큼 사회적으로 고립됐다. 아마 이보다 더 심각한 증세도 겪었을 것이다. 연구에 따르면 온라인 게임에 지나치게 몰입할 경우, 마약을 하거나 술을 마셨을 때처럼 의사 결정이나 자제력과 관련된 뇌 부위가 사실상 바뀐다고 한다. 또 정서가 삐뚤어지거나 정서 발달이 지체되면서 불완전하고 나약하며 사회와 고립된 자아감을 갖게 된다고 한다. 즉 초자아보다 이드가 강해지는 것이다. 또는 리스타트센터의 공동 설립자이자 온라인 중독 전문가인 힐러리 캐시의 표현대로 "결국 자기 자신의 충동에 조종 당하는 것"이다.

이는 게임 중독자들이 온라인 세계의 복합적인 매력에 훨씬 더 취약하다는 뜻이다. 게임 회사들은 게이머들이 가급적 오래 게임하기를 원한다. 게임을 많이 할수록 다음 버전으로 업그레이드할 가능성이 높아지기 때문이다. 이를 위해 게임 디자이너들은 정교한 데이터 피드백 시스템을 만들어 게이머들을 업그레이드 쳇바퀴에 가둔다. 게이머들이 이 가상의 세계에서 활약하면 관련 데이터가 생성되고, 이는 더 중독성 있는 신판 제작에 쓰인다. (일례로 월드 오브 워크래프트는 주기적으로 업그레이드판, 즉 '패치'를 내놓는데, 여기에는 게이머들이 신과 같은 지위를 유지하는 데 꼭 필요한 신무기와 신기술이 들어 있다.) 결국 게이머들이 게임을 오래 할수록 더 많은 데이터가 생성되고 이는 더욱 중독성이 강한 신판 게임을 만들어내며, 이러한 일련의 과정이 계속 반복된다. 결국 영구히 작동하는 기계처럼 굴러가는 것이다. 이 기계를 움직이는 동력은 수익에 눈먼 게임 회사뿐 아니라 자아 표출에 만족할 줄 모르는 게이머들이다. 워커는 게임에서 손을 떼기 전까지 단 한 번도 '레벨업' 기회를 거부한 적이 없었다고 한다. 기회가 생길 때마다 주저 없이 힘을 키웠다. 현실에서의 힘은 점점 약해져 갔는데도 말이다.

얼핏 브렛 워커 같은 사람들의 사연은 가상의 전쟁에 시간을 낭비하지 않는 우리와는 무관하게 들릴 것이다. 그렇지만 바로 이러한 디지털 담론이 후기 산업사회의 모든 시민이 직면할 딜레마의 핵심이다. 즉 우리가 원하는 것을 넘치도록 제공하는 사회경제 시스템에 어떻게 대처할 것인가라는 문제다. 이는 단지 스마트폰과 검색 엔진, 넷플릭스온라인 DVD 대여업체와 아마존이 현재 우리의 취향을 예측하는 능력만을 뜻하지 않는다. 이는 소비자 경제의 전반 체계가 개인의 관심사와 자아상, 내적 판타지에 맞춰 변하는 과정까지 포괄하는 것이다. 북미와 영국 그리고 정도는 덜하지만 유럽과 일본에서는 개인 맞춤형 삶이 이제 완전히 일반화되었다. 우리는 약물과 클래식 록 음악으로 기분을 달랜다. 알레르기 증상을 완화하는 식단이나 자신의 신념에 맞는 식사를 추구한다. 크로스 트레이닝 여러 종목의 운동을 섞어서 하는 스포츠, 문신과 금속 장신구, 성형수술과 신체 착용형 제품으로 각자의 몸을 다듬고 꾸민다. 직접 고른 차량으로 유행 민감성 혹은 적대적 성향을 드러낸다. 자신의 사회적 성향과 맞는 동네로 이사 가거나 정치적 성향에 맞는 언론사를 찾아내고, 우리가 말하거나 올리는 모든 글에 '좋아요'를 누르는 소셜 네트워크를 만들기도 한다. 제품을 사고 업그레이드하면서 또 물건을 골라 마우스로 클릭하면서, 삶은 우리와 더 가까워지고, 세상은 점점 '우리'의 세상이 된다.

그렇지만 우리는 굳이 게임 중독을 경험해 보지 않아도 자아 이미지대로 부단히 개조되고 있는 이 세상에 몇 가지 심각한 문제가 있음을 눈치챌 수 있다. 물론 우리는 만족감을 한 단계 더 높이면서 그 대가를 치렀다. 가장 최근 사례로 부동산 투기와 신용카드에 탐닉한 결과 세계경제가 침몰할 뻔했던 일을 꼽을 수 있다. 그렇지만 이때의 문제는 지나친 탐욕만이 아니었다. 세계경제가 서서히 회복하는 과정에서도 많은 이들이 여전히 균형에서 벗어나 있다는 불안감을 떨치지 못했다. 즉 끊임없는 자아 표출 욕구가 도를 넘고 또 만연해지면서 이것이 일상의 핵심 구조를 무너뜨린다고 느낀 것이다. 먹는 행위와 대인 관계부터 결혼과 육아, 정치에 이르기까지 모든 영역에서, 자기중심적 문화의 규범과 기대감 때문에 시민사회다운 '사회적' 행동을 실천하기가 점점 어려워지고 있다. 장기적으로 헌신하거나 이를 지속하는 일도 쉽지 않다. 또 나와 직접 관련이 없는 사람들과 교류하거나 나와 다른 견해를 용인하기가 힘들어졌다. 공감대가 약해지면서 민주주의의 작동에 필수인, 우리들에게 공통분모가 있다는 신념 역시 약해졌다.

사실 우리가 느끼는 불안은 새로운 것이 아니다. 40년 전쯤 대니얼 벨, 크리스토퍼 래시, 톰 울프 같은 사회비평가들은 점점 커지는 자기 몰두 경향이 전후 시대의 이상주의와 열망을 꺾고 있다고 경고했다. 래시는 1978년에 쓴 『나르시시즘의 문화』라는 논쟁적인 책에서 '개인주의 논리'가 일상을 홉스식의 '만인의 만인에 대한 투쟁' 같은 잔혹한 사회 경쟁으로 바꾸어 놓았다고 주장했다. 오늘날의 시각으로 보자면 그러한 비관주의는 그리 비관적이지 않아 보일는지도 모른다. 당시 사람들은 자기 몰두와 만개한 나르시시즘이 지금처럼 주류 문화와 뗄 수 없는 관계를 맺게 될 줄은 상상도 못했을 것이다. 또 개인의 자동 반사적인 이기심이 사회 전체로 확장되리라고도 짐작하지 못했을 것이다. 그렇지만 이제는 정부, 미디어, 학계, 그리고 무엇보다도 재계 등 개인들이 발 빠르게 자기 잇속만 챙기지 않게 막아 주던 기관들이 점점 개인과 똑같은 모습을 보이고 있다. 크고 작은 사회의 모든 부문이 그 결과와 상관없이 '지금 당장' 이득을 얻으려고 한다. 우리 사회가 점점 충동 사회로 바뀌고 있는 것이다.

우리가 여기에서 설명하는 대상은 제멋대로인 소비자 문화만이 아니다. 갈수록 빠른 '수익'을 추구하는 분위기에서 전반적인 사회경제제도가 이제 자기 자신을 동력으로 삼아 굴러가고 있다. 집단행동과 개인적 헌신이라는 전통은 퇴색해 버렸다. 우리의 경제는 일종의 장기 번영을, 과거처럼 수혜 폭이 넓은 번영을 이루려고 발버둥 치고 있다. 그렇지만 경기 과열과 경기 폭락이 극심해지면서 우리는 더욱 심각한 경기 순환에 갇힌 듯 보인다. 가장 놀라운 사실은, 얼마 전만 해도 진정한 진보를 위해 인력과 자원을 동원하던 정치제도들이 이제는 교육 개혁이나 자원 고갈 같은 복잡하고 장기적인 사안을 기피한다는 점이다. 차후의 경제 붕괴를 막기 위해 필요한 금융 개혁도 회피한다.

다음의 사실을 고려해 보자. 1970년대에 최악의 경기후퇴를 겪은 우리는 이를 사회 전반적인 쇄신의 기회, 즉 자동 업그레이드와 단기 이익에 바탕한 사회경제모델을 재고하는 기회로 삼았어야 했다. 그러나 우리는 경제적 에너지와 기업가적 역량, 가급적 단기간에 최대의 수익을 얻으려는 혁신에만 계속 몰두했다. 더 심각한 것은 우리의 경제모델이 실패하면서 점점 많은 사람들이 가장 빠른 만족이라는 쳇바퀴와 보조를 맞출 수 없게 됐는데도 계속 그러한 혁신을 추구했다는 점이다. 여기에서 생긴 좌절은 우리의 정치를 마비시키고 있는 성난 포퓰리즘과 무관하지 않다.

우리 사회가 어쩌다가 이렇게 됐을까? 한때 신중함과 화합, 미래에 대한 염려를 칭송하던 사회가 어쩌다가 충동적이고 자기중심적이며 근시안적인 사회가 됐을까? 이러한 변화는 장차 수십 년간 한 개인이자 한 나라의 국민인 우리에게 어떤 영향을 미치게 될까? 이는 바로 충동 사회의 핵심을 파고드는 질문이다.

## 시장과 자아의 적대적 인수 합병

어떻게 보면 이는 매우 개인적인 이야기다. 다수의 제1세계 국민들처럼 나 역시, 원하는 것이 곧 필요한 것이라고 일상적으로 오해하게 만드는 경제 제도에 저항하기 위해, 늘 성공적이지는 못했지만, 내 인생의 상당 부분을 바쳤다. 이런 이유로 나의 초창기 연구는 상당 부분 결핍에 적응한 개인과 풍족함에 도취된 경제 제도의 우스꽝스러운 부조화에 초점을 맞췄다. 그렇지만 여기에서 진짜 이야기는 유해한 시장이나 팔랑귀 소비자에서 끝나지 않았다. 핵심은 개인과 전체 사회경제제도 사이의 복잡하고 본질적인 관계에 역사상 그 어느 때보다 큰 변화가 생겼다는 점이었다. 예를 들면 오늘날 문화의 특징인 이기심이 전후 시기에는 지금처럼 두드러지지 않았다. 이토록 이기심이 커진 요인 중 하나는 종교나 가족처럼 자기 몰두를 막아 주던 제도가 약해졌다는 것이다. 그렇지만 여기에는 더욱 엄격해진 경제 담론이 한몫했다. 전후 시기의 그 사심 없던 태도가 1970년대의 경제적 격변을 맞이하면서 흔들리기 시작한 것은 우연의 일치로 보기 힘들다. 이 말은 당시의 경기 후퇴로 사람들이 더욱 이기적이고 불안한 모습을 보이기도 했지만 동시에 어떤 성공을 거두기도 했다는 뜻이다. 즉 경제 부문에서 새로운 경제 관념과 기술이 폭발하면서 사람들은 이제 자신의 바람을 더욱 신속하고 효율적으로 그리고 개인적으로 충족하게 되었다. 이러한 충족 능력이 과도해지면서 종종 우리는 어디에서 멈춰야 하는지 그리고 시장의 경계가 어디인지 파악하기 어려워졌다. 다시 말해 이제 우리는 경기 침체에 따른 일반적인 경기 위축을 겪을 뿐 아니라 사방에서 시장의 공격을 받고 있다. 시장은 시장과 우리 사이에 놓인 온갖 장애물을 없애려고 마지막 발악을 하고 있다. 간단히 말해 시장과 자아, 경제와 우리의 심리 상태가 전혀 다른 방식으로 통합되고 있는 것이다.

만약 우리가 소비자 경제가 득세하기 전인 한 세기 전으로 돌아갈 수 있다면, 기술 발전과 물질적 풍요의 부재뿐 아니라 우리 자신과 경제 사이의 '거리감' 때문에, 즉 경제적 삶과 정서적 삶의 괴리 때문에 깜짝 놀랄 것이다. 이는 당시 사람들이 경제활동에 지금만큼 몰두하지 않아서가 아니다. 그보다는 심리적으로 볼 때 상당수의 경제활동이 지금과는 다른 공간에서 이뤄졌기 때문이다. 한 세기 전에는 대다수의 경제활동이 우리 '외부'의 삶에서, 즉 물리적인 '생산'의 세계에서 일어났다. 우리는 물건을 만들었다. 농사를 짓고 손수 만들고 수선하고 못질하고 굽고 염장하고 양조를 했다. 우리는 시장뿐 아니라 외부의 물리적 삶의 측정 가능한 요구와 필요에 따라 어느 정도 객관적 수량화가 가능한 유형의 재화와 서비스를 만들었다. 오늘날은 이와 거의 정반대다. 우리의 경제 규모는 엄청나게 커졌지만 대다수 경제활동은 '소비' 영역에 집중돼 있다.(미국의 경우 70퍼센트.) 그러한 소비 활동은 상당 부분 자의적이어서 필요가 아닌 우리 내부 세계의 무형의 기준에 따라 이뤄진다. 즉 우리의 열망과 바람, 정체성과 은밀한 갈망, 불안과 지루함이 소비를 끌어낸다. 그리고 이러한 내면세계가 경제에서 더 큰 역할을 하게 되자, 특히 기업의 이윤이 우리의 덧없는 욕망(그렇지만 편리하게도 무한한 욕망)에 좌우되자 전체 시장은 자아의 역학에 더욱 발맞추게 되었다. 조금씩 제품을 들이밀며 시장은 자아에 다가섰다. 혹자는 1970년대 컴퓨터 혁명 이후 소비자 시장이 사실상 자아의 '내면'을 파고들면서, 이제 소비자 시장이 우리의 욕망과 판단뿐 아니라 정체성과도 불가분의 관계를 맺게 되었다고 주장했다.

　시장과 자아의 이러한 통합은 흔히 쓰는 표현으로 적대적 인수합병에 해당한다. 수십 년에 걸친 마케팅과 '매드맨「Mad Men」, 1960년대 뉴욕 광고업자들의 삶을 다룬 드라마로, Mad Men은 광고업계 종사자를 뜻하는 'Ad Men'에서 파생된 말임'의 조작이 없었다면 우리 모두는 여전히 목가적인 생산자 경제에 머물렀을 것이다. 그렇지만 시장과 자아의 통합은 늘 임박해 보였다. 일단 소비자가 경제활동과 기업 이윤의 중심이 되면서 주사위는 던져졌다. 시장은 냉혹하면서도 자연스럽게 방대한 시장 구조와 생산 과정을 자아에 맞춰 재구성했는데, 성장을 멈출 수 없을 정도로 무르익은 산업자본주의 경제의 모든 생산을 포용할 수 있는 것은 자아의 끝없는 욕망뿐이었기 때문이다. 게다가 자아 역시 시장의 약진을 반길 수밖에 없었다. 시장이 줄기차게 생산하지 않으면 우리의 내적 삶은 이 모든 환상적이고 끊임없이 변하며 즐거움을 안겨 주는 자아 표출이라는 힘에 다가설 수 없기 때문이었다. 이는 애초부터 서로에게 유익한 윈윈 전략이었다.

　우리는 이러한 통합이 궁극적으로 바람직한지 논의해 볼 필요가 있다. 즉 통합의 도덕성과 지속성에 대해, 그리고 시장과 자아 사이에 또 다른 바람직한 관계는 없는지, 그런 관계가 현실적으로 가능한지 논의해 볼 필요가 있다. 그렇지만 통합은 그 자체로

운명이었다. 오늘날 우리의 사회경제 시스템은 자아 중심 성향이 지나치고 또 일상적이어서, 이것이 진보의 의미까지 재정의했다. 자아 중심성이 우리의 요구를 만들고 성패의 기준을 좌우한다. 또 자아 중심성이 자원과 인력을 할당하는 지침으로도 기능하는데, 특히 혁신을 향한 우리의 막대한 역량을 어떻게 활용할지를 결정한다. 시장가치와 브랜드 인지도가 가장 높은 기업인 애플이 자기 중심 경제의 정중앙을 파고들어 엄청난 성공을 거둔 것도 바로 이런 현상을 잘 보여 준다. 게다가 이러한 추세는 전혀 멈출 기미가 없다. 오히려 중대한 노선 변경만 없다면 시장이 신기술로 그 어느 때보다 내밀한 욕망을 꾸준히 채우면서 이 모든 통합을 더욱 가속화할 것이다. 그러면 시장과 자아는 한 몸이 될 것이다.

**욕망과 충동이 빚어 낸 세상은 왜 나쁜가?**

그렇다면 이는 해로운 현상일까? 우리가 1890년대에 살던 사람을 현재로 데려온다면, 혹은 1970년대에 살던 사람을 데려오더라도, 오로지 만족만 원하는 사회경제제도에서 위기를 발견하기란 쉽지 않을 것이다. 사실 모두가 효율적 만족을 추구하는 사회에서 적절한 대처 요령은 여유를 갖고 즐기는 자세라고 주장하는 전문가들도 적지 않다. 충동이 만들어 낸 사회는 분명 자유로우며, 욕망이 만들어 낸 경제는 욕망이 빚었다는 바로 그 이유로 가장 현실성 있는 경제 체제다. 200년도 더 전에 애덤 스미스는 개인이 자유롭게 각자의 이득을 추구하면 (아무리 사소한 욕망일지라도) 전체적으로 가장 많은 사람들이 최대의 이익을 자연스럽고 효율적으로 누리게 된다고 주장했다.(애덤 스미스의 유명한 표현에 따르면, 각자 자신의 이익을 추구하면 마치 '보이지 않는 손에 이끌리듯 전혀 의도치 않은 결과를 낳는다.') 사실 우리의 자기중심적 경제는 장점이 많다. 수많은 부와 혁신을 창출하고 무엇보다 개인의 적응력을 키운다. 이 적응력 덕분에 우리는 우리의 삶과 감정, 정체성을 구성하게 된다. 그렇다면 이처럼 전례 없는 자아 창출의 힘 때문에, 우리는 주기적인 경제 붕괴와 당파 정치, 이기적인 자기애적 문화를 인내해야 하는 걸까?

그렇지는 않을 것이다. 우리가 원하는 대로 해 주는 경제가 우리에게 '필요한' 것을 제공하는 일에 최적은 아니다. 우리가 당장 개인의 욕망을 더 효율적으로 충족시킬수록, 다른 장기적인 '사회적' 필요는 충족시키기 힘들어진다. 물론 우리의 경제는 엄청난 부를 만들어 내지만, 이제 그 부가 안정적으로 폭넓게 분배되지 못하면서 예전처럼 모든 사회계층의 삶이 향상되지는 못한다. 그렇다, 우리의 경제는 스마트폰부터 금융 '상품', 기적 같은 치료법에 이르기까지 놀라운 개인용 상품을 잇달아 빠르게 쏟아 내지만, 장기적인 경제 안정에 필수인 '공공'재, 이를테면 도로와 다리, 교육이나 과학, 예방의학, 대체에너지 등은 충분히 생산하지 않으며, 그것이 이미 우리 경제와 사회에 부정적인 여파를 낳고 있다. 우리는 훌륭한 플라스마 화면크고 얇으며 화질이 선명한 화면, 좌석 보온 기구, 치아 미백제뿐 아니라 가장 가까운 세련된 마티니 술집을 차근히 안내해 주는 앱을 만들 수 있다. 그렇지만 금융 제도 개혁이나 기후변화 대처 방안, 의료보험 개혁 등 현실 세계의 여러 굵직한 사안을 다루는 문제에 관해서는, 어디에서부터 손써야 할지 모른다.

우리는 종종 이러한 딜레마를 정책 실패라는 측면으로 설명하는데, 사실 실패가 맞다. 그렇지만 실패의 원인은 시장에 있고, 시장이 소비자의 심리와 지나치게 긴밀해지면서 소비자 심리의 전혀 매력적이지 않은 속성까지 반영하고 있다. 특히 진화로 활성화된, 당장의 보상을 중시하고 미래의 대가를 무시하는 경향을 반영하고 있다. 우리는 당장의 만족이 인생의 주요 목표인 양 되도록 효율적으로 거리낌 없이 추구하는 소비자 문화에서, 원하는 것을 당장 손에 넣으려는 자동 반사적 태도를 확인할 수 있다. 그렇지만 이러한 현상은 소비자 경제를 책임지는 제도들, 특히 비즈니스 제도에서도 확인된다. 우리는 늘 이윤 극대화를 추구해 온 종이지만, 한때 이윤이 더 큰 사회적 목표나 책임과 분리될 수 없다고 보던 시절이 있었다. 지금은 그러한 책임감을 비용 절감 기술과 린 경영 전략<sup>생산, 유통, 재고 관리 등 기업 활동 전반에서 낭비를 최소화하는 전략</sup>으로 최소화하거나 완전히 제거해야 할 '비효율'로 본다. 이렇듯 손익에 집착하는 추세는 우리가 대불황<sup>2008년 미국발 금융 위기로 닥친 세계적인 경기 침체</sup>에서 벗어나 유례없는 기업 이익을 거두게 된 이유를 설명해 준다. 동시에 이는 한때 기업 세계를 안정적인 기반으로 여겼던 노동자와 지역 사회 그리고 여러 '지지층'이 유례없는 불안에 떠는 이유 역시 설명해 준다.

기업 세계는 분명 우리의 물질적 진보를 상당 부분 책임진 원천이자 기반이었다. 그래서 우리는 현재 재계가 더 큰 사회적 파장을 고려하지 않은 채 이윤을 위해 기술을 반사적으로 이용하는 상황이 우려돼도 굳이 기업 반대나 기술 반대를 외치지 않는다. 혹은 한때 모든 사회의 삶의 질을 높이고 폭넓은 사회적 목표를 제기했던 (그리고 장차 닥칠 과제의 해결에서 여전히 핵심인) 기술과 자원이 금융 '공학'처럼 사회적 대가가 뼈아픈 분야에 몰리는 모습을 보면서도 딱히 불편해하지 않는다. 한때 제조업 부문에서 대부분의 이익을 창출했던 미국과 영국이 이제는 금융 부문에서 가장 큰 수익을 거두는 현상은 바로 이런 현실을 보여 준다. 또한 빅 데이터를 둘러싼 흥분이 주로 우리 시대의 매우 복잡한 문제를 해결해 줄 것이라는 잠재력 때문이 아니라(빅 데이터가 남용될 가능성은 고사하고) 시장이 더 중독성 있는 게임과 더 성능 좋은 개인용 보조 공학 기술(우리 뇌에서 겨우 몇 센티미터 떨어져 있는 디지털 안경도 이런 기술에 해당한다.)로 무장하고 자아에 더 가까이 다가설 수 있다는 기대감 때문이라는 점 역시 이런 현실을 반영한다.

　　이는 선진 사회의 바람직한 모습이 아니다. 그렇다면 우리는 우리의 판타지와 두려움에 의해 움직이는 사회경제제도에서 다른 무엇을 기대할 수 있을까? 더 근본적으로, 협력과 인내, 자기희생의 가치를 조롱하는 듯한 문화로부터 우리가 달리 무엇을 기대해야 할까? 현재의 문화는 자아탐닉과 자아몰두를 치료가 필요한 인격적 결함으로 여기기는커녕 하나의 라이프스타일과 '제품군'으로 칭송하고 정당화한다. 이는 자아에 기댄 사회가 보여 주는 현실적 모습이다. 그리고 이때의 자아는 한때 미국이 극찬했던 혹은 시인 월트 휘트먼이 찬미했던 강하고 자신감 넘치는 자아가 아닌, 부패하고 불안하며 위태로운 자아다.

### 행복에 관한 오래된 진실

충동 사회의 아이러니는 온갖 기쁨과 만족이 넘치는데도 그것의 주된 생산품은 불안인 것처럼 보인다는 점이다. 우리들 대부분은, 본능적으로 단기적 사리 추구를 지향하는 문화는 결국 파국을 맞는다는 사실을 잘 알고 있다. 우리는 매해 불평등이 심화되는 경제 제도에서 점점 커지는 사회적 위험을 발견한다. 불평등 문제에 대처하기에는 지나치게 근시안적이고 '매수'되기 쉬운 정치제도에서도 점점 커지는 사회적 위험을 본다. 개인적이고 정서적인 차원에서 보면 충동 사회가 개인의 이익을, '우리'보다는 '나'의 이익을 끊임없이 앞세우는데도 갈수록 진정한 만족을 얻기가 어렵다고 느낀다. 자신이 바라는 대로 살 자유는 경이로운 특권이지만, 자기만족이 어려워질수록 우리는 오래된 진실을 떠올리게 된다. 지금 이 순간과 자아만을 위해 사는 삶은 한 인간의 잠재력을 훨씬 밑도는 삶이라는 점이다.

그러나 우리는 완전히 마비되지 않았다. 디지털 중독자였던 브렛 워커는 그 생활을 청산하고 자신을 구원했다. 즉 게임 산업의 끊임없는 만족과 단절한 순간, 자기 탐닉이 없는 삶이 훨씬 더 행복하다는 것을 발견했다. 이는 우리가 눈여겨봐야 할 대목이다. 워커의 경우처럼, 이 사회는 우리가 편협한 이기적 만족에 이끌려 아직도 회복 못한 사회적 위기와 경제적 위기에 빠지도록 방치했다. 그렇지만 워커와 달리 우리는 아직도 이 상태에서 벗어나지 못했다. 오히려 우리의 '해결책'은 현상유지였고 애초에 우리를 비탄에 빠지게 한 자기중심적 경제를 부흥하는 것이었다.

그렇지만 우리는 이러한 경제 전략에 매달릴 필요가 없다. 우리가 진지하게 현재의 악순환에서 벗어나고자 한다면, 먼저 순간적 만족의 사회적 한계, 즉 가장 빨리 가장 많이 가장 저렴하게 얻는 이익을 추구하는 경제 전략의 사회적 한계부터 자각해야 한다. 이는 '효율성', 즉 투자에서 최대한의 이익을 뽑는 기술이나 테크닉을 문제 삼는 것이 아니다. 효율성 덕분에 문명을 이룬 것은 사실이며, 소득 불평등과 생태계 악화, 자원 부족 등 충동 사회가 효과적으로 대처하지 못한 혹은 더 악화시키기만 한 위기를 다룰 때 더욱 '효율'적인 전략이 필요할 것이기 때문이다. 여기에서 핵심은 효율성 '이데올로기'에 대한 비판이다. 즉 현재 정치권과 재계에서 신성시하는, 사회는 '언제나' 최저 비용으로 최대 이익을 얻는 것을 목표로 해야 한다는 믿음을 비판하려는 것이다. 이러한 도그마가 우리에게 번영을 안겨 준 것은 인정하지만 지금은 오히려 그동안 이룬 번영을 파괴하고 있다. 만약 우리가 노동자들을 몰아내기 위해 가능한 모든 조치를 취한다면 어떻게 고용 시장을 바로잡을 수 있겠는가? 각종 재화와 서비스, 모든 업적과 경험과 감정 등 우리가 만드는 모든 것이 생산되자마자 무용지물이 된다면, 실질적 가치를 지닌 무언가를 어떻게 만들 수 있겠는가? 끊임없는 업그레이드가 중시되는 환경에서 어떻게 전통이나 영속성, 장기적인 것에 대한 개인의 헌신이 가능하겠는가?

이런 상황의 이면에서 우리는 점점 나약해지는 자아를 발견하게 될 것이다. 또한 우리의 경제 회복이 10년 내내 지지부진했던 진짜 이유도 바로 이런 상황과 관계가 있음을 알게 될 것이다. 우리는 단지 자산 시장 붕괴나 비이성적 광기로부터 빠져나오려는 것이 아니다. 우리는 단기적 목표에 지나치게 집착하고 장기 투자나 장기적 헌신, 영속성에는 매우 적대적이어서, 지속성 있는 사회적 가치나 경제적 가치를 만들지 못하게 된 사회경제 프로그램에서 빠져나오려는 것이다. 중국, 브라질, 인도, 인도네시아 등 과거의 미국처럼 뭔가 만드는 것을 여전히 중시하는 야심 찬 '신흥' 국가들의 시대에 단기적이고 일시적인 것을 향한 충동은 치명적 약점이 될 수 있다.

냉전 이후 세계에서는 무엇이든 자본주의의 대안을 요구하는 것이, 심지어 그러한 대안 사회의 존재 가능성을 상상하는 것조차 호응을 얻지 못했다. 그렇지만 우리는 우리가 원하는 자본주의를 선택할 특권을 누리면 안 되는 걸까? 실질적 가치가 있는 것을 생산하는 자본주의, 공정하고 '신중한' 사회를 지속시킬 수 있는 자본주의를 요구하는 것이 부당한 걸까? 우리는 중국, 브라질, 인도, 인도네시아처럼 고압적인 상명 하달식 정부 스타일에 당연히 회의적이다. 그렇지만 이들 사회는 적어도 효율성 이데올로기에 질질 끌려가기보다, 자국의 경제가 특정한 방향으로 전진하도록 애써 왔다. 더욱 근본적으로 이들 나라는 경제적 성공과 부를 명백하게 사회적인 맥락에서 의식적으로 규정해 왔다. 이러한 용어 규정에 동의하지 않더라도 우리에게는 주당순이익을 넘어 경제적 성공과 부를 재는 척도가 절실할 뿐이다.

따라서 충동 사회에 대한 우리의 해결책은 다음과 같은 질문으로 시작한다. 우리의 경제가 우리를 어떤 방향으로 이끌기를 원하는가? 우리는 어떤 종류의 부가 생산되기를 원하는가? 사회를 지속시키는 가치를 포함한 부의 개념을 어떻게 재정의하고, 교육이나 에너지, 과학 연구 같은 장기 목표가 단기 목표와 어떻게 균형을 이루도록 할 것인가? 경제가 그 사회적 파장을 더욱 '의식'하게 하는 정책을 찾을 수 있을까? 시민들이 순간적 만족과 편협한 사리 추구라는 습성을 버리고 장기적 책임감과 영구적이고 안정적인 자아관을 회복하도록 고무하는 정책을 찾을 수 있을까?

물론 현재의 정치 풍토에서 이러한 목표를 조율할 수 있는 정책 마련이 불가능하다는 것을 잘 안다. 건강보험을 개혁하고 유의미한 기후변화 전략을 입법하는 과정에서 미국 사회가 쏟아부은 힘겨웠던 노력을 떠올려 보라. 사람들은 이러한 실패들이 사안의 복잡성을 반영할 뿐 아니라 시장의 목적, 정부의 역할, 개인의 권리와 책임을 둘러싼 좌파와 우파의 근본적인 차이를 보여 준다고 말한다. 충동 사회의 정치 영역에 중간 지대는 없다는 뜻이다.

그렇지만 좌우의 견해차를 극복할 수 없다는 생각 자체가 정치적 술수다. 처음 충동 사회를 이해하기 시작했을 때, 나는 거침없는 자유주의자로서 자유방임 경제를 깊이 불신했을 뿐 아니라 빠르고 효율적인 수익을 반사적으로 추구하는 태도가 경제와 문화 전반을 파괴한다는 사실에 대해서도 반감이 컸다. 지금도 나의 경제관에는 큰 변함이 없지만, 충동 사회 이면에 놓인 사회적·문화적 동력을 자세히 들여다본 후 나는 명백히 보수적인 결론을 내리게 되었다. 즉 사회를 안정적이고 지속적으로 유지하기 위해 가장 필수적인 사회적 요소들(여기에는 끈끈한 가족 관계와 손상되지 않은 공동체 그리고 자제력과 같은 개인적인 미덕에 대한 칭송도 포함된다.)은 전통적으로 보수적인 목표들이라는 점이었다. 내가 도달한 결론은 결국 정치적 혼합책이다. 즉 규제와 장려 정책으로 사회적 여파에 더 민감한 경제를 만드는 동시에 대중이 편협한 사적 이해를 넘어서도록 그들을 설득하고 자극하는 것이다.

정치적 혼합이라는 나의 결론은 독특하다고 보기 힘들다. 지난 40년간 다수의 사회비평가들이 이와 유사한 혼용된 결론을 내놓았기 때문이다. 그렇지만 나는 내가 내린 결론 덕분에 현재의 견해차(좌파 대 우파, 자유 시장 대 사회주의, 강력한 국가 대 규제받지 않는 개인 등)가 근본적 차이가 아닌 잘못된 선택의 결과임을 깨달았다. 각 세력의 확고한 입장들은 그 자체로 충동적이다. 이는 정치 정당들이 한때 산업사회의 특징이던 장기적 정치 과정에 봉사하는 대신 당파성 특정 정당에 대한 준거집단으로서의 애착심, 정당 귀속 의식이라고도 함 이라는 당장의 성과를 택하면서 생긴 결과다. 여기에서 산업사회는, 우리가 현재의 경제모델과 기술적 성공에 취해 장기적 정치 과정에 대한 헌신이 비효율적이라고 여기기 전에 존재했던 사회다. 그렇지만 더 오랜 역사와 선견지명을 갖춘 정치 활동이 완전히 사라지지는 않았다. 충동 사회에서 득세한 극단적인 당파 세력이 있긴 하지만, 대다수 사람들은 중간 지대에 머물러 있다. 그리고 언제라도 변화할 준비가 되어 있다.

그리고 나의 낙관성의 원천은 바로 역사적 맥락에 있다. 하나의 사회 구성원으로서 우리는 크고 복잡한 문제들(세계대전들, 경제불황, 인종적 불의 등)과 맞붙은 경험이 있으므로, 이를 다시 한 번 재현할 수 있다. 어떻게 보면 지금 우리가 직면한 과제는 더 어렵다. 그렇지만 대안이나 현상 유지는 이제 우리의 선택지가 아니다.

1부

# 나
# 중심
# 사회

THE
IMPULSE
SOCIETY

# 1 조금 더 빨리 조금 더 많이

**"시리, 라테 파는 곳을 알려 줘."**

금요일 오후 늦은 시각, 시애틀 북부 지역 애플 매장에서 열린 아이폰 구매자들을 위한 '워크숍' 자리에 나는 중년 고객들 대여섯 명과 함께 앉아 있었다. 예전 같으면 사람들은 늦은 금요일 오후를 반값 술을 퍼마시고 시시덕거리며 보냈겠지만, 이제는 개인용 최신 기기와 함께 시간을 보낸다. 애플 매장이 매우 북적이다 보니, 20대로 보이는 우리의 교육 강사 칩은 마치 노인들을 실은 관광버스에서 안내 역할을 하다가 지친 가이드 같은 표정을 지으며, PA 앰프를 이용해 목소리를 키웠다. 듬성듬성 난 수염에 힙스터풍 뿔테 안경을 걸친 그는 시리에 대해 설명하기 시작했다. 시리는 아이폰의 디지털 보조 장치로, 애플사의 말에 따르면 문자 전송부터 호텔 검색, 최고의 캔자스시티 스타일 바비큐 집을 찾는 일까지 다방면에서 우리를 도와준다고 한다. 시리가 이러한 첨단 기능을 수행할 수 있는 것은 '적응형 지능' 덕분으로, 칩의 설명에 따르면 적응형 지능은 우리가 시리에게 말을 많이 걸수록 시리가 더 정확히 반응하고 이해하는 것이다.[1] 칩은 더 짧은 시간에 더 많이 일하도록 우리의 효율성을 높여 주는 '인간 위주의 생산성 앱' 시리가 인간과 기계의 관계에서 결정적 진화를 보여 준다고 홍보하면서도 처음에는 이 힘이 당황스러울 수도 있다고 경고했다. "솔직히 기계 장치에 말을 걸어 대답하게 하고 내가 원하는 대로 행동하게 한다는 것이 다소 어색할 겁니다." 칩은 자기도 한때는 시리를 사용하는 것이 어색하고 부끄러웠다며 미리 준비한 듯 공감 어린 말투로 말했다. 그러고는 가급적 집에서 연습하기 전에는 공개된 장소에서 시리를 쓰지 말라고 조언했다. "그래도 이삼 일 지나면 시리를 사용하는 게 편해질 겁니다."

칩의 유창한 설명은 2011년 시리가 출시됐을 때 나온 일각의 노골적 평가와 매우 대조적이었다. 구체적인 불만 사항, 예를 들면 시리가 브롱크스라는 단어를 알아듣지 못한다는 것 말고도, 생산성 향상 도구로 나온 시리에 대한 비판은 광범위했고 때로는 조롱에 가까웠다. 광고에 나오는 시리의 용도("시리, 라테 파는 곳 알려 줘"라든가 "시리, 뛸 때 듣는 음악 틀어 줘." 등) 중 상다수는 생산성 도구라기보다 심심한 여피족들이 갖고 노는 신기한 디지털 장난감에 가까웠다.[2] 애플사가 그 유명한 공격적인 출시 일정(기존 제품의 수익이 주춤하면 바로 새 버전들을 내놓았다.)을 순탄하게 하기 위해 기술

유토피아식 광고("아이패드는 당신과 당신이 원하는 것 사이에 그 어떤 것도 끼어들지 못하게 하는 마법의 창"이라고 광고했다.)를 질리도록 내보낸다는 점을 감안한다면, 굳이 냉소적으로 보지 않아도 시리는 매우 정교한 미끼임을 알 수 있다.

그렇지만 워크숍이 있은 지 며칠 후, 시리가 5분 타이머를 맞춰 달라는 나의 명령을 그대로 수행했을 때 나는 흥분을 억누르기 힘들었다. 또 내가 크로스 컨트리 운동 숲과 언덕 등 자연 지형물을 달리는 스포츠 때문에 늦게 데리러 간다고 아들에게 전해 달라고 부탁하자 시리가 내 말을 '정확하게' 문자로 전송해 줬을 때 나는 몹시 흥분했다. 또 어젯밤 매리너스 시애틀이 연고지인 미 프로야구팀 경기 결과를 검색하라거나 내일 날씨를 확인해 달라고, 또 내가 받은 문자를 크게 읽어 달라고 하면, 시리는 이 모든 걸 다 해 줬다. 처음에는 조금 어설펐지만 내 언어 습관에 익숙해지면서 시리는 점점 능숙해졌다. 여기에 여러 다른 생산성 앱(예를 들면 나의 모든 은행 업무를 총괄해 주는 앱, 조깅할 때 칼로리 소모량을 계산해 주는 앱, 또 가상 공간에서 내 고향을 맴돌면서 이웃집 뒷마당을 엿보게 해 주는 앱 등)을 다운받기 시작하면서 나는 묘한 본능적 쾌감까지 느꼈다. 사실 나는 아직도 이러한 '도구'들이 어떤 식으로 생산성을 높여 준다는 것인지 잘 모르겠으나(다른 건 몰라도 내가 끝낸 작업량이 점점 '줄어들고' 있는 건 확실하다.) 시리 덕분에 나는 근사한 '기분'을 느낀다. 이러한 기분은 뿌리 깊고 본능적인 것으로, 과거 우리 선조들이 최소한의 노력으로 가급적 빠르게 식량과 피난처와 이성을 찾게 한 신경의 화학작용과 분명 관련이 있다. 그리고 애플사가 내놓은 '진짜' 상품은 바로 이러한 생화학적 흥분이라는 생각이 들었다. 애플사는 알맹이보다 스타일에 더 신경 쓴다는 비난을 듣는다. 그렇지만 애플뿐 아니라 구글과 마이크로소프트, 페이스북에 이르기까지 개인용 첨단 장비를 제공하는 업체들 대부분이 실제로 파는 것은 일종의 생산성이다. 즉 최소한의 노력으로 순간적 쾌감을 극대화하는 능력 말이다.

그렇지만 이는 애덤 스미스가 말한 의미의 생산성이 아니다. 경제학자들에게 생산성이란, 우리 선조들을 기아와 빈곤과 결핍에서 대체로 해방시킨, 효용을 극대화하고 비용을 절감시키며 생존 능력을 높여 준 것들(이를테면 노동 시간은 적고 열량은 더 많이 생산하는 더욱 효율적인 방법)을 뜻한다. 그렇지만 애플사의 엄청난 성공(애플사의 시장가치는 석유화학 기업 엑슨모빌의 시장가치보다 크지만, 엑슨모빌의 제품이 인류에게 훨씬 필수라는 것은 누구나 인정한다.)이나 개인용 첨단 장비의 기하급수적 성장(연간 2500억 달러가 스마트폰과 태블릿에 들어간다.)을 본다면, 이 새롭고 더 개인적인 제품들이 어떤 맥락에서는 다른 제품들만큼 필수적이다. 우리는 이 제품들에 거액을 쏟을 뿐 아니라 상황을 예의 주시하는 수렵 채집인들처럼 매번 생산성이 더 높아지길 고대하며, 선조들이 새로운 무기와 도구를 손에 넣듯 새롭게 출시된 제품을 반사적으로 빠르게 낚아챈다. 충동 사회의 핵심에 놓인 것은, 언제 어디서든 효율성과 생산성을 높이려는 이 자동 반사적 행동이다. 그리고 우리의 이야기는 바로 여기에서 시작한다.

## 헨리 포드, 생산성 혁명을 일으키다

오늘날의 대형 첨단 기술 업체들이 생산성에 대한 우리의 욕망을 이용해 돈을 번 효시라고 보기는 힘들다. 한 세기도 더 전에 미국과 유럽이 혼란스러운 산업화로 경제 붕괴와 재화 부족을 일상적으로 겪던 시절, 산업이 전반적으로 성장하면서 우리는 최소한의 것에서 최대한의 것을 얻을 수 있었다. 당시에는 자칭 생산성 전문가들도 있었다. 프레더릭 테일러는 관리자들 앞에서 노동자들의 생산성을 끌어올리는 방법을 선보였다. 『효율적 낙관주의자』의 저자인 에드워드 퓨린턴은 수백만 명의 독자들에게 차 마시는 시간, 의례적인 대화, 식사 예절 등 자신의 삶에서 온갖 비효율을 제거하라고 조언했다.[3] 그렇지만 이들 중에는 일류 기업가들도 있었다. 이들은 자신의 거대한 초일류 공장 덕분에 세계 최초의 생산성 앱을 대량으로 생산했다. 그것은 바로 등유와 통조림 수프, 연발 소총, 타자기, 세탁기, 여타 단시간에 더 많은 작업을 끝마치게 해 주는 도구들이었다. 이 일류 기업가들 중 가장 중요한 영향력을 미친 인물은 바로 헨리 포드였다. 그의 창작물인 대량생산 자동차는 개인의 생산성을 유례없이 끌어올려 개인에게 허용된 역량을 근본적으로 바꾸었다.

헨리 포드는 개인의 생산성 향상을 위해 태어난 사람이었다. 디트로이트 외곽의 한 농장에서 자란 그는, 동일한 노동 시간으로 더 많은 곡물을 얻기 위해 도구나 기술에 집착하는 농부들의 태도를 받아들여 이를 자신이 세운 회사의 핵심 운영 원칙으로 삼았다. 경쟁 업체들이 도금 시대 모든 것에 금을 입혀 부를 과시한다는 뜻으로, 19세기 말 풍요와 과잉의 시대를 뜻함 의 자손들이 타고 다닐 고급 세단을 수작업으로 만들던 시절에, 포드는 '일반 대중'이 구입할 수 있는 저렴한 차량인 모델 T를 만들었다. 이를 위해 그는 차를 단순하고 튼튼하게 설계했을 뿐 아니라, 세계 최초로 이동식 조립 라인 시스템을 개발해 제품을 대량생산하여 규모의 효율성까지 올렸다. 포드 공장이 매달 생산하는 차량이 더욱 많아지면서, 한 대당 들어가는 '고정' 비용은 그만큼 적어졌다. 생산비가 떨어지자 포드는 판매 가격을 낮출 수 있었고, 구매자들이 더 많아지면서 생산량은 더욱 늘었다. 덕분에 포드는 다시 가격을 낮추어 선순환을 계속했다. 1923년이 되자 포드는 모델 T의 가격을 850달러에서 단돈 290달러로 낮췄는데, 이는 당시 일반 노동자 연봉의 3분의 1 수준이었고, 결정적으로 당시 개인의 표준 이동 수단이던 마차 가격의 절반 정도였다.

달리 말해, 이제는 서민들도 개인의 능력을 유례없이 업그레이드할 수 있었다. 마차는 운이 좋을 경우 시간당 12킬로미터로 아주 느리게 달리는 반면,(먹이 또는 물을 먹거나 쉬기 위해 중간에 말이 멈추기 때문이다.) 모델 T는 시간당 64킬로미터의 속도를 낼 수 있었고 한 번 기름을 넣으면 320킬로미터까지 거뜬히 주행했다. 이는 개인용 이동 수단의 속도를 다섯 배 높인 것이었다. 혼잡한 도시에서는 이러한 업그레이드의 효과를 온전히 체감하지 못했다. 그렇지만 대다수 사람들이 여전히 거주하고 있던, 그리고 멀리 떨어져 살 경우 경제적 사회적으로 심각한 고립을 초래하는 미국 시골 지역의 경우, 이 같은 이동 능력의 향상으로 삶 자체가 바뀌었다. 이제 농가 주민들이 시내까지 다녀오는 데 온종일이 아닌 한 시간이면 충분했다. 의사는 시골 농가를 늦지 않게 왕진하여 환자를 살렸다. 판매원이 담당하는 시골 지역도 다섯 배는 넓어졌다. 젊은 부부는(독자들의 증조부모 정도 될 것이다.) 시골의 일상을 장악했던 억압적이고 청교도적인 시선에서 벗어날 수 있었다. 사회학자 대니얼 벨의 표현처럼, 포드의 획기적 제품이 나온 지 불과 몇 년 만에 기계화된 이동 수단이 매우 저렴해지고 흔해진 데다 사람들의 일상을 파고들어, 소도시의 "청춘 남녀들이 차를 몰고 30킬로미터 넘게 떨어진 도로변 술집에 춤추러 가는 일도 대수롭지 않게 여겼다. 이는 이웃들의 시선에서도 안전했다."[4] 과거 상류층만 향유하던 자유를 이제는 누구나 누릴 수 있었다. 이와 더불어 개인이 할수 있는 것에 대한 개념 자체가 완전히 바뀌었다.

포드 시스템의 역량 증대 효과는 개인의 이동 수단에만 그치지 않았다. 1920년대가 되자 이 새로운 비즈니스 모델은 완전히 새로운 경제를 낳았다. 다른 제조업체들도 포드의 방식을 모방하기 시작했다. 시장은 가전제품과 반조리 식품부터 전화기와 라디오에 이르기까지 적절한 가격의 새로운 '도구들'로 포화 상태였고, 각 제품들은 개인의 역량을 다시 한 번 높였다. 모든 제품들이 자동차만큼 큰 권한을 안겨 준 것은 아니다. 그렇지만 당시는 일반인들이 여전히 거대한 운명(특히 자신의 이윤을 추구하기 위해 힘없는 사람들을 무자비하게 짓밟던 부패한 비즈니스 엘리트들)에 휘둘리던 시절이었으므로, 개인의 힘이 조금만 커져도 삶이 크게 변했다. 사람들은 힘의 증대에 열광했고, 이러한 요구를 충족시키기 위해 새로운 기업가들이 신제품을 들고 나왔다. 훨씬 더 효율적인 조립라인과 제조 공정을 갖춘 공장들이 늘었고, 이들 공장이 노동자들에게 지급한 임금은 수요를 부채질했으며, 이는 더 많은 공장, 더 높은 임금, 그리고 개인의 힘을 키워 주는 제품의 확대로 이어졌다.

경제가 전반적으로 변하고 있었고, 더불어 경제 행위자로서 우리 자신에 대한 인식도 변했다. 한때 생산자의 나라에 살면서 농부와 장인의 더딘 스케줄에 따라 움직이고 또 자신이 생산한 것 내에서 살던 우리는 이제 소비자의 나라에 살게 되었다. 이제 점점 많은 사람들이 돈 버는 일에 시간을 썼고, 그 소득으로 공장에서 만든 생필품을 샀다. 이런 제품들은 보통 집에서 만든 것보다 값도 싸고 품질도 좋았다. 그로부터 한 세기 후, 진실함과 소박함, 순수함이 연상되는 생산자 경제를 그리워하는 일이 유행했다. 그렇지만 정작 생산자 경제가 사라지던 순간 이를 슬퍼하는 이들은 거의 없었다. 새로운 소비자들은 대개 헨리 포드와 마찬가지로 19세기의 고된 노동과 만성적 결핍, 도금 시대의 심각한 불평등을 겪으며 자랐다. 이들에게 새로운 소비자 경제는 엄청난 삶의 질 향상을 상징할 뿐 아니라, 삶을 계속 개선시키는 하나의 수단이었다. 일반인에게 소비자 경제는 해마다 더 큰 힘을 안겨 줄 수 있는 그야말로 영구히 움직이는 기계처럼 보였다.

### 앨프리드 슬론의 천재적 심리 전략

그러나 개인 힘의 혁명은 미완일 뿐이었다. 이후 밝혀졌듯이, 포드가 완벽히 다듬은 순환 전략, 즉 낮은 가격으로 대량생산하고 다시 대량생산으로 낮은 가격을 유지하는 것은 쳇바퀴와 비슷했다. 이 전략은 매해 늘어난 개인의 힘을 꾸준히 팔아야만 이윤이 생겼다. 게다가 어느 시점에 이르러 소비자들이 더 이상 소비하지 않으면 문제가 생겼다. 노동자들은 임금이 더 올라도 대개 19세기의 절약 정신을 고수했으므로, 물건을 한번 사면 고장 날 때까지 썼다. (고장이 나면 고쳐서 다시 고장 날 때까지 썼다.) 1920년대 중반, 대다수 미국 가정에는 자가용이 있었다.[5] 그렇지만 포드가 제품을 너무 견고하게 만드는 바람에 또 다른 차량을 구입하는 경우가 드물었다. 매출 증가가 둔화되면서 포드사의 이익이 뚝 떨어졌다. 따라서 포드는 생산량을 줄여야 했는데, 이때 소중한 규모의 효율성을 일부 단념하면서 그의 전반 모델이 휘청거리기 시작했다. 위기를 맞은 것은 포드사만이 아니었다. 대다수 제조업체들이 파멸을 잉태한 역설과 마주했다. 포드처럼 규모를 키우고 시장 지분을 얻기 위해 애쓰는 과정에서 업체들은 공장, 조립라인, 유통망, 차량 전시실에 수십억 달러를 썼다. 그러나 투자금을 회수하는 데 필요한 차량의 수는 분명 소비자들의 욕구를 넘어섰다. 포드와 동료 기업가들은 냉혹한 선택을 해야 했다. 생산량을 현저히 줄이고 투자에 쓴 수십억 달러를 손실 처리하든가, 아니면 어떻게 해서든 사람들이 개인의 힘을 더 사용하도록 설득해야 했다.

그 설득 작업에 나선 사람은 또 다른 자동차 제조업자인 제너럴모터스의 회장 앨프리드 슬론이었다. 그는 사업과 경영 철학 모두에서 포드의 가장 큰 경쟁 상대였다. 소박한 농부의 아들로 태어난 포드가 과시적 삶을 기피했다면, 유복한 가정에서 태어나 명문 학교에서 교육 받은 슬론은 상류층의 삶과 친숙했다. 게다가 포드가 개인 이동 수단의 실용성과 기본 성능에 집착했다면, 슬론은 이제 대량생산 소비재의 핵심은 기술만이 아니라 소비자의 심리임을 간파했다. 즉 소비자들이 늘어난 소득을 부담 없이 지출하도록 만들어야 했다.

슬론의 심리 전략은 두 단계로 나뉘었다. 첫째, 제너럴모터스는 과감한 신종 서비스를 제공했다. 즉 자체 금융 서비스를 통해 소비자들이 낮은 금리로 돈을 빌릴 수 있게 했다. 소비자신용은 금융의 아편이라는 인식이 강했던 시절에(포드는 신용을 비도덕적이라고 생각해 오로지 현금만 받았다.) 슬론의 행보는 대담하지만 뛰어난 발상이었다. 슬론은 단박에 고객들이 차를 더 빨리 구입할 수 있게 해 주었을 뿐 아니라(차를 사기 위해 저축할 필요가 없었다.) 현저히 '더 많이' 사게 해 주었다. 슬론이 공략한 것은 바로 이 더 많이 사려는 심리였다. 전통적인 제조업체들의 경우 고객에게 선택의 여지를 거의 주지 않았다.(포드는 짙은 녹색의 기본 모델 한 가지만 생산했다.) 반면 제너럴모터스는 저가의 쉐보레부터 최고급 차량인 캐딜락에 이르기까지 다양한 제품을 내놓았다. 제너럴모터스의 다양한 제품군은 운전자들이 자신의 사회경제적 지위에 맞게 차를 고르고, 또 더 고급 모델로 바꿔 자신의 지위를 '높이도록' 섬세하게 설계한 것이었다. 실상 슬론은 자사 고객들에게 물리적으로뿐 아니라 '사회적으로' 움직일 동기를 부여했다. 미국인이 차츰 지위를 의식하던 시기에 실로 민첩한 판단이었다.

더 나아가 슬론은 소비자들에게 영원히 지위를 높일 수 있는 수단을 제공했다. 1926년 제너럴모터스는 '연례 모델 체인지'라고 알려진, 매해 각 모델의 사양을 변경하는 전략을 도입했다. 이 중에는 더 좋은 브레이크와 더 안정적인 변속기를 장착하는 등 눈에 띄게 '물리적'으로 향상된 제품도 있었다. 그렇지만 대개는 외양이나 스타일을 바꿔 정서적 만족을 주는 제품이었다. 즉 최신 기종을 손에 넣었다는 기쁨, 더욱 강력한 엔진이나 몇 가지 성능이 추가된 새로운 장치 혹은 편리한 기능을 얻었다는 쾌감이었다. 슬론의 자동차 '스타일링' 책임자인 할리 얼은 한 인터뷰에서 이렇게 말했다. "저는 사람들이 차에 탈 때마다 사길 잘했다는 기분이 들도록 디자인하려고 애씁니다. 잠시나마 위안을 얻는 거지요."[16] 이처럼 달콤한 욕망을 겨냥한 사람이 슬론이 처음은 아닐 것이다. 수세기 동안 부유층은 경제학자 소스타인 베블런이 만든 유명한 표현인 '과시적 소비'를 통해 지위를 유지하고 다른 선호하는 감정들을 느꼈다. 그렇지만 대량생산이 가능해지고 해마다 디자인이 바뀌며 융자의 문턱이 낮아지면서, 슬론은 일반 소비자에게도 자기만족의 기회를 주었다. 이제는 거의 모두가 정서적 만족을 높일 수 있게 되었다. 게다가 예전의 생산자 경제보다 더 빠르고 효율적으로 만족을 느낄 수 있었다. 생산자 경제에서는 강렬한 만족을 느끼는 경우가 드물었고 또 이런 만족감을 위해 상당한 노력과 절제가 필요한 경우가 많았다. 어떻게 보면 슬론은 새로운 종류의 개인 생산성을 제공하고 있었다. 이 정서적 혹은 '열망적' 생산성은 개인들이 자신이 원하는 감정 상태를 훨씬 적은 노력으로 얻는 것이었다. 그리고 마치 농부들이 더 효율적인 트랙터를 수용하듯이 사람들은 이러한 생산성을 간절하게 그리고 자동 반사적으로 받아들였다.

슬론이 이용한 충동이 전적으로 조작된 것은 아니라는 점에 유념할 필요가 있다. 우리는 우리 선조들처럼 새로운 것을 좋아한다. 새로운 것이란 우리에게 유리할 수도 있는 환경적 변화이기 때문이다. 마찬가지로 우리는 선천적으로 자신의 사회적 지위를 높이려는 열망이 있다. 집단 내 권력 관계가 개인을 좌우하는 세상에서는 지위가 중요하기 때문이었다. 슬론은 선사시대의 신경화학에 대해서는 거의 아는 바가 없었겠지만, 사람들이 자연스럽게 새로운 것과 지위에 끌린다는 점은 명확히 알고 있었다. 게다가 그는 이러한 바람들이 순간적인 충족에 불과하다는 사실도 알고 있었다. 새로운 제품에서 얻는 만족감은 차량 전시 매장을 나서자마자 시들해지기 시작한다. 상류층 제품을 손에 넣었을 때 얻는 쾌감도 이듬해에 새 모델이 나오면 사라진다. 따라서 그러한 즐거움을 유지하려면 계속 업그레이드하는 수밖에 없다. 이는 판매량 갱신에 필사적인 대형 제조업체에게 실로 유리한 조건이다. 이제 소비자들도 쳇바퀴에 올라섰다. 적절한 제품 디자인과 광고, 구매 동기가 갖춰지면 이 쳇바퀴는 제조업체의 쳇바퀴와 완벽하게 조응할 수 있었다. 슬론은 자신의 이러한 전략을 '역동적 진부화'라고 부르면서, 자신의 목적을 매우 솔직하게 드러냈다. 훗날 그는 이렇게 설명했다. "매년 우리는 소비자를 만족시키기 위해 어떻게든 최고의 차를 만듭니다. 그리고 이듬해 소비자의 만족감이 시들해지도록 또 다른 최고의 차를 만들어 내죠."[7] 슬론은 근대 산업사회에 내재한 잉여 생산물을 저장할 완벽한 장소를 발견했다. 바로 소비자들의 만족할 줄 모르는 심리 영역이었다.

슬론의 천재적 전략은 곧 모두가 확인할 수 있었다. 제너럴 모터스는 그 어떤 기업보다도 큰 기업으로 성장했고, '역동적 진부화'(심리적 욕망과 산업적 욕망을 결합한 것, 혹은 자아와 시장을 결합한 것)는 새로운 경제 패러다임으로 자리 잡았다. 오랫동안 엔지니어와 회계사들이 주름잡았던 제조업체에 이제 일단의 사회학자와 심리학자 심지어는 프로이트식 분석가가 고용되어, 어느 실무자의 표현을 빌리면, '물건을 살지 말지 결정하는 과정에서 역동적 역할을 하는 온갖 내적 조건들'을 목록으로 작성했다.[8] 여기에 해당하는 조건들은 실로 방대했다. 연구자들이 알아낸 바에 따르면, 우리는 단지 새로움이나 지위 향상 때문만이 아니라 상처받은 자존심을 달래기 위해서도 물건을 산다. 평범한 결혼 생활에 대한 실망감을 누그러뜨리기 위해, 사무실 업무에 대한 불만을 해소하기 위해, 지겹고 숨 막히는 순응적인 교외 생활에서 벗어나기 위해, 나이 들고 병약해서 받은 모욕감을 잊기 위해 우리는 무언가를 구입했다. 컬럼비아대학교의 사회학과 교수이자 소비자 문화 초창기 비평가인 로버트 린드는 현재 소비재가 시장에 나와 소비되는 행태가 마치 약물치료와 유사하다는 사실을 발견했다. 소비재가 약물처럼 온갖 종류의 정서적 문제와 사회적 문제를 '조절'하도록 돕기 때문이었다.[9] 린드와 여러 학자들은 소비주의라는 새로운 치료법에 냉소적이다. 그렇지만 소비주의의 성공을 반박하기는 힘들었다. 온갖 제품 주기와 모델 변경을 통해 소비재는 우리에게 외부 세계뿐 아니라 내면세계를 통제할 수 있는 힘을 주고 있기 때문이었다.

## 강력한 개인의 시대

강력한 개인의 시대로 완전히 진입하려면 한 가지 세부 조건이 더 필요했다. 생산자에서 소비자로 도약하면서, 이제 우리는 소비하는 물건뿐 아니라 그 물건을 살 때 필요한 임금에서도 전적으로 시장의 지배를 받았는데, 이는 실로 불안정한 상태였다. 임금소득자로서 우리는 노동을 여전히 목적을 위한 수단으로만 취급하는 기업 세계에 훨씬 더 얽매이게 되었다. 제조업체들은 일상적으로 임금을 삭감하고 폭력을 동원하거나 정치인에게 뇌물을 바치는 등 노조를 결성하려는 그 어떤 시도도 박살 냈다. 가장 부유한 미국인과 나머지 인구 사이의 격차가 갈수록 커진 것은 당연했다. 반면 소비자로서 우리는, 점잖게 표현하면, 우리의 이해관계와 늘 일치하는 것은 아닌 시장과 마주했다. 다수의 새로운 재화와 서비스는 결함이 있고 위험했으며 기만적이었다. 그러나 더 큰 문제는 신제품 상당수가 성능이 '지나치게' 좋아서, 보통 안전이나 지속성보다는 개인의 힘을 키우는 용도로 쓰였다는 점이다. 예를 들면, 우리의 차량은 이제 초기 도로망이 안전하게 감당할 수 있는 속도보다 훨씬 빠르게 달린다.(1920년대의 교통사고 사망률은 현재보다 마일당 약 17배 높았다.) 한편 새로 접하게 된 소비자신용은 가계 부채를 대폭 늘리면서 1929년 주가 대폭락과 뒤이은 대공황의 배경이 되었다. 개인들은 점점 사회를 희생시켜 자신들의 욕망을 채울 수 있게 되었다. 이는 오늘날에는 매우 익숙한 현상이지만, 당시에는 부유층만 누릴 수 있던 '특권'이었다.

우리의 경제는 위험하게도 균형에서 벗어나고 있었다. 생산자 국가에서 벗어나 소비자 국가로 이동할수록, 강력한 자동차나 소비자신용 같은 사적 재화가 안전한 도로나 안정적인 신용 시장 같은 '공공재'보다 생산량에서 앞섰다. 시장은 서서히 그러나 끊임없이 사회의 이익에서 벗어나 개인의 이익 쪽으로 기울었다. 그렇지만 이러한 이동은 전적으로 합리적이었다. 순전히 경제적 관점에서 보자면, 사적 재화 특히 개인의 힘을 더 키우는 재화를 생산하는 것이 공공재를 생산하는 것보다 훨씬 이득이었다. 그렇지만 합리성을 떠나, 시장의 중심이 공공재에서 사적 재화로 이동하면서 사회는 근대의 핵심 딜레마와 마주해야 했다. 현 상황을 다시 검토하지 않으면, 사회의 경제적 이해관계가 자아의 경제적 이해관계에 느리지만 무자비하게 묻혀 버린다는 사실이었다.

### 개인과 사회의 위태로운 시소게임

공적 이해와 사적 이해의 이 같은 불균형을 해소할 수 없었던 것은 아니다. 1929년에 주가 대폭락이 있기 훨씬 이전에 시어도어 루스벨트와 우드로 윌슨 같은 개혁가들은 정부의 방대한 규모와 힘을 이용해 기업이든 개인이든 단기적 만족에만 지나치게 몰두하는 시장을 재정비하기 위해 애썼다. 그래서 스탠더드오일 같은 독점 기업과 철도 트러스트를 해체하고 규제했다. 노동자들은 최저임금과 단체교섭을 보장한 법 덕분에 서서히 힘을 키웠다. 그러므로 기업들은 점점 노조들과 평화로운 분위기를 유지해야 했다. 소비자들은 규제를 통해 안전하지 못한 제품, 오염된 식품, 금융업체의 횡포, 근시안적 투기 세력이 낳는 가격 불안정으로부터 보호받았다. 또한 정부는 교육과 연구, 특히 사회 기반 시설(도로와 다리부터 관개와 간척 사업에 이르는 모든 분야)에 집중적으로 투자해 공공재의 투자 부족을 해소했고, 이를 통해 민간 기업이 투자를 늘리도록 유도했다. 당시 싹트기 시작한 순간적 만족과 편협한 사적 이해를 중시하는 문화도, 비록 수사적이긴 했지만, 끈질긴 정치적 호소를 통해 공격받았다. 프랭클린 루스벨트가 1933년 취임 연설에서 한 주장이 바로 그런 경우로, 그는 미국인이 "공동의 규율을 위해 희생을 감수하는 잘 훈련된 충직한 군대처럼 행동해야" 하며, "그러한 규율에 자신의 삶과 재산을 바칠 준비와 각오"가 되어 있어야 한다고 말했다.[10] 달리 말해, 자아 중심적 경제가 스스로 생산할 수 없게 된 것 혹은 생산하려 하지 않는 것을 이제 정부가 나서서 생산하도록 만들겠다는 다짐이었다.

사회적 필요와 사적 필요의 균형을 다시 조율하려는 야심 찬 작업은 놀라운 결과를 낳았다. 바로 루스벨트가 '뉴딜'이라고 명명한 정책이었다. 1941년 미국이 2차 세계대전에 개입할 무렵, 미국 경제는 주가 폭락에서 회복되었을 뿐 아니라 정부와 기업 양쪽의 투자 덕분에 새로운 첨단 소비재를 선보였고 새로운 차원의 번영을 맞이할 준비가 되어 있었다.[11] 전쟁 때문에 착수 시기가 늦어지긴 했지만, 덕분에 소비자 경제가 재정비되고 확대됐다. 이후 4년에 걸쳐 정부는 산업 생산을 늘리기 위해 현재 가치로 4조 3000억 달러에 달하는 비용을 들여 신규 공장 설립과 새로운 제조 공정 도입, 신기술 개발을 지원했다.[12] 반면 소비는 배급제와 여타 전시 제한 조치를 동원해 억제했다. 1945년에 전쟁이 끝날 무렵 미국 국민은 소비되길 기다리는, 현재 가치로 1조 5000억 달러에 달하는 돈을 저축했다.[13] 전후 시대가 시작되자, 그 모든 돈이 그리고 그 돈이 드러내는 온갖 억눌렸던 욕망이, 전보다 훨씬 커지고 정교해진 데다 소비자의 욕망에 훨씬 발 빠르게 대처하는 산업 조직체들을 통해 분출됐다.

전후 시기는 그 어느 때보다 엄청난 경제 호황에 힘입어 이상적인 모습을 보였다. 일단 소비자들의 수요가 높았다. 제너럴모터스, 포드, 에소, 제너럴일렉트릭, AT&T, 듀폰 같은 미국 기업들은 전보다 훨씬 덩치가 커졌고 효율적이었을 뿐 아니라, 전쟁으로 해외 경쟁이 사라진 세계경제 무대에서 마음껏 활개를 쳤다. 천연자원은 저렴했고(유가가 지금의 4분의 1에 불과했다.) 이를 이용한 기술이 급속히 발전해 산업 생산성 즉 노동 시간당 생산량이 연간 3~4퍼센트씩 증가했다. 이후 25년에 걸쳐 미국 경제는 규모가 거의 세 배 늘었고, 1인당 국내총생산은 두 배 이상으로 늘었다.[14,15] 일본과 서유럽도 비슷한 상황이었는데, 이들은 대개 미국 납세자들이 지원한 전후 재건 프로그램 덕분에 1인당 소득이 3배 늘었다.[16] 게다가 결정적인 사실은 이 새로운 번영을 그 어느 때보다 폭넓은 계층이 누렸다는 점이다. 실제로 경제 사다리의 하위 집단은 상위 집단보다 소득이 빠르게 증가했다. 이제 미국 사회의 핵심 테마는 '신분 상승'이었다. 1960년대 무렵, 중위中位 가계 소득은 50퍼센트 이상 늘었는데,[17] 이는 결국 미국 사회에서 세 가구 중 두 가구가 중산층이라는 뜻이었다.[18]

중요한 사실은, 이러한 경제적 평등에는 시장에 개입하려는 정부의 지속적 의지가 상당 부분 반영됐다는 점이다. 미국 정부는 전전戰前 시대의 특징이던 때로 폭력적인 노동쟁의를 피하려고 애썼다.(부끄러운 얘기지만 연방 정부와 주 정부가 폭력에 기여한 경우도 종종 있었다.) 또 하나 중요한 사실은, 미국 정부가 '친노동자적' 노동 정책에 열심이었다는 것으로, 이를 통해 미국의 새로운 지정학적 경쟁국인 소련이 표방하던 '노동자들의 천국'을 사실상 무색하게 만들 수 있었다. 결국 노조와 기업이 교섭을 하면, 백악관은 노동자들에게 연금과 의료 혜택을 보장하고 생산성 증가에서 노동의 몫을 인정해 주는 등 노동자에게 후한 노사 협약을 공개적으로 지지했다. 그리하여 전후 상당 기간 동안 노사 협약에 따라 임금 인상이 연간 산업 생산성 증대와 연동됐다.[19] 마찬가지로 정부가 최고 한계 세율을 최대 70~80퍼센트로 유지하면서, 기업들은 경영진에게 고액 연봉을 주던 도금 시대로 회귀하지 못했다. (1970년대 내내, CEO들은 중위 고용인들보다 평균 20배 정도 많이 벌었다. 이 격차는 오늘날보다 적다.)

그러나 직장에는 정부의 개입보다 더한 변화가 있었다. 1950년대에서 1960년대 초반까지 다수의 기업들은, 마지못해 응한 것이더라도, 사회적 성격이 강한 경제 현실을 받아들였다. 많은 기업들이 노조와 화해 분위기를 조성했다. 또 장기적인 인력 투자를 하기 시작했다. 예를 들면 직원 교육을 통해 노동자들이 급변하는 기술을 따라갈 수 있게 했다. 의료 혜택과 사내 복지도 점점 흔해졌다. 대기업들은 차츰 민간 복지국가처럼 변해 갔다. 회사 경영진과 이사회가, 피터 드러커 같은 경영 전문가가 내세운 기업의 사회적 책임 같은 미사여구를 믿지는 않았겠지만, 소비재를 만드는 제조업체로서 자신들의 번영이 이들 소비자의 번영과 떨어질 수 없다는 사실을 간파한 듯했다. 아이젠하워 내각의 국방 장관으로 지명된 찰스 윌슨은 상원 인준 청문회에서 그가 최고경영자로 있던 제너럴모터스에 해로운 정책을 결정할 수 있겠는가라는 질문에 그렇다고 답했다. 그렇지만 윌슨은 그런 결정을 내릴 일은 없을 것이며, 그 이유는 미국의 이해와 기업의 이해는 거의 완벽하게 일치하기 때문이라고 말했다. "미국에 유익한 것은 제너럴모터스에도 유익했고 그 역도 마찬가지였습니다. 양측의 이해가 다른 경우는 없었습니다. 우리 회사의 규모는 상당합니다. 우리 회사는 미국의 안녕과 함께합니다."

결국 우리는 사회 권력과 개인 권력의 균형점에, 즉 커져 가는 개인의 힘이 강력한 사회구조로 조정되는 균형점에 도달한 것 같았다. 그 결과 개인은 풍요로운 산업 경제의 혜택을 누리면서도 전쟁 전 경제를 위기에 빠뜨린 불안 요인은 훨씬 줄어든 황금기를 맞이했다. 1960년대에 일반 미국인은, 적어도 평균적인 백인 남성 미국인은 자기 조부보다 두 배 더 많이 벌었다. 또 주당 노동 시간이 3분의 1로 줄었고, 사내 복지와 종신 고용, 연금을 제공하는 온정주의적 기업 문화를 누릴 수 있었다.[20] 조부모 세대에 비해 가족 규모가 절반 정도로 줄었지만 그들보다 거의 두 배 넓은 집에서 살았다. 이들은 혼잡한 도시를 벗어난 교외에서, 에어컨과 노동 절감형 가전제품을 갖춘 집에서, 우수한 학교와 가까운 소매점이 있는 곳에서 살았다. 이들은 세계 최고 수준의 의료 혜택과 공중 보건을 누린 데다 더 나은 식단을 갖춘 덕분에, 조부모보다 기대 수명이 6년 더 늘었다.[21] 그렇게 수명은 늘고 주당 노동 시간은 줄면서 이들은 유흥과 여가뿐 아니라 자기 계발을 위한 시간을 얻을 수 있었다. 즉 책을 읽고 여행하고 예술 작품을 감상하며 심야 강좌를 들었으며, 일반적으로 전보다 풍족한 삶 그리고 높은 자아 만족감을 위한 시간적 여유를 얻게 된 것이다. 미국 정신의학회의 여가연구위원회 의장인 정신과 전문의 폴 혼은 1964년에 잡지《라이프》에서 이렇게 말했다.[22] "이제 우리는 모든 인류의 잠재력을 개발할 수 있는 기회를 얻었습니다. 어떤 형태의 잠재력이든 말이지요."

자연스럽게도 그 잠재력은 대개 소비를 통해 드러났다. 갈수록 소비 행위는 정서적 성장이나 자아 발견과 불가분의 관계로 보였다. 즉 해마다 계절마다 잇달아 나와 제품 생애 주기를 거치는 모델들을 소비하는 행위는 자신의 참된 가치를 발견하는 과정과 떨어질 수 없었다. 어디를 둘러봐도 소비 행위를 통해 자신을 발견하라고 요구하는 분위기였다. 전후 시기 선도적인 소비자 마케팅 전문가 중 한 명이었던 피에르 마티노는 단정적으로 말했다.[23] "사실 알게 모르게 각자의 이상적 자아가 모든 것의 동기가 됩니다. 자신이 되고 싶은 일종의 이상적 인물이 동기로 작용하는 것입니다. 이렇게 자아 표출을 열망하는 우리는 자신의 존재 혹은 자신이 되고 싶은 존재와 양립 가능한 제품이나 브랜드, 제도에 손을 뻗습니다." 심지어 일과 육아, 결혼 같은 전통적인 사회적 역할에도, 근대적인 자아 표출 분위기가 미묘하게 스며들었다. 사회학자 로버트 벨라가 연구로 보여 주었듯이, 전후 시대 말기가 되자 다수의 미국 중산층들은 사랑 자체도 "매우 다채롭고 복잡하며 흥미로운 자아를 탐구"하기 위한 기회로 여기게 되었다.[24]

그러나 이렇듯 끊임없는 자아 탐구 과정은 사람들을 지치게 하고 스트레스를 주며 죄책감을 유발하기도 했다. 전후 번영의 수혜 폭이 넓긴 했지만, 여성이나 유색 인종 등 특정 집단에서는 개인의 힘이 '그다지' 커지지 않았다. 자아 탐구가 과소비를 일반화한다는 우려도 있었다. 일례로 일간지 《뉴욕포스트》의 논설위원 윌리엄 섀넌은 우리 사회가 "나태의 시대", 즉 "지상에서 울리는 가장 큰 소리는 탐욕스러운 개인들이 꿀꿀거리는 소리"인 시대로 들어섰다고 주장했다.[25] 그리고 우리가 아무리 멀리 도약해도, 또 아무리 소비하고 자신을 대단한 존재로 재규정해도, 언제나 또 다른 차원 또 다른 개선의 여지가 있다는 사실을 계속 확인해야 했다.

그렇지만 이번에도 산업의 진보는 일반 시민에게 극복 수단을 안겨 주었다. 해마다 텔레비전과 영화를 통해 새로운 오락거리가 확산됐다. 또한 진정제인 밀타운과 신경안정제 리브륨 같은 약학의 기적으로 약물 선택의 폭이 넓어졌다. 그리고 1960년대에 개인용 첨단 기술 제품이 호황을 맞이하면서, 즉 트랜지스터라디오, 텔레비전, 고성능 오디오인 하이파이 등 여타 가전제품들의 물결이 이어지면서, 우리는 개인의 취향에 딱 맞춘 여가를 보낼 수 있게 되었다. 전후에 일반 미국인은, 적어도 백인 중산층은, 해가 갈수록 자신의 삶을 선택하는 능력이 커졌다. 우리의 다양한 쳇바퀴가 계속해서 더 빠르고 효율적으로 돌아갈수록 이 능력도 더 커질 것처럼 보였다. 이제 우리는 생계를 위한 돈벌이를 하지 않았고 차츰 자신의 삶을 설계하는 힘을 얻게 되었다. 혹은 잡지《라이프》가 1964년에 쓴 표현처럼 "이제 인류는 최초로 어떤 형태든 자신이 원하는 세상을 창조할 수 있는 도구와 지식을 갖게 된 것"이었는지도 모른다.

## 배부른 소크라테스가 가져올 '조용한 혁명'

그렇다면 우리가 원했던 세상은 무엇이었을까? 결과적으로 아주 나쁜 세상은 아니었다. 개인의 탐욕이 커지고 갈수록 내면세계에 끌렸지만, 일반 미국인에게는 필요하다면 '공동의 규율을 위해 희생할 의사'가 여전히 있었다. 존 케네디가 미국 시민에게 나라를 위해 무엇을 할 수 있는지 생각해 보라고 촉구했을 때, 상당수의 미국인은 이를 합리적인 요구 그 이상으로 받아들였다. 냉소적 견해와는 달리, 번영이 확산되고 개인의 힘이 커질수록 미국인들은 더 큰 사회에 더 깊이 개입하려 했다. 정치적으로도 더 활발해져서 1960년대 초반 투표율이 그 이전 50년 동안의 투표율보다 높았다. 게다가 지역사회 활동에도 더 깊이 관여하게 되어 자원봉사자와 교회 신자들이 기록적으로 증가했다. 라이온스클럽과 로터리클럽 같은 사회봉사 단체에 가입하는 사람들이 전례 없이 늘었고, 사친회는 미국에서 매우 큰 조직이 되었다. 1964년 한 평론가의 지적처럼, "무수한 지역 공동체에 가입한 미국인은 지역 도로와 쓰레기 수거 방식을 개선하고 지역 공무원들이 이름값을 하도록 닦달하면서 사교적 욕구를 충족"하고 있었다. 이런 행동들은 쉽게 할 수 있는 박애주의가 아니었다. 1960년대 초에는 인종주의,

성차별, 여타 불평등에 저항하는 조직된 시위에 참가하려면 개인적으로 그리고 사회적으로 상당한 위험을 감수해야 했다. 게다가 미국인은 손수 해결할 수 없는 일에 대해서는 국가가 나서서 해결해 주길 원했다. 그래서 다수의 미국인은 정부가 지금보다 훨씬 크고 희생적 역할을 맡는 것을 지지했다.[26]

개인의 힘과 능력에 대한 갈망이 크고 또 시장이 그런 제품들을 우리에게 팔려고 안달이었지만, 놀랍게도 미국인은 공공재를 위해 개인의 힘 중 일부를 포기할 의사가 여전히 있었다. 특히 공동체와 개인적 삶의 기반을 이루는 사회적 관계를 위해 희생할 의향이 있었다. 20세기 미국 시민의 삶을 기록하는 역사가 앨런 에런홀트의 언급에 따르면, 전후 미국은 충성스러운 국가였다. 미국인은 "자신의 배우자와 지지하는 정치 조직과 응원하는 야구팀에 헌신적이었고, 기업들도 성장의 토대가 된 지역사회에 헌신적"이었다. 이러한 충성심을 위해 개인의 자유를 희생해야 할 경우, 대개 친숙하고 안전한 공동체를 통해 개인적 안정이라는 중요한 감정을 느꼈다고 에런홀트는 주장했다. 즉 당시 미국은 안정적인 직장과 탄탄한 대인 관계 덕분에 밤새 뒤척일 필요가 없고, 나중에 나이가 들면 생각이 바뀌더라도 일단 믿고 따를 만한 규율이 있으며, 지도자들은 그런 규율을 제대로 집행해서 신임을 얻는 그런 공동체였다.[27]

이러한 개인의 희생적 모습은 당대의 사회학자들 중에서도 심리학자 에이브러햄 매슬로 같은 '인도주의적' 학자에게는 자연스러운 현상이었을 것이다. 1940년대와 1950년대에, 매슬로는 일명 '욕구 단계'라는 인간의 동기에 대한 이론을 만들었다. 이는 물질적 진보와 자각 있는 사회적 행동 사이에 결정적인 연결 고리가 있다고 본 이론이었다. 매슬로의 주장은 간단했다. 개인은 식량과 주거, 신체적 안전 같은 기본적 욕구가 충족될수록, 그 욕구가 애정과 공동체의 평판 같은 더욱 높은 열망으로 자연스럽고 불가피하게 이동하며, 결국에는 자신의 잠재력을 완전히 실현하려는 욕구를 보인다는 것이다. 매슬로는, 이렇게 '자아실현'을 이룬 개인은 행복하고 상당히 기능적일 뿐만 아니라, '민주적 성향'을 보인다고 주장했다. 즉 이들은 독립적이고 생각이 자유로우며, 동시에 매우 윤리적이고 관용적이다. 게다가 중요한 것은 이들이 세상뿐 아니라 필수적인 사회적 정치적 과정에 깊이 관여하는 경향을 보인다는 점이다. 한마디로 자아실현을 이룬 이 유형들은 우리들이 바람직한 이웃이나 교사, 유권자로 여기는 사람들과 딱 맞아떨어진다.

여기에서 한 가지 난점은 더 높은 단계로 올라서려면 적절한 물질적 조건이 갖춰져야 한다는 점이다. 즉 개인이 낮은 수준의 욕구와 함께 더 높고 복잡한 욕구를 잇달아 충족하기 위해서는 물질적 능력이 있어야 한다. 사다리를 계속 오르려면 그에 맞는 수단이 필요하다. 그렇지만 일단 이런 조건들이 충족되면, 더 높은 차원의 잠재력을 향한 개인의 욕망은 거부할 수 없는 내적인 힘으로, 다른 충동만큼 근본적이고 자연스러운 힘으로 변한다. 매슬로는 "자신이 할 수 있는 일이면 꼭 해내려고 한다"라고 표현했다. "음악가가 작곡을 해야 하고 화가가 그림을 그려야 하며 시인이 시를 써야"

하듯, 궁극적 행복을 느끼고 싶은 사람은 무엇이든 자신에게 "적합한"일을 찾으려 한다고 그는 설명했다.[28] 물론 우리 모두가 자아실현을 이루는 것은 아니지만, 이러한 단계에 다가설수록 우리의 민주적 성향은 더욱 강렬해진다. 매슬로의 이론에서 인도적 민주주의에 이르는 경로는 정치적이고 집단적인 과정이자 심리적이고 개인적인 과정이다. 그렇지만 개인의 무수한 자아실현은 집단적 변화라는 순효과를 낳는다. 즉 매슬로는 사회 전체가 욕구 단계에서 위로 이동하면서 더욱 자각적이고 민주적인 사회가 될 수 있다고 주장했다. "이제 기본적 욕구 단계와 상응하는 사회의 위계가 생겼다."[29]

대중의 자아실현에 대한 매슬로의 낙관적 전망은 단지 전망에 불과했다. 그러다가 1960년대 후반 미시간대학교의 정치학자 로널드 잉글하트가 풍족함이 사회참여를 유도하고 민주적 성향을 높이는지 그 상관관계를 연구했다. 전후 유럽의 정치 활동을 연구한 잉글하트는 본질적으로 매슬로의 욕구 위계가 작동하고 있다는 사실을 발견했다. 2차 세계대전 이전에 태어나 불안정한 유년기를 보낸 사람들은 경제적 안정과 정치 질서, 여타 전통적인 '물질주의적' 가치에 집중한 반면(이것 때문에 개인의 자유를 일부 희생해야 해도 그러했다.) 전후에 태어나 경제성장기를 거친 베이비붐 세대들은 관심사가 사뭇 달라서 그리 절실하지 않은 목표에 비교적 자유롭게 집중했다. 이를테면 이들은 오락과 여가뿐 아니라 교육과 풍요로운 문화생활, 여행, 정치 활동, 여타 더욱 고상한 목표를 추구했다. 한마디로 베이비붐 세대들은 자신에게 필요한 것뿐만 아니라 자신이 '원하는' 것을 마음껏 찾아냈다. 그리고 이들, 즉 '우리'는 '자아 표출'이라는 자율성에 익숙해질수록, 민주주의와 언론의 자유, 남녀평등, 노동자의 권리 등 자유주의적 사회제도를 지지함으로써 그러한 자율성을 더 보호하고 '확장'하려고 했다. 이는 단지 이론이 아니었다. 잉글하트는 방대한 연구 자료를 토대로 물질적 조건이 개선된 곳은 어디든 이처럼 자아 표출적이고 '탈물질주의적'인 가치가 등장한다는 사실을 밝혀냈다.[30]

잉글하트의 '조용한 혁명' 이론은 20세기 후반에 펼쳐진 현상을 상당 부분 설명해 준다. 우리는 이러한 가치를 1960년대에 터진 심각한 정치적 갈등에서 확인할 수 있는데, 당시 전후 세대는 인종적 불의부터 베트남 전쟁까지 온갖 사안에서 부모 세대와 대립했다. 우리는 이러한 가치를 환경운동과 문화적 다양성을 받아들이는 태도, 그리고 전 세계적으로 억압받는 자들이 민주주의를 끊임없이 요구하는 모습에서도 발견할 수 있다. 더 나아가 후기 물질주의는 문명화의 향방을 우리에게 보여 주었다. 즉 잉글하트는 경제 성장이 지속되면서 더 물질적이고 나이 든 세대가 사망하면, 전체 사회가 점차 탈물질적 가치를 선택하게 된다고 주장했다. 훗날 잉글하트는 20세기 말 무렵 탈물질주의자들이 물질주의자들을 수적으로 능가하게 되면 '임계점'이 올 것으로 예상했다. 그러면 그때부터 탈물질 혁명을 향한 전 세계적 흐름에 탄력이 붙으면서, 모든 사회는 개인이 가장 높은 수준의 잠재력을 발휘할 수 있는 사회로 재정비될 것이라고 전망했다.

## 사회 번영과 자아실현이 모두 멈춘 세상

이 모든 설득력 있는 주장에도 불구하고, 잉글하트의 조용한 혁명은 다수의 잠재적 위험을 안고 있는 것 같았다. 가장 먼저, 우리의 사회혁명이 꾸준한 번영에 달려 있다고 할 때 번영이 주춤하거나 완전히 사라지면 과연 어떤 일이 벌어질까라는 의문이 든다. 우리는 욕구 단계에서 아래로 퇴보하여 다시 한 번 더욱 물질적인 인간이 될 것인가? 그리하여 성격이 다른 훨씬 잠잠한 혁명을 겪게 될까? 물론 1960년대 후반과 1970년대 초반 무렵 우리는 계속 일자리가 늘고 임금이 오를 정도로 성장세를 유지하기는 힘들다는 경고 신호를 받았다. 당시 물가가 서서히 오르고 있었다. 세계 시장을 주름잡았던 미국의 위세도 꺾이고 있었다. 가장 놀라운 사실은 미국 기업의 생산성이 떨어지고 있었고(미국의 노동자들의 연간 생산량은 이제 예년 수준을 넘지 못했다.) 결정적으로 이러한 침체기가 경제 회생에 성공한 아시아와 유럽에서 새로운 경쟁 업체가 등장한 시점과 맞물렸다. 게다가 원유 수출국인 중동 지역이, 산업사회와 고도의 모바일 사회에 가장 결정적이고 유일한 원료인 원유의 가격을 올리고 있었다. 이런 상황에서 만약 경제가 폭삭 망한다면, 우리 사회의 진화도 같이 멈추게 될까?

그렇다면 그 반대 시나리오는 어떤 걸까? 경제적 기술적 진보가 개인에게 상당한 자율성과 자아 표출의 자유를 제공하면서 우리가 더는 숭고한 탈물질적인 집단적 가치를 지지할 필요성을 못 느낀다고 가정해 보자. 사실 훗날 잉글하트가 경고한 것도 바로 이런 패턴이었다. 즉 사회가 점차 탈물질적으로 변할수록, 시민들은 점점 개인주의가 짙은 세계관을 보이고 또 전통적인 집단적 가치 및 제도에 대한 지지가 약해진다는 사실을 발견한 것이다. 그렇지만 잉글하트와 그의 동료 연구자들은 아무리 개인주의가 흘러넘쳐도 '비사회적 이기주의'로 이어지지는 않는다고 주장했다. 그들은 후기 물질주의자들이 선조들처럼 자신들의 지역 공동체와 사회에 헌신적일 것이라고 믿었다.[31]

그러나 소비자들이 급증하는 개인의 능력을 분명 비자각적이고 비사회적으로 썼던 사례는 무수히 많다. 그중 자동차와 관련된 예를 살펴보자. 자동차는 차체가 커지고 강력해지면서 고속도로의 안전을 위협하기 시작했다. 1960년대 말에는 심각한 공기 오염과 수입 원유에 대한 지나친 의존, 여타 '공공'재의 감소에 일조했다. 물론 자동차는 시작에 불과했다. 개인용 기술이 우리 주변 사람들의 동의 없이 (혹은 그들을 희생시켜서) 우리들의 열망 추구를 더 용이하게 해 준다면, 우리의 후기 물질주의적 사회는 어떻게 될까?

위의 두 가지 시나리오가 동시에 전개될 수 있다고 가정해 보자. 공교롭게도 전후 경제 호황에 대한 낙관주의가 저물고 1970년대에 전과는 사뭇 다른 힘겨운 상황이 연출되면서, 우리는 두 가지 시나리오가 동시에 전개되는 경우를 엿볼 기회를 얻었다.

# 2  자아실현을 향한 불안한 열망

### 당신의 자아를 추적하는 소비자심리지수

1년에 열두 번, 미시간대학교 조사연구소 직원들은 소비자 500명에게 전화를 걸어 미국 경제에 대한 의견을 묻는다. 직원들은 소비자의 온갖 경험과 관련된 50개의 질문 목록을 보며 설문 작업을 한다. 여기에는 경제 전반에 관한 소비자의 기대치를 묻는 질문들이 들어 있다. 예를 들면 "지금이 집을 사기에 적절한 시기라고 보십니까, 부적절한 시기라고 보십니까?" 같은 질문들이다.[1] 개인적인 질문들도 있다. "앞으로 열두 달 동안, 귀하의 소득이 작년에 비해 늘어날 것으로 보십니까, 줄어들 것으로 보입니까?" 같은 것이다. 견해와 관찰과 기대와 불안이 뒤섞인 응답자의 답변들은(경제학자들은 이를 자아로 본다.) 하나의 수치로 처리된다. 이것이 바로 매달 중간에 발표되는 '미시간대학교 소비자심리지수'로, 모든 경제지표 중에서도 가장 세심한 관찰을 거친 지표다. 조사에 응한 시민들이 경제 전문가는 아니지만, 이들의 응답을 종합한 수치는 그로부터 석 달에서 열두 달 동안 물가상승률과 실업률부터 주택 구매, 소매 매출, 전반 성장률에 이르기까지, 장차 전개될 현상에 대한 믿을 만한 예측을 제시한다. 소비자심리지수가 85 이상이면 대개 경기가 좋을 것으로 예상하고 15포인트 하락하면 보통 경기후퇴를 예상한다. 최근 몇 년 동안 이 지수가 70에서 80 사이를 맴돌면서, 전후 기간에 나온 지수를 훨씬 밑돌았다. 그렇지만 이는 현재 미국의 무기력한 경기회복에 대한 불안을 합리적으로 반영한 것이었다.

소비자심리지수의 정확성은 생각해 보면 놀라운 것이 아니다. 경제활동의 70퍼센트를 소비자 지출이 차지하고, 또 이 가운데 상당수가 재량 소득실수입에서 기본 생활비를 제외한 소득에서 나오므로, 이들 소비자의 심리는 예측력을 지닐 수밖에 없다. 어찌 됐든 시장에서는 미시간대학교의 소비자심리지수를, 경쟁 기관인 뉴욕의 민간 조사연구소 컨퍼런스 보드의 '소비자신뢰지수'와 더불어 절대 진리처럼 받아들인다. 소매업체와 제조업체들은 휴일 매출 전망과 생산 일정에 이 지수들을 충실히 반영한다. 미 연방준비제도와 여러 중앙은행들도 이 지수들을 이용해 금리와 여타 경제정책을 결정한다. 물론 월 가 역시 잠정적으로 '시장을 움직여' 수익성을 낳을 수 있는 자료로서 이 지수들을 취급한다. 소비자심리지수가 발표되면 곧바로 트레이더들이, 더 정확히 말하면 트레이더들의 빠른 컴퓨터들이, 앞다투어 사람들의 기대와 불안을 자본 이득으로 전환하려고 신속히 움직이면서, '컨슈머 페이싱 스타트업'들의 주식 수백만 주가 순식간에 매입되거나 처분된다.(2012년 미시간대학교는, 2009년부터 소비자심리지수를 시장에 공개하기 전에 몇몇 선별된 초단타 매매 트레이더들에게 몇 초 먼저 공개한 사실이 드러나면서 집중 포화를 맞았다.) 만약 소비자심리지수가 소비자들의 핵심 동향을 정확히 반영한다면, 자아와 시장의 격차는 순식간에 측정 가능해지는 것이다.

소비자심리지수는 자아와 시장의 진화된 관계를 추적할 수 있는 흥미로운 수단도 제공한다. 미시간대학교의 연구 조사는 2차 세계대전 직후 생긴 것으로, 처음 25년 동안 이 지수는 미국의 전후 번영과 낙관주의를 반영하여 90과 100 사이를 오갔다. 그러다가 1970년대 들어 추세선이 갑자기 요동쳤다. 소비자심리지수가 50으로 크게 하락하다가 잠시 회복하는 듯싶더니 다시 더 크게 떨어졌다. 소비자들의 시소 같은 심리는, 유럽과 아시아 지역에서의 경쟁 격화로 시작되어 유가 급등으로 귀결된 일련의 경제적 충격과, 경제 대공황 이후로 가장 극심했던 1974년과 1980년의 경기후퇴를 일정 부분 반영했다. 결국 하룻밤 사이에 전후에 이룬 번영이 사라진 셈이었다. 소득도 제자리걸음이었다. 실업이 급속히 확산됐다. 미국인들이 미국의 경제적 우위에서 느꼈던 자신감은 더욱 세계화된 경제에서 느끼게 된 불안과 낯섦으로 바뀌었다.

## 정치의 패배와 근시사회의 시작

미국인들의 불안정한 심리는 또 다른 더 깊은 변화를 반영했다. 1980년대에 로널드 레이건 같은 보수 정치인들은 일련의 대담한 경제정책과 사회정책에 착수했다. 루스벨트의 뉴딜 정책 이후 정부가 경제에서 중대한 역할을 해 왔다면, 이제 미국은 자유 시장으로 즉 기업과 개인 모두에게 경제적 자유를 최대한 허용하는 '자유방임주의'로 돌아섰다. 이렇게 한층 제약을 없앤 경제정책으로 돌아가면서 수십 년째 이어 오던 정부 전략에 갑작스럽게 마침표가 찍혔지만 이는 불가피한 흐름이었을 것이다. 1970년대에 경제 위기를 겪으면서 미국인은 정부의 경제 위기 대처 능력에 대한 믿음이 흔들렸다. 보수 경제학자들의 말에 따르면 미국이 해외 경쟁에서 제대로 대처하지 못한 이유는, 엄격한 규제와 높은 세금, 노조에 대한 강력한 지원 등으로 경제를 관리한 뉴딜식 정책 때문이었다. 따라서 레이건을 비롯한 여러 보수 정치인들(가장 유명한 인물은 영국의 마거릿 대처였다.)이 보기에 해결책은 자명했다. 그들은 경제 주체와 기업, 소비자 모두에게 제약을 풀어주어 각자 자신의 이익에만 신경 쓰게 하면 사회가 다시 살아난다고 판단했다.

그렇지만 상황은 원하던 대로 전개되지 않았다. 새로운 정치 철학 덕분에 해방되고 신기술로 활력을 얻은 미국 기업들은 최종 수익에 직접 보탬이 안 되는 사업이나 자산은 무엇이든 제거하는 2차 생산성 혁명을 치렀다. 수십 년 동안 사회적 제약에 묶여 있던 미국 기업들은 이제 자신들이 가장 잘하는 것, 즉 비용 절감과 이윤 극대화를 추구하도록 허락받았다. 이 순수한 형태의 자본주의 덕분에 미국 기업은 1990년대에 들어 다시 세계경제의 정상 자리를 탈환했다. 그러나 다수의 미국 노동자들에게는 전혀 상황이 달랐다. 간단히 말하면, 효율적으로 거듭난 미국 기업들은 집단 번영에 큰 동력이었던 공공재를 더 이상 생산하지 않았다. 이 두 번째 생산성 혁명이 본궤도에 오르면서, 수천만 미국인의 경제적 운은 다했고 자아와 시장의 관계는 불안해졌다. 충동 사회의 이야기는 바로 여기 전환기에서 다시 시작됐다.

### 약탈자들의 무도회

자유 시장과 대담한 이론이 주축이 된 불안정한 새 시대를 단 한 단어로 요약한다면, 바로 기업사냥일 것이다. 전후 비즈니스 세계에서 가장 지배적 인물이 제국 건설자였다면,(CEO는 방대한 노동자 군대와 상품이 가득한 무기 창고를 갖췄다는 점에서 이들과 유사하다.) 이제 그 자리를 새로 차지한 인물은 흡사 해체 전문가나 암살자 같았다. 이 사냥꾼들의 수법은 간단했다. 위기로 주가가 하락하면서 헐값이 된 기업을 찾아내 조용히 경영권을 확보한 다음,(보통은 '정크 본드'라는 고금리 대출을 이용한다.) 완곡하게 '구조 조정'이라고 표현하는 작업을 시작한다. 어떤 기업사냥꾼은 미친 듯이 기업의 규모를 줄인다. 그 전형적 예로 채권 트레이더 칼 아이컨과 부동산 재벌 빅터 포스너 같은 사치스러운 인물들의 행적을 들 수 있다. 이들은 실적이 낮은 부서를 없애고 수백, 수천 명의 노동자를 해고한 다음 구조 조정한 기업을 팔아 상당한 이윤을 남겼다. 표적으로 삼은 기업을 매각하는 것이 목적인 경우도 있었다. 즉 기업을 쪼갠 다음 날개로 파는 것이다. 1980년대가 지나자 인수된 수백 개의 기업이 재정비되거나 완전히 사라졌다. 한때 존경받던 기업들 그리고 그 기업에 의지했던 직원 및 지역사회에 가해진 엄청난 경제적 폭력이 당시의 기업사를 장식했다. 빅터 포스너는 인수한 기업의 연금을 빼돌려 요트와 승마를 즐기는 등 호화롭게 살았다. 또 항공사 TWA를 손에 넣은 아이컨은, 살아남으려고 분투하는 이 회사에 5억 달러를 빌리게 한 다음(대부분의 차입금은 그가 챙겼다.) 채무를 갚기 위해 가장 수익성 좋은 항공 노선을 팔아 버렸다.(이러한 관행을 '자산 박탈'이라고 한다.) 심지어 기업사냥꾼들끼리 축하 행사도 열었다. 이는 인수 합병에서 중개 역할을 했던 투자은행 드렉설 버넘 램버트가 모든 구조 조정계의 거물들을 위해 주최한 호화로운 연례 모임으로, 일명 '약탈자들의 무도회'라고도 불렸다.

다수의 비평가들 그리고 정신적으로 큰 충격을 받은 엄청난 수의 해고자들이 보기에, 기업사냥은 1980년대 미국 기업 문화에 침투한 "탐욕은 선월 가의 탐욕을 그린 영화 「월 스트리트」에 나오는 대사"이라는 시대정신을 완벽히 구현한 것이었다. 그렇지만 당시 떠오르던 보수적 경제학파에게 기업사냥은 그야말로 경제의 구세주였다. 기업사냥꾼이 등장한 이유는 주가가 떨어졌기 때문이고, 주가가 떨어진 이유는 일부 회사들이 잘못 운영된 탓이었다. 전후 30년간 번영을 누리면서, 다수의 미국 기업들은 자족적이고 비효율적인 조직이 되었다. 이들은 직원을 너무 많이 고용했고, 부수적 사업을 지나치게 많이 벌였다. 이들은 비용 관리에 대한 신앙심을 잃었다. 그 결과 다수의 미국 기업들은 해외의 경쟁 업체에게 밀린 데다 경기후퇴에 대한 준비도 전혀 돼 있지 않았다. 주가가 곤두박질쳤고(뉴욕증권거래소의 주식은 1970년대 초 50퍼센트 폭락했다.) 주주들은 투자액이 거의 반 토막 나는 모습을 멍하니 지켜봤다. 당시 주주들은 회사 운영에 관한 발언권이 거의 없었다. 회사 운영을 결정한 것은 주로 경영진이었고, 이들에게 주주와 주가는 부차적 관심사로 노동력이나 공급 업체 같은 요소보다 한참 뒷전이었다. 따라서 월 가에게 기업사냥이란 수년간의 부실 경영을 바로잡는 시장 나름의 방식이었다.

이러한 시장의 조정 작업은 놀랍도록 신속했다. 기업들이 차례로 인수되고 해체되면서, 미국 재계는 공황 상태에 빠졌다. 사냥 대상이 아닌 기업들도 사냥꾼들의 접근을 서둘러 막기 위해 주가를 높게 유지했다. 기업들은 인정사정없이 비용을 절감했다. 이에 못지않게 중요한 사실은, 기업들이 경영진에게 회사 주식을 보수로 지급하면서 경영진이 고려하는 우선순위와 경영 전략이 바뀐 점이다. 과거 주주들을 거슬리는 훼방꾼으로 여겼던 CEO들은 이제 본인이 주주가 되자, 주가에 집착하는 주주들의 이해를 수용하고 가급적 주가를 높게 유지하려고 애썼다. 경영진이 주가에 집착하는 새로운 현상을 보면서 다수의 전통적 경영 전문가들은 불안해졌다. 그렇지만 새로운 주주 옹호 세력들은 기뻐했다. 이들이 보기에 높은 주가는 주식시장이 만족한다는 뜻이었고, 당시에는 주식시장이 틀리는 경우가 드물다고 믿었다. '효율적 시장 가설'이라는 개념에 따르면 시장, 더 정확히 말하면 상장 기업을 세심히 연구한 수십만 명의 투자자들에게는 사실상 이용 가능한 방대한 정보가 모두 반영되어 있다. 이러한 정보는 끊임없이 회사의 장단점을 평가한 후 주식을 사고팔아 전망이 좋은 기업과 그렇지 못한 기업에 대한 신호를 보냈다. 이들이 주식을 사면 주가가 오른다는 신호였고 주식을 팔면 주가가 떨어진다는 신호였다. 어떤 경우든, 효율적 시장은 신호를 보냈다. 앞으로 전개될 상황은 뻔했다. 효율적 시장의 지혜를 받아들이고 이에 동참한 회사들 그리하여 자사의 주가를 높인 회사들은 번성할 것이고, 이를 수용하지 않은 회사들은 위기를 맞게 된다. 그 결과 탄생한 것이, 월 가 특유의 진지한 명칭인 주주 혁명이었다.

다윈주의에 가까운 이 경영관은 전후 철학에서 극적으로 벗어난 것이었다. 전후 시기에는 기업이 주주뿐 아니라 모든 '이해관계자'에게, 특히 노동자와 지역사회에게 지켜야 할 의무가 있다고 여겼다. 그러나 당시 보수적 이론가들의 주장에 따르면, 이해관계자라는 개념은 매우 잘못된 것이었다. 기업은 의존적 지지층이 있는 사회적 존재가 아니다. 기업은 단지 합법적 장치, 즉 경제학자 마이클 젠슨의 표현에 따르면 '일련의 계약 관계들의 결합체'로, 그 유일한 목적은 '주주 가치'를 극대화하는 것이다.[2] 이러한 기업체는 독자들이나 내가 특정 식료품점을 이용할 의무가 없듯이 그 누구에게도(이를테면 직원들) 어떤 의무를 지지 않는다.(경제학자 아르멘 알치안과 해럴드 뎀세츠의 표현에 따르면 "나는 특정 식료품점을 계속 이용해야 한다는 계약을 하지 않으며, 고용주든 고용인이든 고용 관계를 계속 유지해야 한다는 그 어떤 계약적 의무에도 얽매이지 않는다.") '주주 가치' 이론을 옹호하는 사람들이 보기에, 이러한 사회적 의무야말로

(기업이 어떤 식으로든 노동자들에게 '책임이 있고', 효율적 기업 운영을 넘어 또 다른 사회적 역할을 맡는 것) 그 많은 기업이 자신들의 '진짜' 사회적 의무, 즉 모든 사회적 진보를 좌우하는 부의 극대화를 이루지 못하게 한 요인이었다. 경제학자 밀턴 프리드먼은 자주 인용되는 《뉴욕타임스》 기사에서 "기업의 유일무이한 사회적 책임은 기업의 자원을 이용해 이윤 증가 활동에 전념하는 것"이라고 주장했다. 애덤 스미스의 '보이지 않는 손'을 기업 활동이라는 맥락에서 풀이하면 다음과 같을 것이다. 기업들이 제약에서 벗어나 부를 극대화할 수 있게 하면 사회적 책임이라는 이상에 기댄 정부가 주도하는 그 어떤 전략보다도 훨씬 더 효율적으로 사회의 부를 늘릴 것이다.

1980년대가 되자 효율적 시장과 주주 가치라는 논리가 정치철학으로도 확대됐다. 시장은 기업 전략에 대한 가장 효율적인 중재자일 뿐 아니라, 자유로운 사회를 조직하는 가장 효율적인 수단이기도 했다. 전후의 관리 경제에서 빠져나온 것 그리고 규제받지 않는 '효율적' 시장이라는 개념을 수용한 것은 미국 정치 문화의 우경화와 궤를 같이했다. 왜냐하면 레이건과 대처, 그리고 여러 보수적 정치인들이 다수의 기업 규제(이를테면 기업 인수를 가로막는 규제들)를 없애는 데 성공했을 뿐 아니라, 정부가 경제에서 그 어떤 긍정적 역할을 한다는 믿음을 없애는 것에도 성공했기 때문이었다. 레이건은 다음과 같은 유명한 농담을 남겼다. "영어에서 가장 두려운 표현은 '저는 도움을 주려고 정부에서 나온 사람입니다'라는 말입니다."

자유 시장에 대한 이 새로운 믿음은 사회의 모든 부문에 스며들었다. 다수의 법대와 경영대에서 주주 가치는 미래의 기업 지도자에게 새로운 교리가 되었다. 몇 가지 확연한 비일관성이 있어도 이들은 받아들였다. 워싱턴 D. C.에서 활동하는 노동계 로비스트 데이먼 실버스는 주주 혁명 직후 하버드 경영대학원과 법학대학원 두 곳을 모두 졸업한 인물이다. 그는 주주 가치 이론이 더욱 전통적인 몇몇 경영 개념과 충돌했던 것을 떠올리며 이렇게 말했다. "한 교수가 수업 때 이렇게 말할 겁니다. '기업은 계약의 결합체입니다. 중요한 것은 인센티브입니다.' 그런 다음 10분 정도 후에 그 교수는 협업의 중요성에 대해 말할 겁니다. 그러면 당신은 이렇게 말하겠지요. '아니, 잠깐만요, 이 두 가지를 동시에 받아들일 수는 없잖아요. 둘은 절대 공존할 수 없는 개념인데요.'"[3] 그러나 이 새로운 세대의 경영자들과 기업 변호사들이 재계에서 승승장구하기 시작할 무렵, 그러한 염려는 대부분 사라졌다. 회사들이 느슨한 규제와 약해진 노조(노조는 정부의 지원을 거의 잃었고 노조원도 많이 줄었다.)에 빠르게 적응했을 뿐 아니라, 기업 운영의 지침이었던 전통적 규범이 완화된 현실에도 익숙해졌기 때문이었다. 전후 기업들이 꾸준한 장기적 성장에 만족했다면, 이제 경영자들은 수익과 주가를 훨씬 높여 줄 전략을 찾았다. 이 전략이 성공할 경우 이들은 두둑한 보상을 받았는데, 보상에서 주식이 차지하는 비중이 점점 커진 덕분이었다. 따라서 기업 전략이 수익을 높여 주가를 끌어올릴 방법에 초점을 맞춘 것은 당연했다. 그리고 수익을 가장 빨리 올리는 방법 중 하나가 비용 절감이므로, 비용 절감은 미국에서 언제나 믿음직한 전략이 되었다. 사실 1980년대 기업 세계에서, 월 가를 만족시키고 주가를 끌어올리는 가장 빠른 방법은 대량 해고를 발표하는 것이라는 게 하나의 정설이었다. 이제 직장인들「the Company Men」, 청춘을 바친 대기업에서 하루아침에 해고를 당한 세 남자의 좌절과 재기를 그린 영화의 시절은 끝났다.

그렇지만 이는 서막에 불과했다. 혁명가들이 효율 시장의 이미지에 맞게 재계를 재편하기 시작한 순간, 이들은 강력한 도구를 새로 얻었다. 이번에는 월 가가 아닌 실리콘밸리가 제공한 것으로, 주주 혁명의 속도를 광속으로 끌어올리고 시장이 자아에 깊이 침투하여 둘이 영원히 결합된 것처럼 보이게 해 준 도구였다. 이제 충동 사회가 탄생하려는 순간이 왔다.

### 디지털 파워, 양날의 검인가?

기업들이 컴퓨터를 사용하기 시작한 것은 1950년대부터지만, 그 비용이 너무 높아서 컴퓨터 혁명의 잠재력은 크게 부각되지 못했다. 그러다가 1972년에 대형 중앙 컴퓨터가 하는 작업을 더 적은 비용으로 더 빠르게 해내는, 수천 개의 데이터 저장 트랜지스터를 집적시킨 초소형 실리콘칩인 마이크로프로세서가 나오면서 상황이 바뀌기 시작했다. 최초의 마이크로프로세서인 인텔 4004는 탁상용 계산기를 돌릴 정도의 성능밖에 되지 않았다. 그렇지만 인텔과 경쟁 업체들의 치열한 경쟁으로, 곧바로 성능은 두 배로 향상되고 비용은 절반으로 낮아진 칩을 18개월마다 생산하게 되었다.[4] 성능은 기하급수적으로 증가하지만 비용은 떨어지는 이 현상을 인텔의 공동 설립자 고든 무어의 이름을 따서 무어의 법칙이라고 하는데, 이 기술 덕분에 1980년대 초반 기업들은 그 어느 때보다 저렴한 컴퓨터를 시장에 충분히 공급할 수 있었다.

대다수 사람들에게 가장 친숙한 디지털 혁명은 개인용 컴퓨터와 그 초창기 장비, 플로피디스크, 검정 화면에 뜬 녹색 글씨 등일 것이다. 그렇지만 충동 사회의 맥락에서 보면 저렴한 컴퓨터의 더욱 직접적인 여파는, 주주의 의사에 맞춘 재계의 재편성이 가속화된 것이었다. 월 가는 이제 기업 효율성을 더욱 무자비하게 추구했다. 컴퓨터와 컴퓨터를 이용한 데이터 전송 회로 덕분에, 브로커와 투자은행들은 거의 실시간으로 기업의 실적을 감시하거나 기업 데이터를 빠르게 분석할 수 있었다. 거래 전산화로 데이터를 반영한 거의 즉각적인 조치 역시 가능해졌다. 1980년대가 되자, 분기별 이익보고서가 신통치 않은 회사는 수분 내로 곧이어는 수초 내로 주가 하락을 경험했다.

그렇지만 컴퓨터 덕분에 기업들은 월 가가 요구하던 이윤 창출 기회를 더욱 빠르게 활용할 수 있었다. 예를 들면 컴퓨터를 이용한 설계와 제조 공정 덕분에 회사들은 신제품을 시장에 내놓고 투자 수익을 거두기까지 걸리는 시간을 훨씬 단축했다. 디트로이트의 경우, 새로 구상한 차량이 매장 전시실에 놓이기까지 걸리는 시간이 4년에서 8개월로 줄었다.[5] 그러나 컴퓨터의 진정한 공로는 비용 절감에 있었다. 제조업체들은 더욱 복잡하고 많은 작업들을 자동화하면서, 생산량은 빠르게 증가시키면서도 노동 비용은 낮출 수 있었다. 해외 하청도 훨씬 쉬워졌다. 샌프란시스코나 뉴욕 혹은 베를린이나 도쿄에 있는 엔지니어들은 신제품을 화면상에 설계한 후 설계도를 멕시코나 중국 또는 어디든 인건비가 가장 싼 지역에 바로 보낼 수 있었다. 컴퓨터 덕분에 근대의 기업은 진정한 결합체가 될 수 있었다. 즉 근대 기업은 자본, 노동, 원료가 어떤 곳에서 어떤 모습을 하고 있든 그 형태를 신속히 바꿔 언제라도 가장 빠른 수익을 내는 변형의 귀재였다.

게다가 수익률도 인상적이었다. 1990년대가 되자 기업의 이윤이 치솟았다. 주식시장도 뜨거웠다. S&P 500지수 500대 대기업의 주주수익률(즉 주식 평가 이익에 배당금을 합한 것. 배당금은 기업의 이익 중 주주에게 정기적으로 지급하는 몫이다.)이 1960년대보다 2배 이상 높았고 1950년대 호황기만큼 높았다.[6] 매 분기별 보고서를 보면, 주주 혁명과 효율 시장의 논리가 갈수록 맞는 것 같았다. 수익률이 매우 높아지자 다수의 기업들은 고위 경영자들이 더욱 많은 가치를 생산하도록 '장려'하기 위해 더욱 많은 회사 주식을 이들에게 허용했다. 그 무렵 컴퓨터의 성능이 급격히 향상되면서 인터넷이 나오고 기술주가 급등했다. 다수의 전문가들에게 닷컴 열풍은 새로운 경제 질서, 즉 이론상 전후 경제보다 훨씬 많은 부를 창출하게 해 주는 디지털 파워와 시장 효율성의 이중 나선 구조를 최종적으로 확인시켜 준 현상이었다. 미국은 다시 정상에 올라섰다.

**일자리가 사라진다!**

그러나 차츰 뚜렷해진 사실은, 이처럼 거대한 새로운 번영이 전후 선조들이 폭넓게 공유했던 번영과는 한참 달랐다는 점이었다. 게다가 이 현상이 우연이라고 보기는 힘들었다. 이제 미국 재계는 정부 개입이나 사회적 의무에 방해받지 않으면서 훨씬 효율적인, 좁은 의미의 번영에 자유롭게 몰두했다. 이러한 번영이 충족시킨 것은 주주와 경영진의 이해였으므로, 다른 당사자들은 보통 알아서 이해관계를 챙겨야 했다. 이 새로운 효율 시장의 논리적 귀결은 투자에서 수익까지 그 사이에 놓인 비효율을 거의 없앤 순수하고 추상적인 자본주의였다. 이때 충동 사회에 그리고 자아와 시장의 통합에서 또 다른 예기치 못한 요소가 있었다. 이제 자유롭게 좁은 의미의 만족만 추구하는 기업이, 사회적 집단적 제도보다는 자신의 관심사에만 몰두하고 다른 이들의 이해에는 냉담한 개인적 자아처럼 행동해도 무방하다는 인식이었다.

이러한 산업 이기주의의 득세를 제대로 확인시켜 준 현상은 바로 연이은 인원 감축이었다. 인원 감축의 강도와 기간은 전통적인 경기 순환 패턴을 뛰어넘었다. 과거에도 경기후퇴기에는 인력을 줄였지만 회복기에는 늘 고용이 급증했다. 그러나 이제는 그런 패턴이 보이지 않았다. 다수의 사라진 일자리는 영영 돌아오지 않았다. 특히 전통적으로 중산층에게 중위 소득 일자리를 제공하는 데 가장 큰 역할을 한 제조업 부문이 그러했다. 1979년부터 1983년까지 미국에서는 200만 개가 넘는 공장 일자리가 사라졌다.[7] 그러다가 1980년대 후반에 다시 호경기를 맞았지만 이 사라진 일자리들은 돌아오지 않았고, 또 다른 제조업 일자리 460만 개마저 영원히 사라졌다.[8] 당시 경기 호황으로 새로운 정보 기술 분야를 비롯해 신규 일자리가 대거 창출된 것은 사실이지만, 제조업 분야에서 잃은 임금을 상쇄하기에는 역부족이었다. 전후 시기에 꾸준하고 빠르게 늘었던 중위 소득이 이제 줄어들기 시작했다.

1990년대 초 미국 경제가 처음으로 '고용 없는' 경기회복을 겪으면서, 전후 번영이 다시는 돌아오지 않는다는 사실이 명백해졌다. 적어도 다수의 노동 인력에게는 그렇게 보였다. 미국인들은 이제 고용 안정 대신 일상적인 해고를 경험했다. 일자리를 지키고 있던 다수의 직원들도 복지 급여가 낮거나 아예 없는 그리고 승진 기회가 적은 '계약직'으로 전환됐다. 임금 상승은 이제 완전히 멈췄다. 1973년부터 1993년까지 물가 상승률을 반영한 미국 중위 가구의 소득은 겨우 7퍼센트 증가했다.[9] 앞서 25년 동안 소득이 두 배로 뛴 것과는 완전 딴판이었다. 운이 다한 중산층 노동자에게 현실은 냉혹했다. 1973년에 중간 소득 일자리를 가진 30세 남성은 20년 전 자기 아버지가 벌던 것보다 60퍼센트 많이 벌었다. 1998년, 이 남성의 아들은 1973년에 자기 아버지가 벌던 것보다 25퍼센트 적게 벌었다. 2차 세계대전 이후 처음으로 전후 번영의 꽃이자 관대한 후기 산업주의적 열망의 원동력이었던 소득 증대를 기대할 수 없게 되었다.

이 같은 소득 하향세의 원인에 대한 논란은 여전히 뜨겁다. 물론 이 현상은 일부 노동운동의 퇴조를 반영했다. 제조업 일자리가 사라지면서, 노조는 규모가 줄어들었을 뿐 아니라 영향력도 시들해졌다. 1950년대와 1960년대의 미국은 노조가 경영자들에게 임금 인상을 요구하면서 연간 300건 정도의 굵직한 파업을 경험했다. 반면 1980년대에는 1년에 터진 파업이 80건 정도였고 1990년대에는 34건 정도로 줄었다.[10] 마찬가지로 컴퓨터가 주도한 제조업 효율성의 큰 변화도 노조 약화에 기여했다. 이제 제조업체들은 훨씬 적은 인력으로 훨씬 많이 생산했기 때문이었다. 사실 컴퓨터가 무척 저렴해지고 해마다 성능이 좋아지자, 회사들은 인력 투자를 줄이고 컴퓨터 및 관련 장비에 투자하는 쪽이 더 수익성이 있다고 판단했다.[11] 간단히 말해, 기술 수익성이 인력 수익성보다 낫다고 본 것이었다.

그렇지만 노동자들의 사라진 행운은, 비용 절감에 집착하던 기업 경영자들이 주주 혁명을 내면화한 현실을 반영한 것이기도 했다. 사실 비용 절감은 예전에도 있었다. 전후 미국 재계는 비대하고 나태했다. 경영진과 노동계 모두, 많은 경우 민간 복지국가처럼 운영되던 비즈니스 모델에 익숙했다. 특히 노조는 해외 경쟁처럼 달라진 경제 현실에 적응하지 못했다. 즉 자족적이고 부패한 모습에 빠져 있었다. 그래서 노동생산성이 떨어졌는데도 대폭적인 임금 인상을 주기적으로 요구하는 경우가 많았다. 그러나 이는 이야기의 절반일 뿐이었다. 주주 혁명이 단지 산업을 효율적으로 다듬기 위한 것이 아님은 처음부터 명백했다. 주식 기반 보상이라는 새로운 모델이 생기면서, 경영자들은 그 어느 때보다 과감한 비용 절감으로 치부하려는 욕망이 커졌다. 그리고 비용에서 언제나 가장 큰 몫을 차지한 것은 노동력이었으므로, 직원들은 해고와 외주, 업무 자동화뿐 아니라 직원 교육을 비롯한 여타 복지 급여의 극적 감소라는 형태로 비용 절감 공격을 정면에서 받아야 했다. 이 모든 절감은 직원들이 회사에 안겨 주는 가치가 계속 줄어들 것이라는 확신에서 비롯된 것이었다.

매사추세츠대학교 경제학자 윌리엄 라조닉의 주장에 따르면, 이러한 절감으로 미국 산업의 기반이 완전히 바뀌었다. 전후 경영자들은 라조닉이 '보유와 재투자'라고 부른 전략(경영자들은 자동으로 기업 이윤의 상당 부분을 신규 공장과 임금 인상의 형태로 회사에 다시 투자했다.)을 따랐다면, 주주 혁명 이후 경영자들은 '규모 축소와 분배'라는 전략을 준수했다.[12] 즉 온갖 것을 잘라 낸 후 절감된 것을 더 많은 배당금과 더 빠른 주식 평가 이익으로 주주들 그리고 자신들에게 환원하는 것이었다. 한때 경기후퇴와 여러 구체적 경제 위기의 일시적 대응책으로 보였던 감축이, 이제 위기가 아닌 딱히 정당한 계기가 없어도 일상적으로 실시하는 영구적 운영 방침이 되었다. 이제 경영진은 경기가 좋든 나쁘든 언제나 줄였다. 라조닉은, 주주 혁명의 시작은 기업의 낭비와 비효율을 없애는 것이었을지 모르겠지만, 이는 고위 경영자에게 "노동력을 마음대로 없애고 또 전에는 정치적으로 어려웠던 여러 가지 변화를 꾀할 자유를 완전히 주었으며, 이러한 조치를 하고도 거액의 보상을 받는 것"을 사회적으로 재빨리 합리화했다고 지적했다.[13] 1970년대에는 연봉 100만 달러를 받는 CEO가 드물었던 반면, 1990년대가 되자 스톡옵션 덕분에 1000만 달러, 때로는 1억 달러까지 받는 CEO가 생겼다.

게다가 정치적으로 자유 시장 이론이 널리 퍼지면서, 이렇게 엄청난 보상이 전적으로 옳다고 보는 정책 입안자가 많아졌다. 1980년대와 1990년대의 주류 사회는, 효율 시장이 용인하려는 연봉이 어떤 형태든 그 자체로 지극히 합리적이라고 받아들였다. 게다가 시장 역시 이를 용인하는 분위기였는데, 일종의 자기 영속적 패턴으로, 주식 보상은 경영자들이 주가 유지를 위해 무엇이든 하도록 '동기 부여'하는 데 특효였기 때문이었다. 근대 미국사에서 매우 칭송받는 인물인 제너럴일렉트릭사의 CEO 잭 웰치가 1981년부터 1985년까지 10만 개가 넘는 일자리를 없애고 중성자탄 잭 건물만 남기고 인력은 사라지게 하는 잭 웰치의 구조 조정 방식을 중성자 폭탄에 빗댄 표현이라는 별명을 얻은 것도 바로 이런 흐름을 보여 준다.[14]

이런 현상은 적어도 기업 문화의 심오한 변화를 보여 주는 것이었다. 전후의 전형적 기업은 경쟁 업체보다 앞서기 위한 하나의 수단으로서, 직원들에게 자부심과 결속력을 불어넣는 나름의 '국가주의적' 관습과 규율을 갖추고 하나의 주권국가처럼 기업을 운영했다. 경영자와 노동자가 끊임없이 갈등하는 부문에서도 상대방이 없다면 양쪽 모두 번영하지 못한다는 사실을 마지못해 받아들였다. 그렇지만 새로운 기업 문화는 가족주의와 매우 동떨어져 있었다. 직원들은 경영진이 자신들의 보상을 극대화하기 위해서라면 인력이든 무엇이든 줄여 버리는 무자비하고 지독히 이기적인 집단이라는 사실을 차츰 깨달았다. 이 행동이 옳지 않은 것은 아니었다. 기업 전략이 점점 발 빠른 비용 절감과 주식 평가 이익을 중심으로 돌아가는 상황에서, 열기구 조종사가 바닥짐 열기구의 무게중심을 잡기 위해 바닥에 놓는 무거운 물건을 다루듯 경영진이 필요에 따라 인력을 버릴 이유는 충분했다. 바닥짐을 내던질수록 열기구가 높이 올라가기 때문이었다.

## 미국인들은 왜 경제난 속에서도 자유 시장 이론을 지지했을까?

1980년대에 경제적 안정이 점차 흔들리는 상황과 관련해 가장 의아한 점은 꾸준한 정치적 반격이 사실상 없었다는 점일 것이다. 미시간대학교에서 오랫동안 소비자 동향 연구 책임자로 일해 온 리처드 커틴의 말에 따르면, 1970년대 초 경제적 재난이 처음 닥쳤을 때는 정치·사회적 저항이 상당히 컸다고 한다. 전후 수십 년 동안 번영을 누리면서 미국인은 자신들의 열망을 포기하려 하지 않았고, 결국은 위기를 정부 탓으로 돌렸다고 커틴은 지적했다.[15] 실제로 레이건이 민주당 대선 후보 지미 카터에게 압승을 거둔 것도 의심의 여지없이 저항의 목소리 덕분이었다. 미국인들은 전후의 뉴딜식 경제정책을 소리 내어 거부하면서, 문제가 생기더라도 규제받지 않는 자본주의와 개인의 경제적 자유라는 이상을 선호했다. 그렇지만 1980년 후반부터 자유방임주의와 효율 시장이 전후 번영을 회복하지 못하고 심지어 그 번영을 한층 훼손한 것처럼 보였는데도, 유권자들은 신기하게도 잠잠했다.

이렇게 조용해진 현상은 일정 부분, 뉴딜 정책을 지지하는 정치 세력이 사라지면서 위축된 노동운동의 현실을 반영한 것이었다. 그렇지만 여기에는 또 다른 이유도 있었다. 그중 하나는 레이거노믹스레이건 정부가 추진한 자유경쟁 시장 중심의 경제 회생 정책의 결실을 누린 미국인이 꽤 많았다는 점이다. 소득 수준 최상위 20퍼센트 집단은 1980년대에 소득과 재산이 꾸준히 증가했는데, 세금 감면과 주식 시장 활황이 그 배경 중 하나였다. 그 결과 1920년대 이후 처음으로 이들 상위 집단은 다른 계층과 선을 긋기 시작했다.

그렇지만 놀랍게도, 혜택을 누리지 못한 미국인 중에도 자유 시장 이론을 여전히 강력하게 지지하던 이들이 있었다. 이들은 왜 그랬을까? 그 이유를 알려면 우리는 전후 번영 덕분에 미국인이 더 나은 자아와 더 나은 사회를 꿈꿀 수 있었다고 주장한 매슬로와 잉글하트의 아이디어로 돌아가야 한다. 번영이 주춤하면서 미국인은 이제 역설적 상황에 놓였다. 대다수는 여전히 조부모 세대보다 훨씬 부유하게 살았다. 그렇지만 그 이상으로 나아지지 못했다. 즉 이전 세대와 달리 경제적 진보에 기댈 수가 없었다. 많은 이들이 테드 노드하우스와 마이클 셸렌버거가 명명한 "불안한 풍요" 상태에 놓였다. 즉 물질적 필요는 어느 정도 채워졌지만 더 좋은 지위, 더 큰 자부심, 여타 후기 물질주의적 열망이 좌절되면서 분노하고 불안하며 그 누구라도 비난하려는 상태였다. 그러나 그러한 분노와 불안이 20년 전에는 정치적 행동으로 이어졌다면, 1980년대의 문화는 다른 방향으로 전개됐다. 1960년대의 정치적 실패와 도를 넘어선 행동 때문에 집단행동이라는 전통을 부정적으로 보는 사람들이 많았기 때문이었다. 심지어 민주당을 지지하는 다수의 유권자들조차 미국이 허약해진 것은 뉴딜식 복지국가의 확장판인 위대한 사회정책 1960년대에 존슨 정부가 추구한 빈곤 추방 및 경제 번영 정책 때문이라고 생각했다.(마찬가지 맥락에서 소비에트 연방의 몰락과 다수의 사회주의 정부의 고투는 실현 가능한 자본주의의 대안이라는 낙관론을 흔들어 놓았고, 미국 좌파들도 이에 영향을 받았다.) 대신 다수의 미국인은 경제적 개인주의라는 이상을 받아들였다. 도금 시대의 온갖 위엄을 갖추고 부활한 경제적 개인주의는 개인의 부를 좌우하는 것이 주로 개인의 주도성이라고 여겼다. 그렇지만 세계화, 디지털화된 경제 그리고 주주 가치가 지배적인 경제에서는, 보통 개인의 주도성만으로 성공하기가 힘들었다. 그렇지만 이러한 역설적 상황은 제약 없는 경제적 기회라는 메시지를, 즉 조만간 그러한 경제적 기회가 실제로 미국의 아침을 밝힐 것이라는 강력한 메시지를 뿌리치지 못했다.

### 원하는 건 무엇이든, 소비자 선택의 시대

그사이 또 다른 요소가 미국인의 분노와 불안을 달래고 있었다. 미국인들 다수는 효율적 시장에서 자신들의 행운이 사라지는 것을 목격했지만, 동시에 바로 그 시장에서 자신들의 열망을 다른 식으로 채울 수 있다는 사실을 깨달았다. 놀라운 효율성을 지닌 컴퓨터 덕분에 거의 모든 재화와 서비스가 이전 세대가 지불한 비용의 일부만으로도 생산되고 유통될 수 있었다. 1970년부터 1989년까지 미국은 내구재의 실질 가격이 26퍼센트 하락했다. 가계 지출에서 식비가 차지하는 비중도 확 낮아졌다. 닭고기 500그램의 가격이 절반으로 떨어졌다. 맥도널드의 치즈버거 가격도 40퍼센트 떨어졌다. 이렇게 저렴한 소비가 가능해지면서 소비의 한도라는 개념을 다시 생각하게 되었다. 2차 세계대전 이전 미국인의 특징이자 1970년대 경기후퇴 때 잠시 고개를 내밀었던 근검절약 정신이 어디론가 사라졌다. 이러한 경향은 기술 저술가 크리스 앤더슨이 지적한 것처럼, 시장이 낮은 물가와 끊임없는 풍요를 이용해 "풍족해진 자원을 낭비하는 법, 그리고 비용과 자원 부족을 고민

하는 본능을 무시하는 법"을 가르치면서 시작됐다.[16]

컴퓨터 덕분에 더 저렴한 소비가 가능해졌을 뿐 아니라 소비 방식 또한 더욱 흥미로워졌다. 조립라인의 전산화로 회사들은 더욱 신속하게 제품들을 바꿀 수 있었다. 즉 단 하나의 공장에서 서로 다른 무수한 모델들을 생산하고 더 자주 업그레이드할 수 있었다. 그리고 공급망과 재고 처리의 전산화로, 월마트와 타깃 같은 소매 업체들은 더 다양한 제품들을 더 용이하게 취급할 수 있었다. 게다가 폭넓은 다양성은 구매를 더욱 자극하므로 업체들은 훨씬 다양한 상품을 제공하려 했는데, 이러한 순환이 계속 이어졌다. 1950년대에 슈퍼마켓이 3000개의 제품을 팔았다면, 즉 '재고 유지 품목'이 3000개였다면, 1990년에는 그 수가 열 배로 증가했다.[17, 18] (월마트는 10만 개가 넘는 재고 품목을 취급했다.) 자동차와 의류부터 실내 장식품과 음반에 이르기까지, 컴퓨터 성능의 기하급수적 향상을 예측한 무어의 법칙에 따라, 선택 가능한 제품 범주도 기하급수적으로 늘었다. 선택지가 많아지면서 소비는 차츰 맞춤형 소비로 발전했다. 거의 무한한 종류의 제품과 서비스 중에서 개인의 기호에 딱 맞는 것을 골라 소비할 수 있게 되었다. 일례로, 비디오 녹화기의 기적 덕분에 이제 우리는 모두 똑같은 것을 볼 필요가 없어졌다. 예술영화가 보고 싶으면 예술영화를 빌리면 된다. 로맨틱 코미디, 일본 애니메이션, 공포 영화, 잔혹물, 포르노 등 무엇이든 대여해 보면 된다.(비디오 기술이 무척 저렴해지고 영화보다 접근성이 좋아지면서 1980년대 중반 활기를 되찾은 포르노 산업은 매주 150개의 새로운 '제목'을 만들어 냈다.[19]) 1980년대 후반이 되자 시중에 수천 개의 비디오가 쏟아졌고, 비디오 판매 및 대여 매출액은 영화표 매출액을 넘어섰다.[20] 이는 소비자 영역도 마찬가지였다. 제프 매드릭은 뉴스쿨의 슈워츠경제정책연구소와 진행한 연구에서, 1970년부터 1995년까지 특정 해에 미국에서 접할 수 있는 소비재의 총 재고 품목 수가 10배나 올랐다고 추산했다. 매드릭은 대다수 서구 지역이 후기 산업사회에 진입하면서 이제 '소비자 선택의 시대'에 접어들었다고 주장했다.

### 제 정체성 삽니다!

시장과 소비자, 경제와 자아 사이의 피드백은 더욱 가속화됐다. 우리의 경제 여건을 개선할 수 있다는 믿음은 사라졌어도, 자아 발전과 자아 발견이라는 전후의 프로젝트는 이어 갈 수 있었다. 두서없이 시작됐던 자아 정체성 및 자아실현 추구는 이제 산업화와 전문화가 가미되면서 완전한 사회적 의제로 자리 잡았다. 사람들은 자신의 취향에 맞게 집을 꾸몄다. 그리고 사이언톨로지과학 기술로 인류 문제를 해결할 수 있다고 주장하는 신흥 종교, 초월 명상, 심신 통일 훈련을 통해 완벽한 내면을 추구했다. 수십 년 동안 운동선수와 훈련 교관의 전문 분야였던 신체 단련도 세속적 종교의 중심을 파고들었다. 1970년부터 1990년까지 미국의 조깅 인구는 10만 명에서 3000만 명으로 늘었다.[21, 22] 헬스장은 수천 배 증가했고, 각 매장과 제품 안내책자는 새로운 '생산성' 도구들로 넘치면서(러닝화와 스판덱스 제품, 실내 자전거와 트레드밀, 헬스 장비 업체와 에어로빅 방법, 단백질 보충제와 탄수화물 비축법, 심박계와 운동 일지 등) 우리는 역대 최고의 효율성으로 자아 찾기 프로젝트에 동참했다.

또 하나 중요한 사실은 컴퓨터가 자아 발견에 힘을 실어 주던 상황에서 이러한 기술 덕분에 자아 발견에 드는 비용을 더 쉽게 마련했다는 점이다. 신용 평가의 전산화로 은행들의 대출 결정과 신용카드 승인은 며칠이나 몇 주가 아닌 단 몇 분 만에 이뤄졌다. 게다가 금융 전산화로 신용 점수와 수입, 여타 개인 정보에 따라 차입자를 더욱 쉽게 분류할 수 있게 되면서, 배로 늘어난 가계 부채를 '한데 묶어' 증권으로 전환한 다음 고수익을 노리는 월 가의 투자자들에게 팔았다. 은행들은 신용을 제공하려고 안달이었을 뿐 아니라 빌려 줄 자본도 넘쳐났는데, '증권화'한 부채를 팔아 생긴 현금을 다시 대출할 수 있기 때문이었다. 이 새로운 부채들은 또다시 증권화됐고 이 과정은 계속 반복됐다. 늘어난 신용 공급으로 금리가 낮아지면서, 은행들의 전통적인 이윤 창구도 좁아졌다. 이를 만회하기 위해, 그리고 월 가가 요구하던 수익을 유지하기 위해 은행들은 양적 모델을 전략으로 택했다. 신용은 이제 다른 소비재만큼 창의적이고 공격적으로 시장에 나왔다. 은행들은 떠올릴 수 있는 거의 모든 것을 대상으로 대출하기 시작했다. 주택 담보대출과 자동차 대출뿐 아니라, 집수리, 대학 등록금, 휴가, 보트, 채무 통합, 심지어 성형수술을 위한 대출까지 했다. 그리고 사람들은 신용 대출을 많이 받은 만큼 더 많이 썼다. 세계화와 기술과 새로운 비즈니스 전략이 경제를 재편하면서 우리들의 소득은 정체 상태였을지 모른다. 그렇지만 일정 부분 이러한 혁명적 동력 덕분에 지출 능력은 여전히 급증해서, 어떻게 보면 전후 번영을 실제로 재현한 것 같았다.

1990년대 중반 컴퓨터와 금융이라는 두 가지 동력이 뒤엉켜 작용하면서 경제는 또다시 호황기를 맞이했고, 사람들은 자아 발견과 정체성 찾기에 다시금 매진했다. 브리검영대학교에서 상업 사회학을 전공하는 사회학자 랠프 브라운은 극빈층을 제외한 거의 모든 미국인에게 소비를 통한 정체성 찾기가 매우 효율적으로 이뤄지면서, 이 행위가 거의 제2의 천성으로 자리 잡았다고 주장했다. "살아가면서 뭔가 새로운 것에 대한 갈망이 생기면, 우리는 바로 나가 손에 넣을 수 있습니다. 순식간에 정체성을 살 수 있는 것이지요. 게다가 소비가 쉬워질수록 우리는 더욱 효율적으로 정체성을 구입할 수 있게 되므로, 더욱 효율적인 것 자체가 정체성의 일부가 됩니다."[23]

### 그게 나하고 무슨 상관이죠?

물론 이 새로운 효율성이 언제까지 지속될지 우려하는 사람들이 있었다. 1987년에 지나치게 용이한 신용 전산화로 생긴 대출 거품이 터지면서 주식시장이 붕괴됐고, 전산화된 주식거래가 통제 불능에 빠지면서 주식시장 붕괴는 한층 심각해졌다. 물론 첨단 기술 시장의 온갖 위험이 아직 다 드러난 것은 아니었다. 한 베테랑 브로커는 이렇게 불만을 토로했다. "우리는 지나치게 많이 바꿨습니다. …… 결국 어떤 일이 벌어질지 우리는 모릅니다. 이 기술이 우리를 어떤 세상으로 안내할지 몰라요."[24] 한편 신경제新經濟가 온갖 새로운 매력으로 소비자를 사로잡긴 했어도 사실 경제 안정을 이루지는 못했다. 1990년대 말 무렵 소득은 급등했지만, 전반 성장률은 한 해에 2.3퍼센트로 전후 성장률의 3분의 1 수준에도 미치지 못했다.[25]

한편 자아 충족 능력이 지나치게 커지면서 사람들은 온갖 종류의 부채를 쌓았다. 금융 부채뿐 아니라 사회적 심리적 부채를 쌓았고, 심지어 신체적 부채까지 짊어졌다. 사람들은 몸매 관리에 집착하는데도 뚱뚱해졌다. 또 진정제와 항우울제를 지나치게 복용했다. 관심이 온통 자아 계발에 쏠리면서 상당수의 사람들이 자아와 관련 '없는' 일에는 시간이나 에너지, 관심을 쏟지 않았다. 많은 비평가들은, 한때 자아 실현과 사회참여, '민주적 성향'으로 이끌었던 희망적 동력이 이제 또 다른 자기 계발 브랜드가 되어 사회적 회피를 정당화한다고 지적했다. 저술가 피터 마린은 자기 개선이 "도덕과 역사라는 세계로부터 도피하는 수단, 인간의 호혜성과 공동체 의식을 뻔뻔하게 부인하는 수단"이 되었다고 불평했다.[26]

도피는 점차 하나의 규범이 되었다. 1950년대와 1960년대의 도시 탈출은 광범위한 사회적 이탈로 바뀌었다. 20세기 초반 혁신주의 운동 산업화의 병폐를 고치기 위해 반독점, 사회정의, 정치 개혁을 지향한 운동 의 전개 및 뉴딜 자유주의 출현의 핵심이었던 식자층과 학계, 나머지 '창조적 계층'은 이제 그러한 원대한 프로젝트를 단념한 채 세련된 동네와 사립 학교가 있는 지역으로 은둔했고 심지어 전략적 결혼까지 했다. 갈수록 '수평적 결혼 자신보다 신분이 낮은 사람과 하는 결혼'을 하거나 자신보다 사회경제적 지위가 낮은 사람과 사회적으로 교류하는 모습은 찾아보기 힘들었다. 크리스토퍼 래시는 "사실상 이들은 공공의 삶에서 빠져나간 것"이라며 불만을 드러냈다.[27] 그리고 '공공의 삶'을 여전히 유지하는 사람들에게도 연대와 공동체 의식이라는 오래된 관념은 강요로 느껴졌다. 자아에 집중해 살아가고 또 개인의 자유에 대한 기대치가 커지면서, 집단적 공동적 행동은 점점 자신과 무관해 보였기 때문이었다. 다수의 사회비평가들은 이러한 변화를 우려했다. 도시 사회의 발전 과정을 예리하게 지켜본 앨런 에런홀트는 1990년대 중반에 이렇게 경고했다. "사생활, 개인주의, 선택은 자유재가 아니며, 이런 것에 전혀 제약을 가하지 않는 사회는 그 결정에 따른 대가를 크게 치를 것이다."[28]

1990년대가 되자 그러한 무관심은 하나의 고질병이 되었다. 널리 읽힌 책 『나 홀로 볼링』에서 하버드대학교 정치학 교수 로버트 퍼트넘은 미국 시민들이 사회적 활동과 공동체 활동에서 이탈하면서 '사회적 자본 사회 구성원들이 신뢰를 바탕으로 서로 협력해 공동의 목표를 추구할 수 있게 하는 자본'을 잃었다며 한탄했다. 미국인의 투표율은 전보다 떨어지고 있었다. 탄원서에 서명하거나 국회의원에게 편지를 보내는 일이 전보다 줄었고, 정치 뉴스도 예전만큼 챙겨 보지 않았다. 봉사 활동 횟수가 줄었고, 동아리나 조직에 가입하는 사람도 줄었으며, 교회도 예전만큼 자주 가지 않았고 지역위원회 활동도 전보다 뜸해졌다. 심지어 이웃집을 방문하는 횟수도 줄고 가까운 친구도 줄었다. 유일하게 늘어난 것은 물질주의였다. 1965년에서 1995년 사이에, 인생의 가장 큰 목표가 '부자 되기'라고 답한 대학 신입생 비율이 50퍼센트 미만에서 75퍼센트 이상으로 급증했다.[29]

그렇지만 이러한 현상은 어느 정도 당연했다. 언제 어디에서

나 위풍당당한 물질주의가 우리를 둘러쌌기 때문이다. 스포츠 스타들은 이제 자유계약 선수로 수백만장자가 되었다. 무명이던 록 가수와 작가들이 하루아침에 유명인사가 되어 부를 얻었다. 재계의 기업들은 고상한 가식마저 벗어던진 채 극대화된 보상을 대놓고 추구했다. 기업사냥꾼과 차익 거래 전문가들은 수억 달러를 벌어들였다. 일반 CEO와 중위 소득 직원의 소득 격차가 20년 전 20 대 1에서 이제 100 대 1로 벌어졌다.[30] 도금 시대가 다시 찾아왔지만 이제 사회 개혁가들은 없었다.

그러나 사람들은 새로운 전략과 새로운 소비자 문화가 언제까지 갈 수 있는지 진지하게 고민하기도 전에, 자아 중심 경제에 더 큰 주도권을 부여한 또 다른 개인적 힘에 관심을 빼앗겨 버렸다.

### 스티브 잡스, 불안한 열망에 불을 붙이다

이번 물결의 아이콘은 앳된 얼굴의 스티브 잡스였다. 1984년 1월, 비틀스의 장발머리에 검은색 턱시도를 단정하게 차려 입은 그는, 자신을 숨죽이고 바라보는 애플 주주들 앞에 서서 애플 매킨토시를 선보였다. 개인용 컴퓨터는 1970년대 후반부터 있었지만 일반인의 처지와 요구를 반영한 제품은 사실상 매킨토시가 처음이었고, 매킨토시의 성공으로 이후 모든 것이 바뀌었다. 당시 매킨토시 공개 행사 장면을 보면(물론 유튜브에서 보는 것이다.) 당시 사람들이 받았던 신기술의 충격이 지금도 전해진다. 매킨토시는 아담한 크기에 커서가 깜박이는 작은 흑백 화면을 갖춘 기기였지만, 행사장의 관객들에게는 일대 충격이었다. 당시에는 컴퓨터 업계 종사자 말고는 그래픽 이미지 혹은 마우스로 클릭하고 끌어오는 '유저 인터페이스<sub>사용자가 컴퓨터를 사용하기 편리하게 해 주는 환경</sub>'를 접한 사람이 거의 없었다. 일반인들은 여전히 도스<sub>디스크를 바탕으로 한 컴퓨터 운영체제</sub>로 명령어를 입력해 컴퓨터를 사용했다. 그림을 그리거나 색칠을 하고 글씨체를 바꿔 주는 소프트웨어 역시 당시 사람들에게는 처음이었다. 심지어 매킨토시는 미리 녹음한 독백으로 잡스와 주주들에게 말까지 걸었는데, 기계음이긴 했지만 (혹은 기계음이었기 때문에) 박수갈채를 받았다. 이 기술은 아직 초보적 단계였지만 일종의 마법 같은 능력을, 즉 전후 한창 영광을 누리던 시절에도 상상하지 못한 개인의 힘을 넌지시 암시해 주었기 때문이었다. 이제 우리가 원하는 것과 가질 수 있는 것, 우리의 정체성과 우리의 욕망 사이의 격차가 급격히 줄고 있었다.

사실 온라인 세계에서는 그 격차가 이미 '사라졌다.' 1990년대 중반, 마우스로 누르고 클릭하는 잡스의 기기는 모든 플랫폼<sub>컴퓨터 시스템의 기반이 되는 하드웨어나 소프트웨어</sub>을 접수했다. 사람들은 검색 엔진, 게시판, 대화방을 통해 순식간에 매우 다양한, 거의 무한대의 정보를 얻고 서로 의사소통도 할 수 있었다. 비밀스러운 취미 생활과 각종 포르노부터 정치적으로 옳지 않은 토론들, 끊임없이 쏟아지는 뉴스, 스포츠 소식, 날씨 정보에 이르기까지 온갖 것을 누렸다.

결국 이는 사람들의 불안한 열망에 대한 해결책이었다. 즉 신경제<sub>新經濟</sub> '패러다임'은 이전 패러다임의 한계와 불평등을 넘어선 것처럼 보였다. 인터넷이 제공한 엄청난 속도와 방대한 규모로 모든 소비 과정은 압축되고 가속화됐다. 경제는 여전히 변동이 심하고 불안정했다. 사실 많은 이들에게 전후 시기의 자신감과 안정감은 이제 추억일 뿐이었다. 그렇지만 개인 소비자들이 이렇게까지 자신의 열망을 이루며 살던 시기는 없었다. 이제 사람들은 어디서든 물건을 사고 어디서든 일하며 어디서든 의사소통할 수 있게 된 반면, 전통적 생산 시스템에 대한 의존성과 전문가들에 대한 존경심은 떨어졌다. 디지털 물결이 밀려오면서, 여행사와 전화 교환원부터 편집자와 출판업자에 이르기까지 과거의 필수적 중개자들 모두가 이 물결에 휩쓸려 갔다. 게다가 금융시장까지 열렸다. 21세기로 접어들자 700만 명이 넘는 사람들이 온라인 거래를 했고, 이들은 디지털의 힘을 이용해, 그리고 마리아 바르티로모와 짐 크레이머 같은 금융 전문가들의 현명한 조언을 활용해 개인의 역량 증대를 가로막는 장벽을 한층 더 무너뜨렸다. '머니 허니'라고도 불린 CNBC 방송국의 앵커 바르티로모는 2000년 시청자들에게 확신에 찬 목소리로 이렇게 말했다. "증권 거래는 이제 전문가들만 하는 게임이 아닙니다. 개인의 역량 증대는 정보 접근성과 관련 있기 때문입니다."[31]

이는 다소 과감한 발언이긴 하지만, 당시로서는 낯설었던 낙관주의를 짚어 냈고 경제적 불안감이 크더라도 개인의 힘과 긍정적 확신을 키우려는 노력은 지속될 수 있다는 믿음 혹은 '안도감'을 심어 주었다. 실제로 역량과 효율성이 증가할 때마다 전보다 만족을 빨리 느끼게 되면서 사람들의 기대치도 높아지기 시작했다. 과거에 순수하게 물리적인 시장이 정체되고 불편해도 참았던 사람들이(사실 불만 없이 받아들였다.) 이제 온라인뿐 아니라 어디에서든 그 어느 때보다 빠른 만족을 원했고 또 이를 당연시하기 시작했다. 가능한 것에 대한 모든 감각이 급속한 기술 발전으로 바뀌고 있었다. 현재가 만족스럽지 못하면 뭔가 새로운 제품이나 경험, 또는 원하는 것과 소유하는 것 사이의 간격, 즉 욕망과 존재의 간격을 좁혀 줄 새로운 기회와 곧 만나게 되리라는 확신이 들었다. 스티브 잡스 그리고 그의 장난감 같은 창조물에 대한 사람들의 환호는 진심이었고 충분히 이해 가는 것이었다. 조만간 개인들도 그런 힘과 자유를 누리게 된다는 기대감, 그리고 하루빨리 그런 날이 오길 바라는 심정이었을 것이다.

# 3  충동은 우리를 어떻게 무너뜨리는가?

**비자 카드 로고가 당신의 소비에 미치는 영향**

디지털 기술의 두 번째 물결이 시장에 활력을 불어넣던 1990년대 초반, 시카고대학교의 열정적인 행동과학자 딜립 소먼은 그런 디지털 기술 중 하나인 소비자신용이 인간의 두뇌에 미치는 영향을 연구하기 시작했다. 인도 출신 공학자로 소비자 행동을 연구하기 위해 시카고대학교에 온 소먼은 신용카드 빚에 무심한 미국인의 모습을 보면서 신용에 대한 호기심이 생겼다. 미국 소비자들은 일상에서 물건을 구입할 때 신용카드를 썼을 뿐 아니라(인도에서는 보기 힘든 모습이었다.) 막대한 카드 대금 연체로 높은 이자를 내는 경우도 꽤 많았다. 그런 행동은 누가 봐도 비합리적이고 위험한 면도 있었다. 그렇지만 미국에서는 이런 행동이 일반적이었다. 심지어 소먼의 동료인 경제학부 교직원 중에도 그런 사람들이 있었다. 시카고대학교 경제학부가 소비자를 지극히 합리적인 의사 결정자로 보는 경제 이론으로 유명했던 만큼 이는 대단히 역설적이었다. 소먼은 신용카드 사용과 관련해서는 경제 전문가라도 합리성이 아닌 '뭔가 더욱 원초적인 것'에 이끌리는 것 같다고 생각했다.

소먼은 신용카드를 현금과 다르게 인식하게 만드는 요인이 뇌에 있다고 보고, 그 인식의 차이를 알아보기 위해 기발한 실험들을 설계했다. 한 연구에서 소먼은 피험자들이 다량의 가상 고지서를 신용카드나 수표로 결제하게 한 다음, 이들에게 휴가비로 450달러를 건넸다. 이 경우 고지서를 신용카드로 납부한 사람들은 수표로 낸 사람들에 비해 휴가비를 흥청망청 쓸 확률이 두 배 정도 높았다. 모든 피험자가 납부한 금액은 동일했는데도 이런 결과가 나왔다. 이후 더욱 흥미로운 실험도 있었다. 소먼은 사흘 동안 시카고대학교 구내 서점 밖에서 대기하다가 서점에서 나온 사람들에게 방금 전 구매한 물품의 액수를 물었다. 그런 다음 그 액수를 영수증과 비교했다. 이때 매우 재미있는 결과가 나왔다. 현금이나 수표, 직불카드로 지불한 사람들의 경우, 정확히 3분의 2가 작은 단위까지 기억했고, 나머지 3분의 1은 기억의 오차가 3달러 내외였다. 신용카드로 결제한 사람들은 어땠을까? 이들은 결제한 지 10분도 지나지 않았지만, 실제 구매 금액과의 오차가 1달러 내외인 경우는 3분의 1에 불과했다. 또 다른 3분의 1은 15~20퍼센트 정도 적은 액수로 기억했고, 나머지 3분의 1은 전혀 기억하지 못했다. 현재 캐나다 토론토의 로트만 경영대학원 교수로 있는 소먼은 이렇게 말했다.

"실로 큰 깨달음을 준 실험이었습니다. 습관적으로 신용카드를 쓰는 사람들은 자신이 얼마를 쓰는지 기억하지 못했습니다."[1]

사람들이 신용카드 지출액을 잘 기억하지 못하는 이유는 불명확하다. 어떤 연구자들은 신용 구매의 '고통'을 미루기 때문에 자세한 구매 내역이 기억에 강하게 각인되지 않는다고 추측한다. 그 원리가 무엇이든 결과적으로 같은 실수가 반복된다. 신용과 관련된 무언가가 우리를 혼란스럽게 만드는 것이다. 또 다른 연구들은 신용카드 사용자가 현금 사용자보다 대체로 지출액이 더 높다는 사실을 밝혀냈다. 신용카드 사용자들은 팁도 더 많이 준다. 경매에서 부르는 가격도 더 높다. 어떤 연구에 따르면, 사람들은 마스터 카드나 비자 카드의 로고만 봐도 정상 수준보다 더 많이 구입하려는 충동이 생긴다고 한다. 신용카드와 관련해, 사람들의 정신적 소프트웨어에 버그가 있는 것이다. 그리고 이러한 버그를 무시할 수 있다 해도, 최근 수십 년 사이에 소비자신용이라는 '도구'가 더욱 강력해지고 접근이 용이해지면서, 집단적으로 버그 차단 스위치를 내리기가 더욱 힘들어졌다. 소먼이 이 연구를 시작한 1990년대에도 신용 과부하는 이미 일상적이었다. 신용카드 평균 사용 금액이 1980년대 이후 세 배 이상 증가했다.[2] 가계 부채는 소득보다 24퍼센트 빠르게 증가하고 있었다. 이 둘은 15년 전만 해도 증가세가 엇비슷했다.[3] 개인 파산 비율도 3배로 늘었다.[4] 이에 대해 금융 지식의 감소와 약탈적 채권자의 증가 같은 다른 요인을 탓할 수도 있을 것이다. 그렇지만 이와 관련된 연구를 살펴보면, 사람들이 일종의 신경과학 경제의 한계를 넘어선 것 같다는 의심이, 즉 첨단 소비자 경제가 사람들이 안전하게 감당할 수 있는 선 이상으로 개인의 '능력'을 부여하고 있다는 의심이 든다.

이 난처한 가능성은 충동 사회의 핵심에 놓인 더 큰 역설의 일부다. 앞 장에서 우리는 기술 발달과 세계화로 후기 산업사회가 활기를 띠면서, 돈에 더욱 집착하는 비즈니스 모델과 경제 개입을 줄인 정부가 소비자들에게 대타협에 상응하는 것을 제공한 과정을 살폈다. 결국 사람들은 전후의 경제적 안정을 상당 부분 양보한 대신 매우 놀라운 능력을 얻으면서(더 싸고 더 빨리 나오는 음식과 더욱 강력해진 자동차부터 24시간 제공되는 오락거리, 도처에 널린 손쉬운 신용까지 이 모든 것에서 그런 능력을 확인할 수 있다.) 자아 발견과 정체성 탐구를 계속 이어 갈 수 있었다.

### 호모 이코노미쿠스의 실상과 허상

그러나 이 대타협은 곧 파우스트적인 외관과 느낌을 강하게 풍겼다. 근대적 삶의 많은 영역에서 자아 발견은 자기 충족적 탐닉으로 변했다. 사람들의 소비는 현실과 동떨어져 있었다. 비만율이 급증했다. 1970년부터 1995년 사이에 미국 성인 중 과체중 인구가 20명 중 3명에서 10명 중 3명으로 늘었다. 약물 사용, 성적 문란, 불륜 등이 증가했다. 정상에서 벗어난 것은 소비만이 아니었다. 인내심과 공손함, 자제력은 대체로 공급 부족 상태였다. 사람들은 더 빠르고 과격하게 차를 몰았다. 정치권은 지나치게 당파적이었고 적대심을 공공연하게 드러냈다. 온라인 세계 역시 서로를 뭉개려고 안달이었다. 갈수록 사람들이 개인적 성취에 집착하면서 공동체와 지역사회, 사회의 기본 구조가 무너졌다. 우리 힘으로 발견한 자아가 알고 보니 행동의 여파를 고려하지 않고 또 고려할 능력도 없는 버릇없고 철없는 어린애였던 것이다.

그렇다면 우리에게 정확히 어떤 일이 일어난 걸까? 이 가운데 일부는 문화의 침식과 관련이 있다. 과거 내면의 어린아이(이드)를 억눌렀던 전통이, 신속한 자기만족을 과학과 신앙으로 만든 소비문화라는 산성을 만나 서서히 부식된 것이다. 그렇지만 꾸준히 증가한 연구 자료를 살펴보면, 여기에는 또 다른 흐름이 존재한다. 바로 강해진 자아라는 담론이다. 단도직입적으로 말하면, 소비자 경제가 이제 개인의 능력이라는 원료를 과잉공급하면서 완벽한 자아 추구에서 적정선을 지키는 것이 거의 불가능해진 것이다.

이제 사람들이 근대적 힘의 무게에 짓눌려 발버둥 치고 있다고 해도 이는 지나친 표현이 아니다. 선사시대의 결핍과 불안에 적응했던 두뇌는 이제 후기 산업사회와 후기 물질 사회가 낳은 상대적 풍요와 예측 가능성이라는 환경과 마주해야 했다. 그렇지만 고대의 생리학과 오늘날 현실 사이의 부조화는 여전히 인상적이며 이것이 갖는 함의 역시 의미심장하다.

사람들이 내리는 '시점 간 선택,' 즉 지금 있는 것과 나중에 얻는 것 중 하나를 고르는 상황을 살펴보자. 지금 당장 돈을 쓸 것인가 아니면 은퇴에 대비해 저축할 것인가? 지금 참고 운동할 것인가 아니면 나중에 심장마비로 일찍 눈을 감을 것인가? 성탄절 파티에서 직장 동료에게 작업을 걸 것인가 아니면 이미 검증된 온전한 결혼 생활의 여러 가지 혜택을 지금으로부터 30년 후에 누릴 것인가? 시점 간 선택은 사람들이 매우 흔히 하는 선택이자 아주 중요한 선택으로, 개인의 건강과 재정 문제부터 국가 부채와 건강보험 개혁, 기후변화와 같은 집단적 과제까지 모든 것이 해당된다. 게다가 시점 간 선택은 우리를 매우 교란시킨다. 사람들은 잘못된 판단을 반복하는데, 단기에 얻는 즐거움이 장기에 겪는 고통으로 반감된다는 사실을 뻔히 '알면서도' 당장 받는 보상 혹은 당장 발생하는 비용을 미루는 쪽을 택한다. 인류의 역사를 살펴봐도 잘못된 시점 간 선택이 남긴 잔해들이 한가득이다.

시점 간 선택은 왜 이렇게 어려운 것일까? 1980년에 코넬대학교의 경제학자 리처드 탈러는 한 가지 설명을 고안해 냈다. 탈러는 사람들의 시점 간 비합리성을 이해하는 유일하게 합리적인 방법은, 인간의 정신을 단일한 개체의 의사 결정 과정이 아닌, '두 개의 반자율적 자아'의 험난한 합작 투자로 보는 것이라고 주장했다. 이러한 자아 중 하나를 탈러는 '근시안적으로 행동하는 자아'라고 불렀는데, 이는 순간적이고 효율적인 만족에만 신경 쓰는 자아다. 또 다른 자아는 '원시안적으로 계획하는 자아'로, 행동하는 자아를 통제하거나 통제하려고 시도하는 역할을 한다. 이 주장을 내놓던 당시 탈러는 이 두 자아가 물리적으로 두뇌에 실재한다고 주장하지는 않았다. 그의 요점은 사람들의 의사 결정이 '어느 한 시점에 갈등'을 빚기도 하는 두 가지 시스템의 작동으로 이뤄지며, 이러한 갈등 때문에 결국 다분히 서툰 판단을 하기도 한다는 것 정도였다.[5]

탈러는 '두 개의 자아 모델' 때문에 곤란해졌다. 이 아이디어가 아주 새로운 것은 아니었다. 프로이트도 이드와 초자아가 대립한다고 봤고, 경제학의 아버지 애덤 스미스도 인간 내면에서 '열정'과 '공정한 관찰자'가 경쟁한다고 묘사했다.[6] 탈러가 살았던 시대에는 이러한 개념을 주류 경제학에 대한 배신으로 여겼다. 당시 경제학 분야는 '합리적 선택'으로 유명한 '신고전학파' 이론이 지배적이었다. 이 이론은 개인이 어떤 행위의 비용과 편익을 신중히 저울질해서 늘 자신의 효용을 극대화하기 위해 애쓴다고 가정했다. 그러한 합리적 세계에서는 내적으로 갈등하는 개별 행위자를 상정하는 것이 신성모독에 해당했다. 효율적 시장(모든 인간 지성의 총합을 보여 준다.)을 옹호하는 온갖 주장에서 시장의 행위자는 합리적으로 의사 결정을 할 뿐 알면서도 잘못된 선택을 하지 않는다. 두 개의 자아 모델은 맹비난을 받았다. 탈러의 말에 따르면, 효율 시장을 옹호했던 그의 동료 교수 마이클 젠슨은 두 자아 모델을 '완전히 무시'했다고 한다.[7] 게다가 나중에 탈러가 시카고대학교 경제학부에서 교수직을 얻었을 때, 합리적 시장을 무척이나 선호하던 노벨상 수상자이기도 한 어느 교수는 탈러에게 말도 걸지 않았다고 한다.[8]

### 지킬 박사와 하이드 씨

그러나 탈러의 생각이 옳았다. 1980년대에 뇌 스캔 장비를 비롯한 새로운 의료 기술이 등장하면서, 우리가 의사 결정을 내릴 때 실제로 두 개의 서로 다른 정신세계가 경합하는 듯한 상황이 벌어진다는 것을 확인했다. 비유적으로 표현하면 우리 뇌의 한 부분은 고차원적 인지 과정을 담당하는데, 그중에서도 널리 알려진 것으로 전전두엽 피질이 있다. 이는 뇌에서 비교적 근대적인 영역으로, 복잡한 문제 해결과 추상적 사고를 담당한다. 우리 뇌의 또 다른 부분은 더 오래된 역할을 하는데 주로 대뇌변연계가 담당한다. '도마뱀'의 뇌라고도 하는 이 부분은 위험한 상황이나 성(性), 여타 생존 활동과 관련해 본능을 지배한다. 처음부터 어색한 커플인 전전두엽 피질과 대뇌변연계는 의사 결정 과정부터 인지 가능 영역까지 모든 면에서 판이하다. 전전두엽 피질은 당장의 무분별한 소비와 혼외정사가 지금으로부터 한 달 후 문제가 될 수 있다는 것을 상상할 수 있지만, 대뇌변연계는 미래의 여파를 전혀 신경 쓰지 않는다. 도망이냐 싸움이냐 같은 순간적 상황에 익숙한 대뇌변연계는 무엇이든 현재를 벗어난 상황은 말 그대로 보지 못한다. 2004년 프린스턴대학교의 유명한 두뇌 스캔 연구에서, 당장의 보상을 제안받은 피험자들은 대뇌변연계 부분이 뚜렷하게 활성화됐다. 그러나 당장의 보상이 아닌 훗날의 보상을 약속한 경우에는 피험자들의 대뇌변연계가 계속 어두운 상태였다. 도마뱀 뇌에게 미래란 그저 존재하지 않는 시간이었다.

이처럼 미래를 보지 못하는 맹목성(이는 춤추는 자아 또는 춤추는 시장의 핵심이기도 하다.)은 중요하다. 그 이유는 대뇌변연계가 동기를 유발할 때 지배적 역할을 하기 때문이다. 뭔가 원하는 대상을 보면 대뇌변연계는 당장 행동하게 만드는 다수의 강력한 메커니즘을 불러낸다. 대뇌변연계는 사람을 흥분시키는 노르에피네프린이나 우리가 즐거운 기분을 느끼게 해 주는 도파민 같은 신경전달물질을 분출시킬 수 있다.[9] 도파민을 분출시키는 코카인이 우리를 매우 충동적으로 만드는 것도 이런 이유에서다. 또 하나 중요한 사실은, 대뇌변연계는 격정적 상태를 유발해 그 요구를 강화시킨다는 점이다. 순간적인 자극(이를테면 크림이 듬뿍 든 도넛을 보는 것)으로 대뇌변연계는 우리의 뇌에 욕망 같은 '감정'이 들끓게 해서, 당장 몸 전체가 반응하게 한다. '합리적'인 전전두엽 피질조차 순간적 만족을 얻으려는 대뇌변연계에 끌려간다. 대뇌변연계가 행동을 요구하면, 전전두엽 피질은 마지못해 그와 연관된 사고를, 보통은 이를 지지하는 사고('나는 도넛을 먹을 자격이 있어.')를 해서 반응한다. 이는 보통 우리가 직관이나 육감으로 경험하는 것이다.(버지니아대학교의 심리학과 교수이자 행동동기신경학 전문가인 조너선 하이트는 이렇게 썼다. "당신이 싫어하는 정치인을 떠올릴 때, 또는 방금 당신 배우자와 사소한 의견차를 보였을 때 본인의 의식의 흐름을 살펴보라. 마치 법정에 나가는 사람 같을 것이다. 당신은 논리력을 동원해 나 자신을 두둔하고 상대방을 공격할 논거를 만들어 낸다."(「도덕심리학, 그리고 종교에 대한 오해」, 엣지재단(Edge.org) 2007년 9월 21일)) 다시 말해, 대뇌변연계는 단 몇 초 만에 우리의 정신적·심리적 시스템을 얼마든지 단기 목표에 맞춰 재조정할 수 있다. 도넛을 먹는 것부터 실수한 운전자에게 고함치는 행동까지, 그러한 단기 목표들이 정상적인 행동 규범에서 완전히 벗어난 것이더라도 우리를 그런 식으로 조정한다. 또는 카네기멜론대학교의 행동경제학 교수인 조지 로웬스타인의 표현처럼, 대뇌변연계는 "사실상 전혀 다른 사람이 된 것처럼 우리를 다시 프로그램할 수 있다."[10]

한편 이성적으로 계획하는 자아인 전전두엽 피질도 고유의 기술이 없지는 않다. 전전두엽 피질은 대뇌변연계를 막기 위해 반론을 펴고 수치심 같은 감정을 동원할 수 있다. 그렇지만 전전두엽 피질은 효율적이고 빠른 상대방에 비해 매우 불리하다. 당장의 만족이라는 충동적 요구에 맞서려면, 현재 의식이 설득력 있는 대항 근거를 만들어야 할 뿐 아니라('도넛을 먹으면 뚱뚱해진다.') 이 근거에 맞는 감정을 자극해야 한다. 그러면 이 감정은 대뇌변연계의 감정적 근거와 함께 우리의 의식으로부터 주목을 받으려고 서로 경쟁한다. 로웬스타인은, 이때 문제는 미래에 닥칠 일(이를테면 신용카드 고지서를 받았을 때의 괴로움이라든가 멋진 몸을 만들었을 때 얻는 기쁨)이 늘 당장의 강력한 감정으로 전환되지는 않는다는 것이라고 지적했다. 이는 미래의 시나리오에 대한 정보가 완벽하지 않기 때문일 수 있다. 또 미래의 결과가 시각화하기에 너무 복잡하거나, 단지 우리의 경험을 넘어서는 일이어서 상상이 불가능한 것일 수도 있다. 결국 미래에 대한 예상은 보통 매우 '막연'해서 대뇌변연계의 언제나 강력한 야성적 부르짖음에 맞설 만큼 강력한 감정을 끌어내지 못한다고 로웬스타인은 설명했다.

이렇게 일방적인 신경계의 레슬링 시합에서 일종의 근시안적 지각이 생긴다. 대뇌변연계의 욕구 표현 능력은 압도적이어서 우리는 즐거움이든 대가든 당장의 선택을 훨씬 더 강렬하게 느끼고, 미래의 선택이나 위험은 훨씬 사소하고 덜 중요하다고 느낀다. 19세기 경제학자 아서 피구는 이를 일컬어, 망원경을 늘 거꾸로 들고 미래를 들여다봐서 미래를 '실제보다 작게' 인식하는 것이라고 표현했다. 이를 근대 경제학 용어로 표현하면, 우리는 미래를 '할인'하는 것이다. 사실 그 할인 폭이 너무 커서 당장의 보상을 미룰 때 얻는 것이 매우 커야만 우리는 지금 당장 이용 가능한 것을 자발적으로 포기하려 든다. 한 연구에 따르면, 나중에 비교적 큰 보상이 주어져도(이를테면 몇 주 후에 받는 아마존 상품권) 피험자들은 일관되게 그러한 보상을 거부하고 당장의 훨씬 작은 보상을 선택한다고 한다. 프린스턴대학교의 두뇌 스캔 연구에서, 대부분의 피험자들은 만족을 미룰 경우 일주일에 5퍼센트 또는 연간 250퍼센트에 해당하는 '수익'을 얻더라도 만족을 미루려고 하지 않았다. 프린스턴대학교 두뇌 연구팀의 주요 필자인 샘 매클루어는, 은행 예금에 금리가 일주일에 1퍼센트씩만 붙어도 '부자'가 되는데 이런 '황당한' 결과가 나왔다고 설명했다. 그렇지만 우리의 머리에는 이 '황당한' 미래 할인이 사실상 내장돼 있으며, 바로 이것이 우리가 시점 간 선택에서 계속 말도 안 되는 오류를 범하는 이유이기도 하다.

　그 명백한 사례가 신용카드다. 대뇌변연계의 행동하는 자아에게 신용 구매는 단지 당장의 만족이라는 즐거움으로만 보일 뿐이다.(반면 대뇌변연계는 현금 구매를 싫어한다. 현금을 지켜야 할 자산으로 인식해서 현금을 쓰는 것은 손실로 기록하기 때문이다. 따라서 현금 구매를 하려고 하면 대뇌변연계는 혐오감을 유발하는 신경전달물질로 두뇌를 가득 채워 이를 저지하려고 한다.) 지금으로부터 30일 후에 카드 고지서가 날아오면 괴롭고, 카드 대금을 내지 못해 이자가 붙거나 불이익을 당하면 더욱 괴로워진다. 그렇지만 이 모든 것이 행동하는 자아에게는 보이지 않는다. 한편 전전두엽 피질은 그러한 미래의 고통을 '볼 수는' 있지만, 이 '계획하는 자아'는 다가올 고통을 지금 이 순간 매우 실감 나게 해서, 로웬스타인의 표현에 따르면 그 고통을 '당장 느끼게' 해서 대뇌변연계를 누르기에는 힘이 미약하다. 그래서 우리는 감당할 능력이 없는데도 3000달러짜리 평면 텔레비전을 사 들고 오거나 40만 달러짜리 픽업트럭을 구입한다. 이러한 신용카드 남용은 우리의 근시안성을 보여 주는 한 가지 징후에 불과하다. 미래의 대가가 실제로 크고 명백하더라도 당장의 즐거움(패티 세 장에 치즈를 얹은 버거킹 트리플 와퍼, 넉 잔째 마시는 고급 포도주 카베르네, 배우자가 아닌 다른 사람에게 받는 유혹의 눈길)이 너무나 선명해서 이를 뿌리치지 못하는 경우가 허다하다. 만약 충동 사회가 하나의 나라라면, 그 나라의 국기에는 망원경을 거꾸로 들고 바라보는 사람의 모습이 그려져 있을 것이다.

### 인류사 최대의 프로젝트: 말괄량이 길들이기

물론 인류 역사의 한 시점에서는 미래를 할인하는 것이 매우 합리적인 전략이었다. 먼 옛날 우리의 선조들은 말 그대로 순간적인 삶 혹은 적어도 순간을 다투는 삶을 살아서, 먹이를 사냥하고 이를 먹은 다음(최소한의 가공으로 재빨리 먹어치웠다.) 끊임없이 이동했고 거주 영역과 짝을 놓고 치열하게 경쟁했다. 그러한 환경에서는 전적으로 현재에만 집중하는 것이 살아남아 미래를 '누리는' 방법이었다.

그렇지만 또 하나 분명한 사실은, 우리 선조들에게는 필요한 경우 이 자연스러운 단기주의를 억누르는 능력 또한 있었다는 점이다. 그리고 단기주의를 억눌러야 할 상황이 잦아지면서(기후변화가 생기자 농업처럼 인내심과 장기적 사고가 필요한 식량 확보 전략을 택해야 했다.) 선조들은 내재적 충동성을 바로잡을 외부적이고 사회적인 수단을 찾아냈다. 이러한 교정 과정은 서서히 이뤄졌는데, 인류학자 로버트 보이드와 피터 리처슨은 이를 일컬어 '사회적 우회 전략'이라고 표현했다. 충동성을 엄격히 처벌하는 금기와 법률부터 결혼, 재산권, 계약처럼 장기적 투자와 헌신을 권하는 제도에 이르기까지, 이 모든 것이 우회 전략에 해당했다. 단기주의에 대한 처벌과 인내심에 대한 보상을 번갈아 사용하면서 사회는 더 장기적인 안목과 더 방대한 운영 규모 그리고 더 나은 효율성을 갖춘 더 정교한 생존 전략(교역이나 관개농업, 제조업 등)을 포용할 수 있었다. 게다가 더욱 효율적인 전략으로 부가 늘면서, 사회는 충동에 대한 훨씬 정교한 통제 장치를 개발할 수 있었다. 문명화의 역사는 지속적인 문명화를 위해 개인이 충동성과 근시안성을 억누르도록 사회가 점점 능숙하게 설득하거나 강제하는 과정 혹은 개인이 그렇게 하도록 점점 능숙하게 유도하는 과정이라고 볼 수 있다.

이 과정은 자본주의와 자유민주주의, 프로테스탄티즘 같은 제도들이 등장하면서 16세기에 훨씬 더 복잡한 양상을 띠었다. 이 제도들은 각각 상업적 자유, 개인의 권리에 대한 정치적 보호, 그리고 신과 직접 교감할 개인의 '권리'를 통해 개인들의 힘을 키웠다. 그렇지만 이 제도들은 힘을 주되 그 조건으로 협력을 내걸었으므로 개인의 힘을 약화시킨 면도 있었다. 예를 들어 우리는 민주주의적 자유를 얻는 대신 시민사회의 상호 의무를 받아들이면서 개인의 이해를 억누르는 것에 동의했다. 또 상업적 기회를 얻는 대신 공정하고 정직한 교역을 약속했다. 신에게 직접 다가서는 대신 도를 넘어선 행동을 금하는 종교 문화에 복종했다. 루소는 '사회계약' 이론에서 자유 사회가 "인간에게 사회적 힘을 주기 위해 개인의 힘을 빼앗아갔다. ⋯⋯ 그 사회적 힘은 남들의 도움 없이는 사용할 수 없다"라고 주장했다. 이제 사회는 개인에게 새로운 제안을 했다. 너희들이 다소 인내하고 협력하는 모습을 보이면, 우리의 집단적 규모와 영향력과 지성을 이용해 혼자서는 얻기 힘든 장기적 안정과 안전 게다가 행복까지 보장해 주겠다는 제안이었다.

이런 맥락에서 보면 문명화의 절정은(적어도 산업화를 겪던 서양에서 사례를 찾자면) 영국 빅토리아시대 혹은 20세기 초 미국 사회일 것이다. 빅토리아시대의 전례 없는 부와 제국주의적 팽창은 개인을 통제하는 극도로 보수적이면서도 매우 효율적인 문화의 직접적 산물이었다. 마찬가지로 20세기 초 미국 역시, 새로운 관료적 질서(정부, 학교, 기업, 여타 위계적 조직에서 찾아볼 수 있었고, 새로운 행동과학이 이 관료적 질서를 이끌었다.) 아래 죄악세와 차분한 건축 양식부터 시간 관리 연구, '경력 사다리', 충동성과 단기주의에 대한 체계적 통제(그 밖에도 많은 것들이 있었다.)에 이르기까지 모든 것이 펼쳐졌다.[11]

그러나 개인의 근시안성과 조급함에 대한 사회적 통제는 결코 완벽하지 못한 일시적 수단에 불과했다. 오히려 당시의 성공은 대다수 사람들에게 자기 억제 말고는 다른 대안이 없는 현실을 전제로 했다. 우리의 삶이 결핍과 불안을 특징으로 하는 한, 평범한 개인에게는 인내와 협력이라는 사회규범에 복종하는 것이 최고의 생존 전략이었다. 그렇지만 언제나 그렇듯 일단 개인에게 더 효율적인 전략이 생기면, 그리하여 시민들이 더 빠르고 더 독자적으로 만족을 얻을 수 있게 되면,(이는 19세기 서양 사회의 산업화와 함께 등장한 현상이었다.) 효율성을 추구하는 종인 우리는 생존 전략을 업그레이드하지 않을 수 없었다. 혹은 수만 년간 이어진 다수의 사회적 통제가 풀리면서 이때부터 우리들의 오래된 근시안적 충동이 다시 모습을 드러냈다고도 볼 수 있다.

### 온 세상이 함정으로 가득 차 있다!

물론 오늘날에는 대뇌변연계를 억누르는 자연적 한계가 훨씬 줄어들었다. 사람들의 소득은 제자리여도 디지털로 가속화된 효율성 덕분에 기본적 충족에 드는 비용이 계속 낮아지고 있다. 식비가 무척 저렴해지면서 요식업체들은 대용량을 마케팅 수단으로 삼는다. 2리터짜리 탄산음료, 밑바닥이 안 보이는 새우튀김, 무한히 제공되는 뷔페가 바로 그런 제품들이다.(세계에서 가장 급성장 중인 음식점은 '올 유 캔 잇'기본 금액만 내면 무제한 주문이 가능한 식당 형태의 업체다.) 한편 정보와 오락거리가 거의 무료로 사실상 무한히 제공되면서 사람들은 미심쩍은 자기통제 능력에 자신을 완전히 맡겨 버렸다.

그렇지만 이는 결핍에 적응된 두뇌가 넘쳐 나는 과잉에 대처해야 하기 때문만은 아니다. 두뇌는 고대의 신경 회로를 자극하는 노골적인 마케팅에도 대처해야 했다. 일례로 제조업체들이 청소

년 시장에 대거 진출한 배경에는, 아이들과 청소년의 경우 인내심이나 미래를 상상하는 능력이 아직 미숙하다는 판단이 어느 정도 작용했다. 즉 이들은 과잉을 추구하는 시장의 완벽한 고객이다. 우리의 오랜 친구인 소비자신용도 마찬가지다. 신용 대출은 금리가 낮고 흔히 접할 수 있으며, 신용업체들도 신경과학을 이용해 우리의 신경적 결함을 공략한 마케팅 전략(월 납입금을 최소로 낮추고 신용 한도를 매우 높게 잡는 것 등)을 구사하고 있다.

게다가 갈수록 저렴한 가격에 컴퓨터 기술을 이용하게 되면서 신용의 본질(혜택은 당장 누리고 비용은 나중에 치르는 것, 즉 기쁨과 고통을 분리한 것)이 소비자 경제 전반에 뿌리내렸다. 패스트푸드와 오락거리부터 사회적 소통에 이르기까지, 실상 소비 시장에 나오는 모든 제품이 보상은 당장 얻고 비용은 나중에 내도록 정교하게 고안된 것들로, 이때 비용은 사라진 것처럼 보일 만큼 끝없이 미뤄진다. 이제 만족을 얻는 속도가 모든 소비 행위를 판단하는 잣대가 되었다. 마케터들은 철마다 막대한 자원을 투입해 고객의 주문 처리에 걸리는 시간을 단 몇 분 몇 초라도 줄이려고 한다. 아마존과 이베이 같은 소매업체들은 당일 배송을 실시한다. 음식점들은 고객의 차로 음식을 배달한다.[12] (조만간 원격조종 무인 항공기가 배달해 줄 것이다.) 넷플릭스 같은 온라인 영화 서비스 업체는 현재 새로운 TV 프로그램의 시즌을 하루에 통째로 올려서 소비자들이 장시간 '몰아서' 시청할 수 있게 한다. 자동차업체들은 자동차 금융을 매우 쉽게 얻도록 해서 주택 담보대출을 갚지 못한 소비자도 새로 나온 픽업트럭을 살 수 있게 한다.(실상 개인 파산을 승인 받자마자 "신용을 다시 회복하세요!"라는 자동차 대리점과 신용카드 회사들의 제의가 '물 밀듯이' 쏟아진다.) 스마트폰 어플은 어디에서든 갖고 싶은 물건을 보면, 전철이든 친구 집이든 잡지에서든 이를 집에 배달되도록 해 준다.[13]

게다가 제품을 실시간으로 전송할 수 있는 3D 프린터, 몸에 착용하는 스마트폰, 사람과 똑같이 생겨서 성 노동이 가능한 로봇 등 소비자 기술의 발전 속도로 보건대, 망원경을 거꾸로 들여다보 도록 설계된 두뇌에게 미래는 더욱 도전적으로 다가올 것이다. 우 리는 이미 문제를 낳고 있는 시장과 자아의 관계에서, 즉 소비자의 능력을 그 어느 때보다 키우도록 프로그램된 경제와, 어느 정도 신 경학적으로 이러한 능력을 남용하는 경향이 있는 소비자 사이의 관계에서 그 임계점에 빠르게 다가서고 있다.

### 누가 우리를 하루살이로 만들었나?

우리의 정신적 편향과 이것을 정교하게 이용하는 (또는 요즘 말 로 '캐내는mined') 방법에 대해 알게 될수록, 이러한 자기중심적 경제 를 더 지속 가능하게 하거나 단지 정상으로 돌려놓는 일이 점점 더 힘들어질 것임을 깨닫게 된다. 오래된 억압 기제인 상명 하달식 규 제와 금지를 통해 충동을 통제하려던 이전의 시도는 대부분 보기 좋게 실패했다. 주류금지법이 그런 경우이며, 좀 더 최근의 예로 는 전 뉴욕시장 블룸버그가 대용량 탄산음료 판매를 금지하려다 비웃음을 샀던 사례를 들 수 있다. 무기소지권이라는 가장 불합리 한 권리 표출을 억제하려는 시도 역시 마찬가지다. 자제력을 높이기 위해 청교도적인 '수치심 문화'를 되살리려는 노력 역시 실패할 것으로 보인다. 이를테면 우리는 정치적으로 또 환경적으로 옳지 못한 SUV 차량을 없애지 못했다.

그러나 좀 더 세심한 노력인 행동과학을 이용해 우리의 낡은 신경 회로를 보완하려는 시도는 어느 정도 희망적이다. 1970년대부터 유명한 연구인 '마시멜로 실험'을 진행해 온 월터 미셸 박사는 참을성 없는 아이들에게 인내심을 키워 주는 효과적인 전략을 찾아냈다. 참을성 없는 아이들이 참을성 없는 성인이 될 가능성이 매우 높다는 점에서 이는 중요한 성공이었다.[14] 잠재적으로 중요한 결실을 맺은 또 다른 시도들도 있다. 이를테면 두 가지 자아 모델을 만든 학자인 리처드 탈러와 그 공동 저자인 캐스 선스타인이 이름 붙인 '선택 설계'라는 것이 있다. 이 용어는 우리가 좀 더 참을성 있게 행동하고 장기적 사고를 하도록 은밀히 '유도하는', 세심하게 설계된 기술과 사회 기반 시설, 여타 인공적 환경을 가리킨다. 하루의 소비지출을 자동으로 추적해서 예산을 넘으면 경고해 주는 스마트폰 어플이 바로 이에 해당한다.

그러나 이러한 노력들은 세계사적 흐름에 역행하는 것이다. 정치문화를 생각해 보라. 갈수록 정책이나 사건에서 빠르고 본능적인 반응을 부추기고 있다. 또 끈질긴 개인 해방 이데올로기를 떠올려 보라. 소비자 시장과 결합한 이 이데올로기는 지극히 중요하고 정당한 자기 인식과 자아 발견에 방해가 되면 무엇이든 계속해서 거부한다. 여피족 활동가인 제리 루빈은 1970년에 다음과 같은 허세 가득한 발언을 했다. "우리 눈에 규율이 보이면 언제나 그

것을 어겨야 한다. 규율을 어겨야만 우리는 자기 자신이 누구인지 발견하기 때문이다."[15] 혹은 미래가 불확실하면 사람들의 근시안성과 단기주의가 실제로 증가함을 밝힌 연구들이 계속 쏟아지는 상황을 보라. 그러한 미래의 불확실성은 우리의 신경제 모델로 더욱 커졌을 것이다.

게다가 가장 우려스러운 근시안성은 '선택 설계'나 은밀한 유도로 긍정적 효과를 볼 수 있는 소비자 영역이 아닌, 제도적 차원과 정부에서 특히 재계에서 발생하고 있다. 다수의 산업 부문에서 현재 고위급 경영자들은 그 어느 때보다 빠른 수익을 낳을 수 있는 점점 더 인상적인 도구와 기술과 여러 가지 능력을 활용한다. 그러나 경영자들 역시 미래 비용을 할인하는 성향이 있을 뿐 아니라, 이들이 운영하는 기업의 문화 자체도 갈수록 근시안적이고 대뇌변연계처럼 행동한다. 회사의 경영자들 대다수는 상당한 경쟁 압력에 시달리므로 자신이 가진 능력을 총동원한다. 심지어 경영상의 실수로 사회 전반에 장기적 파장이 생기더라도 이들은 강행한다. 기업 경영자가 주가를 빠르게 회복하고 개인 보너스를 지키기 위해 대량 해고를 감행할 때, 그는 사회적 갈등을 낳는 선택을 하게 된다. 대량 해고로 상당수의 사람들이 엄청난 고통을 받게 되더라도 이들의 선택은 변하지 않는다. 이는 금융 부문 역시 마찬가지로, 특히 정교해진 기술 덕분에 은행과 트레이더들은 전례 없이 많은 부를 빠르게 축적할 수 있는 힘을 얻었지만, 동시에 이러한 힘 때문에 시장이 전반적으로 위험해졌다. 이제 금융 부문에서는 위험과 보상을 분리할 뿐 아니라 그 위험을 남들에게 그리고 사회 전반에 '재할당'하는 기술을 쓰는 것이 표준 절차나 다름없어졌다. 이러한 행동은 부분적으로는 시점 간 선택 때 발생하는 버그 때문에 생긴다. 그렇지만 개인과 조직이 당장의 이득을 극대화하고 미래의 비용을 다른 당사자에게 떠넘기려는 행동은 사실 버그의 두 번째 범주를 암시해 준다. 바로 미래의 여파를 못 '보게' 하는 버그가 아닌 '신경' 쓰지 못하게 하는 버그다.

### 권력이 부패할 수밖에 없는 이유

1970년대 초, 템플대학교의 심리학과 교수 데이비드 킵니스는 권력이 개인의 윤리에 어떤 영향을 주는지, 특히 권력이 실제로 부패하는지를 알아보고자 했다. 일련의 실험에서 킵니스는 가상의 업무를 만들고는 피험자들에게 한 무리의 '직원들'을 통솔하는 '관리자' 역할을 맡겼다. 어떤 관리자들에게는 권력을 거의 주지 않은 채 직원들을 설득해 임무를 완수하라고 지시했다. 반면 다른 관리자들에게는 상당한 권력을 주어, 직원들의 해고와 인사 이동, 승진을 결정하게 했다. 실험을 진행하면서 각 관리자들의 행동 변화 과정을 살핀 킵니스는 놀라운 결과를 얻었다. 권력이 거의 없던 관리자들은 업무 목표를 직원들과 토론하는 등 '이성적 전술'을 쓴 반면, 권력이 주어진 관리자들은 그 권력을 이용하기 시작했다. 후자의 관리자들은 직원들을 비난하고 이들에게 이런저런 요구를 하며 화를 내기도 하는 등 강압적이거나 '강한 전술'을 쓰는 경우가 더 많았다.[16] 이들은 직원들의 실적을 무시하고 직원들의 성과를 자신의 공으로 돌리는 성향이 더 강했다. 게다가 권력이 있는 관리자들은 직원들과 심리적 거리를 두는 경향이 더 컸다. 이런 결과를 토대로 킵니스는 그의 '변형된' 권력 모델에 따라 권력이 생길 경우 자의식이 지나치게 강해져 권력이 없는 사람들과 공감하기가 어려워진다고 주장했다.[17]

킵니스의 연구 결과는 거의 40년 전의 업무 환경에서 나온 것이지만, 요즘처럼 어딜 가나 자아를 적극 드러내는 현실에 적용해도 부족함이 없어 보인다. 킵니스 이후 나온 연구들 역시 권력이 타인에 대한 우리의 행동을 바꿀 수 있다는 개념을 거듭 확인해 주었다. 수십 건의 연구에서, 일정한 권한을 쥔 사람들, 이를테면 경영권이나 사회적 지위가 있는 사람들 혹은 원래부터 부자인 사람들은 개인의 이익을 추구하는 과정에서 사회규범을 위반할 확률이 확실히 높았다. 이들은 더 무례했고, 사적 공간을 더 침해했으며, 고정관념에 더 집착했고, 사기를 치거나 법을 어기는 경우가 많았다. 이제 고전이 된 한 연구에서, 캘리포니아 버클리대학교의 심리학과 교수 폴 피프는 '지위가 높은' 운전자들(최고급차를 모는 사람들)은 지위가 낮은 운전자들과 비교해 비신호 교차로에서 다른 차량을 새치기할 확률이 약 4배 높았고, 보행자가 건너는 횡단보도를 그대로 통과할 확률이 약 3배 높다는 사실을 발견했다.

이런 결과에 대해 권력이 꼭 반사회적 행동을 낳는다기보다 공격적이고 자기중심적인 사람들이 자연스럽게 경제적 사회적 권력을 얻는 경우가 많을 뿐이라고 주장할 수도 있다. 그러나 연구자들은 권력과 반사회적 행동 사이의 인과관계가 강하다는 사실을 밝혀냈다. 일시적이더라도 부유하거나 권력이 있다는 느낌이

들면 사람들은 더욱 자기중심적이거나 공격적인 행동을 보였다. 2012년 피프 교수는 피험자들에게 2인용 모노폴리 게임을 시켰다. 이 게임에서 연구자는 한 명에게만 일부러 권한을 몰아주었다. 즉 한 명의 게임자는 상당한 현금을 지급받았고 주사위를 두 개 다 쓴 반면, 다른 게임자는 절반 정도의 현금만 받았고 주사위도 한 개만 쓸 수 있었다. 게임을 시작한 지 얼마 지나지 않아 현금도 많고 주사위도 2개인 피험자들(지위가 높은 게임자들)은 딱 봐도 태도가 변했다. 이들은 지위가 낮은 피험자들보다 게임 테이블에서 훨씬 많은 공간을 차지했다. 또 게임 중에 상대와 눈을 덜 마주쳤으며 상대의 말을 대신 옮겨 주는 등 행동이 더욱 자유분방해졌다. 지위가 높은 게임자들은 본인의 말을 옮길 때면 몸에 더욱 힘이 들어가서, 지위가 낮은 피험자들보다 세 배나 많은 소음을 냈다.(실험실에 데시벨 측정기가 설치돼 있었다.) 다시 말해, 일시적으로 권한이 생긴 피험자들은, 연구자들이 실제로 권한이 있고 사회적 지위가 있는 사람들에게서 관찰한 것과 동일한 태도를 보였다. 피프는 이렇게 말했다. "우리는 사람들에게 몇 가지 조작을 가한 도박성 낮은 게임을 시켰습니다. 게임 참가자들은 연구자들의 의도를 분명히 눈치챘을 겁니다. 그런데도 게임을 시작한 지 몇 분 만에 권력은 사람들의 역할을 나눴고, 일상에서 실제 지위가 높은 사람들이 흔히 하는 행동을 하도록 유도했습니다."[18]

권력이 자기중심적 행동을 낳는 과정과 그 이유는 복잡한 원리가 작용하겠지만, 그 기본 골격은 이해하기 쉽다. 권력 연구의 선구자인 심리학자 대처 켈트너에 따르면, 사람이 권력과 지위를 누리면 '접근 체계'가 활성화된다고 한다. 이는 우리가 성욕, 사회적 인정, 주목 같은 기본 욕구뿐 아니라 돈처럼 학습된 욕구를 충족시키도록 자극하는 신경 기전이다. 일단 접근 체계에 발동이 걸리면 사람들은 "앞으로 전진하면서 그저 추구하기만 한다"라고 켈트너는 말했다. 게다가 권력은 우리를 더욱 공격적으로 만들고 동시에 타인이나 사회규범에 대한 감수성을 떨어뜨린다. 이렇게 '접근' 성향이 강해지면서 감수성이 떨어지는 것은 매우 강력한 조합이라고 켈트너는 지적했다. "무엇이든 보상이 따르고 좋아 보이는 것에서 권력을 느끼면, 사람들은 이를 그저 추구하려고 합니다. 그 대상이 공공재든 당신의 비서든 기타 무엇이든 간에 조금이라도 더 큰 조각을 차지하려고 합니다."[19]

### "아무도 당신을 막을 수 없을 겁니다."

부유한 권력자들이 보통 어리석게 행동한다는 연구 결과는 우리의 관심사가 아니다. 그렇지만 이러한 권력과 유아론唯我論의 상관관계가 흥미로운 이유는, 나아가 이 상관관계가 충동 사회라는 더 큰 개념에서 본질적인 이유는 우리의 힘이 사실상 약해지는데도 사회의 '모든' 층위에서 자기 이해를 적극적으로 드러내는 이유를 설명해 주기 때문이다. 사실 오늘날 많은 사람들이 전후 삶의 특징이었던 구체적이고 지속적이며 진정한 개인의 힘(수입 증가, 정부의 개입, 더욱 안정적인 공동체 의식)을 심각하게 상실하고 있다. 그렇지만 충동 사회의 패턴은 여러 가지 방식으로 그 빈자리를 메워준다. 문화적으로 보면 1980년대에 급증한 개인의 이익 추구를 오늘날은 더욱 심하게 두둔해 주는 분위기로, 무엇이든 우리가 지닌 구체적인 힘을 적극적인 자기 홍보를 위해 거리낌 없이 써도 된다고 보는 것 같다.

한편 소비자 시장은 적극적인 자기 홍보를 더 쉽고 효율적으로 만들 뿐 아니라, 이를 더욱 부추기는 도구들을 계속해서 쏟아냈다. 적극적 힘을 갈망하는 우리를 노골적으로 겨냥한 엄청나게 많은 제품과 서비스를 생각해 보자. 온 동네에 짜증을 유발하도록 설계된 차량용 스테레오 서브우퍼 스피커가 바로 그런 예로, 제품 광고 역시 그런 성능을 강조한다. 또한 광고 문구 그대로 '당신의 저돌적인 운전 스타일'에 맞게, 즉 다가오는 운전자가 눈이 부시도록 만든 망막을 마비시키는 상향등도 이런 제품에 해당한다.

마찬가지 맥락에서 지난 25년간 명백하고 기민하며 뻔뻔하게 힘과 그 힘의 남용을 결합시켜 설계한 자동차와 트럭을 생각해 보자. 1990년대에 저널리스트이자 작가인 키스 브래드셔는 디트로이트가 전보다 차량을 더 크고 강하게 설계할 뿐 아니라, 위압적이고 사나운 느낌마저 들도록 외관을 디자인했다고 설명했다. 크라이슬러의 램 트럭과 듀랑고의 SUV가 바로 그런 모델로, 두 차량 모두 의도적으로 포식 동물 같은 디자인을 택했다. 2000년대 들어 디트로이트의 3대 업체인 GM, 포드, 크라이슬러는 더 크고 강하며 위압적 느낌을 주는 모델들을 도입했는데, 방어라도 하는 듯한 이들의 더 넓고 육중한 본체는 도로에서 더 넓은 시야를 확보하여 마치 '군림'하는 듯한 분위기를 풍겼다. 게다가 이 모델들은 공포스럽기까지 했다. SUV 운전자들은 차를 빠르게 모는 경향이 있고 교통사고 발생률이 평균치보다 높을 뿐 아니라, 차량의 크기와 무게, 사양 때문에 사고가 나면 더 큰 피해를 입는다. 한 연구 결과에 따르면 SUV를 모는 운전자는 교통사고로 부상당할 확률이 매우 낮지만, 상대방 운전자는 부상당하거나 사망할 확률이 두 배라고 한다.[20] 그러나 이렇듯 불공평한 충돌 결과는 분명 이 모델들의 매력 요소 중 하나일 것이다. SUV의 저돌적 분위기는 '파충류의 뇌'에 다가서려는 자동차 업계의 노력을 보여 준다. 파충류의 뇌는 디트로이트와 긴밀히 작업했던 마케팅 전문가 클로테르 라파유가 쓴 표현으로, 각 개체의 '생존과 번식'을 극대화하도록 설계된 고대의 신경 프로그램을 뜻한다. 파충류의 뇌는 거대한 SUV의 이른바 외부 비용을, 즉 연비가 형편없거나 온실가스 배출이 많은 점을 신경 쓰지 않으며, 다른 운전자들의 안전 역시 개의치 않는다. 파충류의 뇌는 모든 낯선 이들을 잠재적 범죄자로 인식하며 다른 모든 운전자들을 잠재적 훼방꾼으로 여긴다. 라파유는 브래드셔에게 소름 끼치도록 솔직한 말을 전했다. "파충류의 뇌는 '다른 차량과 충돌하면, 상대 운전자가 죽었으면 좋겠다'라고 속삭입니다."

### 사회적 '고객'에서 경제적 '소비자'로

파충류 분위기를 풍기는 SUV는 개인의 힘에 대한 갈망을 사회조직이 훼손될 정도로 이용하는 현실의 극단적 예다. 그렇지만 소비자 경제가 우리에게 제공하는 것 중 상당수가 바로 이런 힘으로, 이 힘들이 자동차처럼 동료 시민들을 짓누르는 것은 아니지만 적어도 그들과 깊은 관계를 맺지 못하게 가로막는다. 이러한 관계의 자유는 분명 편리한 삶을 약속한다. 즉 점차 독립적으로 소비 가능한 제품과 서비스가 제공되므로, 주변 사람들에게 덜 의지하고 그들과 덜 접촉하며 그들을 덜 의식해도 된다. TV 디너데우기만 하면 바로 먹을 수 있는 즉석식품부터 알아서 구워 주는 전자레인지용 조리 제품, 차 안에서 주문하고 건네받는 완전히 디지털화된 패스트푸드점에 이르기까지, 가장 성공한 식품 혁신은 언제 어디서든 미각의 즐거움을 재빨리 극대화하도록 설계된 것이 대다수로, 단체 식사를 위해 다 같이 모이거나 요리하는 것과 같은 '비효율'을 피해 간다. 그렇지만 이러한 개인의 힘은 사회적 비용을 대가로, 특히 조리법의 발전과 화목한 가족 모임을 포기하고 얻은 것이다.

이렇게 전통적 유대 관계가 감소한 것은 우연이 아니다. 이는 소비자 경제의 암묵적 목적으로, 소비자 경제는 어떻게든 전통적 유대를 상품과 서비스로 대체하려고 애쓴다. 예를 들면 대형 할인점은 가격을 낮추는 재주만 있는 것이 아니라, 한자리에서 모든 것을 해결하는 몰개성적인 쇼핑 방식을 통해 쇼핑의 사회적 의무를 최소화하는 능력도 뛰어나다. 1970년대에 월마트는 자사의 정형화된 고객 서비스와 방대한 진열 상품을 지역민들에게 소개했는데, 식료품과 의류부터 가정용품, 자동차 부품, 가전제품, 의약품에 이르기까지 번화가를 뒤덮을 만큼 커다란 지붕 아래 모든 것을 갖춰 놓았다. 이는 본질적으로 소도시의 삶에 무수히 스며 있는 성가신 비효율성에서 사람들을 해방시킨 것이었다. 이제는 쇼핑할 때 여기저기 매장을 돌아다닐 필요가 없고, 내 이웃이기도 한 소규모 행상에게 암묵적 의무를 다할 필요도 없다. 이러한 해방감이 혁명적으로 보이지 않을지도 모른다. 그러나 브리검영대학교의 사회학 교수 랠프 브라운은 이 과정에서 우리는 전통과 급격한 단절을 겪었다고 지적했다. 브라운의 말에 따르면 대부분의 역사에서 경제활동은 근본적으로 사회적 관계와 떼어 놓고 성립할 수 없었다. 우리는 그저 단순한 '소비자'가 될 수 없었다는 의미다. 뭔가를 산다는 것은 '고객'이 된다는 뜻으로, 사회의 구성원이자 사회적 제약을 받는 고객은 물건을 구입할 때마다 복잡하고 시간을 소모하는 사회적 상호작용을 해야 했다. 그러다가 근대적 소매업체들이 고객에게, 고객이 아닌 '소비자'가 되어 효율성을 누리라고 제안하자, 즉 사회적 의무가 거의 없는 더욱 순수한 경제 주체가 되길 권하자, 대다수 사람들은 그 제안을 덥석 받아들였다. 1989년 《뉴욕타임스》에는 월마트가 들어선 아이오와 주 한 소도시의 사업가가 "월마트는 실물경제에 대한 요구를 바꾸어 놓았다"라고 불평한 기사가 실렸다.[21]

다수의 보수적 경제학자들이 보기에, 고객에서 소비자로의 전환은 가혹한 과정일지라도 긍정적이고 필요한 변화였다. 이제 업체들은 효율 시장의 또 다른 근본적 현실과 맞서야 했다. 바로 자기중심적인 소비자였다. 소비자는 낡은 상업적 합의 때문에 어쩔 수 없이 사회적 의무를 받아들였지만,(주주 혁명이 있기 전 투자자들이 기업의 부실 경영을 참았듯이) 사회성이라는 가면 밑에는 언제나 냉혹하고 계산적인 이기심이 숨어 있었다. 1949년에 보수적인 '오스트리아 경제학파'의 일원인 루트비히 폰 미제스는 이렇게 경고했다. "소비자들은 자기만족 말고는 그 어떤 것도 고려하지 않는다. 이들은 과거의 가치관이나 기득권에 조금도 개의치 않는다. 이들은 더 마음에 들거나 더 싼 것이 나오면 과거의 조달 업자를 버린다. 구매자와 소비자로서 이들은 다른 이들은 안중에도 없는 매정하고 냉담한 사람들이다."[22] 이러한 진실을 받아들이지 못한 상인들, 그리고 사회적 의무와 여러 다른 비시장적 비효율성에 계속 기대려던 상인들은 시장의 전반적인 효율성을 가로막는 존재로 곧 사라질 운명이었다. 효율적 시장의 수호성인 애덤 스미스가 두 세기 전에 주장한 것처럼, 개인이 각자의 이익을 추구할 때 우리는 최상의 결과를 얻었다. 이제 보수적 경제학자들은, '고객'에서 '소비자'로의 전환이 단지 스미스의 위대한 통찰을 보여 주는 것이라고 주장했다. 이러한 흐름은 과거의 비효율적 상인들과 몇몇 소도시에게 엄청난 충격이겠지만, 장기적으로 보면 더욱 효율적인 경제라는 사회적 이익을 안겨 준다고 이들은 주장했다.

그러나 단순히 경제적·다원주의적 시각으로 상업의 사회적 측면을 살핀다면, 우리는 중요한 세부 사항들을 대거 놓치게 된다. 애덤 스미스는 도덕적 영역이 강하지 못하면 시장은 그 유명한 최적 상태에 이르지 못한다고 주장했다. 즉 구입자와 판매자 사이에 신뢰와 공감이 사라지면 시장은 금세 효율성을 잃고 실패한다는 뜻이다. 무수한 스캔들과 신용 사기, 거품의 생성과 붕괴가 바로 그런 예다. 그렇지만 완전히 무너진 시장을 체험해 보지 않더라도 사회적 고객에서 더 순수한 경제적 소비자로 대거 이동했을 때의 비용을 우리는 알 수 있다. 이는 대형 할인점의 등장만 살펴봐도 충분하다. 초특급 효율성으로 무장한 이들 초대형 매장은 제품의 가격을 낮추고 선택의 폭을 넓히긴 했지만, 동시에 힘이 커진 소도시 소비자들에게 새로운 비용들을 안겼다. 아이오와주립대학교에서 농촌경제학을 연구하는 케네스 스톤은 소도시에 월마트가 들어서면 2년 만에 반경 30킬로미터 안에 있는 지역 상점들의 매출이 4분의 1에서 3분의 2까지 감소한다는 사실을 발견했다. 이러한 심각한 매출 하락은 보통 소도시의 번화가를 무너뜨렸고, 이런 식으로 공동체의 근간이 흔들리면 역설적이게도 지역민들의 쇼핑의 폭이 좁아졌다. 루이지애나주립대학교의 사회학과 교수 트로이 블랑샤르는 몇몇 작은 시골 지역의 경우 인근에 생긴 대형 할인점이 번창하면 거주민들이 장보러 이동해야 하는 거리가 확연히 늘어난다는 사실을 밝혀냈다. 게다가 새로운 연구 결과에 따르면, 소도시 외부의 소매업체보다 지역 상인들이 더 안정적인 근무 환경을 제공하고(월마트 직원들의 연간 이직률은 50퍼센트다.) 지역의 사회복지 프로그램과 정치적 주도성, 여타 지역사회의 삶의 질을 좌우하는 요소에 더 긍정적이라는 점을 고려할 때, 대형 매장이 지역 경제에 입히는 피해는 한층 심각하다. 우리는 여기에서 다시 한 번 충동 사회의 핵심적 역설을 확인한다. 우리의 역량을 키운 경제모델이 우리를 지탱하는 근간을 파괴한다는 사실이다.

### 거침없는 소비문화가 몰고 온 퍼펙트 스톰

개인의 힘이 시험대에 놓이기 수십 년 전인 1953년, 자유주의적 학자인 로버트 니스벳은 개인의 힘이 우리를 어디로 이끄는지를 예고했다. 니스벳은 자신의 고전적 저작 『공동체를 찾아서』에서 근대의 자유주의적 사회는 때로 억압적인 전통적 사회구조에서 개인을 해방시킴으로써, 애초에 개인의 자유를 가능하게 해 주는 '대단히 복잡하고 미묘한 관습, 전통, 사회적 관계'로부터 사실상 개인을 단절시키고 고립시킨다고 경고했다. 그리고 인간은 본래 사회적 존재이며, 개인의 자유가 가족, 교회, 지역성, 지역사회, 또는 자발적 단체 같은 사회구조를 통해 중재될 때에만 그러한 자유가 의미 있고 또 지속된다고 그는 주장했다. 그러나 끊임없이 진전하는 근대 정치제도에서, 이러한 사회구조들이 퇴보하거나 사라지거나 '거의 한결같이 원자화된 개인으로 축소'되면서, 결국 개인은 '고립되고 소속감이 없는' 고독한 존재로 추락한다며 우려했다.[23]

가장 명백한 자유주의 사상 옹호자였던 니스벳에게, 원자화의 주된 동력은 자유주의적 국민국가가 등장한 것과 관료제, 보조금, 전문성을 통해 사회적 삶 곳곳에 국민국가가 침투한 것이었다. 그러나 니스벳은 시장 때문에 사회적 유대가 약해지고 또 '경제적 세계의 합리화와 비인격화' 때문에 '안정과 동맹의 핵심'이었던 가족과 마을, 여타 '중재적 제도들'이 무너지는 현상을 우려했다. 헨리 포드가 시골에 사는 미국인의 사회적 유대를 무너뜨리기 시작한 지 한 세기 정도 지나자, 모든 사회적 유대의 원자화는 이제 산업의 목표가 되었다. 해마다 사람들은 소비에서 알맹이만 남기기 위해, 사회적 의무와 규범과 여러 가지 비효율성을 소비에서 제거했다. 즉 개인들은 오로지 자아를 위해 자아에 의해 자아와 관련해서만 행동했다. 게다가 거침없는 소비가 생산자들의 막대한 수

입원이 되면서, 미국의 문화와 이데올로기는 그 거침없는 분위기를 갈수록 찬양하고 합리화했다. 처음에 이 역할을 한 것은 자아실현과 전통과의 단절을 끊임없이 강조한 미 제너레이션Me Generation, 자기중심적 사고를 지닌 세대를 칭하는 표현이었다. 10년 후에는 효율 시장의 경제적 개인주의가 그 바통을 이어받았다. 그렇지만 이데올로기적 색채가 어떠했든, 바탕에 깔린 문화적 메시지는 동일했다. 개인으로서 우리 자신의 이해를 더 큰 사회의 이해와 구분하고, 차츰 자신의 이해를 더 큰 사회의 이해보다 우위에 두자는 것이었다.

고객에서 소비자로의 이동은 암묵적으로든 명시적으로든 자신을 가장 중시하는 시민이 등장했음을 가장 뚜렷이 보여 준 현상이었다. 그러나 이렇듯 완벽한 소비에 다가설수록 우리는 우리의 기반이 무너지는 현상을 목격했다. 소비를 완벽히 개인화하면서, 우리는 대뇌변연계의 파충류 같은 충동을 억제해 주던 최후의 사회구조 중 일부를 제거하고 말았다. 예를 들면 우리의 식사량을 제한해 주던 가정식 요리가 사라진 대신 즉석식품과 패스트푸드가 들어섰다. 혼전 성관계를 막아 주던 임신에 대한 두려움은 피임약의 등장으로 쓸데없는 걱정이 되었다. 대니얼 벨의 표현에 따르면, 개인을 '도덕규범과 절제된 목적의 합치'에 복종시켰던 '인격'이라는 오랜 관념도 이제 통하지 않았다. 이제는 '인격' 대신 '개성', 즉 개인 간의 차별성을 충동적으로 추구해 '자아 증진'을 하도록 부추기는 분위기로, 보통 그 기제는 일련의 소비 행위였다.[24] 이러한 현상에 불만의 목소리를 낸 이들은 보통 사회의 보수 세력이거나 고상한 사람들이었고, 이들이 애석하게 여긴 사회규범은 종종 억압적이고 부당하며 차별적이고 중세적이었다. 그렇지만 이러한 도덕규범이 한 가지 기여한 것이 있었다. 바로 충동을 억제하는 역할이었다. 그러나 이제는 이 규범들이 효율적 소비를 가로막는 장애물이라며 제거되고 있었다. 게다가 이 오랜 규범들이 덜 봉건적인 규범들로 대체될 수 있다 하더라도 우리는 전혀 그런 여지를 주지 않았다. 대개의 경우 그런 오랜 제약들은 비용과 편익을 신중히 고려하거나 세심히 따져 보지 않은 채 자동 반사적으로 제거됐다. 때마침 시장에서 더욱 효율적이고 수익성 있는 자아 표출 수단을 제공했기 때문이었다.

요약하면 소비자들은 힘이 더 커졌을 뿐 아니라 그 힘 때문에 점점 외로워졌지만, 자신을 이끌어 줄 오랜 지침은 찾기 어려웠다. 역설적이게도 힘은 커졌는데 다수는 매우 불안정했다. 1980년대와 1990년대의 대중문화는 의기양양하고 막강한 소비자의 이미지를 보여 주었지만, 현실은 그와 달랐다. 불안과 우울증을 겪는 사람들이 증가했다. 정신 건강 전문가들은 그 원인 중 하나로 사회적 유대의 약화를 지적했다. 하버드대학교의 사회학 교수 로버트 퍼트넘은 이렇게 표현했다. "전에는 우리가 기댈 수 있는 가족, 교회, 친구들 같은 사회적 자본이 있었지만, 이제 이 자본들은 우리가 의지할 만큼 탄탄하지 못하다. 집단적 삶뿐 아니라 개인적 삶에서도 …… 우리는 25년 동안 서로의 관계가 소원해진 것에 대한 대가를 크게 치르고 있다."[25]

그렇지만 우리의 '해결책'은 한층 불안정했다. 퍼트넘을 비롯한 여러 전문가들은 공동체의 유대를 회복하자고 주장한 반면, 다수의 소비자들이 지지하거나 기대는 대상은 따로 있었다. 대개의 경우 그것은 새로운 힘을 부여하는 공급 업체였다. 따라서 사람들은 이상적인 표준 분량을 식품업체가 결정하도록 했다.(40년 전보다 훨씬 많은 분량이었다.) 또한 최적의 마력과 가속력도 자동차 제조업체들이 결정하게 했다.

물론 우리의 신용 한도도 은행이 결정하게 했다. 앞서 언급한 행동과학자 딜립 소먼의 연구에 따르면, 많은 사람들이 신용카드를 쓸 때 필요한 돈과 수중의 자금을 계산해서 사용하는 것이 아니라 은행이 정한 신용 한도에 맞춰 사용한다고 한다. 신용 긴축시대에는 대출업체들이 사람들의 상환 능력을 꼼꼼히 조사했으므로 이러한 전략이 옳지 않았지만, 양적 팽창과 빠른 수익을 지향하는 금융모델이 등장한 이후로는 사람들의 생각이 바뀌었다. 1990년대가 되자, 금융권은 신용 기록이 최악인 소비자들을 예의 주시했다. 이들은 분명 연체료를 꾸준히 낼 부류였기 때문이었다. 게다가 금융권은 우리들의 신경학적 결함을 남김없이 이용했다. 예를 들면 신용 한도를 올리고 월 최소 결제액을 낮췄는데, 이렇게 하면 소비자들에게 부에 대한 잘못된 관념을 심어 줄 수 있기 때문이었다. 금융 부문에게 신경 회로의 결함은 이윤의 결정적 원천이었다. 1989년 당시 하버드대학교 법학 교수였던 엘리자베스 워런은 신랄한 1989년 회계감사 보고서에서 은행 카드 회사들이 "이미 갚지 못한 단기 채무가 엄청나 원금은 고사하고 이자도 도저히 갚을 수 없는 채무자들에게 은행 카드를 네 번, 여섯 번, 일곱 번씩 기꺼이 발급해 준다"라고 지적했다.

새로운 세기에 접어들면서 소비자들은 퍼펙트 스톰여러 가지 악재
가 겹치면서 엄청난 파괴력을 보이는 현상에 휩싸이기 시작했다. 이제 많은 사람
들이 감당하기 힘들 만큼 큰 힘을 얻었지만, 동시에 바로 이 힘 때
문에 삶의 많은 영역에서 개인들을 억제하거나 적어도 자제시켰
던 사회적 문화적 규범과 단절됐다. 전통적 이정표를 상실한 사람
들은 이제 그 힘을 얼마나 쓸 것인지 정할 때 차츰 시장에 의지했
다. 2000년대 초 주택 거품으로 경기가 과열되고 금융 부문이 또
다른 소비자 '도구'를 풀어놓으려던 시점에, 미국의 문화 전반은
사실상 엄청난 재앙을 끌어들이고 있었다.

# 4  쉽게 버는 세상

**부동산 버블과 금융 유토피아**

2005년 여름, 경기가 수직 상승하고 부동산 시장이 돈을 쓸어 담던 시절, 라스베이거스 하드록카페 풀장은 일요일 오후를 보내기에 최적의 장소였다. 매주 이 카페에서는 리햅 파티가 열렸다. 이는 선탠한 사람들이 꽝꽝 울리는 디제이 D의 음악을 들으며 술로 밤을 지새우는 일종의 정형화된 파티다. 이곳은 정오부터 카지노 관광객들로 붐볐지만, 라스베이거스의 부동산 중개업자를 비롯한 지역 주민들도 다수 섞여 있었다. 이들은 숙취를 달래 가며 광풍에 휩싸인 부동산 시장에 대한 정보를 나눴다. 당시 라스베이거스의 주택 가격은 1년에 50퍼센트씩 오르고 있었고, 온갖 시장 행위자들이 여기에서 한몫 챙기려고 벼르고 있었다. 이 중에는 라스베이거스 외곽의 사막 지대를 주택으로 도배 중이던 거물급 부동산 개발업자들도 있었다. 또 번화가인 스트립 거리를 따라 쌓아 올린 고급 고층 건물에서 한몫 챙기려던 홍콩과 서울 출신의 냉철한 투자자들도 있었다. 또 마치 단타 매매 하듯이 주택을 사서 플립 거래<sub>싼 가격에 헌집을 산 다음 이를 고쳐서 비싼 가격에 되파는 투자 행위</sub>를 하던 오렌지 카운티 출신의 의사와 치과 의사들도 있었다.

여기에는 또 다른 부류도 있었다. 일종의 아마추어 투자가인 이들은 운 좋게 부동산 재벌이 된 미스터 마구<sub>지독한 근시에 돈 많은 사업가인 만화 캐릭터</sub>였다. 이 마구들은 주택 가치가 두 배로 뛰어 갑자기 늘어난 재산을 밑천으로 부동산 시장에서 쉽게 돈을 벌어 보려던 지역 주민들이었다. 이들은 재융자를 받아 두 번째 주택을 산 다음 몇 달 후 플립 거래로 3, 4만 달러를 챙겼고, 그러면서 한순간에 부동산 제국을 꿈꾸게 되었다. 투자 열풍이 불던 2000년부터 2009년까지 라스베이거스에서 모기지 대출을 담당했던 한 은행가는 당시 상황을 이렇게 회상했다. "사람들이 돈이 두 배로 불어나니까 자기가 투자의 귀재라도 되는 양 착각한 겁니다. 그래서 이들 아마추어 투자자들은 집을 두 채, 세 채씩 사고팔면서 '은행에 10만 달러가 있는데 왜 투자를 멈춰?'라고 생각한 것이지요."[1] 2005년이 되자 집을 다섯 채, 여섯 채, 심지어 스무 채까지 소유한 마구들이 생겼다. 종합해 보면 라스베이거스의 주택 거래 중 절반은 아마추어 투기꾼과 관련 있었고, 이는 곧 이 지역의 신규 주택 중 상당수가 자기가 뭘 하고 있는지도 모르는 사람들 손에 놓여 있었다는 뜻이었다. 오랫동안 부동산 중개업을 한 토드 밀러는 이렇게 말했다.

"진짜 투자자가 없었습니다. 진짜 투자자는 집을 사면 임대 수입을 생각해 팔지 않습니다. 아니면 심하게 저평가된 집들을 찾아내 수리비가 얼마나 드는지 정확히 셈합니다. 그렇지만 아마추어 투기꾼들은 아니었습니다. 이들은 그냥 주사위만 굴려 댔습니다."[2]

그렇지만 이들을 막을 수단은 거의 없었다. 사실 누구라도 부동산 시장에 뛰어들 수 있었다. 더 정확히 말하면 전반적인 신용 제도가 특히 마구들의 환상을 부추기게끔 설계되어 있었다. 2000년대 초반에 우편함을 열거나 TV를 켜면 여지없이 재금융을 권하는 광고와 마주했다. 은행들은 주택 담보대출 업무를 확대했을 뿐 아니라 대출 절차를 전 자동화해서 대출이 신용카드 발급만큼 효율적으로 이뤄졌다. 라스베이거스에서 대출 업무를 맡았던 한 은행가는 이렇게 말했다. "소득이 얼마이고 자산이 어느 정도인지 말하면 그걸로 끝이었습니다. 은행 잔고 증명서를 보여 줄 필요도 없었습니다. 아니면 수입이나 자산 없는 사람들에게 대출해 주는 니나론을 이용할 수도 있었습니다. 이름과 주소, 사회보장 번호만 기입하면 대출 절차는 끝이었습니다. 은행은 이들의 고용주에게 전화를 걸지도 않았습니다. 전화번호도 몰랐으니까요. 대출 신청서에 그걸 기입하는 칸조차 없었어요. 게다가 담보 가치의 100퍼센트까지 대출이 가능했습니다. 돌이켜보면 정신 나간 짓이었지요."[3]

사실 당시의 주택 거품은 충동 사회의 가장 완연하고 무르익은 모습이었다. 라스베이거스나 오렌지카운티, 마이애미, 피닉스(부동산 거품과 관련해서는 마드리드나 더블린도 마찬가지였다.[4]) 또는 여타 수백 개의 뜨겁던 시장을 살펴보면, 자기중심적 경제의 승리를 전혀 의심할 수가 없었다. 지난 반세기의 온갖 불안정하고 충동적인 흐름이 사회경제학, 기술, 신경화학의 해로운 조합과 만난 곳이 바로 이곳 투기 열풍에 휩싸인 주택 시장이었다. 이곳에서는 미친 듯이 자아를 드러냈고 노골적으로 고대의 반사적 행동을 조작했다. 또한 전후의 생활 수준을 회복하려는 필사적인 캠페인 역시 전개됐다. 주택 시장은 효율 시장을 맹목적으로 받아들였고, 효율 시장이 건네는 개인의 힘이라면 합리적이지 않고 사회적으로 무책임해도 일단 신뢰했다.

자아와 시장, 심리학과 경제학이 가장 효율적이고 자연스럽게 서로에게 기생하는 모습 역시 금융 거품의 최전선에서 확인할 수 있었다. 왜냐하면 여러 가지 면에서 금융 부문은 시장에서 가장 심리적인 영역으로, 근대 경제학의 '자아'에 해당하기 때문이다. 금융은 시장의 이드이자 도마뱀의 두뇌를 가진 행동하는 자아다. 창조적이고 임기응변이 뛰어나며 효율적이고 지칠 줄 모르지만, 무자비하게 이기적이고 근시안적이며 수치심이 없어서 계획하는 자아와 여타 사회를 기꺼이 재정 절벽으로 끌고 간다. 한때 우리가 규제와 규범으로 금융 부문을 안전하게 단속하고 억누르며 진정시킬 수 있었던 것(과거에 우리가 자아를 통제했듯이)은 우연이 아니었다. 당시 우리는 금융이라는 이드를 방치했을 때 벌어질 일에 대한 두려움이 있었다.

그러나 1970년대 무렵 우리는 이러한 두려움마저 넘어섰다. 자아가 소비자 경제를 이용했듯이 이제 우리는 신기술과 새로운 이론을 통해 금융의 창의적이고 생산적인 에너지를 이용할 수 있었다. 우리는 조심스럽게 금융 부문을 풀어주고 여기에 우리의 운명을 걸었다. 그리고 실제로 부를 얻었다. 미래로부터 차입을 가능하게 해 주는 금융 덕분에, 경제는 현재의 물질적 제약을 뛰어넘어 팽창할 수 있었다. 그렇지만 점점 부유해질수록 금융 부문이 우리를 압도해 갔다. 해방된 자아가 만족을 모르는 자신의 기준에 맞춰 소비자 문화를 바꾸었듯이, 금융 부문 역시 자신의 변연계의 명령에 맞춰 더 큰 경제를(더불어 대다수 정치제도와 사회제도 그리고 문화의 상당 영역을) 재조직하고 재구성했다. 마구들이 부동산 시장에 몰리던 2000년대 초, 금융 제도는 경제의 상당 부분을 자신의 이드 이미지에 맞게 재구성했다. 그 결과 충동적이고 단기적 만족에만 전념하며 결과에는 신경 쓰지 않는 경제가 탄생했다.

### 세상을 바꾼 금융 단기주의

여기에서 지적해야 할 점은 금융 부문이 언제나 그렇게 무모하지는 않았다는 사실이다. 1929년 주가 대폭락 이후, 정신을 차린(그리고 엄격한 규제를 받은) 금융 산업은 실물경제에서 부수적인 역할로 물러났다. 은행가들과 여타 금융 행위자들은 적정 수익을 꾸준히 내는 보수적이고 위험이 낮은 전략을 추구했다. 즉 당시의 모토는 '인내하는 자본'이었다. 그리하여 전후 시기에 은행, 보험, 부동산 같은 금융 부문은 전체 기업 이윤에서 차지한 비중이 10퍼센트를 넘지 못했다. 그러다가 1970년대에 일대 위기를 겪으면서 과거의 인내하고 자숙하던 태도가 싹 사라졌다. 두 자릿수 물가 상승률과 해외 은행과의 경쟁으로 전통적 투자 방식에서 이윤이 떨어지자 은행가와 투자자 그리고 여러 금융 주체들은 더 빨리 더 많은 수익을 얻을 새로운 전략을 찾아 나섰다. 하룻밤 사이에 '인내하는 자본' 대신 열광적인 '수익률 사냥'이 기본 전략으로 떠올랐다. 컴퓨터 기술의 도움과 안절부절못하는 주주들의 입김으로, 금융 행위자들은 세계 곳곳에서 수익률이 높은 각종 '투자 수단'을 찾아냈다. 차입형 기업 매수, 귀금속, 식량 상품, 원유 선물, 제3세계 국가의 채무가 바로 그런 수단들이었다.

그러나 가장 이윤이 높은 사냥터는 소비층이 두터운 북미와 서유럽의 경제권이었다. 금융은 이들 지역에서 공적이든 사적이든 삶의 온갖 영역으로 침투해 들어갔다. 거대해진 금융은(2000년대 초 미국의 금융 부문은 전체 기업 이윤 중 25퍼센트를 차지했다.) 그 규모와 편재성 덕분에 영향력을 행사했다. 우리는 금융에 의존할수록 더 빠르고 더 높은 수익을 추구하는 금융 부문의 새로운 임무역시 공유하게 되었다. 이런 추세는 소비자신용이 확산되던 세계에서 더 뚜렷했다. 이곳에서는 보상은 당장 받고 비용은 뒤로 미루려는 신용의 기본 지침이 곧 소비자의 지침이었다. 그러나 이러한 경제의 '금융화'가 끼친 더 깊은 영향은 다른 곳에 있었다. 예를 들면 정부의 차입이 심해지면서(균형 재정을 유지하는 것보다 재정 차입을 하는 것이 더 수월함을 발견한 사람은 다름 아닌 자유 시장의 옹호자 로널드 레이건이었다.) 정책 입안자들은 차츰 채권시장의 욕망과 의제에 얽매이게 되었다. 클린턴 대통령이 사회 기반 시설과 학교를 더 짓겠다는 선거공약을 이행하려 하자 정부 지출 증가에 따른 물가 상승을 우려한 채권 트레이더들이 장기금리를 올렸는데, 이는 주택 시장, 더 나아가 클린턴의 연임 가능성을 위협했다.[5] (소문에 의하면 클린턴은 보좌관에게 이렇게 불평했다고 한다. "지금 그 말은 나의 재선이 저 빌어먹을 채권 트레이더 무리에게 달려 있다는 뜻이요?"[6]) 결국 정부도 금융시장의 단기주의를 포용하게 되었다.

그러나 금융 부문의 단기주의가 가장 오래도록 영향을 미친 것은 기업 전략이었다. 1980년대 주주 혁명 이후 기업 경영자들은 더욱 열정적으로 금융시장을 만족시키려 했지만(현재 일반 고위 경영자의 3분의 2가 스톡옵션으로 보상을 받는다.) 이제는 금융시장을 만족시키기가 훨씬 더 어려워졌다.[7] 이제 주식시장을 좌우하는 것은 이른바 기관투자자들, 즉 연기금, 뮤추얼펀드, 헤지펀드, 그리고 무엇보다도 행동주의 헤지펀드였다. 이들 기관투자자들은 주가에 영향을 주기 위해 기업 주식을 대거 매입한다. 모두 합해 상장 대기업 주식의 약 4분의 3을 지배하는 이들 대형 기관투자자들은 제1의 목표가 수익률 사냥이다.[8] 기관투자자들은 번영을 위해(사실 생존하기 위해) 자신의 고객들(퇴직자부터 억만장자에 이르기까지 모든 이들)을 만족시켜야 하며, 이를 위해 투자 포트폴리오상의 분기별 '목표 수익률'을 공격적으로 잡는다. 경제학자 에릭 티모인과 랜들 레이가 지적한 것처럼 이들의 목표 수익률은 보통 미국 경제의 전체 성장률보다 훨씬 높다. 이렇게 높은 수익률을 달성하기 위해, 펀드매니저들은 어떤 기업이든 시장에서 '월등한 성과'를 내면 그 주식을 사고 그렇지 않은 주식은 팔아 치우면서 투자 포트폴리오를 끊임없이 '회전'시켜야 한다. 기관투자자들은 그 규모가 상당하기 때문에, 이들이 끊임없이 주식을 사고팔면 주가에 일방적인 영향을 준다. 다시 말해 펀드매니저들은 본질상 자신들이 하는 거래에 반응하게 되는 것이다. 이러한 순환 고리가 생기면서 주식을 사고파는 속도는 점차 빨라진다. 실제로 과당매매는 금융시장의 새로운 리듬이 되었다. 1970년대의 기관투자자들은 평균적으로 주식을 7년 동안 보유하다가 팔았다. 요즘은 주식 보유 기간이 1년 미만이다.[9] 이들 금융시장의 대형 투자자들은 각종 대인관계 서적들이 경고하는 성품을 모두 갖췄다. 바로 충동적이고 단기적이며 헌신성이 전혀 없는 모습이다.

상장회사 입장에서 이렇게 회전이 빠른 금융시장의 중요성은 전혀 과장된 현실이 아니다. 기업의 주가가 조금만 변동해도 주식시장의 가장 중요한 행위자들이 지나치게 예민하게 반응하고 또 이들 대형 투자자들은 주가를 낮춰 자신들의 불만을 바로 드러낼 수 있기 때문에 기업은 차츰 주가에 영향을 주는 요인들을 비중 있게 다룬다. 그렇지만 이런 요인들이 분별 있는 기업 경영과 늘 관련 있는 것은 아니다. 주가는 기업의 분기별 수익 보고서에 크게 영향 받기 때문에, 경영자들은 다음 분기 수익률을 보호하기 위해 극단적인 행동도 마다하지 않는다. 먼 미래의 수익을 해치기도 한다. 2005년에 최고 재무 관리자 400명 이상을 대상으로 한 설문 조사에서 수익성 있는 장기 투자 프로젝트를 미뤄 현재 분기의 목표 수익률을 달성할 수 있다면 장기 투자를 기꺼이 미루겠다고 답한 응답자들이 놀랍게도 절반이었다. 마찬가지로 5명 중 4명은 현재 연구 개발과 기업 유지 관리, 홍보, 고용(장기 이윤율의 필수적 '자산들'이다.)에 들어가는 비용을 줄여 다음 분기 수익률을 유지할 수 있다면 그렇게 하겠다고 답했다. 게다가 기업들은 어떤 형태의 이익이든 이를 나중으로 미루는 것을 주저하게 되었다. 당장의 이익을 미루면 나중에 더 많이 벌 수 있어도 미루길 주저한다. 영국의 기업 경영자들을 대상으로 한 또 다른 설문에서는 대다수가, 지금부터 3년 후에 45만 파운드를 얻는 프로젝트보다 당장 내일 25만 파운드를 얻는 프로젝트를 택하겠다고 답했다.[10] 이는 행동 경제학자들이 책망하는, 시점 간 선택에서 소비자들이 범하는 실수와 똑같은 행동이다. 그렇지만 기업 차원에서는 이러한 실수가 표준 운영 절차로 굳어지고 있다. 기업회계 전문가이자 앞서 언급한 2005년 설문 조사의 공동 수행자인 경제학자 시바 라즈고팔은 장기 투자에 대한 기업 경영자들의 사고방식이 한마디로 '터무니없다'라고 표현했다. "이들 경영자들은 장기적 안목이 없다. 이들이 사고하는 것은 고작 다음 두세 분기 정도다."[11] 게다가 이러한 기업의 근시안성은 전염성이 높다. 브루킹스연구소의 기업 전략 전문가인 그레그 폴스키와 앤드루 룬드는 사실 기업들은 투자자들을 사로잡으려고 경쟁하기 때문에 수익률과 주가 향상에 도움이 된다면 무엇이든 다른 기업의 경영 기법을 모방한다고 설명했다. "일단 한 기업이 현재의 수익을 높이기 위해 미래를 희생하면, 다른 기업의 경영진도 자사 주가에 그리고 그에 따른 자신의 경력에 피해가 안 가도록 그러한 선례를 따를 수밖에 없다."[12]

**그 많던 기업 이익은 다 어디로 갔을까?**

이는 '효율적 시장'의 운영 원리와 거리가 멀다. 주가는 본래

한 기업의 장기 이윤율을 반영하는 것이므로 효율적 시장은 장기적 사고를 권한다. 이론상 주가는 미래의 모든 수익에 대한 '순현재가치'를 나타낸다. 즉 기업이 앞으로 벌어들일 모든 수익을 물가상승률을 반영한 달러 가치로 환산한 것이다. 무엇이든 미래 수익을 위협하는 요인(이를테면 경영진이 장기 연구에 투자하지 못하는 것)이 생기면 현재의 투자자들은 '당연히' 우려하게 된다. 그러면 해당 주식을 파는 투자자들이 많아지고 이것이 주가 하락을 초래해 근시안적 경영을 처벌하게 된다. 즉 라즈고팔의 말에 따르면 진정한 효율 시장의 세계에서는 경영자가 "가치 파괴적 행동에 탐닉할 경우 결국 시장에 발각되어 경영자들의 미래 임금이 삭감"된다는 것이다.[13] 그러나 기업 금융이라는 현재의 기이한 세계에서는 상황이 정반대다. 아스펜연구소에서 기업의 단기주의를 연구하는 주디 새뮤얼슨은 현재 주식시장이 단기 성과에 지나치게 몰두하는 분위기여서 성공한 대기업들, 즉 세계경제의 중심축이자 대다수 기술의 전통적 원천인 기업들조차 장기 투자를 할 때면 조심스럽게 타진해야 한다고 말했다. 새뮤얼슨은 2011년에 1900명을 고용할 계획이라고 발표했던 구글의 주가가 20퍼센트 이상 폭락했던 경우를 예로 들었다.[14] 장차 비용이 들어갈 '구상'에 불과했는데도 투자자들은 퇴짜를 놓은 것이었다.[15]

시장은 장기 투자에 대한 반감을 매우 노골적으로 드러내기도 한다. 1990년대 후반 거물급 항공사 록히드마틴의 경영진이 월가의 주식 분석가들과 만나 장차 투자 예정인 첨단 기술을 소개한 적이 있었다. 당시 CEO였던 노먼 오거스틴의 회고에 따르면,

투자 계획 발표가 끝나자마자 주식 분석가들이 말 그대로 발표장을 쫙 빠져나가더니 록히드마틴의 주식을 팔아 버렸다고 한다. 이후 나흘 만에 록히드마틴의 주가는 11퍼센트나 떨어졌다. 깜짝 놀란 오거스틴은 당시 발표회에 참석했던 주식 분석가 친구에게 전화를 걸어 왜 신기술에 투자하려는 기술 업체에게 시장이 불이익을 주느냐고 물었다. 그 친구는 이렇게 답했다. "우선은 연구가 성공하더라도 15년은 걸려. 둘째 자네 회사의 일반 주주들이 주식을 보유하는 기간은 18개월이야. 지금으로부터 15년이면 그 주주들은 아마 보잉사의 주식을 갖고 있을 거야. 그리고 주주들은 자네의 좋은 구상을 반기지 않아. 거기에 비용을 댈 생각도 없지." 이어 그 친구는 오거스틴에게 '결정적 한 방'을 날렸다. "우리 투자사는 그렇게 근시안적인 경영을 하는 회사에는 투자하지 않는다네."[16]

이는 상장된 대기업들이 돈을 쓰지 않는다는 말이 아니라, 점점 더 노골적으로 단기 목표와 주가 상승을 위해 지출한다는 뜻이다. '자사주 매입'을 한번 살펴보자. 1980년대에 기업들은 인력 감원 발표 외에 주식을 끌어올리는 가장 빠른 방법은 기업 이윤으로 자기 회사 주식을 대거 사들이는 것임을 깨달았다. 기업이 유통 중인 주식을 사들이면 남아 있는 주식 물량이 인위적으로 제한되므로 주가가 올라갔다. 게다가 경영자들은 자사주 매입을 하면 새로운 경영 활동에서 생기는 위험, 이를테면 공장을 새로 짓거나 신제품을 개발하고 직원을 새로 고용하면서 생기는 위험을 전혀 겪지 않고도 주가(그리고 자신이 받는 보상)를 빠르고 효율적으로 끌어올릴 수 있다는 것을 알았다. 자사주 매입은 지난 세기 대부분의 시기에 불법적인 시장 조작으로 간주됐다. 그러다가 1982년에 레이건 정부가 자유 시장 혁명의 일환으로 자사주 매입을 합법화했다. 한편 자사주 매입이 전적으로 합법인 경우도 있었지만(이를테면 적대적 인수에서 기업을 방어하는 경우) 이는 주된 용도가 아니었다. 1990년대 후반, 자사주 매입에 들어가는 돈이 연간 2000억 달러로 총 기업 수익의 4분의 1에 달하면서, 이 전략은 누가 봐도 수단이 아닌 목적 그 자체였다.[17] 사실 우리가 목격한 것은 새로운 기업 경영 모델이었다. 이 모델에서 자동차나 면화, 석탄 같은 실제 생산물은 주가의 부속물이었다. 오히려 주가가 생산물이었다. 이는 산업 효율성의 마지막 진화 단계인 자본 효율성에 해당했다. 즉 자본을 주식 가치와 경영진 보상으로 가급적 빠르게 전환시키는 효율성이었다.

다른 건 몰라도 새로운 기업모델의 성공은 달콤하고도 씁쓸했다. 지난 20년 동안 주가가 솟구치면서 크든 작든 상당수의 미국 투자자들이 상당한 부를 얻었고, 특히 소수의 엘리트 경영자들은 억만장자가 되었다. 그렇지만 이러한 번영은 몇 가지 치명적인 문제들을 감추고 또 조장까지 했다. 다수의 기업들이 분기별 수익을 부풀리게 된 계기는 누가 봐도 주가에 대한 집착이었다. 1992년부터 2005년까지 영업 실적을 '수정'한 기업은(기본적으로 과거에 보고한 수익이 거짓이었다고 인정한 기업이다.) 1년에 6건에서 한 달에 100건 가까이 급증했다.[18, 19] 게다가 '수익 조작'이라는 용어는 90억 달러를 순이익으로 둔갑시킨 월드컴이나 '특수 목적 법인'을 설립해 230억 달러의 부채를 숨긴 엔론 같은 회사들의 분식 회계를 제대로 드러내지 못했다. 그러나 돌이켜보면 이러한 스캔들은 서막에 불과했다. 진짜 재앙은 자본 효율성(수단을 가리지 않고 높은 수익을 올리는 것)이라는 월 가의 새로운 사고방식이 바이러스처럼 소비자들의 정신에 침투하면서 시작됐다.

**"돈 빌려 드립니다."**

2002년 봄, 라스베이거스의 중개업자들은 시장에서 이상한 낌새를 느꼈다. 주택 오픈하우스 행사에, 주택 구입자들이 금리는 높고 초기 납입금은 낮은 보기 드문 대출을 받아 나타났다. 초기 납입금이 아예 없는 경우도 있었다. 보통 그런 대출은 소득과 자산이 넉넉한 차입자들에게나 허용됐다. 그러나 이제 은행은 주택 구입 능력이 턱없이 부족한 사람들뿐 아니라 생애 첫 주택 구입자들에게도 보기 드문 대출을 해 주고 있었다. 당시 라스베이거스에서 중개업을 하던 애덤 펜은 이렇게 말했다. "어느 날 갑자기 모두에게 제로다운집값의 100퍼센트를 융자해 주는 것 대출 자격이 생긴 것 같았습니다. 그래서 다들 지금 무슨 일이 벌어지는 것이냐며 어리둥절했습니다."[20]

당시 '벌어진' 일은 골드만삭스, 메릴린치를 비롯한 여러 대형 투자 은행들이 새로운 수익률 사냥터를 발견한 것이었다.[21] 즉 이들은 개인 부동산 시장이라는 광기 어린 대뇌변연계 영역을 발견했다. 2000년대 초 투자은행들은 수만 개의 모기지를 사들인 후 이 증권들을 묶어 부채 담보부 증권Collateralized Debt Obligations, CDO으로 만든 다음, 연기금과 여러 기관투자자들에게 판매했다. 새로운 '금융 기법'에 대한 수요는 강했다. CDO 덕분에 투자자들은 각각의 모기지 증권에서 원금과 이자를 꾸준히 챙기면서 높은 수익을 얻었다. 그렇지만 이 증권의 담보 자산인 주택의 위험도는 낮을 것이라고 생각했다. 자본 효율성이라는 측면에서 본다면 CDO는 물리적인 장기 자산을 빠른 수익으로 전환시켜 주는 효율적 수단이었다.

새로운 효율적 수단에 대한 수요는 매우 높아서, 사실상 투자 은행들은 모기지 부족에 시달렸다. 그래서 이들은 모기지 대출업체들에게 대출을 더 늘리라고 압박했다. 그렇지만 주택 시장의 여건은 근본적으로 변한 게 없었다. 주택을 구입할 수 있는 사람이 갑자기 늘어날 리도 없었다.(정체된 소득을 고려하면 현실은 오히려 반대였다.) 결국 모기지 공급을 늘리는 방법은 대출 기준을 낮추는 것뿐이었다. 지금은 모두가 아는 사실이지만, 바로 이것이 월 가가 대출업체들에게 압박한 내용이었다. 그렇지만 월 가의 은행들은 대출 기준 완화라는 표현을 쓰지 않았다. 대출업자 빌 댈러스는 훗날 월간지 《베니티페어》에서 모기지 증권을 판매한 대표적 은행 중 하나인 메릴린치에 대해 이렇게 말했다. "그 투자은행에서 '당신네 쿠폰을 늘려 달라'고 말했습니다." 쿠폰은 수익률이 높은 CDO를 가리키는 증권업계의 용어였다. 그렇지만 댈러스의 설명대로 주택 대출을 늘리는 유일한 방법은 '더욱 부실한 대출을 해주는 것'뿐이었다.[22]

이렇게 완화된 대출 기준을 불편하게 본 은행들과 부동산 베테랑들도 있었지만, 이들의 우려는 이후 생긴 골드 러시 분위기에 묻혀 버렸다. 부동산과 조금이라도 관련 있는 사람들은 모두 돈을 벌기 시작했고, 그중에는 거액을 거머쥔 사람들도 있었다. 월가 은행들은 수수료로 수십억 달러를 챙겼다. 부동산 개발업체들은 비용은 낮고 (따라서 보통 품질이 떨어지고) 수익은 상당한 초고속 기법으로 수만 개의 건물을 쌓아 올리고 있었다. 부동산 열풍의 최전선에 있던 사람들은 돈을 쓸어 담고 있었다. 투기 열풍에 휩싸인 라스베이거스에서 분주히 활동한 어느 중개업자는 1년에 50만 달러를 벌었다. 100만 달러를 번 모기지 브로커도 있었다. 한 전직 중개업자는 이렇게 말했다. "정말 믿기지가 않았습니다. 1년에 5만 달러를 벌던 제가 단 한 달 만에 그 돈을 만졌으니까요. 우리들은 밤마다 외출했습니다. 스트립 클럽에 다녔고 파티를 열었습니다. 아침에 일어나면 포르노 스타가 집 주방을 걸어 다녔습니다. 그러면 다시 사무실에 나가 전날처럼 똑같이 시간을 보냈습니다." 그들의 삶은, '쉽게 벌고 공짜로 젊은 여자와 논다「Money For Nothing」의 가사. 실력 없이 외모와 뮤직비디오로 부와 인기를 얻은 가수들을 비판한 노래'는 노랫말 그대로였다.

사람들이 부동산 열풍에 강하게 끌린 이유는 전문가가 아니어도 투기에 뛰어들 수 있다는 사실 때문이었다. 그냥 집만 소유하고 있어도 막대한 현금 흐름을 기대할 수 있었다. 몇 년마다 주택 가격이 두 배로 뛰던 라스베이거스처럼 뜨거운 투기 시장에, 이제 '상습적인' 재금융 대출자들이 등장하기 시작했다. 이들은 6개월마다 재금융을 받아 한번에 4만 달러에서 5만 달러씩 마련한 다음 투자가 아닌 휴가나 식료품 구입, 모기지 납부에 썼다. 상습적인 재금융 대출자들은 실상 금융 기술을 이용해 자기 집을 자신에게 거듭 팔고 있었다. 이는 마치 네덜란드 화가 에르허스의 작품에 나오는 영구히 돌아가는 기계처럼, 수요와 공급 법칙 혹은 노동과 보상 규칙을 벗어나 어떤 식으로든 굴러가는 형상이었다. 한 은행가는 이렇게 말했다. "이 금융 기법은 기본적으로 접수원 같은 일을 하면서도 계속 놀라운 삶을 살 수 있게 해 주었습니다. 또 생계비를 벌기 위해 일할 필요도 없었습니다. 재금융이 생계 활동이었으니까요." 물론 이는 라스베이거스에만 해당하는 이야기가 아니었다. 상습적 재금융은 새로운 고용 형태였다. 즉 소비자 경제를 작동시키고 정체성을 유지시키는 새로운 엔진이었다. 2003년부터 2005년까지 미국인이 받은 홈 에쿼티1차 주택 담보대출을 제외한 주택의 순가치를 담보로 다시 대출받는 것 대출액 1조 3000억 달러 중 3분의 1이 자동차와 보트 구입, 휴가 경비, 플라스마 TV 구입, 여타 개인적인 소비 항목에 쓰였다.[23]

심지어 정부 정책 입안자들도 이 바이러스에 감염됐다. 당시 연방준비제도 의장이자 규제받지 않는 효율 시장의 또 다른 옹호자였던 앨런 그린스펀은 급속한 주택 가격 상승과 에쿼티 대출을 정체된 소비자 소득을 쉽게 상쇄할 수 있는 장치로 보았다. 이렇게 한없이 낙관적인 시나리오에 따르면, 정부는 금리를 낮게 유지함으로써 전통적인 경제활동으로는 기대할 수 없는 생활 수준의 지속적 향상을 금융시장을 통해 이룰 수 있다고 전망했다. 정부 역시 근시안성에 빠진 것이었다. 2004년에 그린스펀이 한 연설의 한 대목은 이를 잘 보여 주었다. "모기지 재금융은 일반 주택 소유자들의 재정 상태를 악화시키기보다 개선시킬 것이며 …… 전반 경제를 떠받들 가능성이 높다." 한편 연준의 그린스펀 사무실에서 겨우 45분 거리에 있는 교외 지역에서는 새로운 주택 단지가 착공되기도 전에 거래되고 있었고, 공사가 마무리되기도 전에 한 번 두 번 심지어 세 번씩 플립 거래가 이뤄지고 있었다. 이처럼 금융이 과잉공급된 새로운 자기중심적 경제에서 이제 공짜 점심이 합법적인 비즈니스 모델로 등극했다.

물론 돌이켜보면 이는 분명 합법적 비즈니스 모델이 아니었다. 사실 금융은 전후 경기 호황이 끝나고 주주 혁명이 득세한 상황에서 개인 소득의 공백을 메우려고 했다. 그렇지만 이러한 번영은 본질적으로 지속될 수가 없었다. 그런데도 여기에 반대한 사람은 없었다. 금융 부문은 돈을 찍어 내느라 바빴다. 정책 입안자들도 경제를 '구원'했다며 자축하기에 바빴다. 소비자들 역시 그 어떤 자기 절제에도 관심이 없었다. 사람들의 대뇌변연계는 온통 흥청망청 즐길 생각뿐이었고, 신용에 반대하는 규범이나 사람들을 보호해 주는 친밀한 공동체 같은 전통적인 사회제도들도 자아 중심 경제의 끊임없는 효율성 추구로 모두 약해진 상태였다. 전통적인 사회적 규제 장치의 약화는 특히 라스베이거스처럼 뜨거운 부동산 시장에서 두드러졌다. 노다지를 캐러 몰린 사람들은 투기 열풍을 잠재울 친숙한 사회구조가 없는 상태에서 도발적인 환경에 그대로 노출됐다. 라스베이거스에서 일하는 베테랑 신용 상담자인 미셸 존슨은 이렇게 말했다. "라스베이거스에 새로 온 사람들은 대부분 보호받을 네트워크가 많지 않았습니다. 가족과 함께 오는 것도 아니고 이웃이 있는 것도 아니니까요. 친밀한 공동체도 없고 이들이 하는 행동을 보면서 '이봐, 그런 어리석은 짓 좀 그만해.'라고 조언해 줄 사람도 없었지요."[24]

## 금융, 쾌락원칙을 제도화하다

약 한 세기 전 지그문트 프로이트는 정서 발달 과정을 설명할 때, 건강한 개인이 만족을 미루는 법을 배워 가는 과정을 묘사하면서 '현실원칙'이라는 새로운 용어를 썼다. 프로이트는 현실에 순응하지 못하면, 즉 계속 '쾌락원칙'에 따라 행동하면 유아기에서 성장이 멈춘 채 평생 온전치 못하고 사회성이 떨어지는 존재가 된다고 주장했다. 당시 프로이트가 주목한 현실의 힘은 주로 가족과 제도적 권위 같은 사회적 힘이었다. 그렇지만 여기에 시장의 힘을 대입해도 그 이론은 타당한데, 보통 경제적 만족을 미루지 못하는 개인이나 조직은 효율 시장에서 곧바로 외면받기 때문이다.

그렇지만 지난 20세기 말 근대적 금융이 득세하자, 사람들은 모두 현실원칙을 유보하기로 합의한 듯 보였다. 더불어 인내와 노력, 실제 생산성 없이는 수익도 없다는 사고도 사라진 것 같았다. 왜냐하면 금융의 세계에서는 이런 기적이 분명 가능했기 때문이었다. 적절한 인맥과 적합한 기술, 절묘한 시기가 맞아떨어지면 개인이나 회사는 현실 세계에 필요한 시간과 노력의 극히 일부만으로도 막대한 수익을 거둘 수 있었다. 우리들은 이러한 기적을 월가에서 보았다. 그곳은 막대한 수익을 노리는 기업사냥꾼들이 모든 기업을 상대로 단타 투기를 했다. 우리는 상습적 재금융과 투기를 일삼는 소비자 문화에서도 이런 기적을 보았다. 부동산 거품이 전후 번영을 재현할 것이라며, 저금리 기조를 유지하면서 그린스펀식 희망을 품은 현실 정책에서도 이를 확인했다. 2000년대 초가 되자, 즉각적 수익은 가능할 뿐 아니라 노력이나 인내, 힘겨운 선택이 필요한 수익보다 당연히 좋다는 인식이 사회 전반에 뿌리내렸다. 이런 맥락에서 볼 때 금융화는 충동 사회의 핵심이었다. 충동 사회는 모든 것을 절감해 가급적 빨리 최대한의 수익을 얻는 것에만 몰두하며, 이를 지체시키는 비효율(노동, 사회적 의무, 규범 등)은 모조리 피해 갔다.

물론 궁극적으로 현실원칙을 무시하는 금융화는 지속될 수 없다. 역사적으로 금융 부문을 통해 쾌락원칙을 제도화했던 사회는(이러한 제도화는 되풀이됐다.) 결국 하나같이 파멸했다. 그렇지만 우리가 늘 해 온 것처럼 주가 폭락과 불경기, 여타 조정 작업에만 초점을 맞추면, 금융의 지배를 방치한 경제에 생기는 더 미묘하고 깊은 폐단을 놓치게 된다. 금융이 경제활동에서 상당한 비중을 차지하게 되면 제조업이나 사회 기반 시설, 교육처럼 더 필수적인 다른 부문의 자원을 끌어온다. 특히 전 세계 금융의 본거지인 미국의 경우 도로나 에너지 연구, 학교 교실 같은 물질적 개선이 아닌 부채담보부 증권과 신용 부도 스와프처럼 순전히 투기적인 자산으로 자본이 점점 몰리고 있다. 이렇게 증가한 자본 흐름 중에는 더 크고 복잡해진 경제의 금융적 수요를 반영하는 경우도 있지만 실제 추진력은 단순하다. 근대 금융이 사람들과 기업들에게 그 어디서도 볼 수 없는 훨씬 많은 수익을 제공하기 때문이다.

금융 부문으로 흘러가는 자산은 물리적 자본만이 아니다. 수익이라는 달콤한 약속은 다른 분야에서 더욱 재능을 발휘했을지도 모를 뛰어나고 명석한 인재들을 대거 유혹한다. 1990년대 이후로 금융 부문의 연봉이 다른 직업군에 비해 월등히 높아지면서(현재 50퍼센트 정도 높다.) 월 가 문을 두드리는 대학 졸업생이 급증했다.[25] 이러한 흐름은 특히 과학, 기술, 공학, 수학 분야를 뜻하는 이른바 스템 분야 STEM fields, Science, Technology, Engineering, Math에서 두드러진다. 전통적으로 공학이나 의료, 연구 활동 같은 필수 분야에 자리 잡았던 명석한 청년들이 점점 빠른 수익을 좇아 금융 분야로 향하고 있다.[26] 국제결제은행의 경제학자로 금융 팽창의 영향을 연구하는 스티븐 체케티와 에니스 카루비는 "금융이 위성 산업에서 로켓 사이언티스트 금융 분야에서 활약하는 이공계 전문가들를 말 그대로 빼내 가고 있다"면서, "다른 시대 같으면 암 치료나 화성 탐사를 꿈꾸며 과학자가 되었을 인재들이 이제는 헤지펀드매니저가 되려 한다"라고 지적했다.[27] 일반적으로 시장의 인력 할당에 만족해하는 다수의 보수적 경제학자들조차, 금융 부문이 고용 시장에 왜곡된 영향을 준다고 우려했다. 하버드대학교의 경제학 교수 그레고리 맨큐는 이렇게 표현했다. "우리는 실리콘밸리를 포기하고 월 가에서 단타매매 트레이더로 활약하는 차세대 스티브 잡스를 절대 원하지 않는다. 차세대 스티브 잡스가 벼락부자가 되는 것을 우려하는 게 아니다. 그가 사회에 생산적인 방향으로 벼락부자가 되길 바란다는 뜻이다."[28]

## 공장이 은행보다 중요한 이유

여기에서 핵심은 '사회에 생산적인 방향'으로 벼락부자가 되길 바란다는 맨큐의 지적이다. 진정으로 효율적인 시장의 경우, 개인과 기업은 특정한 재화와 서비스를 제공하도록 유도하는 데 필요한 한도 안에서 돈을 번다. 따라서 뇌 전문의가 고액 연봉을 받는 이유는 훌륭한 뇌 전문의가 되기 위해 실력과 대담성을 키우고 거액의 학비를 대출해야 하기 때문이다. 만약 뇌 전문의의 연봉이 지금보다 낮으면, 아무도 그런 노력을 하거나 위험 부담을 짊어지려 하지 않을 것이다. 만약 뇌 전문의의 연봉이 지금보다 높으면 뇌 전문의가 되려는 의대 졸업생이 지나치게 많아져서 인력의 과잉공급으로 연봉이 낮아질 것이고, 그러면 결국 이 직업의 매력이 감소할 것이다. 다시 말해 구직 시장은 다른 시장들처럼 자율적으로 조정되며, 이러한 자기 조절 능력, 즉 효율적으로 인력이나 자원을 할당하는 능력 때문에 우리는 대체로 시장에 기반한 경제를 편하게 받아들인다. 그렇지만 금융이 노동시장과 경제에 전반적으로 과도한 영향을 주는 현실에서 우리는 만사를 시장에 맡길 수 없다. 간단히 말해 금융 부문은 자연스러운 조정 메커니즘을 피해 갈 수 있고, 금융이 제공하는 서비스에 비해 높은 보상을 혹은 그 서비스에 내포된 위험에도 불구하고 많은 보상을 받을 수 있기 때문이다.

여기에서 문제는 금융만이 아니다. 어떤 경제권이든 유리한 입지(이를테면 독점적 지위나 내부자 정보)를 이용해 시장이 감당할 수 있는 선 이상으로 임금이나 이윤을 훨씬 많이 뽑아내는 경제 행위자들이 있다. 경제학에서는 이렇게 무상으로 얻은 잉여를 '지대'라고 부른다. 그렇지만 금융만큼 극적으로 '지대를 추구하는' 부문도 없다. 수세기 동안 금융업자들은 이윤을 더 많이 뽑아낼 방법들을 찾아냈다. 이를테면 제도적 허점을 이용해 로비하거나 아주 복잡한 금융 기술 혹은 아무도 이해하지 못하는 금융 기법을 고안하는 것이었다. 즉 이들은 사회에 꼭 필요한 금융의 기능을 유도하기 위해 필요한 수준보다 더 많은 이윤을 챙겼다.(금융 탈규제가 확대되고 금융 기술이 확산되던 1990년대에 투자은행 경영진이 받은 평균 보상액이 그전만 해도 다른 회사들의 경영진 보상액과 비슷하다가 7배에서 10배로 갑자기 뛴 것은 우연이라고 보기 힘들다.[29]) 마치 블랙홀처럼 금융이 빨아들인 잉여 소득이 증가하면서 경제 왜곡도 심해졌는데 사회적으로 더 생산적이지만 수익 면에서 경쟁력이 떨어지는 부문에서 점점 더 많은 자원을 빼 왔기 때문이었다.

지대 수취자들의 문제는 당연히 자신을 방어하고 나선다는 점에 있다. 인력과 자원이 방대하게 유입되면서 혁신가와 기업가, 로비스트로 무장한 금융 부문은 언제나 유리한 입지를 찾거나 만들어 내어 상당한 지대를 유지할 수 있다. 그래서 금융 부문은 계속해서 몸집이 커지고 고용과 이윤이 늘어 가는 반면, 비금융 부문은 고전을 면치 못한다. 미국의 경우 제조업 부문이 전체 경제에서 차지하는 비중은 12퍼센트로 1970년대의 25퍼센트에서 낮아진 반면, 금융 부문은 현재 8.4퍼센트로 그동안 차지했던 비중보다 3배 정도 늘었다.[30, 31](금융 산업의 규모가 커진 영국 역시 제조업이 국민경제에 기여하는 비중은 겨우 12퍼센트로 30년 전의 절반 수준인 반면, 금융 부문은

나머지 경제 부문보다 3배 정도 빠르게 성장했다.[32, 33])

경제 부문의 상대적인 비중 변화는 여러 가지 이유로 매우 중요하다. 역사적으로 제조업은 금융업보다도 중간 소득 일자리를 훨씬 많이 제공해 왔다. 건전한 제조업 분야에서 개발된 기술은 나머지 분야로 '파급'되면서 경제성장에 더욱 박차를 가하는 반면, 금융 분야는 우리가 살핀 것처럼 역파급 효과를 낳는 경향이 있어서 다른 분야의 인력과 자원을 뽑아 온다. 게다가 제조업은 변동성이 낮다. 즉 제조업 부문이 망하면 실업자가 생기지만, 금융 부문이 망하면 경제 전체가 무너질 수 있다. 또 금융 부문은 엄청난 수익을 기대할 수 있으므로, 벼락 경기와 불경기를 유발하는 일종의 투기와 무모한 모험에 빠지기 쉽다. 국제결제은행의 경제학자인 체케티와 카루비를 비롯한 연구자들은 일단 한 경제의 금융 부문이 일정 규모를 넘어서면 사실상 경제성장을 방해할 수 있다는 사실을 발견했는데, 이는 전혀 놀라운 현상이 아니었다.[34]

요약하면 우리는 제조업을 키우고 금융업을 줄이기 위해 온갖 수단을 강구해야 한다. 그렇지만 미국은 그 반대로 행동하고 있다. 제조업은 시들해도 방치하는 반면, 금융업은 직간접적으로 지원한다.(이후 살펴보겠지만 금융 부문은 미국 경제에서 정치적 유착이 가장 심하고 정치적 보호를 가장 많이 받는 분야다.) 또 하나 주목할 점은 미국의 전 세계적 경쟁 업체들 중 상당수는 훨씬 탄탄한 제조업 기반을 유지해 왔다는 점이다. 독일의 경우 제조업이 전체 경제 산출에서 21퍼센트를 차지하는 반면, 금융은 4퍼센트밖에 기여하지 않는다. 한국은 제조업이 31퍼센트, 금융은 겨우 7퍼센트를 차지한다. 심

지어 이탈리아도 제조업이 경제에서 17퍼센트로 큰 비중을 차지
하는 반면 금융은 5퍼센트 정도다.[35]

### "너도 나도 이제 끝장이다."

결국 금융 부문의 비대화가 낳는 실질적인 위험은 자원과 인
력이 잘못 할당되거나 경제 변동성이 커진다는 점이 아니다. 진짜
위험은 금융 부문의 사고방식이 문화 전반에 침투한다는 점이다.
이제는 비금융 분야의 경영진들도 점점 금융에 집착한다. 현재 거
의 모든 회사들이 최고 재무 책임자를 두고 있는데(1980년 이전에는
거의 없던 역할이다.) 이들의 임무 중에는 '투자 홍보 활동'(즉 금융 분
석가와 기관투자자, 여타 시장의 사절단에게 기업의 좋은 이미지를 심는 활
동)이 있다. 거의 모든 회사들이 기업 경영을 주식 기반 보상뿐 아
니라 금융시장과 직접 연계한다. (2000년, 스톡옵션으로 일반 CEO가
받는 보상액이 일반 직원의 소득보다 400배 이상 커졌다. 이는 1970년대의
20배에서 급격히 늘어난 것이다.[36])

마찬가지로 '금융공학', 즉 주가 유지를 위해 자사주 매입 같
은 금융 기법을 활용하는 것이 이제는 하나의 표준적인 기업 전략
으로 자리 잡았다. 1990년대 주식시장 활황 때는 수백 개의 회사
들이 주가 급등을 일종의 절대통화처럼 이용해 마구잡이 기업 인
수에 나섰다. 수익이 50억 달러에 불과했던 신생 닷컴 기업 아메리
카온라인AOL, 인터넷 서비스 제공 업체은 스테로이드제처럼 반짝 효과를 내
는 주식 평가를 이용해(당시 1750억 달러였다.) 종합 미디어 기업인
타임워너를 사들였다. 당시 270억 달러의 수익을 올리던 타임워너

는 AOL보다 훨씬 큰 기업이었지만 시장가치는 AOL의 절반 수준이었다.[37] 20세기가 끝나 갈 무렵 대기업 합병 중 절반 이상이 주식을 노리고 이뤄진 거래였는데, 10년 전에는 찾아보기 힘든 현상이었다.[38] 당시 시장가치가 엄청났던 기업들은 사실 무에서 만들어지고 있었다. 즉 닷컴 열풍이 불던 1990년대에 제품도 없고 이윤도 없던 다수의 신생 기업들은 월 가의 넉넉한 지원을 받아 떠들썩한 주식 상장을 통해 열정적인 투자자들에게 수억 달러 심지어 수십억 달러에 매각됐다. 해가 갈수록 경제는, 즉 경영진 보상과 기업 매입, 전반적인 가치 평가는 실물 생산이 아닌 금융시장이 만든 추상적 수치에 크게 의존했다.

2000년대 초 부동산 시장에 거품이 끼기 시작하면서, 미국 경제의 상당 부분이 완벽한 에르허스 모드(영구히 움직이는 기계)에 들어갔다. 소비자들은 전에는 없던 에쿼티 대출로 돈을 마련해 정체성을 정교하게 다듬었다.(사실 '자산 효과'라는 신경학적 결함 때문에, 사람들은 주택 가치가 올랐다는 사실만으로도 소비를 늘렸다. 그렇게 늘어난 소비가 1년에 무려 4000억 달러에 달했다.[39]) 기업들은 엄청난 자사주 매입으로 주가 조작에 나섰다.(2003년부터 2007년까지, S&P 500지수 500대 기업의 자사주 매입은 4배로 늘었다.[40]) 한편 월 가에서는 투자은행가로 변신한 로켓 사이언티스트들이 존재하지도 않는 부를 곱절로 늘리기 위해 더욱 기상천외한 방법들을 고안했다. 'CDO 스퀘어'가 바로 그런 투자 수단이었다. 본질적으로 이는 모기지를 담보로 발행한 CDO를 두 개 이상 모아 만든 CDO로, 투자자들을 더 큰 대출 위험에 '노출'시키면서 위험이 큰 만큼 더 많은 수익을 보장했다. 더욱 혁신적인 수단으로 '합성' CDO가 있었다. 이는 투자자들이 다른 CDO를 자산으로 소유하지 않고도 투자할 수 있게 해주는 상품이었다. 합성 CDO가 생기면서 동일한 채권에 얼마든지 중복 투자가 가능했고, 원래 모기지 담보물인 물리적인 주택에도 중복 투자가 가능해졌다. 월 가는 이제 '주택' 자산을 제조하면서 물리적인 주택 시장의 규모를 몇 배로 부풀렸다. 이제 금융 부문 그 자체가 금융화됐다. 고인이 된 경제학자 하이먼 민스키는, 이전 세대 금융가들이 '자본 개발'에, 즉 철도와 원유, 파이프관, 공장, 여타 산업 시스템에 투자해 부자가 됐다면, 19세기 후반 산업 호황 때의 금융가들은 '자본 개발이 아닌 투기성 단기 거래와 거래 이익에' 치중한다고 지적했다.[41] 금융은 이제 자기 자신에게 투자하고 있었다. 쾌락원칙은 이제 하나의 과학이 되었다. 충동 사회가 이제 본궤도에 올라섰다.

그렇지만 이러한 환상 역시 흔들리고 있었다. 충동 사회 그리고 충동 사회의 주요 엔진인 자기중심적 경제는 사실 탄탄해 보일수록 지속력이 떨어진다는 결함이 있었다. 주택 거품이 실제로 붕괴하기 훨씬 이전부터, 주요 경제 행위자들은 전반 체계가 흔들리고 있음을 느꼈다. 골드만삭스와 모건스탠리를 비롯한 여러 투자은행에서 트레이더들은 새로운 증권을 '쓰레기 거래', '흉물', '핵대학살', '마이크 타이슨의 주먹', 그리고 더없이 적절한 표현인 '서브프라임 붕괴'라고 일상적으로 칭했다. 그런데도 은행들은 부실 증권을 계속 팔았을 뿐 아니라, 투자가 실패했을 경우 이윤을 챙길 방법을 계속 고안해 냈다. 그렇지만 효율적 수익에 집착하는 금융시장의 모습을 볼 때 이것 역시 놀라운 현상은 아니었다. 새로운 금융 도구는 본질적으로 월 가의 근시안적 시야를 벗어난 그 어떤 시공간에서도 투자 실패나 거품 붕괴를 일으킬 수 있는 뇌관이었다. 혹은 이러한 거래를 우려하는 목소리가 들릴 때마다 트레이더들과 경영자들이 되뇌던 말을 인용하자면, 'IBG, YBG'였다. 이는 "너도 나도 이제 끝장이다.I'll Be Gone, You'll Be Gone."라는 표현의 약자였다.[42]

### 대마불사, 대형 금융회사는 영원히 망하지 않는다

도박자들은 운이 따라 주지 않으면 보통 손실 회피라는 행동 장애를 보인다. 이는 생존을 위한 본능적 반응이다. 우리는 결핍에 적응한 존재여서 어떤 자산에서든 손실을 기피하는 성향이 강하다. 도박에 관한 연구에 따르면, 피험자들은 금액이 동일해도 손실을 이득보다 2배 크게 받아들인다고 한다.[43] 카드 게임인 블랙잭에서 운이 따르지 않을 때 도박자들이 더블 다운처음 건 돈의 두 배를 걸고 다시 하는 게임을 택하는 것도 손실 회피 성향 때문이다. 주택 시장이 망해 가도 주택 소유자들이 판매 가격을 내리지 않는 것 역시 손실 회피 성향 때문으로, 이는 2006년부터 등장한 현상이었다. 라스베이거스 부동산 시장을 40년 동안 지켜본 베테랑 중개업자 플로렌스 사피로는 최근 내게 이렇게 말했다. "시장이 순간적으로 멈췄습니다. 어느 날 갑자기 그냥 끝나 버린 겁니다. 우리는 주택을 팔 수 없었습니다."[44] 그렇지만 더욱 고통스러운 것은 중개업자들이 고객들에게 몇 달 전만 해도 수중에 있던 막대한 자산이 사라져 버린 이유를 설명해야 한다는 사실이었다. "우리는 고객들과 상담해야 했습니다. 저도 한 고객과 상담을 했지요. 주택을 열두 채 소유한 사람이었습니다. 주택을 사서 플립 거래를 하던 사람이었는데, 이제 집 열두 채에 발목이 잡혀 버렸습니다. 전 그분께 주택 시장이 멈춰 버렸다고 전했습니다."

손실 회피는 전체 시장 그중에서도 금융시장이 시장 붕괴에 대처하는 과정을, 즉 필사적으로 몸부림칠수록 경제에 더 치명타를 안기는 현상을 잘 설명해 준다. 경제활동이 멈추고 기업의 소득이 정체되자 공황에 빠진 CEO들은 대거 자사주 매입에 나섰다. 2007년 S&P 500지수의 기업들은 순이익 중 62퍼센트를 주식 매입에 썼다. 그다음 해에는 89퍼센트를 썼다.[45] 자사주 매입은 주가와 경영진 보상을 유지하는 데에 도움이 되지만, 동시에 기업들의 경기 침체에 대한 대응 능력을 떨어뜨렸다. 2장에서 소개한 경제학자 윌리엄 라조닉의 연구에 따르면, 결국 연방 정부의 구제가 필요했거나 해외 투자자들에게 '구조 받은' 기업들 중 상당수가 무너지기 직전 회사의 현금 보유고가 바닥날 정도로 엄청난 주식을 사들였다고 한다. 2007년 파산으로 시장을 나락에 빠뜨린 리먼브라더스 역시 그해와 그 이전 해에 50억 달러가 넘는 돈을 자사주 매입에 썼다. 연방 정부가 보증하는 주택 대출 기관인 패니메이와 프레디맥도 파산 위기에 놓이자 2003년부터 둘이 합해 100억 달러를 주식 매입에 썼다.[46]

자사주 매입은 금융 부문이 스스로 자초한 경제 파탄에서 빠져나오려고 펼친 전략 중 하나일 뿐이었다. 많은 투자은행들이 주택 시장의 손실을 만회하기 위해 원유와 곡물 같은 상품 투기에 몰렸다. 이러한 '위험 회피' 전략은 투자은행들의 손실을 일부 만회해 줬지만 동시에 상품 가격을 올려서, 금융 위기로 일자리를 잃은 수백만 노동자들이 더 비싼 돈을 주고 식품과 원유를 사야 했다. 그리고 마침내 더 이상 위기를 버틸 수 없는 순간이 오자 월 가의 대형 은행들은 비장의 카드를 꺼냈다. 자신들이 경제에서 차지하는 규모나 중요도가 상당해서 파산시키기는 힘들 것이라며 정부에게 구제금융을 요청한 것이었다. 사실 구제금융은 애초에 은행들의 모험을 막았어야 할 시장 규율을 은행권과 경영진에게 적용하지 않는 조치였다. 이제 경제 전반이 권력의 증대 및 상실이 인간의 행동에 미치는 영향을 보여 주는 하나의 시험대가 된 것 같았다. 그 결과는 우리가 예상한 그대로였다. 경제 전반에서 파충류의 뇌가 움직이기 시작했다.

### 금융적 사고방식에 갇힌 세상

바로 한 세기 전, 영국은 경제 금융화의 위험성과 관련해 이와 유사한 쓰라린 교훈을 얻었다. 즉 공공 부문과 민간 부문의 부채가 치솟았을 뿐 아니라 방대한 자본이 제조업과 여타 '하드 산업'에서 금융 활동으로, 특히 역외 투자로 몰렸다. 이러한 자본 이동은 영국 자본가들에게는 호재였지만, 미국이 영국의 세계 패권에 도전해 오는 상황에서 영국 본토의 금융 자원과 지적 자원은 메말라 가고 있었다. 영국의 전 식민성 장관인 조지프 체임벌린은 1904년 영국 금융가들을 대상으로 한 어느 연설에서 당시의 딜레마를 냉철하게 요약했다. "은행업은 영국의 번영을 낳은 창조주가 아니라 번영의 산물입니다. 은행업은 부의 원인이 아니라 부의 결과입니다." 만약 그러한 자본이 "새로운 자산의 창조주"가 되지 못하면, 영국은 "투자한 증권을 끌어안고 있는 것"만으로는 살아남지 못한다고 그는 덧붙였다.[47]

그로부터 한 세기가 더 지났지만, 선도적인 후기 산업사회 경제국들은 그러한 교훈을 여전히 흘려듣는 분위기였다. 금융은 미국 경제에서 여전히 지배적인 위치를 차지하고 있고, 금융 주체들은 그 어느 때보다 확고하게 경제를 장악했다. 미국은 금융의 시장 집중도가 현재 가장 극심해서, JP모건체이스, 뱅크오브아메리카, 시티그룹, 웰스파고를 비롯한 단 12개의 초대형 은행들이 미국 은행 자산의 3분의 2 이상을 차지한다.[48] 한편 금융 분야의 대뇌변연계적 특성은 미국의 전반 문화를 계속 재편해 왔다. 그 결과 '수익 사냥'이 미국 국민의 특성 중 하나가 되었다. 현재 스포츠팀 코치든 대학 총장이든 할 것 없이 모두가 최고의 투자 상품을 찾아 여기저기를 기웃거린다. 이제 어디서든 더 로맨틱한 상대를 만날 수 있는 기회가 열리면서 결혼률도 계속 감소하고 있다. 재계 역시 금융적 사고방식에 갇혀 버렸다. 기업 CEO의 평균 재임 기간은 20년 전 9년에서 현재 5년으로 떨어졌다.[49] 주식 기반 보상은 자사주 매입이나 여타 금융공학과 마찬가지로 하나의 규범으로 정착했다. 라조닉은 2001년부터 2012년까지 S&P 500대 기업들이 자사주 매입으로 무려 3조 5000억 달러를 썼다고 추산했다. 이는 미국 정부가 2차 세계대전에서 승리하기 위해 쏟아부은 돈의 4분의

3에 해당했다.[50] 이런 모습들은 충동 사회의 전형적 징후다. 즉 경제가 빠른 수익에 대한 욕망에 맞게 철저히 재구성되면서 정작 우리에게 필요한 것은 점점 생산하기 어려워지는 사회다.

아마 가장 불안한 사실은 소비자 자체가 금융 부문의 특성을 포용하거나 흡수한 점일 것이다. 많은 이들이 온갖 상황에서 계속 빠른 수익을 추구할 뿐 아니라, 그러한 노력이 실패로 돌아가도 월가처럼 냉담한 파충류 같은 태도를 보이고 있다. 마치 투자은행가나 기업사냥꾼들처럼 행동하면 온갖 특혜를 얻는다는 것을 금융위기의 교훈으로 얻은 것 같다. 앞서 우리가 만난 라스베이거스의 중개업자 토드 밀러는 주택 시장 붕괴 후 은행과 주택 차압 대상자 사이에서 중개 역할을 하기 시작했다. 그 과정에서 그는 종종 조만간 쫓겨날 주택 소유자들에게 은행에서 온 나쁜 소식을 전해야 했다. 밀러가 처음 이 일을 시작했을 때 그가 만난 주택 소유자들 대부분이 창피해하고 무척 괴로워했다고 한다. "그들은 저를 집안으로 불러서는 온갖 이야기를 털어놓았습니다. 이제 차압이 들어온다며 울먹이기도 했습니다. 다들 매우 창피해했지요." 그러나 밀러의 말에 따르면 요즘은 전혀 딴판이라고 한다. 그가 방문한 집들은 보통 에쿼티 대출로 집을 새로 단장했다. 주택 진입로에는 새로 뽑은 차가 한두 대 있고 집 주변에는 다양한 유흥 시설이 널려 있다. 게다가 주택 소유자들 역시 속상해하던 표정이 사라졌다. "그들은 그렇게 사는 것을 '자랑'합니다. 한번은 헬스장에 갔는데 제 옆에 있던 사내가 같이 온 친구에게 이렇게 말하더군요. '내가 모기지 납입을 안 한 지 3년 가까이 돼서 차압을 하겠대. 근데 별 상관없어. 은행에서 50만 달러를 다시 대출받았거든.'" 이 말을 전하는 밀러의 목소리는 단호했다. "이제는 차압이 들어와도 부끄러운 기색이 없어요. '이건 우리 잘못이 아니야, 은행 잘못이지' 이렇게 떠듭니다. 예전에는 사회적으로 이런 분위기가 아니었어요. 차압은 개인에게 최악의 사건이었거든요. 그러나 지금은 대수롭지 않게 여깁니다. 일이 잘못돼도 외면하고 맙니다."

# 2부

# 깨진
# 거울

# 5 나 홀로 집에

## 사는 동네도 정체성이다

3월부터 10월까지 매주 토요일 포틀랜드 서쪽 지역에서 열리는 농산물 시장에 가면 방문객들은 근시안적이고 자기중심적인 충동 사회의 소용돌이가 아닌 참된 삶을 느낄 수 있다. '슬로 푸드'의 본고장이라 불리는 포틀랜드답게 시장 좌판마다 장인의 솜씨가 느껴지는 지역 특산물이 가득하다. 게다가 포틀랜드의 유명한 비상업적 선율이 공기를 가로지른다. '녹색' 성가대와 디저리두호주원주민의전통목관악기 연주자, 스코틀랜드 전통 의상인 킬트를 걸치고 다스 베이더 헬멧을 쓴 채 외발자전거 위에서 「스타워즈」 테마곡을 백파이프로 연주하는 사람이 만들어 내는 선율이다. 시장에 모인 사람들도 매우 활발한 포틀랜드 시민 문화의 한 단면을 보여 준다.

머리가 희끗한 히피들과 자기 확신에 가득 찬 자전거 애호가들, 문신을 진하게 새긴 진지한 힙스터들이 바로 그들이다. 물론 다양한 분야의 활동가들도 있다. 이들은 벌목과 노숙 생활, 자전거 도로, 동성 결혼을 주제로, 또 기업을 시민처럼 대우하는 게 맞는지, 시민들이 불소가 들어간 물을 마셔도 되는지를 주제로, 관심을 보이는 모든 이들과 대화를 나눈다. 그렇다, 포틀랜드 시민들은 너무 의식적이어서 이들의 실제 삶은 마치 「포틀랜디아」포틀랜드의 힙스터 문화를 풍자한 드라마의 한 에피소드처럼 느껴진다. (도시의 공식 자전거 지도를 영어와 스페인어, 소말리아어, 네팔어, 러시아어, 버마어, 아랍어로 제작하는 곳이 여기 말고 또 어디 있겠는가?[1]) 그렇지만 이 모두가 진지하고 목적의식적이며 듬직해 보여서, 포틀랜드 시민은 심각한 문제가 터져도 '도망치지' 않고 끈질기게 달라붙어 문제를 해결할 사람들 같다.

그렇지만 어떻게 보면 포틀랜드 자체가 하나의 도피처다. 이 도시의 대안 문화는 수십 년 전으로 거슬러 올라가지만, 가장 열정적인 '얼터니스타대안주의자' 중 일부는 불균형적인 주류 문화에서 벗어나기 위해 이곳으로 온 사람들이다. 농산물 시장에서 만난 로스앤젤레스 출신 동성애 여성 앨리는 자신과 '딱 맞다'고 느낀 곳은 포틀랜드가 처음이라고 했다. "로스앤젤레스에서는 이웃들의 정치 성향도 몰랐고 그들이 유기농 물품을 구입한다거나 동성 결혼을 지지할 것이라고 생각해 본 적도 없어요." 앨리 바로 옆에 있던 교사 스테판 역시 보수적이고 반환경적인 분위기에서 벗어나고 싶어서 중서부 지역에서 이곳으로 왔다고 했다. "여기는 '유기

농으로 기른 텃밭'이라는 푯말을 세워도 마음이 편해요. 상점에서
도 재활용에 대해 편하게 얘기할 수 있고요." 최근 새로 온 이주자
들로 북적거리는 포틀랜드에는 신중한 고민 끝에 전입했다는 사
연자들이 많았다. 30대로 보이는 마린도 '포틀랜드로 오게 된 것은
일종의 전략적 결정'이었다며, 남자 친구인 애덤과 함께 다른 대여
섯 곳을 물색하다가 포틀랜드로 결정했다고 말했다. "우리는 날마
다 머물고 싶은 곳에 정착하고 싶었어요."[2]

포틀랜드가 문화 망명자들의 유일한 등대는 아니다. 저널리
스트 빌 비숍은 통찰력 있는 저서 『거대한 구분』에서, 오스틴, 볼
더, 매디슨 같은 도심지는 중도좌파의 안식처로 떠오른 반면, 보수
세력은 오렌지카운티, 콜로라도스프링스 그리고 버밍햄과 휴스
턴의 교외 지역에 몰리고 있다고 지적했다. 예전에는 지리적 특성
이 고용과 가족 관계와 여러 물질적 요소로 정해졌다면, 이제는 정
치 성향이나 문화 편의 시설, 쇼핑몰과 스포츠 경기장의 접근성 같
은 각종 '라이프스타일'이 좌우한다고 비숍은 말했다. "요즘 사람
들은 매우 까다롭습니다. 부모 세대들을 생각지도 못한 요소까지
고려하면서, 마치 식당에서 메뉴 고르듯 거주할 지역을 분석합니
다." 이를 충동 사회의 언어로 표현하면, 이제 우리는 가장 효율적
으로 열망을 실현할 수 있는 장소를 물색하는 것이다.

이러한 지리적 구분은 도시와 지역에만 국한되지 않는다. 개
인의 소비 역시 점차 자아 표출을 위한 '고립된 영역'을 찾거나 만
드는 것을 지향한다. 즉 자신이 좋아하는 것은 강조하고 싫어하는
것은 걸러 내는 식으로 자아 이미지와 열망을 키워 주는 장소, 제

품, 경험, 네트워크, 사람들을 추구한다. 이러한 개인화 과정은 어떤 이에게는 세계대전 이전 미국의 단독주택 양식과 재활용 쓰레기통이 적절히 배치된 새로운 지역일 것이다. 또 다른 이들에게는 자신과 취향이 맞는 온라인 친구들일 것이다. 이는 인간애에 대한 강한 본능을 확인시켜 주는 정치적 흐름일 수도 있고, 자기만의 공간에서 자신의 물질적 상태에만 집착하게 만드는 '자기 추적' 기술일 수도 있다. 또 개인화 과정은 우리에게 집단적 정체성을 쉽게 부여해 주는 애플이나 할리데이비슨 같은 브랜드일 수도 있다. 다이어트 요리를 끊임없이 알려 주는 방송이나 정치적으로 부적절한 뉴스를 제공하는 케이블 채널일 수도 있고, 마음에 안 드는 사람을 짓밟을 수 있는 3D 게임일 수도 있다. 이들은 모두 각기 다른 '장소'에서 벌어지지만, 개인의 선호를 구체화하는 공간과 체험을 지향한다는 점에서 기본적으로 같은 욕망을 반영한다. 또 하나 중요한 사실은 이 모두가 개인화 과정을 점점 더 효율적으로 이뤄 주는 경제 제도의 예라는 점이다.

어떻게 보면 이는 우리가 이룬 업적이다. 개인의 관심사에 따라 삶과 생활 방식을 바꾸고 세상과 소통할 수 있게 된 것, 바로 이러한 자유가 소비자 경제 특히 미국의 소비자 경제를 매력적이고 호감 가게 만들었다. 그렇지만 이 같은 개인화는 힘인 동시에 아킬레스건이었다. 시장이 우리가 선호하는 것을 더 능숙하게 채워 줄수록, 우리는 더 깊은 곤경에 빠져드는 것처럼 보이기 때문이다. 주택 시장 거품이 바로 그런 예다. 지나치게 효율적인 금융 제도 덕분에 우리는 우리의 삶을 '성공한' 라이프스타일로 치장했지만,

온갖 거슬리는 세부 사항들, 이를 테면 그런 삶은 자신의 능력 밖이라는 사실을 외면했다. 사실 대다수 사람들이 개인화를 추구한다고 해서 경제가 무너지지는 않는다. 그렇지만 개인화에 따른 대가와 파장이 있더라도 우리는 이를 인정하지 않기에 마냥 행복할 뿐이다.

이상적 도시를 찾는 사람들을 살펴보자. 비슷한 시각이나 가치관을 지닌 사람들, 아니면 최소한 패션 성향이 비슷한 이들과 어울려 지내고 싶은 바람을 비난할 사람은 없을 것이다. 공동체가 실종되던 시기에 사람들은 포틀랜드와 오스틴, 오렌지카운티 같은 도시에서 공동의 목적의식을 발견했을 것이다. 이처럼 자신의 취향에 맞는 공동체를 발견한 이 과정이 다른 한편으로는 나라 전체의 사회적 결속을 떨어뜨리고 있다. 1970년대부터 지역적 구분이 생기면서 미국의 정치 지도가 바뀐 현상을 생각해 보라. 당시에는 공화당 혹은 민주당의 표밭인 지역, 즉 대선에서 한쪽 정당이 보통 20퍼센트가 넘는 표차로 이기는 지역에 사는 사람이 네 명 중 한 명이었다. 이후 40년 동안 견해가 맞는 사람끼리 공동체를 이루면서 지금은 절반이 넘는 미국인이 이른바 텃밭 지역에 산다.[3] (멀트노마 카운티 인근 지역과 포틀랜드의 경우 1960년대에는 양당 지지도가 막상막하였지만, 지금은 정치적 균형점이 이동해서 민주당이 45퍼센트의 표차로 압승한다.[4]) 이처럼 정치색이 지역별로 나뉜 현상은 누가 봐도 미국의 국내 정치에서 교착을 낳는 요인이다. (이 문제에 대해서는 나중에 다시 다룰 것이다.) 이러한 정치적 분리 현상은 동시에 과거 우리에게 타협과 중용을 가르쳐 주었던 지역 공동체의 다양성과 서로 다른 견해들을 제거하고 있다. 휴스턴이나 캔자스시티, 버밍햄 교외 지역에서는 자유주의적 목소리가 거의 사라지고 있다. 또한 매디슨과 오스틴, 포틀랜드처럼 좌파 성향이 강한 지역은 보수 세력이 기를 못 펴고 있다. 이런 지역은 살기 편할지 몰라도 활기찬 시민사회로는 부적합하다. 이주 현상을 연구하는 포틀랜드의 경제학자 조 코트라이트는 "우리가 거주지를 고를 수 있게 되면서 우리에게는 자신과 견해차가 뚜렷한 사람들과 교류할 기회가 줄고 있다"라고 지적했다.

정치적 양극화는 이처럼 삶을 자신의 이미지대로 조각하려는 강렬한 욕구가 낳은 예기치 못한 비용 중 하나일 뿐이다. 저돌적인 개인화가 낳은 더 큰 위험은 한층 미묘하다. 직접 만든 경험과 생활 방식에 빠져들수록 우리는 익숙하지 않거나 개인적이지 않은 일에 점점 개입하지 않으려고 한다. 그렇지만 인생에서 가장 중요한 것 중에는, 그리고 한 사회의 시민으로서 우리가 직면하는 대부분의 굵직한 과제들 중에는 분명 개인적이지도 개별적이지도 않은 것들이 있다. 이것들은 포괄적이고 집단적이며 때로 불쾌하기도 해서, 인내심과 낯선 것에 대한 관용, 타협하려는 의지, 때로는 희생까지 요구한다. 요약하면 우리 앞에 놓인 과제를 풀기 위해서는, 욕망이 주도하고 효율성에 집착하는 충동 사회가 우리에게 고려할 필요가 없다고 속삭이는 짜증스럽고 비효율적인 상황을 다뤄야만 한다.

이를 가장 잘 보여 주는 사례가 금융 붕괴다. 심각한 금융 위기 이후, 집단적으로든 개별적으로든, 우리는 금융 제도와 그런 실패를 용인한 부패한 정치제도를 바꿔야 했다. 그렇지만 우리는 대개 반대로 행동했다. 오히려 자신의 삶과 생활 방식과 자아에 더 깊이 침잠했다. 시민들에게 삶을 바꾸는 힘을 계속 주지만 정작 그 힘을 가장 잘 활용할 방법은 논의하지 않는 충동 사회에는 바로 이러한 함정이 있다. 사실 시장의 지혜를 선뜻 받아들인 우리는, 더 큰 사회에서 그리고 그 사회의 귀찮은 문제에서 발뺌할 수 있는 더 큰 힘이 주어진다면, 그 자체로 언제나 환영이고 심지어 바람직하다고 본다. 모든 남녀와 힙스터들이 자신만을 위해 사는 삶, 이것이 바로 충동 사회의 특징이다.

### 개인의 이익과 공동체의 이익은 양립할 수 있는가?

어떻게 보면 우리는 한 세기 넘게 초개인화라는 위기를 향해 달려왔다. 거의 200년 전 정치학자 알렉시스 드 토크빌은, 통제가 심한 유럽 문화에서 해방된 미국인은 '더 큰 사회가 스스로 돌보도록 내버려둔 채' 사적 이익에만 몰두하고 싶은 유혹에 끊임없이 시달렸다고 지적했다. 그렇지만 미국인은 '사리 추구에 대한 제대로 된 인식'이 있었기 때문에 뿔뿔이 흩어지지 않았다고 토크빌은 주장했다. 매우 실용주의적인 일반 미국인은 공동체가 없으면 개인의 이익도 더 키울 수 없다고 봤다. 즉 미국인이 주변인들과 교류한 것은 '주변 사람들과 뭉치는 것이 자신에게 유용해 보였기 때문'이라는 것이다.[5] 이런 성향 때문에 신대륙은 그토록 활기차고 생산적인 사회 및 경제를 유지할 수 있었다. 토크빌은 "모든 미국인은 사적 이익을 일부 희생해 나머지 이익을 지킬 수 있는 경우를 잘 판단했다"라고 지적했다.

현명한 이기심에 대한 토크빌의 낙관적 시각은, 개인이 공동체의 이익과 자신의 이익이 불가분의 관계임을 정확히 인지했다고 늘 전제했다. 그렇지만 앞서 살펴봤듯이 우리는 소비자 경제에서 개인의 힘이 점점 커지거나 적어도 커졌다는 생각이 든 순간, '동료와의 연대'가 딱히 유용하다고 보지 않았다.

물론 우리에게는 우리를 묶어 놓은 끈을 잘라 내려는 욕망을 억누르는 힘이 있었다. 지난 세기 우리의 가치관과 제도들을 만든 주체는 바로 전쟁과 불황을 겪으며 살아온 사람들로, 이들은 사회적 결속의 유용성과 이를 유지하는 데 필요한 자기희생의 유용성을 몸소 체험했다. 그러나 1970년대가 되자 그러한 결속은 맹공격을 받았다. 이데올로기적으로 보면 개인적 성취가 좌파뿐 아니라 특히 우파에서 유행했고, 여기에 자유 지상주의가 득세하면서 하나 됨을 강조하는 뉴딜식 공동체주의의 자기희생이라는 전제는 따가운 눈총을 받았다.(자유주의 경제학자 밀턴 프리드먼은 '국가가 해줄 수 있는 일을 묻지 말라'는 케네디의 연설이 있은 후, "'당신이 국가를 위해 할 수 있는 일'이라는 표현은 정부가 주인이나 신이고, 시민이 종이거나 숭배자라는 뜻이다. 자유로운 인간에게 국가는 개인들로 구성된 집합체이지 개인 위에 개인을 넘어 존재하는 대상이 아니다"라며 경멸스럽게 받아쳤다.)

### 사물 인터넷, 개인의 이익을 극대화하다

또 하나 중요한 사실은 빠르게 진화하던 소비자 경제가, 다른 사람들로부터 지원이나 인정을 받지 않고도 혹은 다른 이를 배려하지 않고도, 자기 이익을 추구할 수 있는 기회를 차츰 더 많이 제공하고 있었다는 점이다. 실제로 자동차는 단순한 이동 수단에서 굴러다니는 요새로 변신했고, 우리가 사는 주택은 입구 쪽 현관이나 잔디밭처럼 바깥을 향한 구조 대신 내부 공간과 뒷마당, 폐쇄형 차고를 넓혔다. 게다가 경제성장의 정체로 개인이 번영을 누리지 못하는 상황에서도 디지털 혁명이 계속된 덕분에 개인적 해방의 추구는 그 자체로 옳은 라이프스타일이자 영구적인 문화로 자리 잡았다.

대불황을 겪으면서 개별화된 삶을 추구하던 미국인들의 원대한 노력이 주춤해진 것은 사실이지만(라이프스타일에 맞는 도시로 이동하던 열풍은 2008년 이전만큼 강하지 않았다.) 개인용 기술 덕분에 계속 저렴한 비용으로 맞춤형 소비를 즐길 수 있다. 어디에서나 이용 가능한 스마트폰과 모르는 게 없는 인터넷 덕분에, 필자를 비롯해 기술에 대한 지식이 거의 없는 소비자들도 이제 방대하고 개인화된 데이터 세계의 중심으로 쉽게 진입했다. 우리는 동료, 가족, 친구들과 끊임없이 의사소통을 할 수 있다. 놀거나 쇼핑 계획을 세울 때도 과거 공상과학 소설에서나 가능했던 정밀함을 동원할 수 있다. (우리는 페이스북을 통해 진짜 친구들과 함께 페이스북 '친구들'이 취해 있는 술집을 알아낼 수 있고 또 그곳까지 자세한 길 안내를 받을 수 있다.) 우리는 컴퓨터 알고리즘 덕분에 취향에 맞는 곡을 골라 들으며 청소할 수 있고, 사용자의 관심사에 맞춰 뜨는 유튜브 영상과 바인동영상 공유 서비스의 짧은 영상, 챗룰렛화상 채팅 사이트 사이트를 클릭할 수 있다. 우리는 현실의 업무를 지속하기 위해 매순간 여가 시간을 (그리고 일하다가 괴로운 순간을) 일련의 개인적이고 개별화된 경험들로 채우는데, 이때 활용되는 다양하고 똑똑한 기술은 따분하고 스트레스를 주는 내용을 걸러 낸다. 이것 역시 자아 표출에 해당한다.

조만간 착용형 스마트폰이나 내장형 스마트폰 시대가 오면, 그리고 인터넷으로 디지털 객체뿐 아니라 물리적 환경에 있는 그 어떤 대상과도 연결할 수 있는 시대가 오면, 30년 전에는 상상조차 하지 못했던 이 능력들은 다시 무색해질 것이다. 그런 시대가 열리면 내 차, 우리 집, 내가 쓰는 가전제품, 내가 기르는 애완동물, 내가 스쳐 지나가는 매장, 식료품점 선반에 놓인 제품 등 이 모두가 나의 웰빙 지수를 높여 주겠다며 내게 끊임없이 속삭일 것이다. 혹은 적어도 통계상 내가 흥미를 보일 만한 제품을 사라고 권할 것이다. 쇼핑몰과 공항에 가면 무인 단말기가 내 존재를 감지하고는 나의 쇼핑 내력에 맞춰 특정 제품을 화면에 바로 띄울 것이다. 파티에 가면 가상의 라벨이 손님들의 인맥과 사회적 지위를 보여 주면서, 내가 치근거릴 대상과 아부해야 할 대상을 알려 줄 것이다.[6] 게다가 대화 사이사이에(대화가 지루하면 대화 도중에) 나는 답 문자를 보내고 맞춤형 뉴스를 훑고 조리 코너에서 터키 요리인 케밥을 주문할 것이다. (아마 이 음식은 무선 헬기가 배달해 줄 것이다.) 좀 더 긍정적으로 전망하자면, 이는 개인의 이익을 끊임없이 일깨워 주는 삶이 될 것이다. 언제 어디에 내가 누구와 있든, 나는 내 이익이 어디에 있는지 정확히 알게 될 것이고, 따라서 나의 이익을 극대화하기 위해 주변 사람들 더 나아가 사회와 어느 정도 선에서 교류해야 하는지 정확히 알게 될 것이다.

### 매일같이 읽어 대는데, 아무것도 남지 않는 이유

따라서 우리는 끊임없는 확신 속에 살게 될 것이다. 그렇지만 충동 사회의 담론으로 볼 때, 우리는 과거 우리에게 끔찍한 재앙을 안겨 준 시장의 약속을 믿을 만큼 어리석지 않다. 개인의 능력은 매주 기적처럼 커지지만, 개인화가 더 진전된다고 해서 우리가 더 자각적 존재가 되는 것은 아니라는 증거가 산더미처럼 많다. 그 자각의 대상이 우리 자신의 이해관계든 더 넓은 사회의 이해관계든 상관없이 말이다. 이 책 첫머리에서 우리는 소프트웨어 디자이너들이 어떻게 온라인 게이머들을 모니터 앞에 붙들어 놓는지, 그리하여 현실 세계와 더욱 멀어지게 하는지 살펴보았다. 그렇지만 이러한 역학은 결과적으로 게임에만 해당되지 않는다. 저널리스트 니콜라스 카는 『생각하지 않는 사람들』에서, 주기적으로 디지털 세계에 발을 담그는 사람들은 모두 이와 동일한 패턴에 노출된다는 예리하지만 우울한 설명을 했다. 카가 입증했듯이 문제는 우리의 취향에 기꺼이 맞추려는 디지털 환경에 있다. 거대한 게임처럼 자연스럽게 조직되는 온라인 환경은 심리학에서 말하는 긍정적 강화의 기회를 끊임없이 제공한다. 우리는 클릭할 때마다 새로운 정보(문서, 그림, 여타 디지털 객체)를 얻지만, 곧 새로움 자체가 (그리고 이와 관련된 신경전달물질이) 정보가 담긴 콘텐츠 못지않게 중요해진다. 카는 이러한 디지털 환경에서 우리는 "사회적 자양분이나

지적 자양분을 조금이라도 얻으려고 끊임없이 레버를 누르는 실험실의 쥐가 된다"라고 표현했다.[7]

　게다가 더 새로운 것에 대한 갈망은 소비하는 데이터의 이해를 방해한다. 카의 설명에 따르면 이는, 정보 검색 행위가 정보 자체보다 중요해지면서 우리의 의식이 이미 찾은 정보(이를테면 지금부터 읽으려고 다운로드 받은 글)와 또다시 검색하려는 정보에 대한 생각으로 양분되기 때문이다. 그렇지만 또 다른 정보를 기대하는 행위와 정보를 깊이 이해하는 행위는 전혀 다른 정신 활동 영역으로, 신경이 두 활동을 오가면 집중력이 약해져 우리가 읽고 흡수하려는 정보를 깊이 파고들기가 힘들어진다. 결국 우리가 소비하는 정보는 더 많아져도 더욱 피상적으로 처리하게 된다. 게다가 이것이 일상화되면 결국 두뇌 구조가 바뀌어 소비하는 정보는 많지만 이해하는 정보는 적은 상태가 되고, 디지털 영역이 아닌 경우에도 정보 처리 과정에 변화가 생긴다. 온라인이든 오프라인이든, 우리는 새로운 정보 검색에 지나치게 몰두하지만, 손에 넣은 콘텐츠를 깊이 이해하려는 동기는 떨어진다. 우리는 점점 산만해지고, 의미 있는 것과 단순한 자극에 불과한 것을 구분하는 능력도 떨어진다. 우리는 복잡하거나 도전적인 아이디어나 문제를 만나면 더욱 당황하게 된다. 신경과학자 조던 그래프먼은 카에게 "다중 작업을 많이 할수록 깊이 있는 사고가 힘들어지고, 문제를 해결하는 사고력과 추론 능력 역시 떨어진다"라고 말했다. 아마도 자신의 이해관계를 '제대로' 파악하는 능력, 즉 나의 이해관계를 언제 희생해야 하는지 판단하는 능력도 떨어질 것으로 보인다.

## 나보다 나를 더 잘 아는

우리의 새로운 도구들이 우리의 이익을 판단하고 추구하는 것을 오히려 더 어렵게 할 수 있다는 연구 결과는 그리 놀랍지 않다. 어떻게 보면 우리의 디지털 능력과 관련된 문제는 우리가 한 세기도 더 전에 소비자 경제에서 도구를 건네받은 이후 마주한 과제들의 최신판일 뿐이다. 스마트폰이든 차고만 한 크기의 SUV이든 치즈가 들어간 더블 베이컨 와퍼든, 이 모든 제품들은 사실 우리의 이익이 아니라 이를 파는 기업의 이익을 위한 것이었다. 현재 우리가 도도하게 행사하는 확장된 자아 표출 능력은 사실 경영자와 투자자의 역량 증대를 궁극적 목표로 하는 노련한 기업들의 생산물에 불과하다. 물론 소비자들이 원하지도 않는데 증대된 힘을 팔 수 있는 회사는 없다. 그렇지만 후기 물질 사회이자 소비자 지상주의 사회에서 '원하는 것'은 금융동학이라는 기업의 쳇바퀴와 밀접한 관계를 갖는다. 원하는 행위가 자아 표출이나 자유, 개인의 취향을 향한 소비자들의 열렬한 욕망과 밀접한 것처럼 말이다. 제품 주기를 가진 더욱 강력한 소비자 도구를 꾸준히 생산하게 하는 요인은, 보통 소비자 수요를 강조하긴 하지만, 단지 소비자 수요만이 아니다. 보통 아무 생각이 없던 소비자도 광고나 친구가 가진 물건을 보면 새로운 장비나 기능, 힘의 증대를 탐낸다는 사실을 떠올려 볼 때, 수요 하나만을 그 요인으로 꼽을 수는 없을 것이다. 오히려 지나치게 개인화된 힘이 매해 시장에 범람하는 현상은 우리 자신의 욕망이 아니라, 주로 기업의 임무, 즉 계속 쳇바퀴를 돌리고 제품 판매로 부가가치를 높이며 주가를 올려야 하는 임무를 주로 반영한 것이다.

그러나 이러한 현실은 앨프리드 슬론이 한 세기 전쯤 대량생산의 타개책으로 진부화 전략을 구사한 이후로 계속 존재했다. 그렇지만 디지털 효율성의 가속화와 기업의 우선순위 심화를 고려할 때, 그리고 갈수록 우리의 삶과 자아가 전적으로 소비라는 맥락에서 전개되는 현상을 감안할 때, 개인적 관심사와 기업적 관심사가 일치하는 것은 이제 단지 '하나의' 현실이 아닌 점점 '실재하는' 현실로 보인다. 즉 끊임없이 돌아가는 공장 기계는 농부들이 일상적으로 곡물을 과잉생산했듯이 증가된 개인의 힘을 과잉생산한다. 그 결과 마력과 메가 픽셀, 제곱 피트와 기가바이트, 언제라도 섭취 가능한 칼로리, 카페인 그리고 대량생산 방법을 알아낸 모든 개인의 능력이, 소비자 시장에 영원히 과잉공급되고 있다. 개인에게 이 모든 능력이 필요 없을지 모른다거나 이런 능력이 없어도 삶은 향상된다는 사실은 이제 아무 의미가 없다. 일단 만들어지면 잉여 능력은 공급망을 거쳐 우리의 삶 속으로 이동해야 하며, 이를 위해 제조업체들은 더욱 창의적이고 공격적인 마케팅 기법에 의지한다. 이중에는 당연히 강제적인 업그레이드도 있고, 우리의 잠재적 욕망이 기업의 분기별 목표 수익과 일치하는 시점을 예측하기 위해 우리가 방문하는 웹사이트를 추적하거나 우리의 구매 내역과 소셜 미디어 사용 흔적을 훑는 등 사생활을 침해하는 방법도 있다. 이미 케이블 TV 회사들은 '마이크로 타깃' 광고를 각 가정에 보낼 수 있는데, 이는 어느 기업 경영자가 자랑한 것처럼 "개를 키우는 사람에게는 개 사료 광고를, 고양이를 키우는 사람에게는 고양이 사료 광고를, 아이가 셋인 가정에는 미니밴 광고"를 내보내는 것이다.[8] 미국의 대형 유통업체 타깃의 경우 고객 정보 대량 유출이라는 오명을 얻기 전에는, 제품 구매의 패턴 변화를 토대로 부모도 모르는 10대 청소년의 임신을 예측할 만큼 정확한 마케팅 시스템을 갖춘 것으로 유명했다.[9] 이렇게 소름 끼칠 만큼 세밀히 계산된 소비자 환경에서, 우리가 내리는 선택은 사실 온전한 개인의 선택이 아니다. 이는 우리의 내면세계를 가끔 우리 자신보다 더 잘 아는 것 같은 시장과 우리 자신이 함께 만드는 것이다. 시간이 얼마나 더 흘러야 시장과 자아가 사실상 통합될지, 즉 언제쯤 더 효율적 만족감을 추구하는 우리의 욕망이 자본 효율성을 추구하는 기업의 욕망과 완벽하게 일치되는 순간이 올지는 말하기 어렵다. 중요한 것은 자아와 시장의 동조화 현상으로, 우리 자신이 개인적 세계의 중심이라는 사고에 갈수록 익숙해진다는 점이다. 매번 업그레이드하고 매번 제품 주기를 겪다 보면, 자아 표출 행위는 점점 제2의 천성이나 라이프스타일, 하나의 책무처럼 느껴질 것이고, 주변 세상을 바라보는 우리의 눈빛은 시민의 눈빛이 아닌 대식가의 눈빛이 될 것이다. 우리의 삶의 질, 경제 건전성, 기술 유용성, 정치적 관용 등 이 모든 것을 판단하는 잣대 또한 우리를 매 순간 자아 충족과 자기 확신으로 이끄는 능력이 될 것이다.

이것이 바로 충동 사회의 문화적 종착점이다. 즉 자아가 모든 것의 중심이고, 모든 것이 자아를 향해 있다. 우리는 이러한 현상을 우리에게 아부하고 비위 맞추는 소비자 시장에서 목격하지만 또 다른 부문에서도 이런 현상이 엿보인다. 현재 정치권은 정책을 결정할 때 그것이 얼마나 효과적이고 유용한지보다는 유권자의 자아감에 얼마나 부합하는지를 신경 쓴다.('테드 크루즈와 맥주 한잔 하시겠습니까?', '힐러리 클린턴이 남성들을 꺾을까요?' 라는 식으로 정치권은 홍보한다.) 우리가 받아 보는 뉴스는 집단으로서 그리고 시민으로서 우리에게 중요한 이슈를 낱낱이 파헤친 정보가 아니라, 개인화된 알고리즘에 따라 혹은 눈길을 끄는 제목이나 이미지에 무작위로 클릭한 행동에 따라 생성된 맞춤식 정보다. 기술 전문가 니콜라스 네그로폰테는 이러한 정보를 '데일리 미'라고 불렀다.

예술마저도 초월성이나 논쟁적 사안, 중요하고 보편적인 의문보다는 개인의 자기 확신을 그 주제로 한다. 사회학자 대니얼 벨의 지적처럼, 자기중심적 문화에 익숙한 시민들이 그림이나 시, 책을 접할 때 맨 먼저 던지는 질문은 '이 작품은 훌륭한가 저속한가'가 아니라 "'나'에게 어떤 도움이 되는가?'이다. 더군다나 벨이 글을 썼던 시기는 디지털 편집 기술을 통해 TV 에피소드, 노래, 영화, 책 등 어떤 문화적 요소든 또 다른 심미적 정보로, 즉 이를 분해해 더욱 정교한 자아 표출 요소로 재구성하는 작업이 가능하기 이전이었다. 충동 사회에서 모든 문화는 자아와 관련되며, 이는 문화적 소비 및 자기 창조 행위와 함께 점점 더 확산된다.

### 집단사고의 오류

우리를 내적 문제에 쉽게 빠져들게 하는 구조와 우리를 둘러싼 자기 지시적이고 익숙한 환경을 고려할 때, 우리가 익숙하지 않거나 자신과 관련 없는 것에 거부감을 보이는 모습은 어느 정도 당연해 보인다. 어색하고 낯선 것은 스트레스를 줄 수 있다. 의견 충돌은 정신적 충격을 주기도 한다. 시민 의식이 매우 높은 사람들도 다양성을 인정하려면 위험을 감수하고 타협하며 노력해야 한다. 이런 것들은 바로 현재 우리의 소비자 문화와 자기중심적 이데올로기가 무시하는 비효율이다. 그렇지만 개인의 이익과 사회적 이익을 조율하려면 우리를 당황시키는 비효율이 반드시 있어야 한다. 당황스러운 비효율성은 민주주의와 공동체를 이루는 근본 바탕이며, 두 제도 모두 본질적으로 비효율적이다. 우리가 3장에서 만난 시카고대학교의 법학자 캐스 선스타인의 주장처럼(그의 저작인 『리퍼블릭닷컴 2.0: 블로그의 복수』에 나온 주장이다.) 민주적 문화가 제대로 작동하려면 '계획에 없던 만남'에서 생기는 혼란과 어색함이 필요하다. 이런 만남에서 시민들은 '사전에 택하지 않은 것들 그리고 생각해 보지 않았거나 껄끄러운 주제 및 견해에 노출'된다.[10] 그렇지만 우리가 앞서 살핀 대로 계획에 없던 만남, 예기치 않은 생각들, 거슬리는 사람들은 우리가 맞춤식 삶과 경험에서 점점 걸러 내려는 대상들이다.

그렇다고 민주공화국의 황금기에 모든 미국인이 다양성을 포용했다는 뜻은 아니다. 사실 미국인은 그렇지 않았다. 그렇지만 각자의 차이에 대처하는 법을 알았고(예를 들면 점잖은 자리에서는 정치와 종교 같은 특정 주제를 꺼내지 않았다.) 그러한 행동으로 공동체와 사회가 제 역할을 하고 온전히 유지되기 위해 필요한 공통분모를 지켰다. 그렇지만 지금은 의견을 수용하려는 최소한의 노력조차 자아 표출 욕구를 침해하는 것으로 본다. 그저 나와 성향이 같은 사람들과 소통하거나, 내 생각과 맞는 아이디어나 관점을 고민하는 것을 더 편하게 여긴다.

그렇지만 이는 해로운 습관이다. 일단 현실 세계든 가상 세계든 나와 다른 사람의 차이를 인정하지 않고 거리를 두기 시작하면 개별화 현상은 더욱 심해진다. 선스타인과 비숍이 집단심리학의 힘을 빌려 증명했듯이, 구성원의 생각이 비슷한 공동체는 더욱 극단적 성향을 띠면서 반대 의견을 잘 수용하지 못한다. 생각이 비슷한 집단은 서로의 의견에 더욱 확신을 불어넣기 때문이다. 연구에 따르면, 가장 정치적이고 사회적인 쟁점에서 사람들은 보통 자기 의견을 강하게 내세우지 않는다고 한다. 사람들은 보통 각종 논쟁을 분석해서 결론 내리는 수고스러운 행동을 하지 않는다. 그 결과 자신의 생각에 대한 확신이 부족하므로 주변 사람들의 일반적인 견해를 받아들여 곤란한 일이 없도록 한다. 선스타인은 이와 관련해 다양하고 이질적인 공동체는 '중도로 기우는 경향'이 있다고 지적했다. 즉 자연스럽게 평균으로 수렴하는 것이다. 그렇지만 동질적이고 비슷한 생각으로 뭉친 공동체에서는 개인이 다른 사람에게 그저 동의만 해도 쉽게 확신을 얻을 수 있다. 동의만으로도 숙고의 과정 없이 자신의 견해를 긍정하게 된다. 게다가 선스타인의 지적처럼 확신이 강할수록 믿음은 강렬해진다. "여러 가지 맥락에서 사람들의 견해는 확증 받았다는 이유만으로 점점 극단성을 띠는데, 내 의견이 다른 사람들과 같다는 것을 확인하는 순간 자신감이 더욱 커지기 때문이다."[11] 비숍은 사실 어떤 동질적 집단이든 이러한 역학이 작용한다고 덧붙였다. 유권자, 교실의 학생들, 배심원, 연방 법원 판사 등 그 어떤 집단에서도 다양성이 떨어질수록 견해는 더욱 극단성을 띤다.[12] "정치와 문화가 여기에서 얻는 교훈은 매우 분명하다. 여러 가지 견해가 혼재된 집단은 중도를 향하고 생각이 비슷한 집단은 극단화된다. 즉 이질적 공동체는 집단의 극단성을 억제하는 반면, 동질적 집단은 양극단으로 흐른다."

이러한 입장의 고착화가 정치에서 갖는 함의는 매우 크며, 이 문제에 대해서는 8장에서 다시 다루겠다. 그렇지만 역설적인 사실은 입장의 고착화로 사회적 세계에서 개별성을 지키려는 우리의 능력이 근본적으로 침해당할 수 있다는 점이다. 코네티컷대학교의 철학과 교수이자 인지 이론 전문가인 마이클 린치는, 다양성을 수용하려는 의지가 약할수록 진정한 자기 인식 능력도 떨어진다고 주장했다. 우리가 나와 다른 사람들을 인정하지 않는 것은 특정한 사람들뿐 아니라 나와 '다른' 견해 그리고 내가 좌우할 수 없고 나와 관련이 없는 나를 넘어선 현실까지 거부하는 것이다. 그렇지만 린치는, 자신의 생각과 견해에 도전하고 사고를 환기하며 민주주의에 활력을 불어넣기 위해서는, 그리고 자신을 제대로 '알기' 위해서는 우리에게 '다른' 견해가 필요하다고 주장했다. 우리는 우리보다 더 큰 존재를 인정해야만, 자신이 어떤 존재인지 중요하게는 어떤 존재가 '아닌지' 제대로 알 수 있다. 갈수록 우리의 취향과 욕망을 반영하는 소비자 문화에서는 우리 자신과 세계의 경계가 점점 흐려진다. 린치는 이렇게 말했다. "우리에게 다른 존재가 필요한 이유는 자신의 경계를 알기 위해서입니다. 왜냐하면 현재 우리 자신의 경계가 기이한 방향으로 확장되고 있기 때문이지요. 우리 자신이 점점 커지고 확장되면서 세상에 대한 관심은 곧 '자신'에 대한 관심과 동의어가 됩니다. 이 과정은 문제가 있습니다. 환상에서 비롯됐기 때문입니다. 세상은 우리보다 우리 중 그 누구보다도 크며, 우리가 세상을 좌우할 수 있다고 생각할수록 자신을 동굴 밖으로 꺼내지 못한 채 벽에 비친 그림자에 속게 됩니다." 즉 우리는 꾸준한 자아 표출로 힘이 커지기는커녕 약해진다는 뜻이다. 린치는 "우리는 점점 거대해지면서 약해집니다. 뜨거운 공기를 가득 채운 풍선처럼 되는 것입니다"라고 덧붙였다.[13] 이는 충동 사회가 안고 있는 또 다른 역설이다. 우리는 공동체를 간절히 바라지만, 개인의 정체성을 반영한 공동체를 만들게 되면서, 실제 개인의 '존재'에 가장 필수적인 요소를 우리 손으로 없애고 있는 것인지도 모른다.

### "굳이 고생할 필요 있나요?"

근대의 자아는 커지면서 동시에 나약해진다는 표현은 매우 적절한 비유다. 사실 개인화는 세계를 '있는 그대로' 보기를 거부하고 자신의 취향에 맞춰 세상을 보는 것이다. 마치 우리에게 지배와 장악만이 존재하는 것처럼 말이다. 그러나 인간은 지배만을 위해 만들어진 존재가 아니다. 우리는 동시에 더 큰 대상에 맞춰 가는 존재다. 우리의 커다란 두뇌는 협력하고 타협하며 협상하는 일에 특화되어 있다. 그 대상은 다른 개인뿐 아니라, 대부분의 역사에서 우리의 바람대로 따라 주지 않았던 더 넓은 세상도 포함된다. 우리의 모든 선조들은 환경을 바꾸고 개선하는 일에 매우 능숙했지만, 하루하루의 생존을 크게 좌우한 것은 자신이 발견한 세상에 순응하고 자신의 기대감을 세상에 맞추는 능력이었다. 사실 인간이 지배력 유지에 필수인 강인함과 지식, 통찰을 얻게 된 것도 역경과 좌절을 견디는 과정을 거쳤기 때문이었다.

사실 모든 전통문화는 이러한 사실을 이해했고, 강인하고 자립적인 개인으로 성장하려면 역경은 필수라고 여겼다. 그러나 근대의 '개성'이라는 개념은 불편함과 현실적 고난을 거의 용납하지 않는다. 오히려 충동 사회의 소비자 문화는 그 엄청난 힘을 총동원해 우리의 삶에 역경과 고난 심지어 생경함조차 끼어들어서는 안 된다고 우리를 설득한다. (혹은 로프 코스인공 구조물을 통해 체력 단련을 하는 아웃도어 스포츠나 매우 힘든 복부 운동처럼 자기 강화를 위한 개별적 상황에서만 이런 것이 필요하다고 말한다.) 불편함, 어려움, 불안, 고통, 우울, 거부, 모호함 등 이 모든 것을 충동 사회는 성숙하고 단단해지는 '과정'으로 여기지 않는다. 오히려 오류와 비효율의 증거로 보고 이를 바로잡으려고 한다. 그러한 교정 과정은 거의 대부분 소비와 자아 표출의 확대를 통해 이뤄진다.

따라서 택배 서비스를 며칠간 기다리기보다 바로 다음 날 받아야 직성이 풀린다. 아니면 돈을 내고 당일 배송을 받는다. 또 우리는 아마존이 무인 헬기 배송 서비스를 도입해 30분 내로 택배를 받아 볼 날을 손꼽는다.(그렇지만 아직은 이를 장담할 수 없다. '디지털 키'라는 볼보사의 신기술로 온라인 쇼핑객들이 자가용을 배송지로 이용할 수는 있을 것이다.) 시스템이 우리의 욕망을 더욱 빨리 채울수록 참고 기다렸다가 만족감을 '높이는' 모습은 절대 볼 수 없다. 자연은 진공 상태를 혐오한다는 말처럼, 효율적인 소비자 시장은 지연과 역경을 혐오하며, 나아가 지연과 역경, 비효율을 통한 강인한 인격 형성 과정을 견디지 못한다. 효율 시장에서 '인격'과 '미덕'은 그 자체로 비효율이다. 양적 성장과 주가 극대화를 중시하는 경제를 방해하기 때문이다. 현재의 소비자 문화에서 암묵적인 제1의 전제는, 일단 자아 표출과 자기만족, 자기 홍보 능력을 더 키울 수 있다면 그 능력을 이용할 수 있고 또 이용해야 한다는 것이다. 이는 곧 자아 표출을 어떤 식으로 어디까지 할 것인지, 더 나아가 우리의 존재 자체를 어떤 식으로 어디까지 드러낼 것인지에 대한 결정 권한을 효율 시장과 쳇바퀴, 부단한 자본 순환, 끊임없는 혁신 주기에게 넘기겠다는 뜻이다. 이 과정에서 우리의 상태가 약해지더라도 말이다.

## 사회적 유대는 왜 중요한가

우리의 사회적 관계 그리고 이보다 더 큰 공동체가 새로운 효율성이라는 끊임없는 압박에 시달리면서 어떻게 변해 가는지 살펴보자. 우리는 공동체가 개인의 성장에 얼마나 중요한지 잘 안다. 우리는 공동체를 통해 소통과 성공을 위한 사회 규율 및 전제 조건을 흡수한다. 또한 우리는 공동체를 통해 어떤 제약과 자제력의 필요성, 인내와 끈기와 장기적 헌신의 필요성을 이해하고 이상적으로는 이를 내면화하기도 한다. 공동체의 압박은 우리가 근시안성과 이기심을 통제하도록 하는 사회적 설득 방식 중 하나이기 때문이다. (혹은 경제학자 샘 볼스와 허버트 긴티스의 표현처럼, 공동체를 통해 사회의 '의무'가 구성원의 '바람'으로 바뀌기 때문이다.) 그렇지만 공동체의 기능은 단순히 '금지'에 있지 않다. 우리는 사회적 관계를 통해 자신의 능력과 힘을 발견한다. 또한 개인이자 시민, 사회적 '생산자'로서의 의식적 깨달음 역시 사회적 관계에서 얻는다. 여기에서 사회적 생산자란 사회적 재화를 소비하는 데 그치지 않고, 공동체가 필요로 하는 것에 기여하는 주체를 뜻한다.

그렇지만 공동체는 우리에게 생산적 시민이 되도록 가르치는 역할에서 그치지 않는다. 사회적 유대가 강한 사람들은 일반적으로 삶의 질이 훨씬 높다. 신체적 정신적으로 더 건강하고 질병이나 부상에서 더 빨리 회복하며, 식이 장애나 수면 장애로 고생할 확률도 낮다.[14] 이들은 더 행복하고 자신의 삶의 질이 높다고 느낀다. 자신이 속한 공동체가 특별히 부유하다거나 교육 수준이 높지 않더라도 그렇게 느낀다.[15] 사실 풍요보다 더 중요한 것은 사회적 유대다. 봉사 활동이나 교회 예배, 친구 초대나 동호회 활동 같은 정기적인 사교 활동은 개인의 소득이 두 배로 오른 경우처럼 행복감을 높인다.[16] 하버드대학교 정치학자 로버트 퍼트넘은 "미국뿐 아니라 전 세계를 대상으로 50년간 삶의 만족과 연관된 요인을 조사해 본 결과 유일하게 공통된 결론 한 가지는, 행복을 가장 잘 예측할 수 있는 변수가 사회적 유대의 폭과 깊이라는 사실이었다"라고 말했다.[17]

사회적 유대는 이토록 중요하지만 안타깝게도 우리는 충동 사회에서 이를 잘 지켜 내지 못했다. 상업적 효율성과 기술적 효율성의 계속된 압박으로, 과거의 탄탄한 사회구조 중 상당수가 사라지거나 전혀 다른 사회적 합의로 대체됐다. 사실 새로운 사회적 합의 중에는 전보다 월등한 것들도 많다. 전통적 공동체는 외관상 자유로운 사회였지만 개인의 성장이나 실험, 행복을 위한 여지는 거의 없었기 때문이다. 그렇지만 개인에게 사회적 교류에 대한 통제력을 끊임없이 키워 준 사회적 합의를 받아들이면서 우리는 그 대가를 치러야 했다. 갈수록 사회적 유대가 또 다른 형태의 소비로, 개인의 취향과 스케줄에 맞춘 소비로 변해 간 것이다. 이제 공동체는 필수적이거나 의무적인 대상이 아니라 개인의 스타일, 즉 자신의 기분이나 취향에 따라 참여할 수도 있는 대상으로 여겨진다. 그리고 이러한 자유는 분명 매력이 있는 만큼 부작용도 있다. 즉 사회적 교류 과정에 대한 통제력을 상당 부분 얻으면서 우리는 기능적이고 성취적인 개인이 되는 데 필수인 전통적인 상호 교류 과정을 없애고 있다.

### 나르시시스트의 전성시대

우리가 자랑스럽게 여기는, 디지털로 의사소통하고 유대를 맺는 능력을 생각해 보자. 이론상 스마트폰과 소셜 미디어 덕분에 우리는 역사상 그 어느 때보다 활발한 사교 활동을 한다. 사실상 우리는 끊임없이 의사소통하고 온갖 일상을 포스팅할 수 있으며, 아무리 불완전하고 부적절하고 평범해도 그 어떤 생각이든 드러낼 수 있다. 그러나 이러한 소통 방식에는 자연적 한계가 없기 때문에 그러한 유대의 가치가 희석될 수 있다.

여러 연구에 따르면 온라인 자극에 일상적으로 반응하게 해 주는 효율성이 이제 오프라인 관계를 위협할 정도로 커졌다고 한다. 온라인 행위를 연구하는 바이털스마트 사 회장 조지프 그레니는 "사람들은 소셜 미디어에서는 결정적 대화를 나눌 수 없다는 것을 알고 있다. 그렇지만 사람들에게는 지금 당장 편리한 수단으로 자신의 감정을 해소하려는 충동이 있다"라고 설명했다.[18]

온라인에서 전적으로 친밀한 대화를 나눌지라도, 쉽게 이용할 수 있다는 편리함 때문에 우리가 추구하는 유대가 훼손될 수 있다. 수십 년간 디지털 상호작용을 연구한 사회학자이자 임상심리학자인 셰리 터클은, 이제 거의 항시적으로 사람들과 연락할 수 있게 되면서 잠시라도 연락이 끊기면 고립감과 소외감을 느낄 정도로 우리는 지나치게 의사소통을 많이 한다고 주장했다. 디지털 시대 이전에는 몇 시간이나 며칠 심지어 몇 주 동안 다른 사람의 소식을 듣지 못해도 무덤덤했다면, 디지털 시대에는 바로 연락이 안 오면 조급하고 불편해한다. 터클은 『어론 투게더』라는 자신의 저서에서, 시계time horizon가 무너져 버린 사회적 세계에 대해 설명했다. 대학생들은 부모에게 매일 심지어는 매시간 시시콜콜한 일까지 문자를 보내며, 바로 답 문자가 없으면 불안해한다. 연인들은 답 문자를 바로 보내지 않았다는 이유로 헤어진다. 또 친구들끼리는 내가 올린 게시물에 얼른 '좋아요'를 누르지 않았다는 이유로 우정이 식는다. 부모들은 자녀가 문자나 전화로 바로 응답하지 않으면 911에 전화를 건다. 디지털을 통한 상시 접속이 불가능했던 시대에는 이런 공황 상태가 없었다. 반면 디지털 세계는 우리 자신의 능력과 가속화된 효율성으로 심리적 불안이 증폭된다.

효율성이 낳는 불안감은 현재 거의 모든 디지털 상호작용의 이면에 도사리고 있다. 연인, 가족, 직장 동료 등 어떤 관계에서든 디지털 기술에 내재된 특성 때문에 우리는 끊임없이 정서적 긴장감에 시달린다. 디지털 의사소통은 격식이 없고 생략이 많아서 우리가 나누는 단편적인 생각과 감정은 소통을 더 해야만 완결된다. 즉 결론을 알려면 항상 좀 더 지켜봐야 한다. 결국 우리는 "아직 생성 중인 감정을 드러내면서" 소통하고 관계를 맺으며, "제대로 느끼지도 못한 감정을 서로 주고받는다"고 터클은 지적했다. 다시 말해 전에는 주로 '내면적' 과정, 즉 남들에게 표현하기 '전에' 생각하고 느끼던 과정이 이제는 외부적이고 반복적이며 공개적인 과정으로 바뀌었다. 정체성 자체도 반복적인 상호작용에 의존하게 되었는데, 터클은 이를 '협력적 자아'라고 부른다. 반면 사적이고 독립적인 개체로서 우리가 지녔던 능력은 사라졌다. "이제는 혼자 조용히 앉아 자신의 감정을 되돌아보는 능력을 키울 수가 없다"라고 터클은 지적했다. 충동 사회가 독립성과 개인의 자유를 강조한다 해도, 우리는 진정으로 혼자 서는 능력을 잃어 가고 있는 것이다.

개인의 사적 이익에 집착하는 문화에서 오히려 개인의 독립성이 약해지는 현상은 충동 사회의 크나큰 아이러니가 아닐 수 없다. 그렇지만 여러 가지 면에서 이는 불가피하다. 우리는 우리를 세심하게 조정하는 소비자 문화, 즉 개인의 절대적 자유를 제시하는 한편 물질에 절대적으로 의존하게 만드는 문화에 끌려가면서 (우리는 시장이라는 기계에 전적으로 의존한다.) 자아 이미지와 자의식을 너무 쉽게 드러내지만, 두 가지 모두 심하게 부풀려져 있고 근본적으로 나약하며 불안정하다. 진정한 독립과 개성에서 얻는 만족감을 제대로 경험해 보지 못한 우리는 더욱 개인화된 자아 표출과 만족감으로 이를 메우려 한다. 하지만 이는 안정적이고 충만한 존재로 거듭나게 해 줄 진정한 관계로부터 우리를 더욱 멀어지게 할 뿐이다.

1970년대에 크리스토퍼 래시는 바로 이러한 공허한 개인주의를 문화가 낳은 자기애라고 진단했다. 산업화로 생산자에서 소비자로 변한 우리는 자신감 넘치고 안정적이며 '내면적' 정체성을 길러 주던 기술과 능력, 자기 신뢰를 상당 부분 잃었다. 확신에 찬 내면적 삶이 결핍되면서 우리는 차츰 외부에서 찾은 대체물에 의존했다. 우리는 점점 동료 집단의 인정을 갈망하게 되었다. 우리는 전문가의 의견을 찾았고, 유명인사의 소식이나 성공담에 열중했다. 우리는 지위와 새로운 것에서 쉽게 즐거움을 얻으려고 했다. 이런 상황에서 기회와 결핍을 늘 주시하는 우리의 소비자 문화는 역시나 이 욕망을 일시적으로 채울 방법을 우리에게 제시했다. 결국 욕망을 쉽게 채우게 된 우리는 이러한 외적 자양분에 중독됐다. 래시는 이렇게 우리의 내적 삶과 외적 삶이 통합되면서 '자기애 문화' 현상이 생겼다고 주장했다.

래시의 진단은 사회적이고 문화적이었을 뿐 병리적이지는 않았다. 그러나 1980년대와 1990년대에 상담 전문가들은 병리적 자기애 증상을 보이는 사람들(즉 환자들, 그렇지만 더 중요한 점은 전체 인구에서 이들이 차지하는 비중이었다.)이 증가하는 현상을 목격했다. 과장된 자만심, 적극적인 자기 홍보 성향, 자기 확신의 근거를 외부에서 찾는 역설적 의존성, 쉽게 분노하는 뿌리 깊은 권리 의식 등이 모든 증상이 더욱 흔해졌다. 심각한 자기애성 인격 장애자는 극소수일지라도, 한두 가지 이상의 징후를 보이는 사람이 강박 장애 등 다른 장애를 가진 환자들보다 훨씬 빠르게 증가하고 있었다. 『나는 왜 나를 사랑하는가』를 공동 저술한 사회심리학자 진 트웬지와 키스 캠벨에 따르면, 현재 인구 전반의 자기애성 징후가 비만 같은 여타 공중 보건 문제 못지않게 급증하고 있다고 한다.

그렇다면 자기애는 왜 증가하는 것일까? 이에 대한 표준적 설명은 문화적 요인과 집단적 요인에 주목했고, 특히 1960년대부터 시작된 아이들에게 자부심을 심어 주는 풍토를 크게 강조했다. 1990년대 무렵부터 너는 특별하고 남들과 다르다는 말을 수십 년간 듣고 자란 이들이 많아지면서, 어린 시절부터 우리가 사는 공간을 비현실적으로 때로는 판타지처럼 인식하는 사람들이 생겼다. 그렇지만 이런 현상에는 경제적 요인도 한몫 했을 것이다. 자기애는 근본적으로 어떤 한계를 인정하지 않는 것으로, 가장 최근까지 한계를 꾸준히 거부할 수 있었던 사람은 부유한 엘리트뿐이었다. 이들을 제외한 대다수 사람들은 더욱 현실적인 자아 관념을 갖고 살아갔다. 프로이트의 현실원칙이 가동한 것이다. 그러나 트웬지와 캠벨의 주장처럼 지난 세기에 특히 지난 40년 사이에, 개인의 힘(기술적, 금융적, 사회적 힘)이 급증하면서 자기애성 현실 회피가 더욱 폭넓은 집단에 뿌리내렸다. 특히 트웬지와 캠벨이 흥미롭게 본 요인은 낮아진 신용 문턱으로, 이 때문에 자기애 성향자들은 금융적 제약이라는 현실을 회피하면서 동시에 과소비를 통해 지나치게 부풀려진 자존감을 계속 키워 나갔다. 트웬지와 캠벨은 1980년대와 1990년대에 금융 혁명과 자기애가 서로에게 기생했다고 주장했다. "신용 문턱이 낮아지면서, 다시 말해 일부 사람들이 엄청난 빚을 얻으려 하고 또 그것이 가능해지면서 사람들은 자신의 성공한 모습을 자기 자신과 세상에 과시적으로 드러낼 수 있게 되었다."

물론 이제는 신용 대출이 쉽지 않다. 그렇지만 개인용 기술이 혜성같이 등장하면서, 자기애 성향자들은 한층 저렴하고 훨씬 효율적으로 과장된 자신의 이미지를 세상과 자신에게 보여 주게 되었다. '자기 추적' 흐름(열량 섭취부터 기분, 재택근무의 생산성에 이르기까지 모든 것을 측정하고 분석하며 포스팅까지 하는 행동)은 우리에게 '객관적인' 자기 성찰의 기회를 제공하지만, 본질적으로 이는 자신에게 주목하는 성향을 부추긴다.(기술 비평가 에브게니 모로조프는 자기 추적자들을 일컬어 '데이터 성애자'라고 부른다.) 게다가 우리가 하는 모든 행동을 사진으로 찍어 보여 주는 유행은 유명인에 대한 자기애적 사랑을 부채질할 뿐이다. 40년 전 래시는 이렇게 지적했다. "근대적 삶이 전자 이미지로 철저하게 중계되면서 우리는 남들의 행동에 반응하지 않을 수 없다. 마치 다른 이들의 행동이, 그리고 우리 자신의 행동이 지금 기록되어 보이지 않는 관객에게 전송되거나 혹은 훗날 철저한 검토를 위해 저장되고 있기라도 하듯이 말이다."[19] 오늘날은 이처럼 다소 편집증적 정서가 표준적인 행동 지침이 되었다. 현재 조지아대학교 심리학부 학장인 캠벨은 이렇게 말했다. "우리는 모든 것을 찍습니다. 콘서트에 간 사람들은 셀카를 찍는데 이것 자체가 하나의 경험이 됩니다. '내가 그 현장에 있었다'는 경험이 아니라, '그 현장에 있었다는 것을 사람들에게 보여 주는 경험'이지요. 마치 '오, 이건 사진으로 찍어야 해. 그래야 사진을 올리고 온갖 댓글을 받지'라고 생각하는 것 같습니다."

사실 갈수록 우리는 남에게 노출되는 것을 개인적 진보나 사회적 진보를 위한 필수 조건으로 여긴다. 우리는 자아 표출을 남들이 소비하도록 하는 데에 성공했다. 유튜브나 페이스북, 나아가 상업적인 리얼리티 TV까지 동원해 자체 제작한 영상들을 보여 주는데, 이 모든 것은 평범한 사람이 비범한 일을 해낸다는 것을 전제로 한다. 역시나 우리는 생산자들이다. 그렇지만 이제 우리가 만드는 것은 극단성, 기상천외함, 이기주의, 그 밖에 화면상으로 멋져 보이는 모든 것이다. 리얼리티 TV(그리고 리얼리티 TV의 모체이기도 한 '온 카메라' 문화)는 개인화를 향한 여정의 논리적 귀결이자 충동 사회의 실시간 연대기다. 여기에는 모든 것이 담겨 있다. 출연자들과 예비 출연자들의 자기애적 충동, 순간적 쾌감을 원하는 시청자들의 욕망, 그리고 무엇보다도 기술적 효율성과 금융적 효율성에 대한 끊임없는 욕망이 담겨 있다. 네트워크는 리얼리티 방송을 매우 선호하는데 제작 비용이 매우 낮기 때문이다. 즉 출연자들이 돈을 거의 받지 않는 데다(이들이 바라는 것은 순간적인 유명세로 경력을 쌓는 것이다.) 비디오 기술 덕분에 수백 시간 동안 찍은 테이프를 드라마처럼 재구성한 에피소드로 빠르게 편집할 수 있다. 다시 한 번 비즈니스 모델의 효율성은, 시장이 자아에 한발 더 다가서고 자아가 시장과 더 밀착하도록 이들을 밀어붙였다.

　더 본질적으로는, 이렇게 폭발적 인기를 누리는 포맷은 근본적으로 충동 사회의 핵심인 자만심을 정당화한다. 즉 자아가 만물의 척도이며, '무엇이든' 자아를 확대하고 자아를 더 부각시키는 것(그 모습이 충동적이든 반사회적이든 그냥 우스운 것이든 상관없다.)이 개인의 성공으로 통한다. 리얼리티 TV에 관한 연구를 집대성 중인 캠벨은 이렇게 말했다. "비호감을 사든 문제적 인물로 비치든 주목만 받으면 당신도 스타가 될 수 있다고 생각합니다. 이는 실력이나 출생 신분으로 얻는 유명세가 아닙니다. 그냥 쉽게 얻는 유명세입니다. 이렇게 본다면 아마 킴 카다시안이 세상에서 제일 유명한 사람일 겁니다. 패리스 힐튼보다 곱절로 유명해졌으니까요. 그렇지만 그게 무슨 의미가 있을까요?"[20]

### 윤리의 빈곤과 완벽한 소비자 사회

　동시에 리얼리티 TV는 충동 사회의 중요한 결함을 얼핏 보여준다. 즉 강인하고 독립적 자아를 만드는 데 필요한 조건을 점점 자각하지 못하게 하는 것이다. 역사적으로 미국인은 자아 형성을 궁극적인 DIY 프로젝트라고 보았다. 즉 공화국 초기부터 미국인들은 깊은 신앙심부터 철저한 상업성에 이르기까지 온갖 문화적 소재를 이용해, 개인적으로 가장 끌리는 목적을 향해 자유롭게 자아를 형성하던 '자수성가'형 집단이었다. 그리고 이러한 자아 형성 프로젝트를 완성하려면 사회와 어느 정도 거리를 두어야 했다. 랠프 에머슨, 헨리 데이비드 소로, 허먼 멜빌, 월트 휘트먼 등 19세기 미국 작가들은 자아실현을 위해, 에머슨의 표현을 빌리면, 개인이 '큰 사회와 죽은 제도들'로부터 벗어나 나만의 뚜렷한 나침반을 따라갈 필요가 있다고 보았다. 실제로 소로는 『시민 불복종』에서 정치제도가 개인의 원칙과 신념에 어긋나는 경우, 정치제도에 대한 지지를 유보하라고 미국 시민에게 호소하기도 했다.

그렇지만 미국인의 전통적인 정체성 개념은 자아 몰두와 자아실현을 결코 혼동하지 않았다. 또 자아 형성을 이유로 사회에서 완전히 벗어나도 된다고 보지도 않았다. 사실 19세기 미국의 대다수 지성들은 사회성을 미국인의 핵심 성향으로 여겼다. 멜빌과 휘트먼은 개인과 사회가 서로에게 힘을 주는 상호적 관계라는 점을 매우 중시했다. 미국의 정치제도에 대한 소로의 보이콧도 그가 열정을 바친 제도를 바꾸려는 바람에서 나왔다. 미국인들은 자신들을 신분 질서에 가두고 신분을 개인의 정체성으로 규정했던 구세계의 위계질서로부터 독립선언을 했을지 모른다. 그렇지만 사실 이주라는 유산 때문에, 구세계의 명백히 사회적인 인격 및 정체성 개념을 진정으로 거부한 적은 없었다. 예를 들면 우리는 미국인의 문화적 DNA에서 빌둥스로만, 즉 '성장소설'이라는 유럽적 개념을 찾아볼 수 있었다. 성장소설에서 자아 형성 행위는 명백히 사회적인 과정이다. 즉 개인이 사회를 거부하고 홀로 우뚝 서지만, 대개는 생산적인 사회 구성원으로 사회에 다시 합류할 수 있을 만큼 강하고 현명해지기 위해서다. 개인의 목적은 사회적이었다. 단지 자아를 위한 자아실현 같은 것은 존재하지 않았다.[21] 헤겔의 표현에 따르면 자아 형성의 온갖 핵심은 개인과 더 넓은 사회 사이의 공통분모인 '보편성'을 발견하는 것이었다. 예일대학교의 앨런 우드는, 그러한 모험에서 개인의 성공은 "자의성, 독특한 개성, 특이성을 확대하거나 탐닉해서 얻는 것이 아니라, 남들과 공통성이 있기 때문에 그 가치를 인정받는 인격을 쌓아서 얻는다"라고 설명했다.[22]

반면 오늘날 우리가 키우고자 하는 것은 바로 이러한 자의성, 독특한 개성, 특이성으로, 일정 부분 이러한 '자질'이 남들보다 앞서가는 유일한 방법처럼 보이기 때문이다. 애석한 점은 더 큰 선을 위해 '묵묵히' 일하는 사회적으로 생산적인 유명인의 예를 요즘은 찾아볼 수 없다는 점이다. 오히려 노동이라는 개념 자체가 폄하되고 있다. 그리 멀지 않은 과거에, 우리는 자녀들에게 개인적 성공을 위해서는 부단한 노력과 만족을 늦추려는 의지, 충동을 억제하는 능력이 필요하다고 말해 왔다. 그러나 오늘날 우리의 자녀들은 주변에서 그런 모습을 보지 못한다. 아이들 눈에 비치는 것은, 열심히 일하고 인내하며 격정을 다스리지만 여전히 낡은 소파처럼 팽개쳐진 부모와 조부모들이다. 반면 투자은행가들과 리얼리티 TV 스타들은 쉽게 거액을 버는 것처럼 보인다. 현실이 이렇다 보니 현재 고등학교와 대학교에서 부정행위가 만연하다고 해도 그리 놀랍지 않다. 또 대학생과 고등학생들이 수백만 건의 '조회수'로 떼돈을 벌겠다며 매우 민망한 장면을 일상적으로 찍어 올려도 이상하지가 않다. 10대와 20대를 위한 유튜브 채널 오섬니스TV의 운영자 브라이언 로빈스는 주간지 《뉴요커》에서 이렇게 말했다. "청소년들과 이야기를 나눠 보면 무엇보다도 유명해지고 싶다고 합니다. 왜 유명해지고 싶은지는 본인들도 모릅니다."[23] 이는 그야말로 뭘 해도 상관없는 문화, 쉽게 벌어 쓰는 문화다. 캠벨은 스무 살 청년들에게 어떻게 부자가 되고 싶은지 물으면 다음의 세 가지 답변이 나온다고 말했다. "리얼리티 TV에 나가 유명해지거나 닷컴 회사를 세운 다음 일주일 만에 구글에 팔거나, 골드만삭스에 취직해서 노인들 주머니를 털면 부자가 될 수 있다고들 답합니다." 이어 캠벨은 말했다. "요즘 젊은 세대에게는 이것이 부자가 되는 세 가지 모델입니다. 열심히 일하면 빛을 본다는 식의 건전한 모델이 사라졌습니다."

어떻게 보면 자기애적 성향은 충동 사회에 대한 그리고 이제 장기적 헌신이나 다른 사람에 대한 배려를 인정해 주지 않는 세상에 대한 논리적 반응이다. 캠벨의 지적처럼 자기애적 경영자는 빠른 성과를 중시하는 기업 세계에 이상적이다. 캠벨은 말했다. "이러한 다수의 CEO들 덕분에 때로 높은 수익을 거두기도 하지만 우리는 결국 큰 위험에 빠집니다." 애석하게도 이러한 위험한 성향은 '빈곤한 윤리'와 관련이 있고, 이 둘은 함께 간다. 캠벨은 자기애 성향자들은 직장이나 공동체를 이리저리 옮기면서 사회적 유대가 급변하는 상황에 유리한데, 새로운 집단에 들어가거나 새로운 인간관계를 맺을 때 환심을 빨리 살 수 있기 때문이라고 한다. 자기애 성향자들은 과도한 자존감으로 자신감 넘치는 인터뷰를 한다. 이는 매출 실적에도 일정 정도 도움이 된다. 데이트도 마찬가지다. 자기애는 관계를 맺는 일에 매우 능숙하지만 관계를 유지하는 일에는 서툴다. 자기애는 영구적 불안과 불만족, 소유욕에 기생하는 소비자 경제에도 역시나 이상적이다. 캠벨은 이를 이렇게 표현했다. "만약 완벽한 소비자 사회를 만든다면 무엇이 필요할까요? 불안하고 거만하며 권리 의식에 빠진 사람들이 필요할 겁니다. 그리고 불안과 오만으로 양분된 인격이 필요할 겁니다. 결국은 그런 인격이 있어야 합니다. 겸손함으로 돈을 버는 사람은 아무도 없을 테니까요."

# 6 노동자를 위한 나라는 없다

## 변호사들, 컴퓨터에 자리를 도둑맞다

2011년 후반 월 가 점령 시위<sub></sub>빈부 격차 심화와 금융 자본의 부패를 비판한 반 월 가 시위의 불똥이 미국에서 영국으로 옮겨 가던 시점에, 아큐파이더 인스<sub>OccupyTheInns</sub>라는 트위터명으로만 알려진 영국의 젊은 신참 변호사가, 역사상 좀처럼 보기 힘든 정치 행동에 나섰다. 바로 신규 변호사들의 일자리 부족에 대한 항의였다. 이 항의자는 블로그에 이런 글을 올렸다. "한 세대의 법대 졸업생들은 자기 잘못이 아닌 데도 일자리가 없다. 변호사로서 할 일이 전혀 없다. 그나마 운이 좋으면 변호사 보조로 일한다. 운이 없는 자들은 바<sub>bar</sub>에서 일한다.(법조계 the bar가 아니다.)"[1] 이 항의는 물론 아무런 파장도 낳지 못했다. 다른 나라와 마찬가지로 영국 역시 변호사는 인기 직종이기 때문이다. 그렇지만 그 기저에 깔린 불만은 음미해 볼 가치가 있다. 후기 산업사회에서 변호사 시장은 점점 포화 상태다. 미국은 법대 졸업생 대비 일자리 비율이 현재 2 대 1로, 경기가 회복돼도 여전히 나아지지 않았다.[2] 영국의 구직 시장은 더 심각하다. 2011년 런던의 법률 회사 '수습직' 경쟁률은 65 대 1을 넘었다.[3] 이런 상황이 뚜렷이 개선될 것으로 전망할 근거는 많지 않다. 법률 회사들이 대대적인 비용 절감에 치중할 뿐 아니라(다수의 영국 및 미국 법률 회사들은 보험 관련 업무 같은 '저부가가치' 일을 스리랑카와 필리핀 지역에 하청을 주고 있다.) 가장 전통적 방식으로 운영되던 법률 회사들조차 변호사들이 크게 신경 쓰지 않던 흐름과 마주하고 있다. 바로 업무 자동화다. '의미에 특화된' 탐색 알고리즘을 활용하면 복잡한 소송에서 수천 장짜리 문서를 읽어야 하는 노동 집약적 업무들을, 지금처럼 고액을 받는 소수의 변호사 군단이 몇 주에 걸쳐 하는 것이 아니라, 기계가 며칠 혹은 몇 시간 안으로 마무리할 수 있다.[4]

게다가 업계의 말에 따르면, 이는 인공지능과 빅 데이터를 이용해 이른바 정량적 법률 예측Quantitative Legal prediction, QLP 과정이 가능해질 경우 전개될 상황의 예고편에 불과하다. QLP는 영화 「머니볼」메이저리그 최하위팀이 철저한 데이터 분석으로 선수를 선발하여 20연승 대기록을 달성한 실화를 다룬 작품에서 통계 분석을 야구에 활용한 것처럼 법률 업무에도 통계를 이용하는 것이다.[5] QLP의 아이디어는 간단하다. 우리가 변호사에게 돈을 주고 시키는 업무 중 상당수는 미래를 예측하는 것이다. 어떤 일련의 사실이 있을 때 유력한 소송 결과는 무엇인지, 계약을 위반할 확률은 어느 정도인지, 특정 판사가 어떻게 판결할 것인지를 예측하는 것이다. 변호사들은 보통 과거의 경험을 토대로 예측한다. 자신이 검토한 사건이나 추진한 협상들, 직접 변호한 소송들이 그런 경험들인데, 이는 베테랑 변호사라도 한정적일 수밖에 없다. 법률 정보 서비스 기관 렉시스넥시스 런던 지점에서 근무하는 변호사이자 업무 자동화 전문가인 마크 스미스는 특정 사건의 경우 "아무리 노련한 파트너 변호사라도 실제 참고할 수 있는 자료는 수십 건에 불과"하다고 말했다. 그렇지만 QLP가 도입되면 "회사가 지금까지 한 온갖 계약에 대한 분석이 가능해진다"라고 그는 설명했다. 게다가 이러한 분석에는 인간의 판단을 흐리는 신경학적 편견이 개입하지 않는다. 전문가들의 말에 따르면 현재 수준에서도 컴퓨터로 법원 판결의 75퍼센트를 예측할 수 있다고 한다. 반면 사람이 보여 주는 예측력은 59퍼센트 정도다.[6] 게다가 이 새로운 노동 절감형 기술이 나오면 법률 회사로서는 이를 도입할 수밖에 없을 것이다. 즉 기술 쳇바퀴는 전문직도 예외가 아니다. 종합해 보면 한때 똑똑하고 야심 찬 젊은이들이 선망했던 법조계에도 급격한 변화의 바람이 불고 있다. 물론 대부분의 법대에서는 이러한 메시지를 아직 제대로 이해하지 못한 분위기다. 스미스는 내게 말했다. "제가 법대에서 강의해 보면 지금이 어떤 상황인지 아는 학생이 거의 없습니다." 그러고는 이런 말을 덧붙였다. "전 제 자식들에게는 법대에 가라고 권하지 않을 겁니다."

앞으로는 이런 식의 조언이 더 자주 들릴 것 같다. 변호사들의 실직이 국가적 비극처럼 보이지는 않을 것이다. 그렇지만 변호사에게 공공연한 반감이 있는 사람들도, 법률 업무를 뒤바꾼 일대 혁신이 언젠가 다수의 다른 직종에도 불어 닥치리라는 것을 예측 알고리즘이 없어도 예상할 수 있다. 크고 작은 회사들이 비용 절감 수단을 총동원해 쳇바퀴를 굴리고 있고, 또 그러한 수단들이 갈수록 인상적인 효과를 낳고 있기 때문이다. 컴퓨터를 이용한 자동차 운전과 대형 여객기 이착륙 조종은 이미 가능하다. 또 컴퓨터를 이용해 엑스레이를 분석하고 대학생들의 보고서 성적을 매기고 스포츠 단신을 작성할 뿐 아니라, 뉴스 기사와 트위터에서 시장을 움직일 만한 정보를 추린 다음 이를 토대로 완벽한 시점에 주식거래를 할 수 있다. 사람들이 일하지 않으므로 불을 켤 필요가 없는 '불 꺼진' 공장도 컴퓨터로 가동할 수 있다. 이는 장차 닥칠 자동화라는 블록버스터의 예고편에 불과하다. 컴퓨터 성능과 센서 기술, 빅데이터의 기하급수적 증가는 경제와 구직 시장을 전혀 다른 영역으로 이끌고 있기 때문이다.

### 혁신은 정말 유익한가?

그렇지만 이에 대해 우려할 필요는 없다. 교육 수준이 높고 기술에 정통한 후기 물질주의 사회의 구성원인 우리는, 실로 파괴적인 혁신과 그러한 혁신이 가져올 엄청난 효율성이 우리의 삶을 더 풍요롭게 해 준다는 것을 당연히 안다. 역사적으로도 그랬다. 혁신은 우리에게 매우 유익했고 구직 시장에도 매우 바람직했다. 생산량을 높이고 비용을 낮추면서 매번 효율성을 높인 새로운 혁신, 즉 노동 절감형 기계와 대량생산 공장, 더욱 섬세한 경영 기법 등은 일시적으로 '혼란'을 낳더라도, 결국 임금이 높고 환경이 안전한 더 좋은 일자리를 대거 창출했다. 혁신과 효율성과 고용, 이 세 가지는 산업혁명 이후 거의 보조를 맞추며 증가해 왔다.

그렇지만 최근 들어 빠른 수익을 목표로 하는 금융화 모델이 경제를 장악하면서, 온갖 혁신과 효율성이 우리를 어디로 이끌지 예전처럼 확신하기가 어려워졌다. 점점 부각되는 충동 사회의 경제적 특징은, 회사들이 더욱 효율적으로 자본 증식을 하게 되었지만 대다수 직원에게 돌아가는 소득은 정체됐다는 점이다. 이러한 통계를 수십 번은 들어 봤겠지만 우리는 그 함의가 무엇인지 되짚어야 봐야 한다. 경제성장과 기업 이윤 및 주가의 상승, 특히 기술주의 상승이 어느 정도 회복됐어도, 거대한 후기 산업사회의 초효율적 경제는 대불황기에 잃어버린 일자리만큼 새로운 일자리를 만들지 못하고 있다. 가장 극단적인 경우를 들면, 미국의 경우 신규 고용 증가율이 너무 느려서 대불황 이후 12년쯤 지난 2020년까지는 대불황이 오기 전의 고용 수준을 회복하지 못할 것이라고 경제학자들은 전망한다.[7] 게다가 새로 공존하게 된 일자리들은 10년 전과 비교하더라도 별로 흥미롭지 못하다. 후기 산업사회 전반적으로 다시 돌아온 일자리는 대부분 많은 전문 지식을 요하는 상위 직종이거나, 바리스타와 바텐더 같은 저숙련 저임금의 서비스 직종으로, 후자가 더 많은 편이다. 한때 중산층 사회의 근간이었던 중간 기술과 중간 소득 일자리는 찾아보기 힘들다. 현재 미국의 중위 가구 소득이 15년 전보다 7퍼센트 떨어진 것, 그리고 '중산층'이라는 용어가 '추락'이라든가 '공동화'라는 수식어 없이는 문서에 등장하지 않는 현상에는 바로 이런 현실이 부분적으로 작용했다.[8]

그렇다면 중산층은 왜 사라지는 걸까? 여기에는 다수의 사회적 요인과 정치적 요인이 작용하겠지만, 현재 전개되는 현상들 상당수는 충동 사회로 변하면서 혁신에 대한 접근 방식이 달라진 점으로 환원될 수 있다. 컴퓨터 기술의 등장으로 회사들이 공격적 합병과 감원 감축으로 비용을 줄이면서 중산층의 구직 시장이 약해지기 시작한 현상은 어느 정도 예상되었다. 그렇지만 여기에는 전후 경제의 특징이던, 혁신과 폭넓은 번영의 수혜 사이의 역사적 연관이 끊어졌다는 더 깊은 맥락이 숨어 있다. 간단히 말해 혁신이 모든 사회계층에게 유익한 것은 사실이지만 갈수록 대다수 부문 및 사회계층이 배제되면서 한정된 인구만 그 이득을 누리고 있다. 우리는 월마트와 아마존 같은 소수의 '승자 독식형' 거대 기업들이 데이터 기술과 규모의 효율성을 '지렛대' 삼아 어떤 시장에 진입하든 지역 노점상을 밀어내는 모습에서 이런 패턴을 목격했다.[9] 또 금융 위기 때 소수의 금융 집단이 금융공학의 효율성을 이용해 거품이 낀 주택 시장에서 막대한 '임대료'를 뽑아내고 한편으로 이러한 효율성에 내재한 위험을 납세자에게 전가하던 모습에서도 이 패턴을 목격했다. 현재의 구직 시장 역시 이와 동일한 양상을 보여 준다. 기업들이 급증한 자동화의 효율성과 여타 비용은 낮추고 생산성은 높이는 혁신을 이용해, 기업 이윤 중 상당 몫을 노동자에게서 경영진으로 이전시키고 있기 때문이다.

갈수록 충동 사회의 혁신은 진취적 기업 엘리트들이 파이에서 더욱 큰 몫을 차지하도록 경이로운 효율성을 만드는 것이 '핵심'인 것 같다. 그렇지만 기업 엘리트들이 차지한 몫이 더 큰 사회에 유익하다고 보기는 어렵다. 이제는 효율성 자체도 변질된 것 같다. 즉 더 저렴한 비용으로 더 많이 생산하려는 욕망은 한때 삶의 수준을 높이고 보편적 진보를 이룬 동력이었지만, 이제는 주로 기계와 공장, 여타 자본 자산을 소유한 사람에게만 유익한 일처럼 보인다. 마치 지난 세기에 이룬 사회적 진보가 상당 부분 사라지면서 도금 시대로 회귀한 분위기다. 이런 식의 발전을 우려하는 이들은 비단 월 가 점령 시위자들만이 아니다. 사실 이런 현상은 상류 집단, 이를테면 변호사나 주식 트레이더, 그리고 무엇보다도 정치인들 역시 효율적 혁신이 우리를 어디로 이끄는지, 그리고 혁신이 실제로 무엇을 위해 누구를 위해 존재하는지를 묻게 한다.

### '창조적 파괴'에서 '점진적 혁신'으로

이쯤에서 우리는 모든 혁신적 번영이 순탄했던 적은 한 번도 없었다는 사실을 되새길 필요가 있다. 한 세기 전 기계화로 '노동력을 박탈당했던' 유럽과 미국의 수천만 농가들은 기계화를 진보로 여기지 않았다. 농부들 눈에는 이러한 파괴적 힘이 새로운 일자리를 빠르게 만들어 내는 모습이 보이지 않았다. 그렇지만 농업 부문을 축소한 바로 그 혁신이 동시에 철도, 제조업, 도로 건설, 공익 설비처럼 전혀 다른 새로운 부문을 만들어 내고 있었다. 이들 새로운 부문은 임금이 높을 뿐 아니라 채용 분야도 완전히 달랐다. 일례로 차를 생산하려면 철강 노동자와 타이어 제작자가 필요했고, 여기에 다수의 엔지니어와 디자이너, 마케팅 전문가와 프로이트식 분석가들도 필요했다. 이 새로운 직종의 임금으로 경제활동이 더욱 활성화됐다. 경제학자 조지프 슘페터의 표현대로 이러한 '창조적 파괴의 돌풍'은 산업자본주의의 결정적 힘이었고, 오래된 경제 질서를 쉼 없이 파괴하면서 동시에 새로운 경제 질서를 쉼 없이 만들어 냈다. 게다가 일반적으로 새로운 질서는 현실을 뚜렷이 개선시켰다. 대다수 산업사회에 새로운 번영이 쇄도하면서 폭넓은 계층이 그 혜택을 누렸다. 소득이 오르고 물가가 떨어졌으며 제트엔진과 엑스레이 촬영 기술, 컬러 TV 같은 혁신이 꾸준히 이어졌는데, 이는 모든 이들의 삶의 수준을 높였고 한편으로 더 큰 성장과 고용을 위한 발판이 되었다. 경제학자와 역사학자 그리고 우리의 조부모들이 전후 경제에 열광했을 때, 이는 감상적 반응이 아니었다. 전후 경제는 그야말로 번영을 낳는 기계였다.

그렇다면 이 기계에 무슨 일이 생긴 것일까? 어째서 창조적 파괴라는 오랜 패턴이 때로 파괴만 하는 것처럼 보이는 걸까? 여기에도 여러 가지 문화적, 정치적, 이데올로기적 요인이 작용한다. 그렇지만 중요한 사실은 다소 역설적이게도 우리가 이룬 혁신이 갈수록 파괴력이 떨어진다는 점이었다. 적어도 슘페터가 말한 의미에서 그랬다. 포드 시대의 산업혁명이 매우 파괴적이었던 이유는 이것이 복합적인 약진을 이루었기 때문이었다. 자동차와 조립 라인뿐 아니라, 무엇보다도 물류, 비즈니스 경영, 회계, 석유화학, 제약, 커뮤니케이션 영역에서 약진했다. 그리고 이 모두가 서로에게 기생하면서 부분의 합보다 훨씬 큰 경제를 만들었기 때문이었다. 반면 최근의 혁신이 보여 주는 파괴력은 예전만큼 획기적이지 못하다. 컴퓨터가 개인의 힘을 온갖 면에서 현저히 향상시킨 것은 맞지만, 산업적 촉매제로서 보자면 컴퓨터의 막강한 파급력은 보통 기존 산업 공정의 효율성을 높여서 얻은 것이다. 즉 조립라인을 더 빨리 가동시키거나, 매장들이 더 많은 물품을 취급하게 하거나, 소비자들이 더 쉽게 쇼핑하고 소통하도록 해서 얻은 것이다. 이것들은 중요한 혁신이긴 하지만 산업혁명을 촉발할 만큼 파괴적이지는 못하다.

이는 역사적 시기 때문일 수도 있다. 즉 요즘은 세계를 들썩이는 도약을 이루기가 훨씬 어려운데, 그 이유 중 하나는 쉬운 도약은 이미 다 이뤄졌기 때문이다. 과거 우리는 크고 명백한 비효율을 제거하여 생산성을 엄청나게 끌어올릴 수 있었다. 예를 들면 축력으로 짓던 농사를 기계화하거나 퇴비를 화학비료를 바꾸는 것 등이었다. 그렇지만 조지메이슨대학교의 경제학 교수 타일러 코웬의 주장처럼, '낮게 달린 과일'은 이미 대부분 다 따먹었으므로, 지금은 예전처럼 신기원을 여는 도약을 하기가 훨씬 어렵고 비용도 더 많이 든다.

그렇지만 이는 혁신이 어려워졌기 때문만은 아니다. 충동 사회의 금융화된 비즈니스 모델에서는 혁신적 성향도 약해졌다고 볼 수 있다. 앞서 살핀 대로 비용 절감과 분기별 수익 유지에 광적으로 매달리면서, 연구 개발 활동은 점점 줄고 비용 절감은 계속 늘었다. 미 상무부 경제분석국에 따르면, 반세기 전 미국 재계가 연구 개발에 투자한 자금은 매해 7퍼센트씩 증가한 반면, 현재 연구 개발비의 연 증가율은 1.1퍼센트밖에 안 된다고 한다.[10] 게다가 회사들이 연구 개발에 지출하더라도 그 목표는 빠른 수익이지 장기적 발전이 아니다. 미국 제조업체들은 한때 기초 응용 연구 분야에, 즉 새로운 발견을 하고 이를 신기술로 전환하는 분야에 대대적 투자를 하는 것으로 유명했다. 오늘날은 갈수록 연구 개발 자금이 개발에만 쏠리고 있다. 즉 기존의 기술을 이용해 신제품과 응용 제품으로 전환할 방법을 찾는 것으로, 이는 매우 유용하기는 하지만 사실 신기원을 열 정도는 아니다.

이러한 '점진적 혁신' 경향은 소비자 제품 영역에서 매우 친숙한 현상이다. 이 영역에서 마이크로소프트 같은 회사들은 꾸준한 분기별 수익과 주가 상승을 얻기 위해 오래된 기술을 소소하게 업그레이드해서 거액을 챙겼다. 그렇지만 점진적 혁신은 경제의 구조적 차원에서 더욱 두드러진다. 우리가 2장에서 살핀 것처럼, 이제 새로운 혁신은 상당 부분 제조업과 물류 등 기본적인 산업 공정을 더욱 효율화하는 것에 초점을 맞춘다. 그 결과 제조 공정이 자동화됐다. 은행의 대출 절차도 간소화됐다. 미국의 소매업체와 아시아의 제조업체를 연결하는 공급망도 디지털화됐다. 이러한 혁신적 효율성은 소비자 물가 하락에 일조했다. 그렇지만 이는 많은 경우 소비자들의 일자리에도 영향을 미쳤다. 예를 들어 재고 데이터 활용의 선구자인 월마트는(이 기업은 원활한 물류 공급을 위해 통신위성까지 띄웠다.) 거대한 시장 지분과 공급 업체에 대한 교섭력을 무기로 다수의 공급 업체들이 비용 절감에 박차를 가하도록 했는데, 그 방식은 보통 자동화와 외부 하청이었다. 공급망 전반에 걸쳐 비용 절감을 유도하는 공정 혁신 패턴이 산업 사회의 경제 전반에 등장하면서 1990년대에 시작된 대대적인 제조업 일자리 상실의 주요 원인이 되었다. 유럽과 일본, 미국의 경우 전부터 점점 줄던 제조업 분야가 급격히 하락하기 시작했다. 1998년부터 2004년까지, 영국은 제조업 일자리 중 4분의 1을 잃었다. 일본은 5분의 1을 상실했다. 미국은 2000년부터 2007년까지 제조업 일자리 600만 개를, 즉 전체 고용의 3분의 1에 해당하는 일자리를 추가로 잃었다.[11]

그렇지만 우리는 단조롭고 위험하며 유쾌하지 못한 제조업 일자리에 대해 감상적 반응을 보일 필요는 없다. 다수의 공장 노동자들은 전보다 나은 업무 환경을 반기기 때문이다. 자동화나 외부하청이 본질적으로 잘못된 것은 아니다. 이것들은 슘페터가 말한 창조적 혁신의 수단일 뿐이다. 즉 산업화 사회에서 이 오래된 일자리들이 '파괴'되면, 이상적으로는 차세대 일자리가 창출되면서 쫓겨났던 노동자들이 사다리를 타고 올라가, 더욱 생산적이고 임금이 높은 일자리에서 열망을 키울 수 있게 된다. 문제는 충동 사회에서는 이러한 과정이 생기지 않는다는 점이다. 쫓겨난 노동자들은 대개 일자리 사다리를 오르지 못했다. 즉 전후 번영의 패턴을 유지하는 데 필요한 인력이 되지 못했다. 대신 많은 노동자들이 제자리에 머물거나 때로는 추락했다.

이 현상 역시 다양한 요소들이 개입한다. 여러 가지 면에서 서양 노동자들의 신기술 습득 속도는 기대 이하거나 예전만 못하다. 그 이유 중 하나는 업무 전산화로 더욱 다양한 기술을 원하는 구직 시장을 미국의 교육제도가 못 따라가기 때문이다. 하버드대학교 경제학 교수 클라우디아 골딘과 로런스 카츠는, 이 격차는 이른바 숙련 지향적 기술 변화를 이용할 수 있거나 따라잡을 수 있는 집단이 매해 줄어든다는 뜻이라고 설명했다. 따라서 교육제도 개선이 필요한 것은 맞지만(이에 대해서는 곧 살필 것이다.) 이 못지않게 중요한 사실은 기업들 자체가 주주 혁명의 금융적 임무 때문에 직원 연수에 들이는 노력을 현저히 줄였다는 점이다. 통신사 AT&T와 IBM, 제너럴모터스 같은 기업들이 모두 한때 광범위한 직원 교육을 실시했다면, 이제는 모든 기업이 인건비를 최대한 줄이면서 직원 연수에 들이는 노력을 눈에 띄게 줄였다. 다수의 사내 교육 센터들도 문을 닫았다. 인사 업무를 외부에 하청하면서 교육과 경력 개발은 주로 직원과 관리자들의 몫이 되었다. 실제로 직원들은 알아서 경력 관리를 해야 할 뿐 아니라, 부단한 '자기 쇄신'을 통해 직원 교육에 대한 의무감이 없는 경영진의 눈에 최대한 띄어야 한다. IBM의 베테랑 직원인 코트 마틴은 퇴사 후 《워싱턴타임스》와의 인터뷰에서 이렇게 말했다. "직원들은 끊임없는 인력 처닝<sup>대량 해</sup>고와 대규모 채용이 동시에 이뤄지는 현상에 시달렸습니다. 해고를 피하려고 자기 홍보를 하고 또 다른 기술들을 익혀야 했습니다. 의자 뺏기 게임에서 탈락하고 싶은 사람은 없었으니까요."[12]

　게다가 비용 절감과 공정 개선에 치중한 혁신이 성공하면서, 직원들은 때로 '자기 혁신'을 해도 위로 올라갈 자리가 없다. 이들이 열망하던 높은 자리 중 상당수는 이미 사라졌기 때문이다. 1990년대에 초고속 데이터망이 등장하면서, 회사들은 제조업뿐 아니라 '지식' 업무도 해외로 이전시킬 수 있었다. 회계와 고객 지원부터 엔지니어링, 금융 분석, 건축에 이르기까지 모든 업무를 인도, 스리랑카, 필리핀, 러시아, 폴란드, 중국에서 진행하면 인건비를 10분의 1로 줄일 수 있었다.[13,14] 소프트웨어 개발, 칩 디자인, 항공공학 등 한때 서양 기업들이 독보적 우위를 차지했던, 그래서 고용이 보장됐던 분야마저 업무를 해외로 이전했다. 이러한 '혁신'으로 기업들은 순식간에 비용을 절감하면서 수익 개선과 주가 상승을 이뤘는데, 전통적 방식으로 진행했다면 수십 년은 걸렸을 성과였다. 따라서 CEO들은 선배들이 조립라인과 전화기, 그리고 여타 더욱 전통적인 혁신들을 열렬히 포용했던 것처럼 새로운 혁신들을 열렬히 끌어안았다.

그렇지만 진짜 위기는 충동 사회에서 이뤄진 혁신에 있었다. 한때 기업과 노동자, 자본과 노동 등 경제 전반에서 생산성을 향상시킨 혁신이 이제는 더욱 배타적인 도구가 되었다. 혁신으로 수익 창출이 더욱 빨라지면서 자본 생산성이 개선된 반면, 노동생산성은 변함이 없거나 이보다 뒤처졌다. 일례로 초기의 공장자동화가 주로 노동자의 생산성 향상과 관련이 있었다면, 즉 각각의 공장 노동자들이 단위시간당 생산량이 많아지면서 높은 임금을 받을 자격을 갖췄다면, 해외 하청을 통한 '혁신'에서는 보통 노동생산성이 하락했다. 1990년대 중국 공장의 노동자들은 미국 노동자들보다 생산성이 확연히 떨어졌고, 이를 보완하기 위해 더 많은 인력을 투입했다.[15] '지식' 업무의 해외 하청 역시 숨겨진 비효율이 많았다. 아시아에서 IT 하청팀을 관리했던 한 전직 경영자는 최근 이렇게 말했다. "미국 경영자들에게 해외 하청은 IT 업무를 그 지역에 던져 주면 그만인 것으로 인식됐고 또 그렇게 선전됐습니다. 미국에서 시간당 50달러 줘야 하는 업무도 시급 5달러면 중국과 인도의 뛰어난 엔지니어들을 고용할 수 있으니 대박이라고 생각했겠지요.[16] 그렇지만 해외 하청은 업무를 그 지역들에 던져 준다고 해서 다가 아닙니다. 엔지니어링의 경우 제품을 만드는 사람과 제품을 생산하는 경영자가 늘 긴밀히 소통해야 합니다. 그런 소통은 이들 모두가 같은 건물에 근무하면서 매일 만나고 복도에서 일상적 대화를 할 수 있을 때 가장 잘 이뤄집니다. 시차가 12시간인 지역에 떨어져서 근무한다면 그런 소통은 이뤄지기 어렵거나 전혀 없을 겁니다." 어떻게 보면 우리는 비용 절감으로 업무 공동체를 파괴했고 결국 더 질이 떨어지는 제품을 생산했는지도 모른다. 그렇지만 전반적 비용이 낮아졌으므로 해외 이전으로 생긴 효율성은 엄청난 이득처럼 보였다. 적어도 경영자와 투자자 눈에는 그렇게 보였다.

그렇다면 이에 대한 대안이 있었을까? 비즈니스 리더들 사이에서는 세계화가 비즈니스의 규칙을 바꿨다는 것이 일반적 통념이다. 해외로 나가면 인건비가 10분의 1로 줄어드는 상황에서 회사에게는 다른 여지가 많지 않다. 그렇지만 이것이 전부는 아니다. 미국과 유럽의 세계화에 대한 대처법을 비교해 보면, 혁신과 세계화가 노동자에게 미치는 영향을 분명 서로 다르게 관리했다. 대부분의 유럽 기업은 강력한 노조, 엄격한 노동 규제, 미국과 다른 기업 문화 등이 골고루 작용하여 직원 교육에 꾸준히 비중 있는 투자를 해 왔다. 재교육 역시 마찬가지로, 다수의 유럽연합국은 맡고 있던 업무가 해외로 영구 이전된 직원들에게 새로운 직업 교육을 시킨다.[17] 경제학자 윌리엄 라조닉은 이렇게 말했다. "독일이나 스웨덴이 해외 하청을 안 해서 직원 교육을 시키는 게 아닙니다. 유럽은 기업들의 지배 구조 때문에 기업 본사가 있는 지역에 재투자를 합니다. 그러면 훨씬 좋은 성과가 나옵니다."[18]

그렇지만 이러한 성과를 얻으려면 투자를 더 늘려야 한다. 즉 자동화나 해외 하청 같은 혁신적 파괴로부터 직원들을 보호하려면 더 많은 비용을 들여야 하는 것이다. 그러나 충동 사회는 그러한 비용을 용납하지 않는다. 기업의 전략적 목적은 세계화의 이득만 받아들이고, 세계화의 온갖 비용이나 여러 혁신에 따른 비용은 노동 쪽에 확실히 전가하는 것이기 때문이다.

### 고용 없는 성장의 비밀

그러나 미국이 언제나 이러한 정책을 택한 것은 아니었다. 1973년 불황으로 미국 경기가 위축됐을 때, 자산 손실에서 임금 삭감이 차지한 비중은 3분의 1 정도였다. 불황으로 생긴 나머지 손실은 생산량이나 투자자들의 수익을 줄이는 식으로 기업이 내부적으로 흡수했다. 다시 말해, 기업들은 직원들이 겪을 경기 침체의 고통을 덜어 주기 위해 재계의 다른 부문과 여러 이해관계자들에게 고통을 분담시키는 세심한 노력을 기울였다. 그러나 주주 혁명이 뿌리내리고, 신기술 덕분에 경영자들이 더욱 정교한 비용 절감을 할 수 있게 되면서, 그리고 노조가 차츰 정부의 지원을 받지 못하게 되면서, 이러한 정책에도 변화가 왔다. 회계 법인 딜로이트의 최근 연구에 따르면, 1981년 불황 때 인력 감축은 전반적인 경제 산출의 감소에서 절반을 차지했다고 한다. 1990년 불황 때는 노동이 전체 감축의 4분의 3을 부담했다. 매번 경기 침체가 올 때마다 투자자들은 비용 절감으로 더 많은 이득을 얻은 반면, 노동자들은 대부분의 고통을 부담했다. 이러한 추세는 갈수록 더 뚜렷해졌다. 2001년과 2007년, 최근 겪은 두 번의 불황에서 노동은 전체 감축의 98퍼센트를 부담했다. 딜로이트사의 연구는 이렇게 지적했다. "전에는 회사들이 노동자를 보호하고 손실도 분담했다면, 이제 세계적인 경쟁 사회에서는 회사들이 고용을 희생해 이윤을 유지할 방법을 찾는다."[19]

이러한 변화가 갖는 함의는 그야말로 중요하다. 해외 하청으로 얻은 막대한 비용 절감은 지난 두 차례의 경기 불황에서 기업 이윤과 주가가 순식간에 회복될 수 있었던 이유를 설명해 준다.[20] 그렇지만 20년간의 해외 하청은 그러한 불황 이후에 '고용 없는' 성장을 겪었던 이유 역시 설명해 준다. 바로 이것이 충동 사회와 함께 등장한 혁신 모델의 근본적인 불합리성이었다. 이 모델은 증가하는 이윤과 하락하는 임금 사이에 아무런 모순이 없다고 보았다. 한 세기 전 헨리 포드는 높은 임금이 활기찬 소비자 경제의 핵심이라고 주장했다. 소비자 경제가 활기를 띠는 주된 이유는 노동자들이 자신이 만든 물건을 실제로 구매할 여유가 있기 때문이라고 포드는 말했다.[21] "다량의 상품을 소비하는 사람들은 다름 아닌 그 물건을 만드는 사람들이다. 우리는 이러한 사실을 잊지 말아야 한다. 바로 이것이 우리가 누리는 번영의 비결이다."[22] 그러나 20세기 말이 되자 이러한 인식은 사라졌다. 기업들은 행복하게도 지갑이 두툼한 고객들을 맞이했다.(다른 기업이 주는 봉급으로 두툼해진 경우에 한해서였다.) 그렇지만 소비자들이 혁신을 통해 더 큰 사회와 별개로 자기 이익을 추구할 수 있었듯이, 기업 역시 혁신을 이용해 자신들의 부에서 노동자들을 소외시키는 방법을 발견했다. 미국 재계가 전후 기간에 옹호했던 공동의 목적 혹은 사회적 의무가 무엇이었든 이제는 대부분이 사라졌다. 이제부터 기업은 엄청난 효율성과 혁신적 힘을 오로지 자신들의 편협한 이익만을 위해 사용하기 시작했다.

### 그럼에도 불구하고, 우리에게 남은 약간의 희망

경제학자 허브 스타인은 "영원히 지속될 수 없는 것은 언젠가 멈춘다"라고 주장했다. 스타인의 이 주장은 미국의 무역수지 적자를 겨냥한 말이었지만, 오늘날 혁신을 대하는 태도에도 적용 가능한 말이다. 시장은 조만간 자가 조정을 한다. 그러면 실질적 혁신에 매우 인색했던 기업들은 내다 팔 물건이 없어진다. 직원들의 사기를 꺾은 기업들은 실적이 뒤처지게 된다. 값싼 외국 인력에 지나치게 의존한 기업들은 결국 품질 문제로 항의를 받게 된다. 사실 대불황의 여파를 겪으면서 기업들은 자신들의 선택을 후회하기도 했다. 해외 하청이 안겨 준 기적도 다소 빛을 잃었다. 품질과 의사소통에 계속 문제가 생겼고, 다수의 외국 인력이 큰 폭의 임금 인상을 요구해 왔다. 차츰 해외로 이전한 업무 중 일부를 다시 국내로 들여온 서구 기업들이 생겼다. 이러한 변화를 곧 리쇼어링<sup>해외로 이전했던 업무를 다시 본국에 들여오는 것</sup>이라고 부르기 시작했는데, 이후 리쇼어링은 미국 제조업의 르네상스라는 무수한 담론에 불을 지폈다.

동시에 기업이 원하는 직무 요건과 노동자들의 직무 능력 사이에 격차가 심해지면서, 교육 분야에 대한 개혁 압력이 거세졌다. 이중 특히 주목할 것은 디지털 기술의 효율성을 이용해 교육 분야를 개선한 것이었다. 최근 몇 년 사이 하버드와 MIT 같은 대학들은 '온라인 대중 공개 강좌'를 중심으로 한 야심 찬 교육 프로그램을 선보였다. 동영상 강의, 온라인 소통, 학사 관리 자동화를 결합한 이 프로그램들은 이론적으로 보자면, 유명 대학들이 수준 높은 교육 과정을 대량생산해 교육에 대한 접근 기회를 훨씬 넓혀 준다. 국제적으로 확산되어 온 온라인 대중 공개 강좌 모델은 교육혁명 주창자들이 확신하는 교육혁명의 청사진 중 첫 단계일 뿐이다. 입학과 수강 신청부터 강의 듣기와 취업 알선까지 대학 교육 전반이 빅 데이터를 통해 수량화되면 교육에 대한 근본적 개선이 가능해진다. 교수, 학생, 상담자, 학부모들은 이제 정확히 어떤 교수법과 수업 교재, 재택 수업, 특별활동이 학습에 가장 효과적인지 알려 주는 수치화된 자료를 받아 보게 된다. 하버드대학교의 사회과학 계량연구소 소장 게리 킹은 2013년 네이선 헬러와 진행한《뉴요커》인터뷰에서 이렇게 말했다. "우리는 모든 학생과 모든 교실, 모든 행정실, 모든 집, 모든 여가 활동, 모든 경비원, 그 밖에 모든 것을 도구로 삼을 수 있습니다. 기본적으로 우리는 이곳에서 진행되는 모든 것에 대해 정보를 얻을 수 있고, 이를 학생들을 위해 활용할 수 있습니다."[23]

이러한 교육 개혁은 우리를 흥분시킨다. 만약 그러한 교육혁명이 정착하면, 그 주창자들의 말처럼, 지난 두 세기 동안 일어난 그 어떤 사건보다 고용과 번영에 엄청난 파장을 몰고 올 수 있다. 적어도 이러한 교육혁명은 혁신이 진취적이고 미래 지향적 방향으로 돌아서도록 박차를 가할 수 있기 때문이다. 낮게 드리워진 혁신의 열매는 이미 다 따먹었을지 모른다. 그렇지만 개선된 교육 시스템이 현재의 기술에 숙달된 졸업생을 더 많이 배출한다면, 그리고 기업과 정부가 에너지나 생명공학처럼 전략적 부문에 투자를 더 늘린다면, 우리는 새로운 산업과 직종을 자극하는 혁신을 분명 보게 될 것이다.

탄소 배출이 없고 분산적이면서 경제적 현실성이 있는 진정 새로운 에너지 기술이 개발된다면 그야말로 게임의 판도가 바뀔 것이다. 수십 년째 약속을 이행하지 못한 생명공학 역시 전혀 다른 경제 부문을 창출할 수 있는 혁신에 다가설 것이다. 미국의 진보정책연구소 소장인 경제학자 마이클 맨들은 최근 생명공학의 발전 덕분에 조만간 이식용 장기를 상업적으로 '배양'할 수 있을 것이라고 말했다. 이미 우리는 공장에서 만든 피부를 살 수 있고, 기도 같은 간단한 장기들은 실험실에서 배양해 장기이식 수술에 쓸 수 있다. 맨들은 일단 이러한 과정이 더 복잡한 장기들로 확산되면, 매우 새롭고 거대한 산업 부문이, 즉 자체적인 제조 설비와 유통망과 수출 시장을 갖춘 산업 부문이 믿기 어려운 속도로 빠르게 등장할 것이라고 주장했다. 이와 함께 엄청난 수의 신규 일자리가, 특히 보수가 꽤 좋은 상당수의 일자리가 생길 것이라고 전망했다. 한 예로 장기 품질관리 교육을 받은 인력에 대한 수요를 생각해 볼 수 있다. 맨들은 내게 말했다. "이러한 혁신은 조만간 시작될 것이고,

일자리 창출 효과도 매우 뛰어날 겁니다. 추측해 보자면 지금으로부터 10년 안에, 우리는 일자리 부족보다 인력 부족에 시달릴 가능성이 훨씬 큽니다."[24] 맨들을 비롯한 여러 사람들이 보기에, 혁신과 고용을 찍어 내는 기계는 아직 시동이 꺼지지 않았다. 이 기계는 오늘날 매우 복잡한 기술적 도전과 불필요한 여러 가지 정부 규제 때문에 잠시 느려진 것으로, 이제 조만간 그 거대한 생산물을 쏟아낼 것이다.

### 기업의 이윤은 노동력에서 나온다

물론 혁신과 고용 기계의 시동이 절대로 꺼진 것은 아니지만, 리쇼어링과 생명공학 혁명 같은 바람직한 흐름이 생겨도 혁신을 대하는 우리의 충동적 자세가 근본적으로 바뀌지 않는다면 현재 밀려오는 더 큰 흐름에 맞서기가 무척 힘들 것이다. 또 다른 경제학자 케인스의 말처럼 시장의 비이성적 상태는 우리의 지불 능력보다 훨씬 오래간다. 그리고 그동안 많은 발전 과정을 거쳐 등장한 충동 경제는, 우리의 근시안적 혁신 전략을 바로잡으려는 그 어떤 시장의 조정 작업도 사전에 차단하려 들 것이다.

충동 경제의 발전 국면 중 하나로, 오늘날 다수의 거대 기술 기업은 금융공학을 이용해 시장의 조정 규율을 사실상 무력화하려 한다. 그 예로 마이크로소프트를 들 수 있다. 다수의 '성숙한' 기술 기업들처럼, 마이크로소프트 역시 이전의 혁신을 바탕으로, 특히 윈도 운영체제를 바탕으로 막대한 시장 지분을 차지했고 이를 이용해 막대한 자금을 창출했다. 따라서 합리적 전략을 구사하는 기업이라면 그 자금 중 상당수를 차세대 기술개발에 재투자할 것이다. 그렇지만 라조닉의 설명에 따르면, 마이크로소프트가 매해 연구 개발에 수십억 달러를 쓰고는 있지만, 직원들이 그러한 연구 개발 투자를 온전히 이용할 수 있도록 조직의 운영을 개선하는 일에는 투자가 미흡하다고 한다. 대신 조직 개선에 투자할 자금을 자사주 매입에 '투자'한다. 2003년부터 2012년까지, 마이크로소프트는 자사주 매입에 1140억 달러를 썼다. 그 액수가 연구 개발에 들어간 자금의 1.5배에 달했다. 이는 전형적인 충동 사회의 모습이었다. 마이크로소프트는 버그 수정 같은 평범하고 꾸준한 업그레이드로 윈도 독점 판매권을 최대한 이용하지만, 진정한 신제품 개발 노력은 부진하다. 그렇지만 이 기업은 방대한 자사주 매입으로 높은 주가를 유지하면서 투자자들을 달래 왔다. 그 덕분에 효율 시장의 규율을 피할 수 있었다. 라조닉은 마이크로소프트가 "활발한 연구 개발보다는 주가 유지를 목표로 운영되는" 회사라고 표현했다.[25]

이처럼 근시안적이고 금융화된 혁신 전략은 미국의 기업 문화 전반에 퍼져 있다. 미국에서 다수의 첨단 기술 대기업들은 연구 개발의 지출 및 수익과 관련하여 과거의 혁신에 의지하고, 미래의 혁신을 위해 조직적 역량(직원들의 능력도 포함된다.)에 투자하는 것을 줄이며, '저축액'을 자사주 매입에 쓰는 것이 훨씬 자본 효율적이라는 것을 알았다. 그 전형적 예가 닷컴 부문이다. IBM이나 휴렛패커드, 제록스 등이 수십 년간 막대한 투자를 하지 않았다면, 그리고 여기에 방대한 공공투자가 더해지지 않았다면 인터넷은 그처럼 빠르고 화려하게 그 모습을 드러내지 못했을 것이다.[26] 그렇지만 월 가의 압력이 커지면서 연구 개발에 쓸 자금을 자사주 매입에 쓰는 사례가 닷컴 분야에서 가장 많다. 2003년부터 2012년까지, 마이크로프로세서를 개발한 인텔은 597억 달러를 자사주 매입에 썼는데, 라조닉에 따르면 연구 개발비와 몇 십 달러밖에 차이 나지 않았다고 한다. 초기 핵심적 인터넷 장비 제조업체였던 시스코는 750억 달러에 달하는 돈을 자사주 매입에 썼는데, 이는 연구 개발비 예산보다 1.5배 많은 액수였다. 갈수록 미국 기업들의 혁신적 에너지가 경제에 실질적 가치를 더하는 새로운 발견이나 신제품 개발 및 기술 개발에 집중되지 않고, 순수한 발견과 가치 창출의 '부재'를 보상하려는 행위에 치중하고 있다.

문제는 주주 혁명의 핵심에 놓인 근거 없는 믿음이라고 라조닉은 지적했다. 즉 주주들이 혁신을 비롯해 기업의 실적에 어느 정도 기여했으므로 그에 따른 보상을 받아야 한다는 믿음이다. 그렇지만 기업이 창업 자금을 모을 때 혹은 신주 발행으로 사업 확장 자금을 마련할 때를 제외하면, 주주들은 회사의 혁신적 역량에 실질적으로 개입하는 것이 없다. 라조닉은 이렇게 말했다. "사실 이윤은 노동력에서 나온다. 주주들은 이윤과 아무런 관련이 없다."[27]

### 효율성이 몰고 온 노동 디스토피아

사실 기업들이 자사 인력에 대한 투자를 기피하는 현상은 노동에 대한 무관심이 더욱 커졌음을 보여 준다. 30년 전이었다면 이것 역시 시장의 조정 작업을 거쳤을 것이다. 1950년대나 1960년대에 요즘처럼 노동자를 냉대하고 부품으로 취급했다면 당연히 반발을 샀을 것이다. 그러나 이제 경영진은 금융공학을 이용해 자신들의 전략적 오류를 바로잡으려는 시장의 조정 작업을 무마하듯이, 노동계의 반발 역시 잠재울 수 있게 되었다. 간단히 말하면, 수십 년에 걸쳐 끊임없이 때로 무자비하게 해고와 해외 하청, 여타 '구조 조정'을 진행한 결과, 현재 노동계는 이렇다 할 저항을 못하고 있다. 미국에서 파업과 여러 노조 활동은 언제나 저조한데, 노조원이 감소한 데다 일자리 보전을 위해 노조들이 갈수록 타협적 자세로 나오기 때문이다. 모든 노조를 통틀어 가장 규모가 크고 저돌적인 전미자동차노조는 몇 년 전 신규 공장 노동자들에게 베테랑 노동자들이 받는 임금의 절반만 지급하겠다는 사측의 조항에 합의했다.[28] 2013년 시애틀의 보잉사 기술직 근로자들은 회사로부터 노조 세력이 없는 사우스캐롤라이나로 공장을 이전하지 않는 대신 연금과 의료 혜택 삭감을 받아들이라는 협박을 받기도 했다.(당시 보잉사는 주 정부로부터 약 80억 달러에 달하는 세금 혜택도 받은 상태였다.) 이는 보잉사의 주가가 기록적으로 높던 시기에 벌어진 일이었다.

매번 비용 절감과 고용 없는 성장을 겪을 때마다 노동계의 입지는 계속 약해졌다. 경제학자 허시 캐스퍼가 입증했듯이 1960년대에는 실직 기간이 길어질수록 단지 일터로 돌아가기 위해 낮은 임금을 받아들이는 경향이 강했다. 이러한 악순환을 경영자들은 철저히 이용해 왔다.(물론 경기가 호황이고 외국 인력을 이용할 수 없을 때 노조들이 임금 인상을 요구해 오는 경우에는 불가능한 일이었다.) 최근 연구에 따르면 매번 실직을 경험할 때마다 유보 임금노동자가 고용을 통해 받고자 하는 최소한의 임금 이 3~7퍼센트씩 떨어진다고 한다. 바로 이것이 노동자들이 일자리를 새로 구하면 소득이 평균 20퍼센트 정도 낮아지는 이유 중 하나다.[29] 이러한 통계를 바탕으로 우리는 장기 실업이 낳은 새로운 현상과 현재 직장에 침투해 있는 두려움을 깨닫게 된다. 효율성을 키우면서 생긴 비용을 흡수하기 위해 인력을 도구처럼 다뤄도 무방하다는 인식이 경영진 사이에 퍼져 있다. 그러한 전략이 사회적으로 큰 피해를 주더라도 상관없다고 경영자들은 생각한다. 2001년 불황 이후, 다수의 서양 기업들은 위기를 이용해 임금 삭감, 대대적인 인력 감축, 해외 하청의 가속화를 정당화하려는 경향이 강했다. 게다가 경제가 회복돼도 비용 절감을 계속 추진하면서, 이러한 전략은 비열하고 오만한 성격을 띠었다. 경영진은 자신들의 입지가 탄탄하다고 자신하면서 노동계의 저항은 전혀 신경 쓰지 않는 듯했다. 2000년대 초반에는 놀랍도록 냉담하고 철저한 계산 아래 해외 하청을 추진한 기업들도 있었다. 예를 들면 맡고 있던 업무가 해외로 이전된 노동자들에게 근무 마지막 주에 외국의 후임자들을 훈련시키지 않으면 퇴직 수당을 받지 못한다고 협박한 경우였다.

게다가 그러한 전략들이 사내 분위기와 생산적인 기업 운영에 분명히 해로워도 기업들은 이러한 전략들을 강행했다. 1980년대와 1990년대에 팀의 화합과 감성적인 기업 문화를 강조한 기업이 많았다는 점을 고려할 때 이는 특히나 씁쓸한 아이러니였다. 갑작스럽게 팀이 사라지고 감수성도 사라졌다. 전직 IT업계 경영자였던 어떤 이는 내게 이렇게 말했다. "회사 고위 간부가 모두에게 이렇게 말합니다. '기를 쓰고 군살을 빼야 합니다. 이 말은 해외 하청이 필요하다는 겁니다.' 이로 인해 회사가 힘들어지고 전 직원의 사기가 꺾이더라도 밀어붙입니다. 더군다나 '우리 회사의 최고 자원은 직원들'이라며, 지식 노동 산업에 전적으로 옳은 말을 10년 동안 하다가 이런 식으로 나오는 겁니다. 이제 비용 절감과 분기별 보너스를 노리고 회사의 유기적 조직을 파괴하겠다는 것이지요."

혹자는 이것 역시 과격한 노동운동을 바로잡는 과정일 뿐이라고 주장할지도 모른다. 1960년대에 전성기를 누렸던 노동운동은 글로벌 경제에서 도전에 직면한 경영자들에게 힘을 실어 주지 않았다. 그렇지만 그러한 조정 작업은 이제 도를 넘어섰다. 현재 우리는 노동자와 경영자 사이에 공동 운명체라는 믿음이 사라진 현실을 보고 있다. 또한 개인이 공동의 목적 아래 뭉치는 집단적 노력으로서의 '노동' 개념이 사라진 현상을 보고 있다. 이러한 상실감은 과거 집단 교섭으로 임금 인상과 근무 조건 개선을 가능하게 해 주었던 노동조합이 현저히 줄어든 현상에서 가장 크게 느껴진다. 그렇지만 동시에 직장이 하나의 공동체라는 혹은 과거에 그러한 공동체였다는 더 큰 맥락에서도 뚜렷이 느낄 수 있다. 직장은 개인이 어느 정도 안정성과 영속성을 기대할 수 있고, 규범과 가치를 공유하며, 우정과 조언을 나눌 수 있는 곳이었다. 직장이라는 공동체는 사적인 공동체 못지않게 중요했다. 그러나 충동 사회의 효율 시장에서는 이러한 직장 공동체가 차츰 무너졌다. 직장이 원자화되고 비인격적이며 '효율적인' 공간으로 변하면서 영구적인 것이 사라지고 공동의 목적의식도 다윈식 생존 경쟁으로 대체됐다.

　노동자들이 가치 있는 것을 생산하면서 기쁨을 얻고 정체성을 확인하며 의미를 느꼈던, 그래서 '생산자'로서 자부심을 느꼈던 오랜 생산자 경제는 이제 마지막 순간을 맞이했다. 이제 전형적인 노동자는, 사회학자 리처드 세넷의 주장처럼, 끊임없는 인력 처닝과 불안정한 일자리에 대비하기 위해 "자신이 가진 물건을 소중히 여기는 소유자가 아닌, 충분히 쓸 만해도 오래된 것을 버리고 새 물건을 끝없이 갈망하는 소비자"처럼 행동했다.[30] 다시 말해 전후 시기의 직원들이 안정된 직장 공동체의 구성원이었다면, 그 이후의 직원들은 마치 자유 계약 선수 같았다. 즉 인간관계를 쉽게 맺거나 끊고, 과거를 흘려보내며, 모든 환경을 일시적으로 여길 뿐 아니라, 무엇보다도 자신의 생존에 집착했다. 이미 삶의 많은 영역에 침투한 자기 몰두와 자기애가 이제 직장에서도 그 모습을 드러냈다. 이런 태도는 산업 부흥의 핵심 요건과 거리가 멀었다.

　현재 충동 사회의 구직 시장 공동화가 당장 개선되더라도 회의적일 수밖에 없는 근본적인 이유가 또 있다. 최근 혁신을 위한 투자 중에는 사실상 구직 시장의 문제 해결을 가로막는 것들이 많기 때문이다. 리쇼어링이 급물살을 탄다 하더라도, 다시 돌아온 일자리 수는 오프쇼어링 전의 일자리 수에 훨씬 못 미칠 것이다. 이는 해외 하청의 효과를 본 이후 지난 20년 동안 다양한 자동화 기술이 도입되면서 인력에 대한 수요가 계속 줄었기 때문이다. 소비재 생산 기업들은 인간이 개입하지 않는 전자동화 조립라인을 실험 중인데, 이때 인간의 역할은 감독하고 수리하는 일뿐이다. 게다가 공장용 로봇이 훨씬 정교하고 저렴해지고 있다. 컨설팅 전문 업체인 매킨지에 따르면 1990년대 이후 공장 로봇에 들어가는 비용이 인건비에 비해 50퍼센트 줄었다고 한다. 중국 역시 공장 노동자 중 일부를 로봇으로 대체하고 있으며, 일본 같은 선진국의 경우 공상과학 소설에나 나오던 무인 공장을 현실에서 보여 주고 있다. 일본의 로봇 생산 기업인 화낙은 10년 넘게 다른 제조업체들이 쓰는 로봇들을 만들어 왔는데, 이 로봇 제품들을 다름 아닌 로봇으로 제작하며 24시간에 50대씩 생산한다. 화낙의 생산 설비들은 인간이 며칠씩 감독하지 않아도 가동되며, 완성된 로봇을 실어 나를 때에만 작동을 멈춘다.[31]

한편 로봇 기술이 상용화되자 미국은 로봇 기술 연구를 서두르고 있다. 선구적 로봇 연구자인 로드니 브룩스는 최근 조립라인에서 일하도록 제작된 백스터라는 모델을 선보였다. 가격이 약 2만 2000달러(공장 노동자들의 평균 연봉보다 낮다.)인 이 모델은 조립라인 노동자들이 로봇에게 업무를 '가르칠' 수 있을 만큼 조작이 매우 쉽다.[32] 백스터는 인간과 함께 일하도록 만든 제품이지만, 브룩스의 말에 따르면 일부 회사들은 백스터를 노동자를 보조할 뿐 아니라 노동자를 완전히 대체하는 수단으로 본다고 한다. 최근 보스턴에서 열린 로봇 공학 심포지엄에서 브룩스는, 인력을 늘릴 때 생기는 비용이나 행정적 번거로움 없이 공장 산출을 늘리는 방법 중 하나로 백스터를 고려하는 회사들이 있다고 언급했다. 특히 저임금 노동력을 늘릴 때 그런 고민을 한다고 한다. "우리가 면담한 소기업 중에는 일감을 더 늘릴 수 있지만 이교대는 원치 않는 경우가 많았다. 야간 인력을 두고 싶지 않기 때문이다. 이런 회사들은 백스터를 이용해 야간조를 편성하는 방안에 긍정적이다. 그렇게 되면 인력을 늘릴 때보다 공장 경쟁력이 커지고 수주 계약도 더 늘어날 것이다. 이는 흥미로운 전망인데, 기업들이 믿을 만한 사람을 구하기가 어렵다는 이유로 인력 충원을 기피하기 때문이다."[33] 장차 충동 사회의 제조업은 블루 칼라 blue collar가 아닌 노 칼라 no collar가 될 것이다.

공장 로봇들은 공장만을 겨냥하지 않는다. 앞서 우리의 변호사 친구들과 함께 살펴본 것처럼, 컴퓨터는 복잡하고 '창의적인' 업무에서도 빠른 속도로 '노동을 밀어내고' 있다. 오늘 당신이 읽은 스포츠 단신 중 상당수는 컴퓨터가 혼자 작성했으며, 인공지능과 빅 데이터가 진보할수록 컴퓨터는 점점 '확률이 개입된' 업무들, 즉 대학에서 몇 년간 교육받아야 하는 업무들도 맡게 될 것이다. 우리에게는 여전히 무수한 전문가들이 필요하다. 그렇지만 그 전문가들의 직무 요건은 사뭇 달라질 것이다. 런던에서 일하는 변호사이자 고난도 자동화 전문가인 마크 스미스는, 인공지능과 여러 가지 자동화로 법률 업무가 전혀 다른 두 개의 영역으로 나뉠 것이라고 전망했다. 하나는 능력이 뛰어나고 보수가 높은 슈퍼 변호사들로, 이들은 지적 능력, 경영 능력, 인맥 관리 능력 때문에 고용되는 극소수의 핵심 인력이다. 이들이 하는 업무는 당분간은 컴퓨터가 대신하기 힘들다. 한편 변호 업무에서 더 큰 비중을 차지하는 것은 월마트 모델 같은 일종의 대량생산 영역이 될 것이다. 즉 합의 이혼이나 주택 담보대출 계약 등 수십만 건의 단순 사건은 디지털로 처리하게 될 것이다.

일부 경제학자들은 이러한 이중적 시장 구조가 모든 구직 시장에 확산될 것으로 예측한다. 경제학자 타일러 코웬은 그 시나리오를 자신의 근간 『중간은 없다』에서 매우 생생하게 설명했다. 코웬은 장차 상위 15퍼센트 인력이 그가 '초생산적 인력'이라고 칭한 집단을 구성할 것으로 예상한다. 매우 명석한 이 집단은 최신 기술을 활용할 줄 알거나 다른 초생산적 인력을 관리할 수 있는 인력들로, 기업 효율성이 개선될 때마다 이들이 차지하는 파이 조각은 더욱 커질 것이다. 초생산적 인력 바로 밑에는 얇은 서비스 계층(안마사와 트레이너부터 도배업자, 개인 비서, 강사, 숙련 기술자, 연예인에 이르는 모든 이들)이 존재하는데, 꽤 높은 소득을 올리기도 하는 이 집단은 초생산적 인력의 수요에 부응하게 될 것이다. 그렇지만 이들 밑으로는 상황이 복잡하다. 남은 대다수 노동자들은, 자동화나 해외 하청이 가능한 업무는 모두 체계적이고 효율적으로 제거한 구직 시장에서 대개 보잘것없는 몫을 챙길 것이다. 이들은 주로 저숙련 서비스업에 종사하게 될 것인데, 외식 산업, 보안 업무, 수위, 정원 관리, 미용실, 재택 건강 관리 등이 여기에 해당한다. MIT대학교의 구직 시장 전문가로 코웬의 저서에 영향을 준 데이비드 오토는, 유리하게 보자면 이런 업무는 "보통 직접적 접촉이 필요하므로 해외 하청이나 자동화로부터 자유로울 것"이라고 말했다. 반면 불리한 면을 보자면, 이런 일은 "일반적인 기술이고 또 누구나 며칠이면 습득이 가능하기 때문에" 늘 저임금에 시달리게 된다고 설명했다.[34]

사실 이러한 직종들은 유리할 가능성보다 불리할 가능성이 훨씬 높을 것이다. 예를 들면, 빅 데이터 덕분에 회사들은 직원들의 생산성을 훨씬 쉽고 정확하게 측정할 것이므로, 직원들은 구체적 성과 지표를 충족시켜야 한다는 압박에 계속 시달리면서 끊임없는 평가의 대상이 될 것이다. 마치 오늘날 음식점과 온라인 제품들이 처한 상황처럼 말이다. 회사들은 업무 성과에 영향을 줄 수 있는 온갖 데이터를 평가할 것이므로, 업무 지원부터 실질적 성과에 이르기까지 고용과 관련된 모든 요소를 훨씬 더 면밀히 살피고 평가할 것이다. 코웬은 미 공영방송 NPR에서 이렇게 말했다. "만약 당신이 직원이라면, 일종의 신용 점수를 받게 될 겁니다. 어느 정도는 이미 실시되고 있습니다. 얼마나 믿을 만한 사람인가? 그동안 얼마나 많은 일을 했나? 소송을 당한 적은 없나? 교통위반 횟수는 어느 정도인가? 등등이 바로 그런 것이지요."[35] 코웬은 그러한 평가 작업은 '모든 것'을 더욱 정확하게 측정하려는 더 큰 흐름의 일부일 것이라고 말했다. "그렇지만 개인으로서 우리들은 이것을 억압적이라고 느끼는 경우가 꽤 있을 겁니다."[36] 바로 이것이 자아와 시장의 통합이 가져올 어두운 측면이다. 즉 노동자가 마치 톱니처럼 기계와 착착 맞물려 돌아가도록 노동자들을 연구하고 평가하며 분석하는 것이다. (이미 뱅크오브아메리카 같은 회사들은 생산성 측정을 위해 직원들의 행동과 대화, 심지어 억양까지 추적하는 디지털 배지를 도입해 시험 단계에 있다.[37]) 그렇지만 무엇보다 억압적인 것은 다수를 이루는 하위 50퍼센트의 경제적 조건일 것이다. 코웬은 현재 상위 15퍼센트가 지금보다 훨씬 더 부유해지면, 나머지 대다수는 훨씬 가난해진다고 주장했다. 우리가 현재 아는 의미에서의 중산층이 사라지는 것이다. 즉 중간 소득은 지금보다 훨씬 더 낮아지고, 다수의 빈곤층은 기본적인 공공서비스에도 접근하기 힘들어지는 것으로, 그 부분적 이유는 부유층이 세금 인상에 저항할 것이기 때문이다. 코웬은 이렇게 말했다. "우리의 예산에 맞춰 세금을 인상하거나 혜택을 줄이기보다, 다수 노동자들의 실질임금을 떨어뜨려서 새로운 하층계급을 양산하게 될 겁니다."

일부 비평가들은 이러한 디스토피아적 전망이 지나치게 암울하다고 평했다. 그렇지만 이러한 미래의 징후는 도처에서 확인된다. 이미 회사들은 빅 데이터 성과 지표를 이용해 누구를 해고할 것인지 정하는데, 이때 해고는 곧 취업 자격이 없다는 뜻이다. 혁신이 궁극적으로 변질되면, 노동자의 기량을 향상시키고 안전을 도모하는 데 쓰일 기술이 오히려 노동자를 괴롭히는 용도로 쓰이게 된다. 물론 빅 데이터는 더욱 유용한 용도로도 쓰일 것이다. 예를 들면 디지털 기술은 분명 교육 서비스 제공 방식을 재편할 것이다. 그렇지만 충동 사회의 사회조직은 이미 현저히 약해져서 이를 뒤집으려면 새로운 교육제도나 경제 부문만으로는 힘들 것이다. 광범위한 실업과 대불황 이후 확산된 고용 없는 경기회복은 특히 사회를 좀먹는 연쇄적 변화를 일으키면서 노동 인력 전반을 계층 사다리의 아래로 밀어 버릴 것이다. 다수의 제조업 노동자들이 중간 소득을 번다고 해도 보통은 아주 숙련된 인력이 아니었기 때문에, 제조업이 붕괴되면 주로 남성인 상당수의 비숙련 노동자들이 실업이나 반실업 상태에 빠질 확률이 매우 높다. 이는 다시 불안정한 가정을 낳아 그 자녀들이 마약 복용, 10대 임신, 학교 중퇴에 빠질 확률을 평균 이상으로 높인다. 그러면 이들은 하류층에서 벗어나기가 더 힘들어지고 아무리 디지털 기술이 발달해도 대학 진학이 어려워진다. 이렇게 중산층이 붕괴하는 와중에 상류층은 부상한다. 갈수록 고급 기술을 인정해 주는 경제에서, 안정된 가정과 좋은 교육으로 얻는 혜택은 더욱 증폭된다. 즉 더 좋은 직장을 얻을 뿐 아니라 더욱 성공한 사교 집단과 어울릴 수 있고 사회적 신분이 높은 배우자와 결혼하여 신분이 높은 아이를 기르게 된다.

사실 현재 돌아가는 상황을 보면, 상상력이 풍부하지 않더라도 코웬이 묘사한 전망과 흡사한 세상이 다가오고 있음을 알 수 있다. 게다가 그런 암울한 세상은 거대한 재앙(이를테면 또 한차례의 불황이나 중국과의 무역 전쟁)에서 생기는 것이 아니라, 무수한 업체들이 비용 절감과 수익률 향상을 보장하는 효율성을 반사적으로 이용해 점진적이고 점층적인 업그레이드를 끊임없이 하는 과정에서 생기고 있음을 알 수 있다. "사실 우리는 이러한 흐름을 멈추지 못할 겁니다. 조만간 우리는 두 부류의 국민으로 나뉠 겁니다. 역동적인 기술 분야에서 일하는 성공한 사람들과 그 밖의 나머지 사람들로 말입니다."[38]

### 애플과 트위터가 경제를 되살릴 수 있을까?

역설적인 사실은, 다수의 전통적 지표로는 이런 현상이 드러나지 않는다는 점이다. 전반 경제는 해마다 더 효율적이고 생산적으로(달러로 환산했을 때 더 낮은 비용으로 더 많은 GDP를 생산하는 것)

꾸준히 성장하는 것처럼 보인다. 월 가와 여타 금융시장도 호황을 누리고 있다. 그 적잖은 이유는 사방에서 신기술 기업이 출범하기 때문이다. 2013년에 기업공개를 시행한 비상장 기업의 수는 40퍼센트 늘었는데, 이는 대불황이 오기 전 최고치를 기록한 이후로 가장 높은 수치였다.[39,40] 그리고 엄청난 규모의 기업공개 중 일부는 역시나 첨단 기술 업체에서 나왔다.

그렇지만 현재 추진 중인 혁신 중 상당수는 우리에게 절실한 경제 부흥을 일으키기에는 역부족일 것 같다. 2013년 후반에 기업 공개한 트위터를 둘러싸고 떠들썩했던 분위기를 떠올려 보라. 이 소셜 미디어 사이트는 '대중적 자아 표출을 위한 최고의 플랫폼'이라고 선전됐는데, 그 이유 중 하나는 트윗이 무척 쉽고 효율적이서 많은 이들이 거의 강박적으로 트위터를 하기 때문일 것이다. 우리는 중동의 독재자가 쓰러졌거나 놀라운 영웅적 행위를 목격했을 때 트위터를 한다. 또 차가 막히거나 외출했을 때, TV를 볼 때도 트위터를 한다. 결국 누구나 볼 수 있는 자아 표출을 거의 끊임없이 하는 셈이다.(전 세계적으로 분당 트윗수는 현재 34만 7000건에 이른다.) 특히 트위터는 광고업자들에게 노출되는데, 이들은 온갖 트위터를 샅샅이 살피다가, 자아 표출 행위가 소비 행위로 구체화되려는 순간이 오면 그 모습을 드러낸다. 전 트위터 CEO 딕 코스톨로는 투자설명회에서, 특정 트위터 사용자들이 밤에 불면증을 호소하는 메시지를 트위터에 남기는데 나이퀼<sub>수면제 성분이 든 감기약</sub> 같은 광고주들이 이런 대화를 포착하면 수면제 젯젯젯퀼 복용을 권하는 멘션을 트위터 사용자에게 날릴 수 있다고 설명했다. 그는 "트위터에서는 이런 식의 대화가 일상적으로 오간다"면서, 광고주들은 '트위터 사용자들과 원하는 상황에서 연결될' 기회를 거의 무제한으로 누리게 된다고 장담했다. 트위터의 기업공개는 대단히 성공적이었다. 투자자들이 주식시장에 몰렸고, 트위터의 기업 가치는 장이 끝날 무렵 약 310억 달러로 치솟으면서, 근래 들어 가장 성공한 기업공개로 기록됐다. 이는 기업이 이윤을 실제로 실현하기도 전에 생긴 일이었다.

트위터가 성공적으로 기업공개를 한 것에 분노할 사람은 없을 것이다. 그렇지만 이들이 거둔 성공과 이를 둘러싼 엄청난 흥분은, 충동 사회에서 혁신과 구직 시장이 상호작용하면서 낳는 더 큰 결함을 부각시킬 뿐이다. 지난 세기 임금을 꾸준히 올려 준 혁신은 우리의 효율 시장이 주목하는 혁신과는 종류가 달랐다. 우리가 주목하는 혁신은 트위터 같은 사업이 재빨리 대박을 터트리거나(이는 빠른 수확을 노리는 투기 물결을 낳을 뿐 다량의 일자리를 창출하지는 않는다.) 임금과 일자리를 적극적으로 '줄이는' 혁신들이다.

### 경제적 이류 국가가 된 미국

노동 절감형 기술은 매우 효율적이어서 현재 기업들은 노동보다는 기술에 더 많이 투자한다. 간단히 말하면 로봇이나 서버팜대규모의 기억 저장 장치를 한곳에 모아 놓은 시설, 의미에 특화된 알고리즘에 투자해 얻는 수익이, 같은 자본을 인력 채용이나 인력 훈련에 투자했을 때 얻는 수익보다 더 크다. 경제학자 래리 서머스는 이러한 패턴이 금세 눈덩이처럼 커질 것이라고 지적했다. 회사들이 노동 절감형 기술에 더 많이 투자하면 노동자에게 임금으로 지급할 자본이 줄어들 뿐 아니라, 더욱 효율적인 노동 절감형 기술의 도입으로 실업 혹은 반실업 상태의 노동자들이 대량 양산되고, 그에 따라 노동자들의 임금 교섭력이 약해진다. 종합해 보면 기술은 높은 수익성으로 점점 많은 자본을 끌어들이지만 노동은 차츰 외면 당하면서 전체 경제에서 노동이 차지하는 몫이 줄어든다. 1970년대까지만 해도 미국의 경제 산출에서 임금, 연금, 복지 수당의 형태로 직원들에게 돌아가는 몫이 약 41퍼센트였고, 나머지는 투자자나 세금의 형태로 정부에 돌아갔다. 2007년이 되자 노동의 몫은 31퍼센트로 줄어들었다. 이러한 하락세는 노조 세력의 약화 때문이기도 하지만 자동화와 해외 하청에 엄청난 투자를 한 결과 회사들이 임금을 전혀 인상하지 않고도, 혹은 사실상 임금을 낮추면서 비용과 가격을 낮추고 매출을 올리며 이윤의 대부분을 투자자에게 줄 수 있게 된 상황이 주된 배경이었다.[41] 게다가 서머스와 여러 전문가들의 지적처럼 새로운 노동 절감형 기술이 산업 생산량을 높이고 노동에 대한 수요를 줄인 점을 고려하면, 대불황 이후 기업 이윤과 주주 수익은 다시 급증했지만 중간 소득과 중위 가구 소득은 침체된 현상이 쉽게 이해된다. 이렇게 생산성과 효율성, 혁신에 대한 보상은 서서히 그러나 분명히 노동에서 벗어나 자본 쪽으로 기울어 왔다.

충동 사회가 된 미국은 세계에서 가장 선진화된 국가를 닮아 가는 것이 아니라 부유층과 나머지 계층이 서로 다른 행성에 산다고 봐도 무방한 경제적 이류 국가를 닮아 가고 있다. 정치학자 제

이콥 해커와 폴 피어슨은 이렇게 표현했다. "한 세대 전 미국은 다소 불평등하긴 했지만 빠른 성장과 폭넓은 수혜가 공존하는 풍족한 민주 국가 중 하나였다. 그러나 지금은 아니다. 1980년 무렵부터 우리는 성장과 수혜가 공존하는 국가와 서서히 멀어지더니 이제는 완전히 벗어나 버렸다. 브라질, 멕시코, 러시아처럼 경제적 풍요가 소수에게 집중된 과두적 자본주의로 변해 버렸다."[42] 이러한 변화가 충동 사회의 더 큰 패턴과 완벽히 조응하는 모습을 보면 이러한 이행이 멈출 것으로 보기는 힘들다. 지난 30년에 걸쳐 고용주들의 힘은 더욱 커졌는데, 이는 기술 발전과 세계화, 노조의 쇠퇴, 그리고 효율 시장의 문화적 수용으로 노동자에 대한 경영자들의 재량권이 커졌기 때문이다. 그리고 증가된 힘을 깨달은 모든 집단들이 그러하듯 고용주들 역시 자신의 힘을 사용해 왔다.

그렇지만 이는 단지 역량에 관한 문제가 아니다. 이전의 경영자들은 일부러 파이에서 더 작은 몫을 가져갔다. 노동계 그리고 정부의 동맹들과 평화로운 관계를 유지하기 위해서였다. 그렇지만 경영자들이 더 적은 몫을 챙긴 또 다른 이유는, 임금이 오른 노동자들이 곧 회사가 팔려는 물건을 더 많이 구매해 주는 중산층이라는 사실을 알았기 때문이었다. 이렇게 큰 그림을 보는 장기적 안목을 충동 사회의 비즈니스 문화에서는 찾아보기 힘들다. 대신 기업들은 세계화, 디지털화, 경기후퇴, 월마트의 독식 등 잇따른 생존 위기에서 살아남으려면 인건비 절감 말고는 대안이 없다는 주장만 암묵적으로 되풀이할 뿐이다. 그렇지만 기업 이윤이 미국의 총 경제 산출에서 11퍼센트를, 즉 대공황 이전부터 헤아려도 찾아볼 수 없는 몫을 차지하는 현실에서, 그러한 정당화는 다소 공허해 보인다.[43] 오바마 대통령의 경제자문위원회 위원장을 지냈던 프린스턴대학교 경제학 교수인 앨런 크루거는 "경제에서 기업의 이윤이 차지하는 몫은 거의 언제나 사상 최대였다. 따라서 높은 임금을 감당할 능력이 없다는 기업들의 주장은 설득력이 없다"라고 지적했다.[44]

그렇지만 충동 사회의 문화는 계속 아니라고 주장한다. 때로는 매우 공공연하게 말이다. 많은 제조업체들이 불황 때 임금 협상에서 직원들에게서 상당한 양보를 받아 냈고 또 이론상 임금 삭감은 회사의 생존에 필요했지만, 이런 회사들 중 상당수는 기업 이윤이 회복돼도 임금을 이전 수준으로 올리지 않았다. 건설 장비 제조업체 캐터필러의 노동자들이 기록적 수익을 냈으면서도 임금 동결을 풀지 않는 이유가 무엇인지 사측에 묻자, CEO인 더글러스 오버헬먼(그의 연봉은 2010년 이후 거의 두 배로 늘었다.)은 기업 경쟁력을 유지하기 위해 임금 동결은 앞으로도 계속 필요하다고 답했다. 오버헬먼은 경제지《블룸버그비즈니스위크》에서 이렇게 말했다. "저는 직원들에게 회사의 이윤이 충분한 경우는 없다고 누누이 말합니다. 이윤은 절대로 충분해질 수가 없습니다."[45]

이렇게 뻔뻔한 모습은 비용 절감에서도 드러난다. 2013년 후반《워싱턴포스트》의 보도에 따르면, 미국 재계가 거의 기록적인 이윤과 주가 수익을 보고하던 상황에서 미 상공회의소는 소속 기업들에게 "저임금 직원들이 주택 바우처 제도저소득층의 임대료를 보조해 주는 제도와 푸드 스탬프저소득층의 식비를 지원하는 제도 같은 공적 부조를 이용하게 하면, 따로 비용을 들이지 않고도 직원들의 높은 이직률을 막을 수 있다"라는 조언을 아끼지 않았다고 한다.[46]

## 마시멜로는 너무 위험해

이러한 실용적인 대응은 부패한 경제에 내재한 윤리적 허점을 무시하게 될 것이다. 권력을 쥔 자들은 혁신을 이용해 계속 더 큰 몫을 차지하려 할 것이다. 파이가 계속 커지는 한 나머지 사람들은 아마 불평등의 도덕성을 따지지 않을 것이다. 문제는 충동 사회의 특징이자 엔진인 자기중심적 경제에서 파이가 계속 커진다는 보장이 없다는 점이다. 빈부 격차 심화로 생기는 거대한 사회적 분열을 간신히 피해 간다 하더라도(못 가진 자는 아침 식단을 사진으로 찍어 올리느라 바리케이트를 칠 겨를이 없다.) 자기중심적 경제의 내재적 속성은 장기적 안정에 득이 되지 않는다. 특히 더욱 빠르고 더욱 편협하게 자기 몫만 챙기는 경향은 우리의 거대한 혁신적 힘이 잘못된 목표에 이용될 것임을 암시한다. 따라서 첨단 기술 기업들은 자사주 매입 같은 '모험적' 행위에 돈을 계속 쏟아부을 것이다. 혹은 수십억 달러를 주고 기술 특허권을 사들인 다음, 조금이라도 유사한 기술을 들고 나오는 경쟁 업체가 있으면 특허권을 이용해 소송을 걸 것이다. 한편 잠재적 발명가들(학교를 갓 졸업한 똑똑하고 야심 찬 젊은이들)이 이룬 혁신은 매우 빠른 수익을 낳을지라도 경제적 사회적 진보에는 거의 기여하지 못할 것이다. 기계지능연구소의 객원연구원 엘리에제르 유드콥스키는 현 상황을 이렇게 풍자했다. "독특한 앱을 개발해서 인재 인수를 통해 구글에 2000만 달러로 뻥튀기한 가격에 팔 수 있다면, 뭣하러 모델 T포드사가 만든 세계 최초의 대량생산 자동차를 굳이 개발하겠습니까?"[47] 이렇게 비생산적인 일에 맹렬히 달려드는 현상을 보면, 다수의 '첨단' 기술 업체들이 진정으로 혁신적이거나 획기적인 제품 및 아이디어를 내놓지 못한 채 기존의 기술을 우려먹는 빈약한 파생 제품만 만들어 근근이 버티는 상황이 당연해 보인다. 그러한 비생산적인 노력으로는 진정한 도약을 이루기가(파이를 계속 키우는 것과 같은 혁신을 이루기가) 점점 힘들기 때문이다.

신기술의 힘이 우리에게 단기적 이익을 보장해 주는 현실에서 우리는 행동을 달리할 이유를 좀처럼 발견하기 어렵다. 진정으로 효율적인 시장이라면 그러한 단기주의는 바로 들켜서 불이익을 받게 된다. 그렇지만 자기중심적 경제에서는 사기 행위가 시장에 만연하다. 그래서 마이크로소프트나 애플, 인텔이 수백억을 들여 자사주 매입에 나섰을 때 주주들은 환호했다. 이를 잘 보여 주는 사례가 있다. 2013년 8월, 행동주의 투자자로 변신한 기업사냥꾼 칼 아이컨은, 자신이 애플사의 주식 10억 달러어치를 사들였으며 애플 측에 자사주 매입에 1500억 달러를 쓸 것을 권유했다고 발표했다.(발표는 당연히 트위터에 했다.) 아이컨은 이렇게 하면 애플의 주가가 주당 487달러에서 625달러로 뛴다고 주장했다.(혹자는 이 기업사냥꾼이 2억 8000억 달러의 자본 이득을 얻었다고 했다.[48]) 이는 충동 사회의 전형적인 모습이었다. 아이컨은 컴퓨터 기술이나 조직 구조 혹은 진정한 혁신에 투입되는 그 어떤 요소에 대해서도 전문적인 지식이 없다. 그가 아는 것이라고는 금융 기법을 이용해 막대한 자본을 증식시키는 것뿐이다. 좀 더 현실적인 관측자들은 애플이 그 돈을 자사의 혁신을 위해, 아니면 최소한 아이폰 5c를 조금이라도 능가하는 혁신적인 제품 개발에 썼더라면 더 나았을 것이라고 평했다. 그렇지만 시장은 매우 만족했다. 자사주 매입은 자본을 훨씬 더 효율적으로 사용한 행동처럼 보였다. 실제로 아이컨의 발표가 있던 날 애플의 주가는 3.8퍼센트 오르면서 거래가 마감됐다. 아이컨은 단 한 줄의 트윗으로 애플사의 시장가치를 200억 달러나 끌어올렸다.

# 7 질병으로 치료되는 사회

**"의사 선생님, 제가 생각한 치료법은 이겁니다."**

내과전문의 앤서니 지트먼은 적어도 일주일에 한 번은 자아에 주목하는 경제의 폐해를 실감한다. 보스턴 메사추세츠 종합병원의 방사선 종양학 전문의인 지트먼은 전립선암으로 고생하는 남성들을 주기적으로 만나 치료법을 의논한다. 지트먼은 예전에는 환자들이 다소곳이 앉아 의사가 권하는 치료법을 경청했으나 요즘은 달라졌다고 말했다. "진료실에 들어와 인터넷에서 뽑은 서류 뭉치를 꺼내 놓으며 '제가 생각한 치료법은 이겁니다'라고 말하는 환자들을 흔히 봅니다." 많은 경우 '이것'은 양성자 빔 치료법을 가리키는데, 매우 좁은 소립자 빔을 발생시켜 사람 손이 닿기 힘든 곳에 위치한 종양을 제거하되 주변 조직은 손상시키지 않는 최신 치료법이다. 환자들이 이러한 정밀 치료를 원하는 이유는 기존 치료법의 경우 발기부전과 요실금이 생길 수 있기 때문이다. 그렇지만 지트먼이 예비 환자들에게 해 주는 상세한 설명에 따르면, 양성자 치료의 실질적인 장점은 거의 없다고 한다. 이 기술의 놀라운 정교함은 눈이나 척추 부위에 생긴 종양처럼 조금만 실수해도 큰 사고로 이어지는 진짜 위험한 경우에나 필요한 것이다. 전립선암의 경우 양성자 치료는 표준 치료보다 더 효과적이지도 않고 부작용이 덜하지도 않다. 오히려 다른 치료법보다 적게는 두 배에서 많게는 다섯 배까지 많은 비용이 든다. 양성자 빔을 쏘려면 체육관만 한 크기의 입자 가속기가 필요한데, 이는 1억 5000만 달러나 되는 고가의 장비이기 때문이다.[1] 지트먼은 결국 "돈이 1차 진료나 새로운 외래 병동, 새로운 수술 센터, 그 밖에 진짜 가치 있는 곳에 쓰이지 않게 된다"라고 지적했다.

전립선 양성자 치료는, 진정한 효율 시장이라면 줄이거나 없애 버렸을 '제품'이다. 그렇지만 장비 제조업체와 병원 그리고 비용을 의식하지 않는 왜곡된 보험 제도 때문에, 이러한 치료 관행이 널리 퍼지고 있다. 2020년까지 미국에는 31개의 양성자치료센터가 생길 예정인데 이는 실제 필요한 수보다 약 3배 많은 것으로, 여기에 수십억 달러를 지출하면 미국의 의료 제도는 빈사 상태에 빠질 것이다. 지트먼은 이렇게 말했다. "우리는 그 비용을 감당하지 못합니다. 양성자 치료법이 더 나은 치료법이라서가 아니라 환자들이 원해서 또 그것이 최신식 치료 같고 희망적이며 가장 선풍적이라서 모두가 이 치료를 받겠다고 하면, 이 사회는 파산할 겁니다." 질병 치료는 자아와 시장이 만나는 새로운 장소로 보인다. 우리의 원초적 두려움과 불안감을 이용해 단기적 수익을 거둬들일 수 있는 그런 곳 말이다.

사실 미국의 전반적인 의료 제도를, 가속화되는 충동 사회의 단적인 예로, 즉 자체 동력으로 굴러가면서 갖가지 단기적이고 편협하며 이기적 행동을 낳는 자기중심적 경제의 축소판으로 볼 근거는 충분하다. 불필요한 치료에 아무 생각 없이 수억 달러를 지출하면서 5000만 명의 미국 시민은 기본적인 의료보장조차 못 받는 상황은 바로 이러한 '의료' 문화 때문이다. 또 현 세대의 누적된 의료 부채 때문에 우리의 손주 세대들이 지금보다 세 배 오른 세금을 부담해야 할지도 모르는 상황 역시 순간적 만족을 억제하지 못하는 의료 문화 때문이다. 질병 치료에 대해 지나친 기대감을, 때로 자기애적 기대 심리까지 불어넣는 이러한 의료 문화는(적어도 치료비를 부담할 수 있는 사람들에게 그런 기대감을 심어 준다.) 질병을 개인의 권리가 침해된 상태처럼 여긴다. 무엇보다도 이러한 의료 문화에서는 자아의 유한성과 비영속성을 받아들이지 못하는 분위기다. 매해 우리는 이 부정할 수 없는 과정을 부정하기 위해 수십억 달러를 쓰며(성형수술로 한 해에 110억 달러를, 남성호르몬인 테스토스테론 젤 구입에 20억 달러를 쓴다.) 심지어는 인간의 유한성을 완전히 탈피하려고까지 한다. 2013년 후반 구글은 새로운 벤처 기업인 캘리포니아라이프컴퍼니를 세웠다. 이 회사의 임무는 인간의 수명을 20년 더 늘린 100세까지 연장할 방법을 찾는 것이다.[2] 여론조사 기관인 퓨리서치센터에 따르면, 미국인 열 명 중 네 명은 이러한 연구를 지지한다고 한다.

달리 말해 미국의 의료 제도는 후기 물질주의적 이상을 제도화할 때의 위험성을 보여 주는 복잡하고 우울한 사례 연구다. 이론상 의료 제도는 물리적 위험으로부터 시민을 보호해 주는 사회제도의 일종으로, 미국 의료 제도의 경우 병에 걸릴 위험과 치료비라는 자금 압박이 이러한 위험에 해당한다. 의료 제도라는 보호 장치가 생기면 시민들은 자신의 잠재력을 더 쉽게 발휘할 수 있고 더욱 참여적인 시민사회를 꿈꿀 수 있다. 그렇지만 이러한 제도에 결함이 있으면(미국의 의료 제도가 그렇다.) 정반대의 결과를 얻는다. 미국의 경우 시민들이 의료 소비자로서 지나치게 이기적인 태도를 보이면서 사회 전반적으로 탈선된 상태다. 다시 말해 미국의 의료 제도가 무너지는 모습에서 우리는 후기 물질주의의 이상이 자아 및 시장의 충동성과 만나 빚어내는 내적 갈등을 보게 된다. 이러한 갈등은 현재 전반적인 충동 사회를 바람직하지 못한 방향으로 이끌고 있다. 더욱 중요한 사실은 역기능적 의료 제도를 개선하는 과정에서, 우리가 이러한 갈등과 사실상 처음으로 대면하게 된다는 점이다. 그리고 충동 사회를 영원하고 견고한 것처럼 보이게 하는 정치적, 경제적, 심리적 장벽을 처음으로 살피게 된다는 점이다.

바로 이런 이유로 우여곡절 많은 오바마케어오바마 대통령이 주도한 미국 의료보험 제도 개혁 법안. 환자 보호 및 부담적정보험법이라고도 함는 현시대 담론의 중심을 차지했다.[3] 의료 비용 합리화법은 그 내용과 실행 방안에 결함이 있더라도, 본질적으로 자제력을 잃은 후기 산업주의를 바로잡으려는 최초의 포괄적 노력이다. 의료 제도를 둘러싼 논쟁은 본질적으로 충동 사회가 지속 가능하고 인간적인 사회로 바뀔 수 있는지를 논하는 것이다. 우리가 의료 제도 개혁을 추진하면서 겪은 싸움은 장차 닥칠 더 큰 싸움의 예고편이다. 만약 우리의 궁극적 목적이 우리 사회에 더 큰 목표와 폭넓은 시야를 심는 것이라면, 미국의 의료 문화에서 엿보이는 역기능과 그 잠재성에서 우리는 한두 가지 교훈을 얻을 수 있을 것이다.

### 시민의 건강을 해치는 건강보험

하버드에서 수련한 내과 전문의 존 놀스는 1960년대 후반과 1970년대에 미국 의료계를 파괴하는 도 넘은 행위를 규탄하며 대대적인 대중 캠페인을 벌였다. 놀스는 기고문과 연설에서, 의사보다는 부흥회 목사에 가까운 어조로, 터무니없는 의료비를 청구하고 수만 건의 불필요한 의료 행위를 한다며 동료 의사들을 맹비난했다. 그가 주간지 《피플》에서 밝힌 바에 따르면, 일부 의사들이 그렇게 행동하는 이유는 "시골에 별장을 짓고 있거나 아내에게 새 차가 필요하기 때문"이었다.[4] 그렇지만 놀스는 미국의 의료 소비자들에 대한 비판도 빼놓지 않았다. 과음, 과식, 지나친 약물 복용, 늦게까지 깨어 있는 습관, 문란한 성생활, 난폭 운전, 흡연 등 개인들의 생활 습관 역시 의료비를 올리는 요인이라고 그는 지적했다.[5]

놀스는 이러한 나쁜 습관의 원인 중 하나로 '먹고 마시는 일이든 주택이나 차량을 구입하는 일이든, 일단 지금 즐기고 나중에 대가를 치르려는 신용 중심적 문화'를 꼽았다. 그렇지만 이보다 더 큰 요인은 소비자들이 건강에 소홀하도록 만든 제도적 구조적 요인이라고 그는 지적했다. 미국인은 개인의 건강 선택에서 '무제한의 자유'를 요구하면서도 그에 따른 결과는 완전히 피하려 드는데, 이는 수십 년 동안 세계적으로 매우 관대하고 성공적인 의료보험 제도를 경험한 탓이라고 놀스는 주장했다.[6] 놀스는 "개인의 권리, 즉 정부가 보장하고 공공 제도 및 민간 제도가 보호해야 하는 권리 때문에 개인의 건강관리 책임이 묻혀 버렸다"라고 지적했다.[7] 사회경제적 제도에 결함이 있으면 개인의 잘못된 행동을 부추긴다는 주장은 새로운 이야기도, 의료 제도에 국한된 이야기도 아니다. 사실 이는 국가와 시민의 이상적 관계를 둘러싼 오래된 논쟁의 핵심이다. 그렇지만 의료 제도의 경우 이러한 균형을 찾는 일이 얼마나 어려운지, 또 하나 중요한 것으로 균형에서 명백히 '이탈한' 제도를 개선하는 일이 얼마나 어려운지를 다시 한 번 실감하게 된다.

여기에서 문제의 핵심은 국가와 시민의 올바른 균형 관계를 찾겠다는 목표 없이 의료 제도 개혁에 착수했다는 점이다. 현실은 그 반대였다. 국민 의료보험의 목표는 보잘것없고 사후적이었다. 대다수 유럽국이 보편적인 의료보장을 명백히 추구해 왔다면, 미국 정부는 1965년에 도입된 메디케어 65세 이상 노인을 위한 연방 정부 차원의 의료보험 제도 와 메디케이드 저소득층을 위해 연방 정부와 주 정부가 공동 지원하는 의료 혜택 제도를 통해 거대한 민간 의료 시장이 만든 간극을 메우는 일에 주력했다. 보편적 의료보장을 지지하는 사람들은 공공 정책과 민간 정책의 혼재가 유감스럽게도 미흡하다고 느꼈다. 그렇지만 그들은 이러한 혼재된 정책을 통해 공적 영역과 민간 영역의 장점이 최대한 발현되기를, 즉 혁신적 에너지와 민간 시장의 규율로 더욱 탄탄한 사회 안전망이 마련되기를 희망했다. 이들의 바람은 절반만 이뤄졌다. 연방 보험 제도가 새로 도입되자 민간 의료 시장은 미친 듯이 기술 혁신에 매달렸다. 또 메디케어와 메디케이드가 병원과 의사들에게 시가로 진료비를 환급했기 때문에(곧이어 대다수 주들도 민간 보험업체에게 동일한 조치를 요구했기 때문에) 의회는 거대한 의료 수요를 낳았을 뿐 아니라 이러한 의료 서비스를 제공하는 시장의 규율을 상당 부분 없애 버렸다.

그 결과 중 하나는 의료 혁신의 속도가 빨라진 것이었다. 의료 보장의 범위가 넓어지면서 의료 서비스에 대한 수요가 늘고, 이로 인해 치료법과 의료 기술이 급속히 발전하여 환자들의 치료 성과도 눈에 띄게 나아졌다. 1960년에 심장병 환자 다섯 명 중 세 명이 사망했다면, 2000년에는 협심증 치료제인 베타 차단제, 심장병 진료실, 혈액 희석제, 혈관 성형술, 심장 스텐트 시술 덕분에 환자 사망률이 네 명 중 한 명으로 줄었다.[8] 의료 영역 전반이 이러한 진전을 보이면서 2000년 무렵 미국인의 평균수명은 4년 더 늘었다.[9] 그렇지만 미국의 새로운 의료 제도는 그리 바람직하지 못한 현상도 부추겼다. 폭넓은 의료보장 때문에 환자든 의료 서비스 제공자든 의료 자원을 아끼려는 동기가 약해졌다. 사람들은 필요 이상으로 훨씬 많은 의료 서비스를, 그것도 효율적이지 못한 방향으로 이용했다. 또 사전 예방과 건강검진 같은 사전적 조치를 소홀히 하면서 훗날 진료비 청구액이 더욱 불어났다. 건강이 나빠지면 선택 가능한 치료의 폭이 좁아져 치료비가 더욱 비싸지기 때문이었다. 게다가 비용에 개의치 않는 의료 소비자들이 더욱 진보한 치료법을 끊임없이 요구하면서 의료 혁신 시장도 심하게 왜곡됐다. 즉 예방 치료에서 벗어나 더욱 복잡하고 의료 수가가 높은 진료 및 의료 기술 쪽으로 기울었다. 게다가 정부 규제로 제품 개발비가 증가하고 또 손쉬운 치료법들은 이미 대부분 개발된 상태였기 때문에, 세대를 거듭할수록 의료 혁신에 드는 비용이 점점 높아졌다.

의료 혁신의 비용이 불어나면서 앞서 살핀 것처럼 치명적인 금융화가 촉발됐다. 오늘날 의료 기술은 지나치게 고가라서 새로운 장비를 들인 의사와 병원들은 투자비 회수를 위해 장비를 더 자주 사용해야 한다는 압박에 시달린다. 가장 흔히 사용하는 의료 영상 기술 두 가지는 CT 스캔과 MRI다. 이 두 가지 기술 덕분에 암을 비롯한 여러 가지 질병을 조기 검진하여 수십만 명의 목숨을 구한 사실은 그 누구도 부인하지 않는다. 그렇지만 각 기술의 금융적 '특성', 즉 초기 투자 비용이 엄청 높고(50만 달러에서 300만 달러에 달한다.) 운영비는 비교적 낮다는 점 때문에 의사와 투자자들은 당연히 이 장비들을 가급적 자주 사용하려고 한다. 보건 의료 정책과 정책 결정을 연구하는 하버드대학교 경제학자 아미타 찬드라는 "일단 고정 비용을 들여 이런 장비를 갖추고 나면, '모든' 환자에게 이를 사용하고 싶어진다"라고 말했다. 그리고 CT 스캔과 MRI 같은 다용도 진단 장비는 이론상 어떤 의료 검진에도 사용할 수 있기 때문에, 자연스럽게 과잉 처방 경향이 생긴다. 찬드라는 "MRI와 CT 촬영을 모든 인구에게 쓸 수 있다는 것이 문제"라고 지적했다.[10]

갈수록 의료 기술에 깔린 경제 논리가 그리고 의료 기술을 개발하고 사용하는 사람들의 행동에 깔린 경제 논리 역시 자본 집약적 산업의 논리를 닮아 간다. 찬드라는 이렇게 말했다. "이는 마치 제트여객기와 같습니다. 만약 당신이 유나이티드 항공사 경영자라면 새로 구입한 보잉777여객기를 그냥 바닥에 놀려 두지 않을 겁니다. 777여객기를 '항상' 하늘에 띄우겠지요." 물론 병원과 의사가 값비싼 기술을 사용하면 할수록, 이러한 기술과 의료 관행을 필수로 여기는 환자도 많아진다.

그 결과 충동 사회의 전형적 역설이 생긴다. 의료 혁신과 치료법과 기대감이라는 패턴이 눈덩이처럼 커지면서 잇따른 의료 기적을 낳았지만, 동시에 이는 진료비 증가 속도가 전반적인 경제성장 속도보다 세 배 빨라지는 현상에 일조했다. 이러한 불균형은 점점 커지는 의료보험 적자로 전이되어 미국 경제 산출에서 지탱하기 힘든 몫을 소비하고 있다. 1960년에 미국 GDP의 5퍼센트 정도였던 의료보험비가 현재는 GDP의 17퍼센트를 차지하며(GDP의 12퍼센트 이상을 보건 의료에 쓰는 나라는 미국 말고는 없다.) 2020년에는 그 비중이 20퍼센트에 달할 것으로 예상된다.[11] 의료의 진보는 이제 애플사나 제너럴모터스의 업그레이드 쳇바퀴와 동일해졌다. GDP에서 훨씬 큰 몫을 차지한다는 점만 제외하면 말이다. 의료비를 연구하는 해스팅스센터의 의료윤리학자이자 의학역사가인 대니얼 캘러핸은 이렇게 말했다. "이는 마치 우주탐사와 같습니다. 아무리 멀리 나가도 여전히 가야 할 곳이 보이지요. 이처럼 의료 분야는 제한이 없습니다."[12]

## 불치병 환자들을 공략하라

종합해 보면 보험, 혁신, 기대감이 주도하는 의료 모델에서 미국의 의료 문화는 불합리한 것을 정상이라고 느낄 만큼 변질됐다. 2012년 세계적으로 높은 수준의 암 치료 병동인 뉴욕의 메모리얼 슬론케터링암센터는 말기 결장직장암 환자에게 투여하는 신약 잘트랩의 투약을 거부해 화제가 됐다. 슬론케터링의 결정은 칭송받을 만했다. 한 달에 1만 1000달러가 드는 잘트랩은 기존 암 치료제인 아비스탄보다 두 배 이상 비쌌지만 아비스탄보다 월등히 나은 점이 없었다. 아비스탄 자체도 저렴한 편이 아닌데, 일반 말기 결장직장암 환자의 경우 아비스탄을 한 차례 투약하는 데 8만 달러가 든다. 여기에 과다 출혈 같은 고약한 부작용까지 있지만 평균적으로 늘어나는 환자의 수명은 6주 정도밖에 안 된다. 이런 사례는 이제 흔하다. 새로 나온 전립선암 치료제인 프로벤지는 환자 맞춤형 백신으로 치료 비용이 9만 3000달러나 든다.(11억 달러에 달하는 개발 비용을 회수하기 위해서다.) 이를 투약하면 환자들은 평균 넉 달 정도 더 살게 된다.[13]

오늘날 환자들이 이러한 치료법을 선택할 수 있게 된 것은 감사한 일일 수도 있겠으나, 동시에 균형에서 벗어난 의료 분야의 재정적 요구 때문에 위태로운 환자들이 이런 끔찍한 딜레마에 놓이는 현실은 심히 우려스럽다. 캘러핸은 이렇게 말했다. "제약 회사들은 아무리 터무니없는 가격이라도 이를 사려는 사람들이 언제나 있다는 사실을 잘 압니다. 그리고 이렇게 값비싼 많은 약들은, 보험 회사가 그 비용을 일부 부담할 뿐 전액을 부담하지는 않습니다. 따라서 환자들은 약값 때문에 주택 담보대출을 받고, 혹은 환자의 자녀들이 '자기' 집을 담보로 대출을 하고 그러다가 파산하기도 합니다." 미국이 아닌 다른 나라에서는 이런 일이 매우 드물다. 그 이유 중 하나는 정부가 운영하는 대다수의 의료 제도들이 효과가 낮은 고가의 치료법을 지원하지 않기 때문이다. 영국의 경우 암이 많이 진행된 환자들은 자연스럽게 완화 치료나 호스피스 병동으로 안내받는다. 영국 출신인 지트먼은 이렇게 말했다. "너무 절망적인 것 아니냐고 반문하겠지만, 아닙니다. 이게 현실입니다. 의사들이 추가 투약으로 고칠 수 있는 '척'할 수도 있겠지만 그것은 환상을 심어 주는 것일 뿐 합리적인 행동이 아닙니다."

그러나 미국은 보통 불치병마저 시장의 기회로 삼으며, 완화 치료는 거의 뒤늦게야 고려한다. 호스피스 병동의 체류 기간은 보통 3주 미만으로, 호스피스 환자 중 3분의 1이 입원한 지 일주일 안에 사망한다. 미국이 주목하는 것은 보통 대담하고 비용이 꽤 드는 치료법이다. 이러한 경향이 강하다 보니 정부나 보험업체가 값비싼 치료 절차를 만류하면 환자들은 항의하거나 소송을 건다. 캘러핸은 말했다. "보수주의자들은 이러한 선택을 언제나 개인에게 맡겨야 한다고 봅니다. 문제는 아픈 환자들이 선택하는 여건이 바람직하지 못하다는 겁니다. 환자들을 보통 잘못된 선택을 합니다. 좋은 제도의 요건들 중 하나는 사람들이 잘못된 선택을 하지 않도록 보호해 주는 겁니다. 특히 돈이 개입된 선택의 경우에 그렇습니다." 그러나 미국의 의료 제도는 갈수록 잘못된 선택에서 환자들을 보호하지 못할 뿐 아니라 오히려 잘못된 선택을 하도록 부추기고 있다. 사실 미국의 의료 제도에서는 이윤 때문에 그러한 선택이 필요하다.

## 질병이 주도하는 경기회복

의료 제도가 이윤을 위해 제공할 수 있는 것과 의료 소비자들이 현실적으로 필요로 하는 것 사이의 간극이 갈수록 벌어지는 현상(이는 충동 사회의 전형적 징후다.)은 그 치명적 파장을 떼어 놓고 본다면 마치 한 편의 희극 같다. 미국은 1인당 의료 비용이 그 어떤 산업국보다 높지만, 의료 투자에서 거두는 건강이라는 '수익'은 놀랍도록 형편없다. 기대수명과 유아 사망률부터 환자 만족도에 이르기까지 거의 모든 핵심 항목에서 미국 의료는 다른 경제 선진국보다 성과가 떨어진다.[14]

건강보험에 가입하지 않은 미국인이 수천 만 명에 이르는 현실 역시 충동 사회의 징후를 보여 준다. 이러한 통계는 매우 자주 인용되는 것이라 별 감흥이 없겠지만, 역사상 가장 부유한 나라에서 인구의 7분의 1이 최소한의 의료보장도 누리지 못하는 현실이 무엇을 의미하는지 음미해 볼 필요가 있다. 이러한 괴리 현상을 용납하는 산업국은 미국 말고는 없다. 충동 사회를 규정하는 근시안성과 편협한 사적 이해에 완전히 항복한 산업국 역시 미국 말고는 없다. 그리고 비보험 인구의 위기야말로 이러한 항복을 보여 주는 증거다. 1970년대의 경제적 격변 그리고 1980년대의 광적인 비용 절감 현상과 더불어 비보험 인구가 증가한 현상에 우리는 주목해야 한다. 당시 많은 회사들이 저소득 노동자에 대한 의료보험을 중단했다. 이러한 변화는 신속하고 또 극적이어서 1990년대 말 무렵 호경기가 왔지만 건강보험에 가입 안 한 저소득 노동자 비율은 1980년대보다 높았다. 조지타운대학교의 보건 의료 전문가 주디스 페더는 "1990년대에 얻은 확실한 교훈은 경제 위기가 오면 보험 수혜층이 줄어든다는 사실만이 아니라, 경제가 번영해도 그 수혜 범위를 장담할 수 없다는 점이다"라고 지적했다.

만약 번영을 쳇바퀴처럼 꾸준한 의료 혁신으로 정의한다면, '번영'은 사실상 의료에 대한 접근을 더욱 힘들게 한다. 일단 비싼 신기술에 대한 심각한 의존은 의료비 상승을 부채질하므로, 빈곤층이 의료 서비스와 더욱 멀어지게 된다. 둘째 수익에 집착하는 미국의 의료 산업 모델은 기술에 기대는 경향이 큰데, 이 기술들은 엄청난 자본이 투자되지만 그 사회적 가치는 상대적으로 미미하다. 하버드대학교의 찬드라는 현재 양성자 치료를 한 번 받는 데 드는 비용으로 비보험자 세 명의 건강보험을 책임질 수 있다고 말했다. "지금 우리는 비합리적인 선택을 하고 있습니다. 현재 우리는 비합리적으로 자원 할당을 하고 있어요. 보험에 가입 못한 다른 이들에게 건강보험을 보장해 주느니 양성자 빔을 쏘겠다는 것이지요. 물론 신중한 제도에서도 이런 선택을 할 수 있겠지요. 그렇지만 그러기는 힘들다고 봅니다. 이 문제를 2분 이상 신중하게 고민한 사람이라면 누구나 이렇게 말할 겁니다. '이건 아니지. 정신 나간 선택이지'라고요."

그렇지만 이는 역시나 충동 사회의 의료 제도와 완전히 부합하는 선택이다. 이런 사회의 목표는 사실 건강이 아니라 의료, 즉 치료 행위다. 합리적인 의료 모델이라면 식이요법과 운동부터 예방의학, 건강 유지법, 그리고 비싼 치료를 받을 일이 없도록 하는 사전 검진 등 온갖 예방책에 관심을 쏟을 것이다. 그렇지만 현재 소비자 자본주의 의료 모델은 빠른 수익을 앞세워 경제활동에 유익한 지출이면 무엇이든 환영하기 때문에, 어떤 면에서는 비싼 의료적 개입이 더욱 가치가 있다. 현재 의료 분야에서 의학적 치료는 (삐딱하게 보자면 그러한 치료가 필요한 질병도) 양호한 건강 상태 못지않은 경제성장의 필수 요소다. 저널리스트이자 공공 정책 분석가인 조너선 로는 몇 년 전 이렇게 말했다. "의료 제도의 목적은 사람의 건강이어야지 의료 서비스나 약의 매출이 되어서는 안 됩니다. 그렇지만 현재 우리는 의료 제도의 경제적 기여를 평가할 때 치료 결과가 아닌 치료 행위를 바탕으로 합니다. 이후 우리는 '질병이 주도하는 경기회복'이라는 말을 듣게 될 겁니다. 경기를 자극하려면 사람들이 아파야 하고 그래야 경기가 나아질 테니까요."[15]

### 국민 건강은 누구의 책임인가?

이 후반부 맥락에서 우리는 그동안의 의료 개혁이 그토록 힘들었던 이유를 짐작할 수 있다. 우선 우리는 건강관리에 영향을 주는 제도와 규범들을 재정립하기 위해 애쓰고 있지만 이는 쉬운 일이 아니다. 물론 기술적 측면만 보자면, 미국의 의료 제도보다 훨씬 합리적인 제도들은 충분히 많다. 캐나다와 타이완처럼 국가가 운영하는 '단일 보험' 정책부터 스위스와 싱가포르의 시장에 기반한 모델에 이르기까지 이 모두가 미국의 의료 제도보다 합리적이다. 그렇지만 여러 가지 이유로 미국에 가장 적합한 제도와 관련해 그동안 뚜렷한 합의를 본 적은 없었다. 그 이유 중 하나는 의료처럼 중요한 영역을 다루는 데 있어 정부와 시장 중 어느 쪽이 더 효율적인지 혹은 덜 해로운지에 대해 의견이 계속 엇갈렸기 때문이다.

단일 보험 모델을 옹호하는 사람들에게 그 답은 명확하다. 정부는 가장 합리적인 의료 서비스 제공자이고, 그 거대한 규모를 이용해 가장 저렴한 비용으로 의료 서비스를 살 수 있으며, 규제 권한을 통해 개인의 의료 서비스 이용 한도를 관리(더 직설적으로 표현하면 할당)할 수 있기 때문이다. 이상적으로는 이러한 하향식 접근법이 시장과 개인의 도를 넘는 행동을 막는 데 도움이 되므로, 의료 서비스를 불안정하고 항시적 접근이 어려운 소비재에서 기본적인 사회 서비스로 전환시킬 수 있다. 한편 이렇듯 효율적인 관리로 절약된 비용은 비보험자를 위한 의료 서비스에 쓰일 수 있다. 반면 시장 기반 모델을 옹호하는 사람들은 모든 시민이 민간 시장에서 최소한의 의료 혜택을 누릴 수 있는 보험 상품을 사도록 해주는 것 외에는 정부가 개입하는 것을 꺼린다. 왜냐하면 소비자들은 의료 자원을 제한해 왔고 의료 자원에 대한 통제력도 더 크므로, 의료 서비스를 어떤 식으로 어느 정도 사용할지 더 신중하게 판단할 수 있기 때문이다. 그리고 의료 서비스에 대한 이런 신중한 태도가 생기면 병원과 의사, 의료 기술 업체 역시 비용을 더 의식할 것이기 때문이다.

그렇지만 의료 개혁은 단지 가장 효율적인 제도를 선택하는 문제가 아니다. 의료 제도 논쟁은 보통 시장과 국가를 둘러싼 논쟁으로 흐르는 경향이 있지만, 여기에는 언제나 더 뿌리 깊은 문제들이 얽혀 있었다. 바로 소비자와 시장의 관계뿐 아니라 시민과 사회(둘은 전혀 별개의 개념이다.)의 관계에 대한 것이었다. 특히 의료 논쟁이 심화될수록 우리는 오히려 사회가 시민에게 '빚진 것'은 무엇인지, 또 시민이 사회에 '빚진 것'은 무엇인지를 명확히 해야 했다. 하버드대학교 세계보건 및 인구학과 교수인 의료윤리학자 대니얼 위클러는 이렇게 말했다. "가장 중요한 질문은 다수의 국가가 받아들인, 국민의 건강이 기본적으로 국가의 책임이라는 전제를 우리가 수용할 것인지 여부다. 사람들이 건강을 유지하고 필요하면 진료 받을 수 있게 하는 것이 정부의 역할인지를 묻는 것이다."[16] 이 질문은 이것이 가능하려면 합의를 도출하고 필요한 자원과 정책을 모색해야 한다는 점에서 정치적이다. 동시에 위클러의 지적처럼 '내가 아프지만 치료비 때문에 병원에 못 가는 경우 이웃들이 날 도울 것인지'를 묻는다는 점에서 도덕적이기도 하다.

이 후자의 질문은 해결될 기미가 없다. 오바마케어를 구체화하는 과정에서 다수의 미국인이 의료 개혁에 찬성했지만(찬성 56퍼센트, 반대 33퍼센트였다.) 그중 절반 이상은 수혜 범위의 확대가 아닌 비용 절감을 개혁의 목표로 꼽았다.[17] 이러한 인식은 정부의 역할과 적절한 사회 안전망을 둘러싼 이데올로기적 격차를 부분적으로 보여 준다. 그렇지만 이는 조지타운대학교 페더 교수의 지적처럼 의료 산업의 가장 기본적 역학을 드러냈다. 바로 현상 유지에 대한 욕망이다. 사실 미국 의료 제도에 문제가 많긴 하지만 대다수 미국인은 현 상태에 꽤 만족한다. 또 현재의 의료 서비스 접근성도 참을 만하다고 본다. 이러한 다수 의견자들은 비보험자가 있다는 사실을 유감스럽게 여기며 그 해결책 모색에도 반대하지 않는다. 물론 자신들의 의료 혜택에 지장이 없는 한에서다. 클린턴 행정부 시절 의료 개혁을 추진했다가 실패한 경험이 있는 페더는 이렇게 말했다. "전 국민 의료보장을 추진할 때의 장애는 현재 보험 혜택을 누리는 대다수가 손해를 안 보려고 한다는 점입니다. 이럴 경우 소수는 계속 소외되겠지요." 한때 단일 보험 모델을 옹호했던 민주당 입법자들이 이제 이를 거의 언급조차 안 하는 이유도 대중의 이기심 때문이라고 페더는 말했다. 또한 소비자들은 단일 보험을 원하지 않고 기득권자들도 현 상태를 유지하길 원한다고 그는 덧붙였다. 오바마케어 이전의 대다수 의료 정책들이 제도 개혁이 아닌 의료 혜택 확대에 치중했던 것도 바로 이러한 현실 때문이었다. 2003년에 도입된, 꽤 인기 있고 비용도 꽤 들었던 메디케어 처방약 개선법 메디케어 대상자에게 처방약 비용을 지급해 주는 안 역시 의료 혜택을 확대한 경우였다.

　　이렇게 자기 이익을 지키려는 집단적이고 반사적인 행동은, 버락 오바마의 부담적정보험법에 사람들이 그토록 본능적으로 반응한 이유를 설명해 준다. 이는 서툰 개혁에 대한 반감 정도가 아니었다. 부담적정보험법은 공공과 민간의 공존이라는 미국 의료 제도의 기본 구조를 건드리지는 않았지만, 잘못된 의료 관행을 묵인하는 핵심 제도를 부분적으로 손질하려 했다. 예를 들어 수정된 메디케어 의료비 지급 구조에 따르면, 의료 서비스 제공자는 이제 의료 서비스가 아닌 진료 결과에 따라 지급받는다. 이는 이미 메디케어 비용을 낮추고 있고 또 최근 잠잠해진 의료비 상승에, 수십 년 만에 처음 보는 현상에 기여하고 있다. 또한 보험업체들은 '효과 비교 분석'이라는 정책에 따라 효용 대비 비용이 지나치게 높은 의료 기술이나 의료 절차를 거부할 수 있게 된다.[18](이는 영국 등이 채택한 단일 보험 체제의 기본 특징이다.) 더욱 논쟁적인 사안은, 부담적정보험법이 도입되면 개인과 고용주의 의료보험료가 올라가고, 소비자들은 의료비 부담이 커져서 시장 규율에 더욱 노출된다는 점이다. 개인의 보험 가입 의무화의 경우 당장 젊고 건강해서 건강보험에 가입하지 않으려는 사람들도 만약을 대비해 '리스크 풀링위험을 하나로 모아 시스템 전체의 불확실성에 효율적으로 대처하는 방법'에 동참해야 한다. 이론상 보험 가입 의무화는 개인의 타고난 근시안성 때문에 사회가 엄청난 비용을 떠안아야 하는 구조를 바로잡아 준다.

이러한 변화들은 실질적 개혁으로는 미흡할지 모른다. 미국 의료 제도의 어색한 조합은 손대지 않기 때문이다. 그렇더라도 이는 현행 의료 제도에, 그리고 개인과 사회의 관계를 둘러싼 더 큰 논쟁에 상당한 변화를 몰고 온다. 그 완전한 효과는 수년 뒤에나 가늠할 수 있을 것이다. 진료비 지급 정책으로 의사와 병원들이 치료에 대한 접근 방식을 바꾸면 연방 보험의 1인당 지출액이 현저히 줄어드는 효과를 볼 수 있을 것이다. 또한 미국을 양성자 빔 공화국으로 만들고 있는 강박적이고 충동적인 의료 기술 활용이 줄어드는 효과도 볼 수 있을 것이다.

그렇지만 그리 고무적이지 못한 정치적 파장도 있다. 예를 들어 불필요한 의료 기술에 대해 진료비 지급 상한을 두면 의학적 진보의 정체라는 의도치 않은 결과가 생길 수 있다. 영국과 프랑스의 경우 자국 의사들이 고가의 치료를 하지 못하게 막는다 해도 그 환자들은 미국의 초혁신적 엔진이 만든 각종 의학적 발전의 혜택을 누릴 수 있다. 의료 개혁을 둘러싼 우려는 의료 영역을 훨씬 뛰어넘는다. 더욱 근본적으로는 의료 개혁이 어떤 정치적 반발로 귀결될지 알 수 없다. 1965년 의회가 메디케어와 메디케이드 법안을 통과시켰을 때 보수 야당은 완전히 위축되었는데, 집권 민주당이 워싱턴을 장악했을 뿐 아니라 급속히 고령화되던 인구 집단이 이 법안을 매우 환영했기 때문이었다. 게다가 사회적으로도 노년층을 보조할 재정적 여유가 있다고 보는 분위기였다. 그렇지만 지금은 과거와 달리 미국 사회에 그러한 여유가 없어 보인다. 결국 다수의 집단이 더 내거나 혜택을 덜 누려야 한다. 새로운 제도 도입과 보험 계약 해지(오바마케어가 규정한 조건에 미달인 보험 상품의 가입자는 이를 해지하고 새로운 상품에 가입해야 한다.)에 따른 초반의 부정적 여론은, 영향력 있는 유권자들이 현 상황에 장기적 변화가 올 것임을 인식했을 때 들끓을 분노에 비하면 아무것도 아닐 것이다.

　중요한 사실은 비보험자까지 보험 혜택을 확대할 때 필요한 자금을 상당 부분 메디케어 지출을 줄여서 마련한다는 점이다. 장시간 정부 정책의 참관인으로 활약한 토머스 에드솔은, 보험 확대로 혜택을 보는 인구는 압도적으로 빈곤한 소수 집단이지만 현행 메디케어 수혜자는 백인 중산층이 대부분이므로, 부담적정보험법 때문에 공공 자금 배분이 조정되면 전혀 다른 사회계층 사이에 갈등이 생길 수 있다고 전망했다. 또 이러한 갈등은 정치 활동 및 선거와 관련해 의미심장한 요소가 될 수 있다고 경고했다. 2013년 11월 《뉴욕타임스》 논평에서 에드솔은 이렇게 지적했다. "세금과 여타 자원을 중산층에서 빈곤한 소수 집단으로 이동시킨 정책에 대해 백인 유권자 중 결정적 다수가 저항을 포기했다고 본 사람들은 2010년 중간 선거를 주목해야 한다. 당시 선거는 백인 유권자들의 저항이 정치적으로 얼마나 쉽게 이용될 수 있는지를 보여 주었다. 그해에 부담적정보험법 법안이 통과되면서 의료 개혁 이슈가 전면에 부각됐고, 공화당은 연방 하원과 주 의회 하원을 휩쓸었다. 현행 의료 정책의 난관으로 볼 때 2010년의 사건은 2014년과 2016년에도 재현될 가능성이 높다."[19] 다시 말해 국가권력을 이용해 충동 사회를 이끄는 문제 있는 반사적 행동(의료 분야나 금융 부문, 개인 행동이든 상관없이)을 막지 못한다면, 우리는 분명 두드러진 반발을 보게 될 것이다. 사실 충동 사회는 그런 식으로 자기방어를 해 올 것이다.

어떻게 보면 오바마케어가 현 상황을 뒤흔들 의도였다는 점을 고려할 때, 그 반발은 비교적 양호했다고 볼 수 있다. 자유주의자들은 부담적정보험법이 오래전부터 동경한 유럽식 단일 보험 모델에 턱없이 못 미친 개혁이었다고 불평할지도 모른다. 그러나 다수의 보수주의자 입장에서 보면, 오바마케어는 1980년대에 사라져야 했던 뉴딜식 경제 관리 정책으로 복귀하기 위한 수십 년 만의 첫 시도였다. 더 근본적으로 우리는 오바마케어에 대한 반응을 보면서, 더 큰 사회 문제의 해결을 위해 개인을 희생한다는 소중한 관념을 다시 평가해야 했다. 일각에서는 자기중심적 이데올로기와 과민 반응하는 소비자 경제에 수십 년간 길들여진 결과, 희생적이지 못한 개인이 사회정의 실현에 결정적 장애가 되었다고 주장하기도 했다.

그렇지만 어떻게 보면 이는 학습된 행동이었다. 분명 지난 세대들은 더 큰 사회적 선을 실현하기 위해 개인을 희생하려는 경향이 지금보다 강했다. 그렇지만 안타깝게도 충동 사회의 다른 영역과 마찬가지로 미국의 의료 문화 역시 혁신과 기대가 눈덩이처럼 커지면서 권리 의식과 자기 중심성을 효율적으로 키웠다. 예를 들어 보험업체가 값비싼 실험적 치료에 진료비를 지급하지 않겠다고 하면 환자들이 소송을 건다. 뿐만 아니라 장기이식을 먼저 받으려고 법정을 이용하는 환자들도 있다. 사실 이는 부족한 의료 자원을 공정하게 배분하는 규범 및 제도를 피해 가는 수법들이다. 미국에서 흔히 볼 수 있는 이런 우회 수법들은 영국을 비롯한 다른 나라에서는 매우 드물다. 그런 나라들은 정부가 의료 정책에 훨씬 엄격하며, 더 중요하게는 시민들이 관련 규율과 제도를 훨씬 더 수용하는 편이다. 내과전문의이자 조지타운대학교 의료센터에서 생명윤리를 전공하는 케빈 도너번은 이렇게 말했다. "영국인은 줄서서 '기다리는' 일에 매우 능숙합니다. 반면 미국인은 다릅니다. 제한적 조치는 그럴 만한 이유가 있어서 하는 것이니 우리 모두 따라야 하지만 '자신은' 예외라고 생각합니다."[20]

사실 미국의 의료 문화에는 정부 개혁만으로는 제거하기 힘든 불평등주의를 향한 내재적 편향이 있으며, 이는 더 큰 범주인 충동 사회와 맞설 때 주요한 도전 과제이다. 이러한 편향 역시 의료 기술에 지나치게 몰두하면서 생긴 인위적 결과다. 흥미로운 의료 혁신은 대부분 꽤 많은 비용이 든다. 이를 잘 보여 주는 사례가 전도유망한 분야인 유전자 표적 치료다. 이는 생명공학 기업들이 잠정적으로 매우 한정된 집단이 걸리는 특정 질병에 한해 약을 만드는 분야다. 하버드대학교 교수인 찬드라의 말에 따르면, 높은 개발비를 빨리 회수하려면 생명공학 회사들로서는 부자들이 걸릴 만한 질병에 연구를 집중하는 것 외에는 선택의 여지가 없다. 이는 곧 부유한 나라에 주목할 뿐 아니라, 부유한 나라 안에서도 부유층을 상대로 연구한다는 뜻이다. 찬드라는 "아프가니스탄이나 스리랑카가 아닌 미국 시장을 겨냥해 약을 개발하듯, 미국 내에서도 아칸소 주나 켄터키 주에 사는 빈곤한 환자들보다 보스턴과 맨해튼에 거주하는 사람들의 질병에 훨씬 더 주목하게 될 것"이라고 말했다. 게다가 유전공학이 지능, 야심, 그리고 부를 낳는 여러 속성과 관련된 유전적 요소를 발견하게 되면, 이러한 유전자 프로파일 역시 치료 가치가 있는 질병을 위해 쓰이게 될 것이다. 그리고 이러한 분류 과정은 분자 차원에서도 계속 진행될 것이다.

이러한 의료 기술에 막대한 개발비가 필요하며 의료 산업이 그 어느 때보다 빠른 수익을 갈망한다는 점을 고려할 때, 의료계의 미래 역시 현재와 매우 유사할 것이라고 어렵지 않게 추측할 수 있다. 즉 인생을 바꾸는 진정한 혁신의 혜택은 갈수록 비용 부담 능력이 가장 뛰어난 시장의 일부 계층만 누릴 것이다. 미국에 단일 보험 제도가 가까스로 도입되더라도, 우리는 타일러 코웬의 중간

없는 양극화 사회와 매우 흡사한 의료 문화를 볼지도 모른다. 이런 사회에서 부유층은 더 나은 의료 서비스를 누릴 뿐 아니라 인간 수명을 극적으로 늘려 주는 혁신에 더욱 쉽게 다가갈 수 있다. 30년 후, 즉 코웬의 예상대로 초생산적 인력이 나머지 인구보다 더 부유할 뿐 아니라 더 오래 사는 세상이 오면 미국 사회는 어떤 모습을 보이게 될까?

### 노쇠, 천 번의 칼질을 당하면서 서서히 맞이하는 죽음

거듭 말하지만 미국의 의료 문화는 충동 사회의 불평등과 불균형을 그리고 우리의 무수한 판단을 이끄는 반사적 행동을 강조하고 부각시킨다. 우리는 각종 혁신과 기술들이 우리가 궁극적으로 원하는 방향으로 우리를 이끌고 있는지, 그 과정에서 우리가 희생해야 하는 것은 없는지를 좀처럼 따지지 않는다. 우리의 유일한 관심사는 앞으로 나가면서 빠른 수익을 얻는 것뿐이다. 의학이 과거 우리를 단명하게 한 무수한 질병을 뿌리 뽑은 것을 유감스러워하는 사람은 없다. 그렇지만 우리는 여분의 삶을 얻은 대신 상당한 대가를 치러야 했다. 그러나 우리의 의료 서비스는 그런 대가들을 합리적으로 반영하지 않았다. 결국 우리는 수명 연장으로 암이나 뇌졸중, 알츠하이머처럼 만성적이고 장애를 일으키며 비용이 꽤 드는 질병으로 고생할 확률이 훨씬 높아졌다. 운이 좋거나 획기적인 치료법 덕분에 말년을 비교적 질병 없이 보내는 사람들도, 기본적으로 피할 수 없는 노년의 현실이 있다. 바로 인생 말기에 신체적 정서적 고통을 안겨 주는 노쇠 현상이다. 워싱턴의 노인학자이자 의료 개혁 옹호자인 조앤 린은 그저 하루하루 버티기가 점점 힘들어진다는 뜻에서 노쇠를 '천 번의 칼질을 당하며 서서히 맞이하는 죽음'이라고 표현하기도 했다.[21] 인구 노령화와 더불어, 노쇠 현상 그리고 심신을 무너뜨리는 만성적 질병은 후기 산업사회와 후기 물질주의 사회를 지배하는 현실이 될 것이다. 그렇지만 우리는 이러한 미래의 의료 현실에 대비하고 있지 않다. 만약 대비책이 있었다면 노쇠해진 노년층을 돕기 위해 더 많은 자원들을 오래전부터 할당했을 것이다. 즉 최신 치료법보다는 병원을 방문할 수 있는 교통편이나 적절한 영양 공급, 방문 간호에 더 힘을 쏟았을 것이다. 이와 달리 미국의 의료 제도는 이러한 기본적 수요를 대부분 무시한 채 생명을 연장시키는 최신 혁신에 주목하고 있다. 그 적잖은 이유는 이러한 혁신들이 훨씬 수익성 있기 때문이다.

한편 이에 따른 폐단이, 우리 자신의 한계나 비영속성을 받아들이지 못하거나 고려하지 않는 태도로 이미 드러나고 있다. 개인들은 의료 혁신이 거둔 엄청난 성공 때문에 그러한 성공이 멈추는 순간을 받아들이지 못하는 것인지도 모른다. 의료 영역의 쳇바퀴가 끊임없이 압박해 오는 현실에서, 노화와 죽음에 대처하는 우리의 전략은 점점 은밀해지고 신중하지 못하다. 우리의 전략은 뚜렷한 개인의 신념이나 문화적 전통 혹은 삶의 목적을 받아들이는 자세에서 점점 벗어나고 있다. 인생의 종착역에 가까워질수록 우리는 의료 시장의 구조적 '본능'에 더욱 순응하면서 의료 시장에서 작동하는 다양한 자본 순환과 쳇바퀴에 점점 더 동화되어 간다. 이는 마치 노화와 죽음을 인생의 불가피한 단계로, 그리하여 기품과 겸손, 용기가 필요한 단계로 여기는 것이 아니라 아직 충족되지 못한 또 하나의 소비 수요이자 욕망으로, 그리고 자아의 탁월함과 영속성을 입증하지 못한 또 하나의 시장 '실패'로 여기는 것 같다.

이것 역시 충동 사회의 한 단면이다. 심리학에 따르면 자기애 성향자들은 유독 죽음에 대한 사색을 거부한다고 한다. 자의식이 지나치면 존재의 소멸을 떠올리기만 해도 극심한 공포가 밀려오므로 이를 필사적으로 회피하고 부정한다고 한다. 하나의 사회로 볼 때 우리는 죽음에 대해 이와 똑같은 반사적인 행동을 보이고 있으며, 의학의 진보로 생명이 연장될수록 우리의 두려움은 더욱 커지고 극에 달할 것이다.

이런 점에서 의료 논쟁은 충동 사회의 미래를 보여 주는 가장 선명한 청사진이다. 앞으로 수십 년에 걸쳐 우리는 의료와 금융부터 구조적 실업, 생태계 부패, 사회조직의 약화에 이르기까지 온갖 위기와 마주해야 한다. 그렇지만 우리는 위기의 심각성이나 복잡성뿐만 아니라 충동 사회 때문에 그 어떤 위기 대처 능력도 약해졌다는 사실을 직시해야 한다. 또한 개인적 차원에서 우리는 오랜 세월 개인화된 경제를 체험하면서 만족을 늦추거나 익숙한 영역에서 벗어나는 일을 기피하게 되었다. 그렇지만 이보다 더 심각한 사실은 한때 이러한 개인적 결함들을 보완해 주던 다수의 공적 제도들이, 특히 미디어와 정치제도들이 자아 중심적 경제의 압박 때문에 매우 약해지고 사실상 마비되었다는 점이다.

# 8  나쁜 균형에 빠진 정치

**영원한 전쟁의 시작**

2009년 1월 20일 저녁, 버락 오바마가 미국 역사상 관중이 가장 많이 모인 취임식에서 선서한 지 몇 시간 후, 10여 명의 공화당 지도부들이 워싱턴의 한 식당인 코커스룸에 모여 비상 대책 회의를 열었다. 세 시간에 걸쳐 식사하고 와인을 여러 잔 비워 내면서, 하원 의원 에릭 캔터와 폴 라이언, 상원 의원 짐 드민트와 존 카일, 하원 의장을 지낸 뉴트 깅리치 등 공화당 실세들은 공화당의 대선 패배 요인을 분석하고 여당에 반격할 묘안을 짜냈다.(이 저녁 식사 자리가 처음 알려진 것은 톰 베번과 칼 캐넌이 2011년에 쓴『2012년 대선』을 통해서였고, 몇 달 후 로버트 드레이퍼가 쓴『우리가 어떤 선을 행할 수 있는지 묻지 마라』를 통해 다시 한 번 알려졌다.) 당시 참석자 중 한 명이 훗날 쓴 표현에 따르면 이들은 '반란'을 도모하고 있었다. 대통령 취임 첫날부터 공화당 의원들은 오바마의 어젠다 흔들기에 여념이 없었다. 곧 있을 상원인준청문회에서 공화당 의원들은 오바마가 재무 장관으로 지목한 티머시 가이트너의 세금 미납 문제를 공격할 계획이었다. 하원에서는 공화당 의원들이 오바마의 경기 부양책을 걸고넘어질 예정이었다.[1] 한편 공화당은 무엇이든 논란의 소지가 있는 사안에 대해 민주당 입법자들을 맹공격하는 캠페인성 광고를 띄울 생각이었다. 이러한 반란은 대선에 패배한 당이 잠시나마 승자의 대선 공약에 따라 주는 '대통령 밀월 기간'이라는 전통을 깨는 행동이었다. 그렇지만 코커스룸에 모인 전략가들에게는 그러한 배려를 찾아볼 수 없었다. 하원 의원 케빈 매카시는 "소수당처럼 행동하면 계속 소수당으로 남는다. 우리는 모든 법안 하나하나에서, 그리고 각종 캠페인 하나하나에서 그들에게 도전할 것"이라고 주장했다.[2, 3]

이후 벌어진 사건은 모두가 아는 그대로였다. 그 이듬해에 티파티라는 대중 운동이 등장하면서 반란 분위기가 전국으로 확산됐다. 티파티 회원들은 대체로 적극적인 정부 역할에 특히 오바마 정부에 공공연하게 반대했다. 2010년 중간 선거 때는 활동가들의 맹활약과 다수의 부유한 극단적 보수주의자들의 자금 지원 덕분에 반란을 도모한 후보들이 하원을 휩쓸고 상원 의석도 차지했다. 이때부터 반란 세력들은 보수 성향의 토크쇼 사회자들의 지원 사격을 받으면서 대통령의 대다수 정책에 그중에서도 의료보험 개혁안에 반대하는 입법 캠페인을 끊임없이 벌였다. 이 쏠쏠한 싸움이 4년 반 동안 이어지면서 미국의 국내외 정책은 발목이 잡혔고, 2013년에는 무려 16일 동안 연방 정부 업무가 정지 의회의 정부 예산안 타결 실패로 연방 정부 업무가 일시 정지되는 현상되는 사태를 초래하여, 그렇잖아도 지지부진한 경기회복을 더욱 지체시켰다. 이는 남북전쟁 이후 미국 정치제도가 처한 가장 큰 위기로, 다수의 보수적 미국인들조차 자신들의 편협한 어젠다 때문에 더 큰 합의를 묵살하는 반란 세력에게 경악을 금치 못했다. 공화당 지도부들이 마침내 티파티와 노선을 달리하면서 2013년 10월 업무 정지를 종결짓자 미 전역에서는 집단으로 내쉬는 안도의 한숨 소리가 들려왔다.

그렇지만 2009년 반란의 핵심 동력이 조만간 다른 형태로 재등장하지 말란 법은 없었다. 오바마케어나 이주 문제 등 반란에 불을 지피는 그 어떤 정치적 이슈도 불씨가 꺼지지 않았다. 티파티를 지원했던 부유한 재계 지도자들은 여전히 큰 정부와 각종 규제, 세금 인상을 혐오한다. 또 하나 중요한 사실은 계속 지지부진한 경기로 소외감과 분노를 느끼는 인구가 점점 늘고 있고, 이들은 자신들을 억누르고 배신한 것 같은 현 정부에 언제라도 반기를 들 수 있는 세력이라는 점이다. 바로 여기에 한 가지 아이러니가 있다. 이들 반란 세력은 언제나 변함없이 사실상 경제를 개선할 수 있는 몇몇 정부 개혁안(이를테면 의료 개혁이나 금융 규제)에도 격렬히 반대하기 때문에, 반란의 계기가 된 경제 불안정을 결국 자신들의 행동으로 더욱 연장시키게 된다. 다시 말해 다른 근대적 삶의 영역을 이미 장악한 단기주의와 편협한 이기심의 악순환이, 이제 정치제도에서도 그 모습을 완전히 드러낸 것이다. 이제 우리는 충동 정치를 맞이하게 되었다.

이 이야기는 부분적으로 보수주의자들이 시장 질서에 맞춰 사회를 개편하기 위해, 그리고 이러한 개편을 방해하는 그 어떤 정부의 노력에도 열정적으로 반대하기 위해 오랫동안 벌여 온 캠페인에 대한 것이다. 이처럼 공공연한 이념 선동으로 보수주의자들과 자유주의자들이 갈수록 심각한 소모전을 치르면서 미국의 정치 문화는 전국이든 지역이든 모두 분열됐다. 그렇지만 이러한 분파적 갈등 이면에는 이념적 색채는 훨씬 약하면서 충동 사회의 멈추지 않는 쳇바퀴와 죽이 더 잘 맞는 또 다른 패턴이 존재했다. 지난 30년에 걸쳐 모든 정치제도는 사실상 자기중심적 경제에 주도권을 빼앗겼다. 한때 공화당이 재계의 이익을 대변하는 정당으로 통했다면 이제는 민주당과 자유주의적인 기성 정치권 역시 선거 때마다 돈을 풀고 기술에 심하게 의존하며 마치 기업처럼 행동하면서, 재계 그중에서도 금융 부문을 핵심 파트너로 삼게 되었다. 이제 두 정당 모두 자본 수혈에 지나치게 의존하면서(대선을 한 번 치를 때마다 10억 달러가 든다.) 마치 금융시장의 들러리처럼 행동하기 시작했고, 시장과 동일한 사이클을 그리고 갈수록 시장과 동일한 어젠다를 상당 부분 공유하게 되었다.

이는 단지 직업 정치인들의 부패 때문만은 아니다. 많은 유권자들이 정치제도를 발목 잡는 극단주의에 크게 실망한 것은 맞지만 유권자들 역시 훨씬 개인적이고 극단적 형태의 정치 활동에 굴복해 버렸다. 우리 대다수에게 정치 참여는 이제 합의나 타협 또는 우리를 넘어선 그 어떤 대상에 개입하는 힘겨운 활동이 아니다. 이제 정치는 개인화된 소비를 위한 또 다른 영역이다. 즉 정당들이 퍼뜨리는 세심하게 포장된 분열적 메시지를 이용해 우리 자신의 정체성을 확립하는 기회다.

그 결과 정치제도와 정치 문화는 금융 부문이나 소비경제 못지않게 근시안적으로 변했다. 선거 자금 모금 혹은 여론조사로 검증된, 지지층을 자극하는 15초짜리 짧은 영상의 배포 등으로 단기적 정치 목표를 더욱 효율적으로 달성하게 된 반면 복잡한 장기적 과제를 정치 과정을 통해 해결하는 힘은 약해졌다. 즉 정치제도가 자기 보전에 지나치게 몰두해 오면서 그 밖의 사안에서는 무능력한 모습을 보이고 있다. 우리는 선거운동을 군사 침략처럼 정교하고 공격적으로, 또 기업공개처럼 풍부한 자금력을 바탕으로 전개할 수 있다. 또 우리는 기성 엘리트의 단기적 이해를 충족시키는 정교하고 은밀한 후원 집단도 만들 수 있다. 그렇지만 이러한 정치제도는 안정적이고 지속적인 번영을 위협하는 복잡하고 고질적인 문제, 즉 구직 시장의 공동화, 의료 제도의 파산, 사회 기반 시설의 파괴, 금융 붕괴를 또다시 초래할지 모를 금융시장의 자멸적 행동 등과 만날 경우 적절한 대처 능력이나 이를 해결하려는 의지를 보여 주지 못한다. 여기에 충동 사회의 궁극적 비극이 있다. 우리의 근시안적이고 자기중심적 제도를 교정해 줄 메커니즘 자체가 단기적이고 편협한 이기심 바이러스에 이미 감염되어 어디서부터 손써야 할지 모른다는 점이다.

## 흥분한 유권자들과 게임즈맨십에 빠진 정치인들

엄밀히 말하면 미국 정치제도가 이 모든 역기능을 일부러 자초한 것은 아니다. 미국인이 1960년대까지 누린 장기간의 정치적 성공은(당시 미국인들은 무엇보다도 전쟁에서 이기고 미래에 투자하며 산업 모델의 해악을 억누르려는 의지가 있었다.) 분명 역사적으로 유례없는 사건이었다. 미국인들은 대공황과 2차 세계대전을 겪으면서 부유하고 강해졌을 뿐 아니라, 비교적 단일한 목표 아래 뭉치면서 좌파든 우파든 급진주의를 몹시 경계했다. 심각한 사회적 갈등이 있긴 했지만 개방적인 정치 문화라는 관점에서 볼 때 미국인은 대개 온건하고 중도적이어서 대통령과 하원 의원을 각기 다른 정당 후보에 투표하는 '분할 투표'를 했고 초당파적 입법 활동도 비교적 흔했다. (1965년에 공화당은 메디케어가 사회주의적 정책이라고 비난했지만 공화당 의원 중 절반 정도가 찬성표를 던졌다.[4]) 그렇지만 이러한 결속력과 합의 문화의 상실(이미 1960년대 후반과 1970년대 초반부터 진행됐다.)은 불가피했다. 전후 호경기가 끝나고 여기에 베트남 전쟁과 인종 폭동, 통제 불능의 재정 적자, 워터게이트 사건 등 정부의 정책 실패와 추문이 끊이지 않으면서, 후기 물질주의적 이상이 사라지고 문제 해결사로서 큰 정부에 거는 기대도 약해졌다. 아이러니한 사실은, 시민권 운동을 비롯해 과거에 이룬 정치적 승리 중 일부가 보수 세력의 반발을 자극하면서 전후 합의를 한층 더 파기했다는 점이다.

그렇지만 지금까지 살핀 것처럼, 정치적 분열을 일으킨 거대한 동력 중에는 고의적인 것도 있었다. 1970년대 중반 '효율 시장'

이라는 이데올로기에 승복한 우리는, 더 오래되고 가혹한 다원주의적 사회경제 질서를 의도적으로 복원하면서 공동체와 집단성에 대한 여지를 거의 남기지 않았다. 기업들은 기존의 제약에서 벗어나 주주 가치를 극대화했고, 직원 복지나 공동체의 활력 등 여러 사회적 가치를 존중하는 전통을 대부분 저버렸다. 그리고 이렇게 새로 등장한 기업적 인격은 다시 경제 불평등을 낳으면서 전후의 통합주의가 남긴 모든 성과를 퇴색시키는 것에 일조했다. 한편 정부가 전후에 기업과 노동, 시장과 공동체 사이에서 맡았던 경제 심판자 역할을 상당 부분 포기하면서, 우리는 사회적 결속을 위한 핵심 자원을 잃었다. 또 하나 중요한 사실은 개인이 각자의 만족과 사리 추구를 극대화하도록 사회가 부추겼다는 점이다. 이제 사회에 대한 관심을 끊고 또 자제력이나 공동체를 위한 개인 희생 같은 전통적 규범에 따르지 않아도 상관없었다. 그리하여 우리는 오래된 비효율적 경제 제도가 강요했던 더 공적이고 집단적인 삶에서 벗어나, 더 개인적이고 때로 고립적이며 남들과 동떨어진 삶을 추구하게 되었다.

이에 관해 우리는 5장에서, 다수의 미국인이 자신의 문화적 정치적 취향에 맞는 공동체를 찾아 이동하는 현상을 살펴보았다. 1990년대에 접어들면서 이러한 지리의 개인화는 정치 지형을 바꾸는 데 일조했다. 공화당과 민주당이 비교적 고른 표를 얻었던 다수의 주와 의회 선거구가 이제는 어느 한쪽의 표밭이 되었다.[5] 그렇지만 이러한 정치적 분리는 물리적 세상에만 국한되지 않았다. 토크 라디오라디오 형식을 띤 인터넷 방송, 케이블 뉴스, 온라인 사이트 등 신종 미디어가 확산되면서, 사람들은 다시 정치색이 두드러진 미디어 환경으로 나뉘었다.

그러나 자기중심적 경제의 다른 영역과 마찬가지로 이러한 분리를 유도한 것은 우리의 충동만이 아니라 그런 충동을 더욱 효율적으로 만족시켜 주는 시장의 능력이었다. 유권자들이 자신의 정치 성향과 맞는 환경을 추구하면, 바로 그런 정치 환경이 사람들에게 다가왔다. 미디어 시장의 경우, 뉴스 매체는 분열된 새로운 정치 문화에 적응하기 위해 또 이러한 문화를 조장하기 위해 온갖 노력을 기울였다. 바로 이 분열된 문화에서 엄청난 돈이 쏟아졌기 때문이었다. 광고업자들이 정치 성향별로 나뉜 시청자를 사로잡기 위해 가장 높은 광고비를 지불하면서(자유주의자와 보수주의자들은 쇼핑하는 물품도 서로 다르다.) 결국 정치화된 뉴스는 성향이 비슷한 시청자를 이용해 이윤을 거두는 가장 효율적인 방법이 되었다. 1990년대 후반 이데올로기적 입맛에 맞춘 뉴스의 선구자인 폭스뉴스채널은 보수적 인구 집단을 만들어 거액을 벌었다. 미디어 전문가인 공화당원 데이비드 프럼은 이들이 사용한 방법을 간단한 2단계 전략이라고 설명했다. "시청자들을 자극해 흥분시킨 다음(계속 폭스 채널을 시청하도록 붙드는 전략이다.) 다른 정보원에 대한 불신을 조장하는 것이다.(다른 채널로 돌리지 못하게 하는 전략이다.)"[6] 보수주의자들은 여전히 이러한 기법에 통달해 있다. 폭스뉴스채널은 자유주의적 성향인 MSNBC 채널보다 시청자 수가 두 배 이상 많고, 이보다 더 큰 영역인 인터넷 방송은 거의 모두가 우파적이다.[7](정치화된 뉴스 환경에서 가장 큰 지분을 차지하는 토크 라디오는 레이건 시대의 방송 탈규제로 가능해졌다는 사실에 주목해야 한다. 그 전까지는 대공황 시기의 형평성 원칙에 따라 방송사들이 양쪽 정당에 동일한 시간을 할애했다.) 그렇지만 소비자들이 점점 '흥분'에 익숙해지고 네트워크가 더욱 창의적인 방법으로 흥분을 조장하면서, 어떤 영역이든 정치화된 뉴스가 주류로 자리 잡았다.(이들보다 이데올로기적으로 중립적인 CNN이 황금 시간대에 시청자들을 붙잡기 위해 몸부림치는 모습은, 새로운 미디어 시장에서 자유주의적인지 보수주의적인지 그 성향을 뚜렷이 밝히지 않는 채널의 경우 시청률 경쟁에서 밀릴 수밖에 없음을 보여 주는 사례라고 퓨리서치 센터는 지적했다.) 사실 그러한 흥분 상태는 인위적인 것일지도 모른다. 일반 유권자들은 정치인이나 정치 전문가, 미디어 옵서버 같은 새로운 집단이 주장하는 것만큼 그렇게 극단적이지 않을지도 모른다. 또 선동적 언사와 동영상은 정치적 쟁점에 대한 대다수 사람들의 견해를 제대로 반영하지 않은 것일 수도 있다. 그렇지만 이때도 효율성이 모든 것을 압도한다. 다수의 사람들은 그저 더 쉽고 심정적으로 더 편하기 때문에, 모든 정치적 쟁점을 하나하나 냉철하게 따지기보다 새로운 자극적 담론을 그냥 받아들인다. 충동 사회의 다른 영역과 마찬가지로, 미국인 그리고 미국의 정치 문화는 가장 쉬운 길을 택하는 것이다.

달리 말해 정치는 이제 새로운 브랜드가 되었다. 소비자 경제 초창기에 마케팅 전문가들은 소비자들이 매번 쇼핑할 때마다 서로 경쟁하는 제조업체 중 어느 하나를 골라야 하는 고민을 덜기 위해 강력한 '유명 상표'를 선호한다는 사실을 발견했다. 마찬가지로 충동 사회에서는 '보수주의'와 '자유주의' 같은 이전의 복잡한 정치 개념이 단순하지만 강력한 브랜드로 다듬어졌다. 유권자들은 이 정치 브랜드 덕분에 복잡한 정치 문제를 더 빠르고 쉽게 다룰 뿐 아니라, 더욱 도덕적 확신과 감정적 확신을 갖고 대하게 되었다. 즉 우리 편은 선하고 상대편은 악하다고 보는 것이다. 기성 정치권과 미디어 산업은 이러한 정치 브랜드 덕분에 유권자들의 마음을 사로잡아 표심이나 시청률로 바꿀 수 있는 가장 효율적 수단을 얻었다. 이제 정치권은 마케팅과 사실상 구분되지 않는다. 정당들은 마치 자금이 풍부한 홍보 회사처럼 운영되고, 유권자들은 정치를 자아 표출과 정체성 형성, 정서적 만족을 위한 또 다른 영역처럼 취급하도록 권유받는다.

이들 중 그 어느 것도 민주주의에 특별히 유익하지 않았다. 정치 과정을 마치 소비자 경제의 또 다른 분야처럼 여기면서 자금 확보와 정서적 효율성에 몰두한 결과, 미국의 정치 문화는 재앙을 끌어들였다. 분명한 사실은 정치적 결정을 소비자 선택의 또 다른 범주처럼 다루면 안 된다는 점이다. 정치 과정에서 시민들은 反 소비자가 되어야 한다. 즉 적어도 단기주의와 개인주의를 넘어선 안목을 갖추고, '흥분 상태'에 빠지지 않도록 조심하면서 정치적 열정이 극단주의로 편향되는 일이 없도록 해야 한다. 그렇지만 유권자를 흥분시키는 것이 정치적 성과를 빨리 얻는 가장 효율적 수단이기 때문에, 그리고 근대의 정당들은 근대의 산업처럼 수익을 '지나치게 많이' 얻는 법이 없기 때문에 경제화된 정치판에서는 이러한 자극과 극단주의가 주로 통용됐다. 그러면서 서서히 우리 손으로 만든 새로운 챗바퀴가 합의와 진보가 아닌 불화와 마비를 만들어 냈다. 따라서 정치 시장의 '산업화'로 좌파와 우파의 간극이 벌어진 것은 어느 정도 예견된 일이었다. 유권자의 태도에 관한 연구들에 따르면 다수의 핵심 쟁점에서 일반 민주당원과 공화당원의 이데올로기 격차를 이데올로기 7점 척도로 살펴본 결과, 1972년부터 2008년 사이에 그 격차가 거의 두 배로 벌어졌다고 한다.[8] 에모리대학교의 정치학자 앨런 아브라모위츠는 이렇게 말했다. "지난 36년 동안 민주당 유권자들은 중도좌파에서 좌파로 이동한 반면, 이미 우파적이던 공화당 유권자들은 극우로 이동했다."[9] 요약하면 공화당원들은 더욱 편향됐고(현재의 뉴딜적 정책에 동의하지 않으면서 나온 결과일 것이다.) 양측 모두 과거에 보여 주었던 정치적 중도와 거리가 멀어졌다. 이러한 정치적 거리가 중요한 이유는, 사람들은 전통적인 중도주의에서 벗어날수록 핵심 쟁점에서 타협하지 않고 또 타협적 정치인들을 용납하지 않기 때문이다.

　　시장의 지원을 받은 정치적 간극은 다양한 차원에서 영향력을 행사하고 있다. 순수하게 문화적인 차원에서는 남북전쟁 이후 가장 양극화된 모습을 보이고 있다. 미국의 정치 지형 변동에 관한 손꼽히는 전문가인 아브라모위츠는 이렇게 지적했다. "이제 사람들은 '다른 편' 사람들과 교류하는 일에 관심이 없다. 갈수록 그런 대화를 기피하고 나와 다른 사람과 교류하는 일도 피한다. 그런 행동이 불편하고 '짜증' 나기 때문이다."[10] 이를 보여 주는 예로, 1960년대에는 자녀가 '다른' 정당을 지지하는 사람과 결혼하는 것을 꺼리는 미국인이 20명 중 한 명이었다. 지금은 민주당원의 경우 세 명 중 한 명이, 공화당원은 두 명 중 한 명이 '다른 정당 간

결혼'을 금기시한다.[11]

    정치 문화의 균열이 극심해지면서 이제는 과학적 방법의 타당성이나 잘못된 캠페인 광고의 도덕성 같은 기본적인 개념조차 합의를 보지 못한다. 보편적 진리는 하나라는 개념도 이제는 논쟁의 대상이다. 코네티컷대학교의 철학과 교수 마이클 린치는 이렇게 말했다. "미국 문화의 의견 충돌은 가치관이나 특정 사실에 대해서만이 아니라, 사실을 인식하는 태도 그리고 어떤 지식을 사실로 간주하는 방식에도 나타나고 있습니다. 일단 사람들이 이런 상태에 빠지면 민주주의를 위협하게 되는데, 지식에 대한 보편적 기준이 없으면 그 어떤 것에서도 공통된 기준을 마련할 수 없기 때문입니다. 서로의 차이를 논의할 공통된 단어마저 사라지는 것이지요."

    아브라모위츠를 비롯한 여러 옵서버들의 주장에 따르면 로미오와 줄리엣에 나오는 몬터규 가문과 캐풀렛 가문의 대립을 연상시키는 이 문화적 갈등이 미국의 정치 문화로 고스란히 옮겨 가면서 이데올로기적으로 더 편향되고 입법 능력은 그 어느 때보다 떨어지는 정치인들을 양산했다. 보수적인 민주당 의원들보다 사실 더 좌파적인 중도파 공화당 의원들이나, 초당파적 합의가 가능한 양당의 중도파 의원들이 거의 사라졌다. 더 심각한 문제는 전국이 민주당과 공화당으로 대등하게 나뉘어 선거를 치를 때마다 의회의 권력 균형이 이동할 수 있기 때문에, 모든 법률안 표결에서 이긴 쪽은 자기 당의 비타협적 유권자를 달랠 수 있는 기회를 전략적으로 독식하는 반면, 상대방은 그런 기회를 누리지 못한다는 점이다. 이를 보여 주는 사례로 입법이나 법관 지명을 가로막는 의사 진행 방해 횟수가 상원에서 점점 늘고 있다. 1970년대에 의사 진행 방해는 1년에 10회 정도 있었다. 그러다가 2013년에 공화당의 반란이 시작되면서 그 횟수가 7배로 늘었다. 아브라모위츠는 이렇게 말했다. "그저 모든 것을 방해하기 시작했습니다. 방해를 위한 방해였지요. 딱히 반대하거나 의견을 달리할 만한 의사 지명이나 정책이 아니어도 방해합니다. 거기에서 얻는 성과란 상대방에게 모욕감을 줬다는 것뿐입니다. 이는 정치적 게임즈맨십상대방에 대한 예의를 지키지 않으면서 이기려고만 하는 태도입니다." 그 결과 갈수록 단순한 정책조차 집행하기가 어려워졌다. 의회가 해결해야 하지만 손도 못 대는 재정 적자 축소, 이주 문제, 생태 에너지, 기후변화 등 처음부터 논란이 많은 사안들은 말할 것도 없었다.

### 정치판의 패스트푸드, 맞춤형 선거 전략

순기능적 민주주의 사회에서는 정치 지도자들이 그러한 균열을 봉합하고 분열된 유권자를 통합하기 위해 끊임없이 창의적인 방법을 모색한다. 아니면 적어도 충분한 유권자들을 중도로 유도해 지배 가능한 다수를 확보하려 애쓴다. 이때 자신의 정치적 목적과 타협하기도 하고, 유권자들에게 사적 이익을 넘어 더 큰 국민적 공동체를 지지해 달라고 호소하기도 한다. 마치 전시 상태나 경제 위기 때처럼 행동한다. 그러나 정치 과정의 많은 영역이 소비자 시장의 가치와 그 전략에 잠식당하면서 근대적 정치 집단은 갈수록 양극화된 유권자를 기꺼이 용인했을 뿐 아니라, 양극화와 사회적 무관심을 부추기는 것이 자신들에게 편하고 이득이라는 사실을 깨달았다.

선거운동을 예로 들어 보자. 우리와 그들로 나누는 분열적인 선거운동은 사실 새로운 전술이 아니다. 1960년대에도 보수적인 정치 전략가들은 인종이라는 미묘한 수단을 이용해 보수적인 남부 유권자들을 민주당과 떼어 놓으려고 했다. 그러나 근대적 선거 운동은 소비자 마케팅에서 쓰는 효율성을 이용해 분열을 과학적으로 조장한다. 때로는 마케팅 기술과 마케팅 전문가를 그대로 가져다 쓰기도 한다. 1980년대가 되자 양당의 정치 마케터들은 사커 맘(자녀의 축구 연습까지 지켜볼 정도로 자녀 교육에 열성적인 중산층 여성들), 복음주의자, 메디케어 혜택을 받는 노인층 등 특정 인구 집단을 표적으로 삼아 그들의 감정을 자극할 만한 쟁점을 공략하기 위해 소비심리학을 이용했다. 선거운동이 점점 복잡해지자 선거운동 컨설턴트 같은 새로운 정치 전문가들이 필요해졌다. 이들은 신속하게 승리를 거둬야 했으므로(패배하는 컨설턴트는 아무도 고용하지 않는다.) 선거운동에 또 다른 효율성을 추가했다. 즉 선거운동에서 이기려는 편의적 발상에서 후보들에게 상대 후보보다 좌로든 우로든 더 편향된 시각을 취하라고 조언했다.(상대 후보도 컨설턴트에게서 같은 조언을 들었다.) 한편 정치 정당들은 '지지층'을 자극해 기부금을 받아내는 가장 효율적인 방법은 선동적이고 분열적인 언행과 흑색선전임을 재빨리 눈치챘다. 이와 관련해 정치평론가 스티븐 펄스타인은 이렇게 지적했다. "이렇게 모은 자금은 더욱 심각한 흑색선전과 세심한 투표 독려 활동에 쓰였다. 이러한 자기 강화적 순환에서 정치인들은 중도를 단념하고 이데올로기적 극단으로 영원히 이동하려는 동기가 강해진다. 중도와 타협으로는 지지층을 자극하지 못하기 때문이다."[12]

이후 2000년대에 빅 데이터가 등장하면서 유권자들을 개인 차원에서 분할 정복하는 일이 가능해졌다. 선거활동가들은 소비재 대기업이 쓰던 기법들을 빌려 와 연령, 정당, 투표 내력뿐 아니라 종교 집단, 신용 기록, 선호하는 차량, 구독 잡지, TV 방송, 의류 카탈로그, 뉴스 매체, 선호하는 맥주, 총기 소유 여부, 기타 수백 가지 변수에 따라 유권자들을 샅샅이 분석하기 시작했다. 이렇게 확보한 풍부한 프로파일 덕분에 선거운동 진영은 온갖 민감한 정치 쟁점에 대한 유권자들의 반응을 씁쓸하게도 정확하게 예측할 수 있었다. 그래서 유권자를 가장 크게 동요시킬 수 있는 맞춤형 메시지를 만들어 낼 수 있었다. 이는 새로운 차원에서 전개된 소매 정치유권자와 직접 만나는 정치였다. 그리고 전혀 새로운 차원에서 정치 시장이 자아에 침투한 것이었다.

조시 부시와 존 케리가 맞붙은 2004년 대선에서, 부시 진영의 최고 선거 전략가인 칼 로브는 결정적인 인구 집단 즉 2000년에 투표하지 않았던 수백만 명의 보수적 사회 세력과 복음주의자들을 확보하기 위해, 동성 결혼과 낙태 등 데이터상으로 가장 민감하다고 판단한 사안에 대해 유권자별로 개별화된 메시지를 보내는 '맞춤형 선거 전략'을 활용했다.(2004년 부시 재선 승리에 개입했던 한 관계자는 훗날 자랑스럽게 말했다. "우리는 유권자들의 투표 성향을 예측하기 위해 유권자들의 거주 공간이 아닌 그들의 '삶의 양식'을 토대로 정확

270

한 소비자 모델을 개발할 수 있었습니다. 이는 미국 재계가 매일 하는 일입니다.") 빅 데이터 경쟁에서 뒤처졌던 민주당도 이 전략을 따라잡기 위해 즉시 수백만 달러를 투입했다. 2008년과 2012년, 구글, 페이스북, 트위터, 크레이그리스트<sub>온라인 생활정보지</sub>에서 영입한 전문가들의 지도 아래, 오바마 진영은 오바마를 지지할 만한 온갖 유권자들의 소재를 파악해 이들을 투표소로 이끌 가장 효율적 수단을 찾고자 각종 정보원에서 수 테라바이트에 달하는 개인 정보를 세세하게 추려 냈다.[13] 이제 모든 것이 정보 분석으로 통했다. 이메일 제목을 어떻게 써야 선거 자금을 가장 많이 모을 수 있는지(수천 가지 제목을 시험했다.) 전화 통화를 어떻게 해야 유권자 등록을 최대한 끌어낼 수 있는지, 페이스북 친구가 투표하라고 권하면 투표할 확률은 어느 정도인지(다섯 명 중 한 명으로 밝혀졌다.) 모두 정보 분석에서 나왔다.[14] 오바마 진영은 온갖 정보를 철저히 이용했다. 이들은 케이블 회사의 공과금 납부 내역에서 유권자 명단을 확보해 친민주당 가구들이 즐겨 보는 방송도 알아냈다. 덕분에 오바마 진영은 유례없는 정확성과 비용 효율성으로 유권자를 겨냥한 정치 광고를 할 수 있었다.[15]

그렇지만 충동 사회의 다른 영역과 마찬가지로, 맞춤형 선거 전략이 민주적 절차와 더 큰 공동체에 해로운 이유는 바로 개인화된 효율성 때문이다. 대중 시장을 겨냥한 전통적 선거운동은 여러 가지 면에서 정치 과정에 안정적이고 온건한 영향을 준다. 후보들이 가급적 많은 인구와 접촉하려면 폭넓고 포괄적인 강령을 개발하면서 자신의 입장을 중도에 맞추는 것 외에는 방법이 없기 때문이다. 이 전략은 '비효율'적이지만 대중을 통합하고 극단주의를 막아 주는 효과가 있다. 반면 맞춤형 선거 전략은 후보들이 사실상 '다른' 정당의 유권자들을 무시한 채 성향이 비슷한 유권자를 위한 강령을 만들어 중도적 선거운동의 비효율성을 최소화한다. 따라서 맞춤형 선거 전략은 폭넓고 포괄적인 강령을 개발해야 한다는 압박 혹은 폭넓게 호소할 수 있는 거대한 아이디어나 온건하고 중도적인 메시지를 만들어야 하는 압박이 덜하다. 선거 전략 전문가 마이클 강은 맞춤형 선거운동의 경우 "다수를 끌어안기 위해 자신의 입장을 완화할 필요가 없다"라고 지적했다.

맞춤형 선거 전략은 또한 유권자들에게 요구하는 것이 훨씬 적다. 사실상 정치판의 패스트푸드다. 대중 시장을 겨냥한 전통적 선거운동은 유권자들에게 개인적 환경에서 벗어나 혼탁하고 경쟁적인 정치 시장에 뛰어드는 노력을 해 달라고 호소하는 반면 맞춤형 선거 전략은 마치 피자나 넷플릭스처럼 정치 시장이 유권자들에게 다가간다. 이러한 전략은 소비자 시장과 마찬가지로 정치와 자아 사이의 간격을 유례없이 좁혔다. 맞춤형 전략에서 유권자들은 거대한 아이디어나 복잡한 개념을 고민하거나 신중함, 타협이 필요한 어떤 사안을 고려하는 등의 어떤 지적인 노력이나 시민적 의무를 다할 필요가 없다. 사실 맞춤형 선거운동의 주된 특징은 거대한 아이디어의 '부재'다. 뉴욕 마케팅 회사에서 일하는 한 선거운동 전문가는 이렇게 표현했다. "이쪽 업계 사람들은 보통 맞춤형 전략을 '조용한' 마케팅이라고 부른다. 그 이유는 효과적인 맞춤형 선거운동을 한 후에 유권자나 소비자들을 조사해 보면, 거창

하고 과장된 선전 문구나 눈길을 끄는 광고, '굵직한 아이디어'를 잘 기억 못하기 때문이다. 이들이 기억하는 것은 자신이 특정 후보에 끌리는 이유다. 제대로 된 맞춤형 선거운동은 은밀하다. 즉 레이더망을 피해 이뤄진다."[16] 이제 정치와 마케팅은 별 차이가 없어졌다. 갈수록 모든 것이 대중을 농락하기 위해 만들어졌다.

그러한 은밀한 전략은 개인별 선거운동에 특히 효과적이다. 상대 후보는 내가 보내는 메시지를 모두 보지는 못하기 때문이다. 그렇지만 이것 역시 집단성과 신중함과 공공성이 필요한 일에는 유익하지 못하다. 우호적 유권자에게 접근하기 위해 맞춤형 화제를 끊임없이 업그레이드해야 하는 선거운동은, 선거 후 유권자들을 통합하여 선거운동 분위기에서 국정 운영 분위기로 쉽게 전환시켜 주는 단일하고 강력하며 초월적인 아이디어를 내놓지 못한다. 오히려 선거 전날까지 유권자들에게 매우 개인적이고 감정적이며 편향된 인식을 심어 주므로, 유권자들은 선거운동 분위기에서 벗어나 정치적 진전을 위해 타협하는 것을 어려워한다. 다시 말해 유권자들은 자신이 지지하던 후보가 낙선해도 정치 '시스템'이 굴러간다는 사실을 쉽게 받아들이지 못한다. 타협과 신뢰가 없다면 우리는 다른 정당 지지자와 이웃하지 않으려는 정치 문화, 그리고 국회의원들이 입법에 힘쓰지 않고 집권을 위해 경쟁 정당의 활동을 방해만 하는 정치 문화를 넘어서기 힘들 것이다.

분명한 사실은 최근 선거운동 이후 바로 이런 풍토가 생기면서, 유권자뿐 아니라 입법자들 역시 선거운동에서 국정 운영으로 넘어가지 못하는 분위기라는 점이다. 균형 재정을 추구하는 로비

집단인 콩코드연합의 이사 로버트 빅스비는 이렇게 말했다. "양측 모두 '우리는 그들과 협조할 필요가 없다. 그저 그들을 방해하기만 하면 다음 선거에서 우리가 이길 것이다. 그것도 압승을 해서 무엇이든 우리 식대로 할 수 있을 것이다'라는 식으로 나옵니다. 그들의 목적은 언제나 선거 승리일 뿐 정책 마련이나 입법이 아닙니다."[17] 자기중심적 경제와 마찬가지로, 정치 시장도 점점 빠른 성과에 매혹되어 지속적인 사회적 가치를 생산하는 일에 소홀해졌다. 각기 분열되어 홉스의 '만인의 만인에 대한 투쟁' 상태에 빠진 우리를 구제해 줄 유일한 제도가, 그러한 투쟁을 영속적으로 만들려는 재계의 요구에 따라 전반적으로 변한 현실은 역시나 충동 사회의 궁극적 징후일 것이다.

그렇지만 이는 단순히 유권자들을 감정적으로 자극하거나 소외시키는 문제가 아니라는 점에 유의해야 한다. 문제는 그러한 감정적 자극과 소외를 낳는 행동에서 이득을 보는 정치제도의 추동력과 효율성에 있다. 문제는 이러한 전략이 선거에 승리해 새로운 고객을 확보하는 가장 효율적인 방법이라는 이유로 후보들에게 극단적 전략을 계속 쓰도록 조언하는 정치 컨설턴트들과, 시청률이나 광고 수입이 떨어질까 봐 극단적 논조를 고집하는 미디어 운영자들, 흑색선전으로 받아 낸 기부금을 더욱 부정적인 선전물 제작에 쓰는 정당들에게 있다. 이러한 정치 머신정치적 영향력을 행사할 만큼 투표권을 장악하고 있는 정치적 조직체의 장악력이 극에 달하면서 그 조작자들조차 불안에 떨고 있다. 최근 공화당 지도부들은 보수적 미디어들이 만드는 에코 효과생각이 비슷한 사람들끼리 교류할 경우 그 생각이 메아리처럼 증폭되어 이를 진리로 받아들이고 남의 소리는 들리지 않는 현상에 당황한 기색이었다. 2010년 공화당에 매우 유용했던 에코 효과가 갑자기 공화당에 큰 부담이 되었기 때문이었다. 즉 공화당은 시장의 힘에 끌려 다니게 되면서, 수사적 목소리를 낮추거나 더 현실적인 입법 전략을 채택할 수가 없었다. 보수 성향의 칼럼니스트인 프럼은 2011년, 공화당 하원 의원들 사이에서 부채 한도 증액 협상을 결렬시킬 분위기가 조성되자 곧바로 이렇게 주장했다. "상업적으로 보면 이 보수적인 뉴스 비즈니스 모델은 오바마 시대에 제 몫을 톡톡히 했다. 하지만 저널리즘 맥락에서 보면 그리 잘한 게 없다. 나아가 정치적 동원이라는 도구로 보면 이는 오히려 역효과를 낳았다. 올여름 부채 한도 막판 협상에서처럼, 선동적 추종자들이 모두를 패배자로 만드는 대치 국면으로 당 지도부를 몰아넣기 때문이다." 그렇지만 이러한 관계에서 벗어나기란 극히 어렵다. 2010년 프럼은 시사 프로그램「나이트라인」에 출현해 이렇게 말했다. "사실 공화당은 폭스가 자신들을 위해 애써 줬으니 이제 공화당이 폭스에게 보답할 차례라고 생각했습니다. 그렇지만 이 균형 관계는 완전히 뒤집혔지요. 강력한 폭스 네트워크를 유지시킨 요소가 이제 강력한 공화당을 흔들고 있기 때문입니다."[18]

그렇지만 양당 의원들 모두 자신들이 만든 정치 머신의 놀라운 효율성을 진지하게 포기할 의사는 없어 보인다. 최근 초당적 예비 교섭이 있긴 했지만 아직도 열쇠를 쥔 다수의 핵심 인물들은 숨 고르기를 하면서 재충전하는 분위기다. 2012년 대선에서 오바마 진영의 빅 데이터 전략에 완패한 공화당은, 코치 형제, 즉 찰스 코치와 데이비드 코치의 넉넉한 후원 아래 2014년과 2016년을 대비한 빅 데이터 구축에 수천만 달러를 쏟아붓고 있다. 민주당 역시 자신들의 자금줄을 이용해 더욱 효율적인 전략을 추진하고 있다. 2013년 후반 워싱턴에서 열린 자유주의 성향의 기부자 모임에서, 은퇴한 헤지펀드계의 억만장자 조지 소로스는 250만 달러를 내놓겠다고 선언했다.《뉴욕타임스》는 이를 두고 "재력가들이 다음 선거에 대비해 벌써부터 자금 지원을 하겠다는 신호탄"이라고 표현했다.[19]

### 선거 자금이 정치 문화에 미치는 영향

우리는 코치 형제와 소로스라는 이름에서 정치판의 충동성은 최신 기술이나 타협을 거부하는 반사적 행동이 아니라 따로 있다는 생각이 든다. 사실 진짜 충동성은 비대해지고 효율성을 따지게 된, 그리고 거액의 자본 투자에 지나치게 의존하면서 정치 기구가 아닌 금융 기구처럼 행동하게 된 정치 머신이다. 선거운동 방식 자체가 마치 거액의 '투자자'를 찾는 신생 첨단 대기업들의 행동과 유사하다. 특히 급격히 확산된 데이터 전쟁에서 맞춤형 전략을 비롯한 여러 무기에 드는 비용이 커지면서 선거 비용은 의료 비용보다 훨씬 빠른 증가세를 보이고 있다. 2000년부터 2012년까지 실질 달러 가치로 환산한 대선 비용은 네 배 이상 증가하여 20억 달러를 훌쩍 넘어섰다.[20] 의회 선거 역시 엄청난 비용이 들어간다. 2012년에 국회 의석 하나를 얻는 데 드는 비용이 상원은 1050만 달러, 하원은 보통 170만 달러로, 상하원 모두 1986년보다 선거 비용이 두 배 정도 늘어났다.[21, 22] 2012년 선거 비용은 도합 63억 달러가 들었다.[23] 이런 시스템에서 자금은 유권자들 못지않게 중요하거나 혹은 더 중요한 요소일지도 모른다.

엄청나게 증가한 자금은 충동 정치의 패턴을 강화시키면서 이 패턴에서 벗어나지 못하게 한다. 선거 경쟁에 드는 비용이 더 늘어날수록 정치 후원자들은 초선 도전자보다는 현직 의원을 지지하려는 경향이 크다. 현직 의원들은 기존의 당파 구조를 강화하는 데 도움이 되기 때문이다. 에모리대학교의 연구에 따르면, 1990년대 초부터 2000대 초까지 하원 현직 의원들이 쓴 선거운동 자금(그리고 이들에게 쏟아진 기부금)은 50퍼센트 늘어난 반면, 도전자들이 쓴 선거운동비는 13퍼센트 떨어졌다고 한다.[24]

더 근본적으로는, 자금에 대한 수요가 더욱 커지면서 금융화된 경제의 요구와 반사적 행동에 점점 끌려가는 경제화된 정치가 탄생했다. 자금 모금은 이제 1년 내내 벌이는 활동이다. 하원 의원들은 보통 하루 세 시간을 잠재적 기부자와 통화하며 보낸다. 게다가 입법자들은 상당한 자금을 모아야 하기 때문에, 거액의 수표를 보낼 수 있는 기부자와 경제 부문에 자동으로 관심을 쏟게 된다. 거액의 수표에 어떤 정치적 의제가 딸려오더라도 말이다. 이런 상황은 특히 민주당 입법자들을 난처하게 했다. 전통적으로 노동이나 환경보호, 소수자 권리 등 서민적 노선을 걸어 온 민주당은 이제 서민적이지도 않고 진보적이지도 않은 의제를 원하는 자금 제공자에게 구애해야 한다. 한 연구에 따르면 부유한 유권자들은 실업보다는 재정 적자 감소와 정부 지출에 훨씬 관심을 보이는데, 재정 적자는 금리에, 금리는 투자에 막대한 영향을 주기 때문이라고 한다. 설문 조사에 따르면 연방 정부가 완전고용을 우선시해야 한다고 보는 부유한 유권자는 일반 유권자의 3분의 1 수준이고, 연방 최저임금이 빈곤선을 웃돌 정도면 충분하다고 보는 부유층은 일반인의 절반 수준이었다.[25] 전 민주당 하원 의원 톰 페리엘로는《뉴욕타임스》에서 이렇게 말했다. "민주당을 지지하는 큰손 후원자들은 일자리 부족보다는 재정 적자를 더 큰 위기로 보는 경향이 있다."[26] 현재 중도좌파 단체인 미국진보센터를 위해 자금을 모으는 페리엘로는 후원자들의 우선순위 변화로 '상당한 반서민적 요소'가 민주당의 정치 과정 및 정책 결정에 주입되고 있다고 말했다.[27]

자유주의적 단체인 경제정책연구센터의 공동 소장이자 경제학자인 딘 베이커 역시 동일한 우려를 표했다. "선거 자금을 대는 사람들(재력가이거나 기업의 고위 간부들)은 현재 일이 잘 풀리고 있습니다. 그들의 경기는 완전히 회복되었습니다. 주가가 경기후퇴 이전보다 더 높고, 기업 이윤도 기록적인 수준입니다. 이들에게 실업은 심각한 문제가 아닙니다." 이는 곧 민주당 입법자들이 실업 문제에 관한 정책 제안을 할 경우 현재의 큰손 후원자들에게서 동조의 목소리를 듣기 어렵다는 뜻이라고 베이커는 덧붙였다. "기부자에게 가서 경기를 부양하고 실업률을 2, 3퍼센트포인트 낮출 수 있는 아주 좋은 해결책이 있다고 말하면 그들은 이렇게 대꾸할 겁니다. '글쎄요, 우리가 왜 그렇게 해야 합니까? 그렇게 하면 재정 적자가 늘어날 뿐인데요. 경제 문제가 해결될 때까지 그냥 지켜봅시다.'"[28] 요즘의 자본 집약적 정치판에서는 서민 정책 자체도 정치 머신의 압박으로 효율성을 따져야 하는 대상이 되었다.

사실 선거 자금이 급증하면서 전반적인 정치 문화는 한때 민주당과 자유주의자들이 옹호한 집단에게 중요한 사안을 예전처럼 고민하거나 이에 대응하지 않는다. 현재 가장 큰 기부자 중 하나는 금융 서비스업이다. 금융 서비스업은 가장 많은 이윤을 얻는 만큼 최근 몇 년 동안 이윤 중 일부를 워싱턴 정계에 뿌리려는 의지가 그 어떤 집단보다 강했다. 금융 부문의 기부액은 1992년부터 2012년까지 실질 달러 가치로 환산했을 때 거의 일곱 배가 늘면서 6억 6500만 달러에 달했다. 이는 그 어느 부문보다 많은 액수로, 전체 선거운동 지출에서 1992년 겨우 4퍼센트를 차지했던 금융 부문의 기부액은 이제 11.5퍼센트를 차지한다.[29, 30, 31] 게다가 금융 부문은 2012년에 입법자들과 규제자들에게 로비하면서 5억 달러 상당의 돈을 쓰기도 했다.[32]

금융 부문의 영향력은 다양한 영역에서 드러난다. 가장 두드러진 곳은 하원금융위원회다. 금융위원회는 월 가 규제를 책임지는 단체로, 금융위원회 위원에게는 금융 부문이 건네는 막대한 선거 기부금이 말 그대로 쏟아진다. 이러한 '자금위원회'는 매우 수지맞는 자리여서 1981년 이후 위원수가 17명이 늘어 모두 61명이 되었다.[33] 그리고 일단 새로운 하원 의원이 위원회에 들어오면, 마치 프로야구 팀이 대학 선수를 선발하듯 업계 로비스트들이 신임위원을 면밀히 조사한다. 한 로비스트는 《뉴욕타임스》의 에릭 립턴 기자에게 자금위원회에 대한 이야기를 풀었다.[34] "신임 위원을 살피는 것은 미국 프로 농구나 프로 축구에서 1차 지명을 하는 것과 비슷합니다. 금융위원회는 투자 잠재력이 있기 때문이지요. 그래서 로비스트들은 수익을 기대하며 투자를 합니다." 로비스트들은 그동안 대개 만족할 만한 성과를 거뒀다. 하원금융위원회는 금융 붕괴 직후 추진하기로 한 상당수의 개혁들을 다른 하원 의원들뿐 아니라 백악관 측 인사까지 동원해 퇴색시키거나 완전히 없애버렸다.

월 가는 늘 워싱턴 정계를 수익을 낳는 자산으로 여겼다. 그렇지만 최근 수십 년 사이 미국 정치의 금융화는 새로운 차원에 진입했다. 아니면 대공황 이전 상황으로 돌아갔다고 봐도 무방할 것이다. 전후 정부들이 금융 부문을 계속 규제하면서 보통 적대적으로 대했다면, 근래 들어서는 정부의 태도가 훨씬 우호적으로 바뀌었다. 금융 친화적인 태도는 공화당인 닉슨과 레이건 시절부터 시작된 흐름이지만, 이제 금융 부문의 가장 큰 정치적 후원자는 민주당이다. 사실 금융 부문을 대공황 시기의 규제에서 풀어 준 주역은 1990년대 민주당 의원들이다. 상업은행의 금융 업무 병행을 금지한 '1933년 글래스 스티걸법'을 앞장서서 폐지한 것도 빌 클린턴의 재무 장관이자 전임 골드만삭스 회장인 로버트 루빈이었다. 루빈은 또한 신용 부도 스와프와 여타 금융 파생 상품에 대한 규제 철폐도 도왔다. 이 모든 탈규제 정책으로 월 가는 막대한 수익과 이윤을 얻었다. 동시에 민주당은 막대한 선거 자금원을 얻었다. 그렇지만 두 가지 조치는 모두 2007년 경제 붕괴의 중심축이었다. 당시 금융시장에 투자했던 '대마불사' 은행들이 규제를 벗어난 파생 상품에 투자했다가 수천억 달러를 날리면서 세계 금융 제도가 붕괴 직전까지 갔었다.

그렇지만 민주당과 월 가 사이의 동맹은 오히려 끈끈했다. 버락 오바마가 의료 개혁을 비롯해 다수의 영역에서 진보적 의제를 과감히 추진했어도, 금융에 대한 그의 입장은 주로 전통적 견해에 가까웠다. 2008년 선거운동에서 월 가를 맹비난했던 신임 대통령은 당선 후 재빨리 금융 부문과 동맹을 맺었는데, 무엇보다도 주목할 점은 루빈의 후계자인 티머시 가이트너를 재무 장관으로 지목한 점이다. 물론 가이트너는 2007년 경제 위기가 더 악화되지 않도록 힘쓴 공로가 있긴 하지만 월 가와의 동맹을 잊은 법이 없었고, 무엇보다도 다수의 금융 전문가들이 금융 개혁의 핵심이라고 입을 모으던 조치를 가로막았다. 그것은 바로 모험 투자로 경제 전반을 위험에 빠뜨릴 만큼 비대해진 월 가 은행들을 해체하는 작업이었다. 오바마 정부는 당시 위기에서 월 가 대형 은행들의 사기 행각을 보여 주는 증거가 충분했는데도 이들을 형사 기소하지 않았다. 결국 오바마는 다시 살아난 월 가의 도를 넘은 행동, 즉 막대한 보너스와 연봉을 챙기던 관행 또는 투자자들의 근시안성이 기업 전략에 미치는 끝없는 해악을 처벌할 의지가 없었다. 이는 충동 사회가 거둔 또 하나의 승리였다. 즉 금융 부문은 과다한 이윤이나 '지대'를 보장해 주는 정치 풍토를 만들었고, 이 수익들은 또 다른 지대를 위해 '재투자'될 수 있었다.

안타까운 사실은 정치 문화가 완전히 금융화되지 않도록 막아 주던 유일한 공공 기관이 최근 무너져 버린 점이다. 그 기관은 바로 법정이다. 2010년 보수 민간 단체 시민연합이 연방선거관리

위원회를 상대로 제기한 소송에서, 연방대법원은 기업이 정치활동위원회PAC, 정치자금을 모으는 민간 단체에게 건네는 선거 기부금에 대해 그 어떤 제약도 없애 버렸다. 이제 이 돈들은 자신을 홍보하거나 더 흔하게는 상대 후보를 공격하는 광고에 쓰일 수 있게 되었다. 이 판결이 나온 후 치른 첫 번째 선거에서, 기업들의 후원을 받은 '슈퍼 팩super PACs'들은 3억 달러를 모금했다.[35] 2012년 선거에서는 그 액수가 두 배로 늘었다.

대법원의 시민연합 사건 판결은 금융시장의 요구 그리고 효율 시장의 이데올로기가 미국 정치 문화에 얼마나 깊이 침투했고 또 정치 문화를 장악했는지를 보여 주었다. 판결문에서 앤서니 케네디 판사는 판결의 여파가 대체로 양호할 것이라고 주장했다. 이는 워싱턴 정계와 동떨어져 있는 사람만이 할 수 있는 주장이었다. 케네디 판사는, 비록 이번 판결로 "정치 과정이 친기업적 성향"을 띠게 되더라도 이 때문에 "유권자들이 민주주의에 대한 신뢰를 잃는 일은 없을 것"이라고 주장했다.[36] 케네디의 의견은 그야말로 잘못된 것이었다. 이 판결의 근거는 선거 자금 기부가 헌법이 보장하는 표현의 자유에 해당한다고 본 것이었다. 더 크게 보자면 이는 보통 기업 변호사들이 외치는, 기업도 사람과 마찬가지 권한과 특권이 있어야 한다는 주장으로 통한다. 사실 이 주장은 기업도 하나의 자아처럼 자신이 원하는 정치적 결과를 간단히 돈으로 사서 쉽게 만족을 얻자는 것이다. 그렇지만 이는 동시에 기업 변호사도 아니고 로비스트도 아닌 다수의 미국인들을 몹시 불쾌하게 만드는 주장이었다. 특히 기업의 숱한 자기만족 행위 때문에 삶이 무너져 버린 사람들에게는 듣기 거북한 이야기였다.

단기 수익을 추구하던 기업들(그리고 나중에는 공적 자금으로 구제해 달라고 요구하는 기업들)이 금융 위기에 큰 책임이 있던 상황에서, 기업의 무제한 정치자금 지출을 허용한 연방대법원의 판결은 낙타 등을 부러뜨린 마지막 지푸라기였을 것이다. 다수의 일반 미국인에게 전반적인 정치제도는 금융 영역의 일부분이거나 확장된 금융시장 정도로 보였다. 이제 미국의 정치제도는 누가 봐도 시장처럼, 즉 근시안성과 승자 독식 태도, 편협한 이기적 목표를 갖고 행동했기 때문이다. 그리고 무엇보다도 개인보다 자산을 숭배하는 태도를 보였기 때문이다.(이런 사실에 놀랄 사람은 없다. 미 상원 의원 세 명 중 한 명이, 미 하원 의원 다섯 명 중 두 명이 백만 달러가 넘는 순 자산을 보유하고 있다.)

외부에서 보면 미국의 정치판은 테디 루스벨트와 윌리엄 태프트 같은 혁신주의 개혁가들이 등장하기 이전의 부패가 극심했던 시절로 되돌아간 것 같았다. 당시 국회의원들은 공공연하게 매수됐고 공금횡령이 잦았으며 일반 시민은 무시되거나 한낱 도구로 취급받았다. 이렇게 암울한 상황에서 자못 진지한 성난 군중이 다시 등장한 것은 어느 정도 예견된 바였다. 그들은 바로 2009년 티파티, 더 크게는 2년 후 등장한 월 가 점령 시위였다. 2011년 9월 시위자들이 맨해튼의 주코티 공원에 몰려와 부패한 금융 제도 그리고 똑같이 부패한 정치제도에 항의했을 때, 대다수 사람들이 놀랐던 건 시위가 터졌다는 것이 아니라 그런 시위가 있기까지 너무 오래 걸렸다는 점이었다.

## 관념적 좌파와 맹목적 우파의 나라

그렇다면 그러한 분노는 왜 대대적 혁명으로 전환되지 '못했을까?' 효율성을 추구하고 자기 몰두에 빠진 금융화된 충동 정치가 낳은 결과를 보면(여기에는 경제 붕괴뿐 아니라 중산층의 몰락, 입법 과정의 마비도 포함된다.) 이만큼 지속적인 저항운동을 자극할 조건을 찾아보기 힘들다. 그렇지만 당시의 저항 흐름은 주로 금융 문제에만 주목하면서 메인 가월 가에 대비해 실물경제를 가리키는 용어를 점화하는 데 실패했다. 한편 미국의 또 다른 저항 흐름인, 불균형을 바로잡는 유의미한 개혁을 모조리 가로막는 것을 주요 강령으로 하는 티파티의 경우 매우 효율적인 활동을 전개해 공화당을 장악하고 연방 정부의 업무를 정지시키기까지 했다. 안타깝게도 이는 실질적 정치 개혁에 대한 욕구 못지않게 브랜드 정치와 정체성 형성이 정치 문화를 주도하는 상황에서 어느 정도 예상 가능한 결과였다.

금융 위기에 대한 자유주의 세력의 대응을 살펴보자. 월 가 점거 운동이 주류 자유주의 세력 사이의 광범위한 합의, 즉 월 가와 정부 감시 단체가 모두 부패했으므로 중대 개혁이 필요하다는 합의를 보여 주긴 했지만, 이 운동은 다수의 주류 자유주의 세력을 자극하지는 못했다. 엄밀히 말하면 월 가 점거 운동은 주류 세력을 끌어들이려는 노력이 거의 없었다. 특이하게도 이 집단은 미디어와 소통하거나 노동계 같은 잠재적 동맹 세력과 함께하는 것에 관심이 없었다. 게다가 일관성 있는 의제를 제안할 의지도, 그렇게 할 만한 능력도 없었다. 실상 월 가 점거 운동은 충동적인 정치적 분노였을 뿐, 주류로 부상할 만한 정교한 구조나 절차를 갖추지 못했다. 월 가 점거 운동은 계획하는 자아보다는 행동하는 자아에 가까웠다.

그렇지만 월 가 점거 운동이 더욱 '전문적'으로 전개됐더라도, 주류 자유주의 세력이 주코티 공원에서 전개된 위험한 집단행동을, 나아가 미국의 공공장소 수백 곳에서 벌어진 집단행동을 수용했을 것이라고 단정하기는 어렵다. 사실 1970년대 이후, 미국 좌파는 집단성이나 집단적 행동이라는 개념과 매우 어색해졌다. 1960년대에 매우 강렬했던 저항 문화라는 충동은 1980년대가 되자 주류 소비자 문화에 대거 흡수되어 그 어떤 정치적 열망도 제품과 서비스로 흔쾌히 변형됐다. 1990년대가 되자 다수의 과격한 저항 문화 세력들은 소비문화의 대변인으로 활약했다. 비트 세대의 대표적 시인 앨런 긴즈버그는 광고에 나와 갭 청바지를 팔았고, 비트 세대의 대표적 소설가 윌리엄 버로스도 나이키 에어 맥스를 팔고 다녔다. 그 밖의 모든 사람들에게 저항과 반발은 주로 상업적이고 편의적인 행동으로, 매번 쇼핑몰에서 개인의 자유를 마음껏 누리게 해 주는 소비자 경제를 통해 표출되는 것이었다.

동시에 다수의 신좌파(거리로 나가 시민권을 옹호하고 베트남 전쟁에 반대하는 등 정치에 활발히 참여하는 사람들)는 주로 미국의 중산층에 동화되었다. 정치적 열망도 물질적 열망에 자리를 내주고 있었다. 1960년대 후반, 진보적 학생운동은 리처드 닉슨의 보수적 정책에 거리로 나가 화답했다. 20년 후 이들 진보 세력 중 상당수는 레이거노믹스의 보수성에 저항하긴 했지만, 이제 그 방식은 거리 점거가 아닌 레이건을 옹호하는 마당 표지판이 없는 동네로 이

사 가는 것이었다. 한편 유권자에게 사적 이익을 벗어나 더 큰 국가적 목표를 포용하라고 요구하는 정치인의 모습도 찾아보기 힘들었다. 다수의 베이비붐 세대2차 세계대전 종전 직후에 태어난 세대들에게 정치는 자아 표출 및 정체성과 훨씬 관련 깊은 영역이었다. 즉 자신의 일상이나 생활 방식에 부합하고 내적 공허함을 달래 주는 그 어떤 것이지, 자신을 불편하게 하거나 만족을 미루게 하고 난감한 선택을 요구하는 것이 절대 아니었다. 최루탄을 맞아야 하는 일 또한 아니었다.

이는 나이 든 좌파들이 시장 지향성이 약한 사회를 열망하지 않는다는 뜻이 아니다. 데일리 코스진보 정치 사이트 같은 사이트의 인기만 보더라도 미국의 좌파층은 여전히 두텁고 사회참여적임을 알 수 있다. 그렇지만 데일리 코스야말로 미국인의 정치적 열망이 충동 사회에서 변화된 과정, 혹은 이전된 과정을 보여 주는 단적인 예다. 여러 가지 면에서 미국은 관념적 진보주의자들의 나라가 되었다. 안전하고 편안하게 자기 집 거실이나 칸막이 친 사무실에 앉아 정치에 개입하고 분노하는 진보주의자들의 나라가 되었다. 엘리자베스 워런진보 성향의 민주당 상원 의원의 대선 출마를 바라십니까? 클릭. 해리 리드민주당 상원 대표에게 의사 진행 방해를 무력화하라고 전하고 싶나요? 클릭. 월 가 점거를 지지하십니까? 클릭. 그렇지만 대다수 미국인은 거리로 나가야 한다거나, 어느 정도 불편함을 견뎌야 한다거나, 점거에서 오는 심리적 물리적 위험(백인 경찰이 백인 시민에게 가하는 만행을 마지막으로 본 게 언제인지 기억나는가?)을 감수해야 하는 것은 부담스러워한다. 산업화, 금융화, 비즈니스화된 정치 문화 역시 이런 부담스러운 행동을 권하지 않는다.

그 결과 이제 미국 정치에서 실질적인 '좌파'는 존재하지 않는다. 적어도 1930년대 전성기의 노동운동이나 전후 말기의 저항운동 같은 방식으로 행동하는 좌파는 없다. 정치분석가 피터 베이나트의 주장에 따르면, 이는 결국 미국의 정치 과정에 큰 손해였는데, 민주당이 과거의 핵심 입장 중 상당수를 포기해야 했기 때문이었다. 믿을 만한 좌파 세력과 거리로 나가 현실을 바꾸려는 행동없이는, 민주당은 보수 세력과 협상할 수 없다고 베이나트는 주장했다. "프랭클린 루스벨트나 린든 존슨미 36대 대통령과 달리, 빌 클린턴과 버락 오바마는 자유주의적 개혁안이 통과되지 않으면 급진적 좌파가 사회질서를 교란할 것이라는 확신을 갖고 미국 보수 세력을 협박한 적이 없었다." 동시에 좌파 세력의 부재로 민주당은한때 주로 우파와 관련 있던 관행들, 이를 테면 기업들에게 선거자금을 호소하거나 월 가와 친밀한 관계를 유지하는 것 등을 훨씬편하게 받아들였다. 베이나트는 이렇게 표현했다. "민주당은 대기업 및 고도 금융기관 같은 보수적 집단과 훨씬 편하게 관계를맺었다. 왜냐하면 독자적인 좌파 세력이 이에 반대하는 압력을 넣지 않았기 때문이다."[37] 어떻게 보면 금융 탈규제와 그에 따른 혼란은 좌파의 자기중심적 정치가 낳은 직접적 결과였다. 자아 표출과 개인적 만족에 지나치게 몰두한 좌파는 자신의 역사적 역할에대체로 소홀했다. 그것은 바로 정부가 시장의 노예로 완전히 전락하여 효율성을 맹목적으로 추구하는 일이 없도록 막아 주는 역할이었다.

반면 티파티는 지지 세력의 부재를 겪지 않았다. 처음 등장한 순간부터 우파의 혁명은 그 어떤 좌파적 정치 머신보다 훨씬 더 행동력이 있는 데다가 자금도 훨씬 풍부한 보수적 정치 머신으로부터 환대를 받았다. 월 가 점거 운동은 언론을 거의 상대하지 않은 반면, 다수의 티파티 활동가들은 미디어 다루는 법을 제대로 알고 있었다. 집회는 신중하게 기획됐고, 미디어 그리고 더욱 중요하게는 지역 의원들과 원만한 관계를 유지했다. 상당수의 지역 의원들은 집회에 초대받았을 뿐 아니라, 티파티의 의제를 지지하지 않을 경우 다음 예비선거에서 불이익을 당할 것이라는 경고도 받았다.

이는 티파티를 자극한 분노가 주코티 공원을 감돌던 분노보다 순수성이 떨어진다거나 티파티의 분노가 우파 로비스트와 우파 백만장자들에 의해 완전히 조작되었다는 뜻이 아니다. 티파티 운동의 핵심에는, 더 나아가 공화당의 표밭인 주들 사이에는 가족, 공동체, 자기 신뢰 등 중요한 사회적 가치를 상실한 것에 대한 깊고 순수한 불안감이 있다. 그렇지만 티파티의 세계관에서 이러한 가치들은 때로 지나친 편견 같은 그리 숭고하지 못한 가치들과 뒤섞였다. 게다가 이러한 보수주의적 가치들은 정치 엘리트와 재계 엘리트들에 의해 쉽게 조작되기도 했다. 이런 일은 리처드 닉슨이 '침묵하는 다수'의 불안 심리를 이용해 재선에 성공하기 훨씬 전부터 있었다. 그렇지만 닉슨과 로널드 레이건을 비롯한 보수 세력들이 성공한 이유는, 과격한 보수주의자나 자유주의자, 생존주의자들뿐 아니라 다수의 미국인이 전후 자유주의적 기업 때문에 치른 사회적 대가로 몹시 힘든 상태라는 점을 간파했기 때문이었다.

보수주의 입장에서 보면, 활동가 같은 큰 정부와 폭넓은 사회 안전망은 정부 재정을 고갈시킬 뿐 아니라 매력적이지 못한 시민들을 양성했다. 즉 자기 몰두적이고 권리 의식에 빠졌으며 현실 감각이 부족하고 미국 사회를 지탱해 온 전통적 제도를 인정하지 않는 집단을 만든다. 이는 단지 마약에 빠진 히피나 복지 여왕정부의 복지 제도를 남용해 풍족하게 사는 사람들에 대한 염증이 아니었다. 이는 안정적이고 생산적이며 행복한 문화에 필수인 사회제도와 규범들을 더 이상 지지하지 않고 믿지 않는 사람들이 많아지면서 생긴 합당한 두려움이었다. 보수주의적 역사가인 대니얼 부어스틴은, 새로 등장한 자유주의적 시민들이 "미국의 과거를 부인하고 공동체와의 관계를 부정한다"라고 탄식하면서, "미국이 생존하려면 이러한 격세유전 현상과 미개함이 존재하면 안 된다"라고 경고했다.[38] 보수주의적 미국인들은 마치 잉글하트가 말한 후기 물질주의적 인간의 어두운 속성을 깨달은 것 같았다. 그들의 이기심과 근시안성은 미국 사회가 갑작스럽게 쇠퇴한 이유를 충분히 설명해 주었기 때문이다.

그러나 다수의 보수 세력들이 추진한 해결책들은 놀랍게도 역효과를 낳았다. 다수의 주류 유권자들은 제리 폴웰기독교 근본주의자로 미국의 보수주의 정치에 막대한 영향력을 끼친 인물 목사 같은 사회 보수 세력이 이끈 도덕성 회복 운동을 낡고 시대에 뒤떨어진 처방으로 여겼다. 그렇지만 더 큰 문제는 레이건과 자칭 재정 보수주의자들이 내린 경제 처방이었다. 즉 급진적 개인주의와 자유 시장에 대한 열망을 과다 처방한 것으로, 규제나 제도적 조절로는 통제되지 않을 정도였다.

결국 이러한 정책들은 보수주의자들이 지키려 했던 사회적 가치들을 더욱 빨리 부식시키는 결과를 낳았을 뿐이었다. 자유 시장 이데올로기가 사회에 빠르게 침투하면서 구직 시장은 무너지고 불평등은 확산됐으며, 가정과 공동체 그리고 독립을 꿈꾸는 사람들에게 삶은 극도로 힘들어졌다. 보수 세력은 효율 시장에 대해 신앙심에 가까운 믿음을 보이면서 효율 시장에 대한 반박과 그 부수적 피해를 무시했다. 혹은 자연적 질서에 따르는 대가라는 식으로 어설픈 정당화를 꾀하기도 했다. 좌파들이 시장에 대해 언제나 지나치게 의심하는 태도를 보였다면, 보수 세력은 그와 정반대의 오류를 저질렀다. 보수적 사회비평가 리처드 존 뉴하우스와 피터 버거는 레이건 혁명이 한창이던 시절에 이렇게 말했다. "근대의 보수적 이데올로기의 약점은 보통 좌파의 약점과 정반대다. 즉 큰 정부가 낳는 소외에는 매우 민감하면서 대기업이 낳는 유사한 효과는 눈치채지 못한다." 이러한 맹목성에 대해 보수 단체인 전략및국제연구센터의 국제 관계 전문가 에드워트 루트웍은 "바로 그런 노골적인 모순이 주류 공화당 이데올로기의 핵심이 되었다"라고 지적했다.[39]

왜 보수주의자들은 시장의 분열적이고 파괴적인 여파를 그토록 인정하지 않는 걸까? 그 이유 중 하나는 경제를 통제하려는 정부의 노력이 거의 예외 없이 새로운 문제들을 양산한다고 우려했기 때문이다. 이는 나름 일리 있는 주장으로, 주택 시장에서 정부라는 묵직한 존재가 주택 거품에 일조했던 사실을 떠올려 보면 수긍이 간다. 그렇지만 자유 시장의 역설에 대한 우파의 맹목성을 제대로 이해하려면, 브랜드 정치가 부상한 시점으로 돌아가야 한다. 지난 20년 동안 정치 정당과 컨설턴트, 미디어 매체들은 개인의 정치적 열망을 소비재와 다름없는 그 무엇으로 전환시키는 것에 성공했다. 이를 통해 유권자들은 애써 숙고하거나 타협하지 않아도 열망을 실현하고 정체성을 유지할 수 있었다. 그렇지만 정치의 브랜드화로 정당들, 특히 최근 몇 년 동안 보수주의자들이 단기적 성과를 얻었다면, 미국 사회는 주로 정책 추진이나 중대한 결단에서 무능력한 정치 문화를 보게 되었다. 예를 들면 현재의 보수주의 브랜드는 타협의 여지가 거의 없다. 이는 타협이 '정통적' 보수의 정체성과 도덕적으로 양립할 수 없다는 인식이 어느 정도 작용했기 때문이다. 그 결과 보수적 유권자들과 정치 지도자들은 이데올로기적 운신의 폭이 거의 없다. 즉 중도에서 벗어나 더욱 극단으로 치닫는 것 말고는 그 어떤 여지도 없다.

그렇지만 이제 보수적 브랜드의 모순이 수면 위로 떠오르고 있다. 예를 들면 자유 시장 정책이 구직 시장을 심하게 훼손하면서 이제 보수 세력은 자유 시장 이데올로기를 포용하고 경제적 결과가 전적으로 개인의 책임이라고 주장하기가 힘들어졌다. 오늘날 경제 현실에서는 경제적 자립을 위해 아무리 애를 써도 삶이 퇴보할 수 있기 때문이다. 사실 지난 10년 사이 우파 브랜드는 현실적 기반을 서서히 상당 부분 잃었다. 레이건 시절의 보수주의가 자유주의적 뉴딜 정책의 명백한 결함, 이를테면 위대한 사회정책의 몰락과 많은 노조들의 부패 및 무사안일주의 등을 이용해 그 기반을 다진 반면, 오늘날의 보수주의 브랜드는 현실적 기반이 매우 취약해졌다. 분명한 사실은 현실에 기반한 보수주의 운동이라면 금융위기로 경제적 사회적 추락을 겪은 이후 규제받지 않는 금융시장의 타당성을 재고했을 것이라는 점이다.

그러나 우파적 브랜드의 침투로 다수의 보수주의자들은 효율 시장의 실패라는 가능성조차 부인하려 들었다. 연구 조사에 따르면, 다수의 자칭 보수주의자들은 경제 붕괴의 책임을 정부가 지원하는 주택 대출 탓으로 돌리는가 하면, 고용 없는 느린 회복 역시 정부의 지나친 규제를 탓한다고 한다. 이들은 효율 시장 자체가 부패했을 가능성 그리고 심하게 왜곡된 효율 시장이 불평등을 낳고 중산층을 무너뜨렸을 가능성을 전혀 고려하지 않았다. 이 과정에서 보수주의 브랜드는 다시 한 번 취약해졌다. 또 연구 조사에 따르면 젊은 보수층, 그중에서도 최근 경제적 운이 다한 사람들은 시장을 맹신하지 않는다고 한다. 즉 시장에서의 정부 역할에 자동 반사적으로 반대하지는 않는다는 뜻이다. 그렇지만 브랜드화된 보수주의가 공화당이라는 조직체를 장악하면서(특히 예비선거에서 후보를 선출할 때) 보수 브랜드는 그 어느 때보다 극단성을 띠고 있다.

이러한 역학 때문에 공화당은 그 어떤 경제 사안에 대해서도 실질적인 정책 제안을 거의 못하게 되었다. 이를 잘 보여 주는 사례가 다수의 공화당 입법자들이 현행 자본이득세를 계속 유지하기 어렵다고 인정한 점이다. 현재 자본이득세는 백만장자에게 중산층 임금 소득자보다도 낮은 세율을 적용한다. 게다가 자본이득세는 시장의 단기주의 중에서도 가장 최악인 행태를 부추기는데, 주식 과당 매매에 대해 최소한의 벌칙세를 적용하기 때문이다. 순기능적인 정치 문화라면 투자자들이 주식을 5년 이상 보유하도록 자본이득세를 매길 것이다. 미 노동조합총동맹 산업별조합회의 정책국장으로 기업 단기주의 전문가인 데이먼 실버스는 이렇게 말했다. "단기 매매에 대한 자본이득세율을 높이려고 하면 이에 선뜻 응할 중도적 입법자들이 꽤 있는 것으로 압니다. 제 생각에 이에 대한 타결은 가능해 보입니다. 문제는 기업 집단보다 티파티입니다. 세금을 올린다고 하면 티파티는 반대할 겁니다. 사실 티파티의 주된 존재감은 그런 제안에 찬성하지 '않는 것'에 있습니다."

물론 정치 문화는 그 성격이 복잡하므로 좌우의 심화된 격차에는 많은 동력이 작용한다. 일례로 무수한 행동 연구 결과들에 따르면 자유주의자와 보수주의자들은 불확실성과 혼란에 대해 보이는 반응 자체가 다르다고 한다. 게다가 보수주의자들은 심리적으로 볼 때 경제적 불운을 개인의 책임으로 떠넘기는 경향이 훨씬 강하다고 한다. 또 다른 연구에 따르면 보수주의자들은 권위에 대한 도전을 훨씬 불편하게 여기며, 따라서 뿌리 깊은 관행에 맞서는 그 어떤 개혁에도 저항감이 더 크다고 한다. 그렇지만 우리가 충동 사회를 탐구하면서 확인했듯이 보수 세력이 분명 부패한 시장에 이상하리만큼 집착하는 더 근본적인 이유는, 산업화되고 개별화됐으며 초효율적이고 에고에 기반한 충동 정치의 쳇바퀴를 통해 보수주의자들의 정체성이 더 이상 타협의 필요성을 인정하지 않는 쪽으로 퇴보했기 때문이다. 혹은 이들의 사전에는 타협이라는 개념조차 없기 때문이다. 그렇다고 자유주의적 정치 머신이 정체성 정치를 이용하지 않는다거나 현재 자유주의 정치 문화가 피해자 의식과 어느 정도 거리를 두고 있다는 뜻은 아니다.(물론 우리 모두에게 피해자 의식을 불어넣으려는 우파보다는 훨씬 거리를 두고 있다.) 그렇지만 이와 관련해 좌파는 우파만큼 크게 이탈하지 않았다. 여러 연구에 따르면 중도에서 훨씬 벗어난 쪽은 보수주의자들이며 입장이 매우 강경한 쪽 역시 보수주의자들이라고 한다. 이는 단지 개인의 역량과 자아실현을 끊임없이 강조하지만 공동체와 안정은 강조하지 않는 근대사회 때문에 보수주의자들이 더욱 불안해졌기 때문인지도 모른다. 이유야 어찌 됐건 결과적으로 오늘날 보수주의자들은 신뢰를 잃은 자유 시장 이데올로기의 모순과 맞서기도 전에 중도에서 훨씬 벗어나 버렸다. 그리고 보수주의자들이 이러한 도전을 받아들이기 전에는 미국의 전반적 정치제도는 자기중심적 경제, 즉 갈수록 순간적 만족과 편협한 사적 이익을 신중함이나 더 큰 공동체의 이익보다 앞세우는 경제의 역설적 현상을 진정으로 극복하기 힘들 것이다.

### 밀레니엄 세대가 우리를 구원할 수 있을까?

그렇지만 미국 정치의 냉소적 영역에서도 희망이 싹트고 있다. 일례로 공식적인 정치 활동에 참여하지 않는 것으로 유명한 미국의 젊은 세대들이 하나의 정치 동력으로 작용할 조짐을 보여 주고 있다. 한 연구에 따르면 밀레니엄 세대 베이비붐 세대의 자녀들로 1980년대 이후 태어난 세대들는 이전 세대처럼 주기적으로 투표하지는 않지만, 다른 방식으로 정치에 활발히 참여한다고 한다. 이들은 자원봉사에 더 적극적이고, 더욱 중요하게는 자신의 정치적 신념을 모든 삶의 영역에서 실현하려고 애쓰며, 정치 참여를 선거철에만 잠깐 하는 행동으로 보지 않는다. 게다가 이전 세대와 달리 브랜드화된 정치를 포용하려는 경향이 훨씬 약하다. 예를 들면 보수적인 밀레니엄 세대는 이전의 보수적 세대보다 인종적 다양성에 훨씬 관용적이며 마찬가지로 동성 결혼에도 반감이 훨씬 덜하다. 게다가 주목할 사실은 보수적인 밀레니엄 세대는 대기업에 의혹의 눈길을 보이는 경우가 많고, 경제적 불균형을 교정할 때 정부의 역할이 잠정적으로 유익하다고 본다는 점이다. 이러한 태도는 대기업의 부패가 극에 달한 시점에 다수의 밀레니엄 세대가 성년을 맞이했기 때문인지도 모른다. 피터 베이나트 같은 정치 평론가들은 밀레니엄 세대에게 통하는 인상적인 정치적 경제적 메시지를 찾은 정당 및 정당 지도자들이(한동안 민주당은 엘리자베스 워런을 밀레니엄 시대의 이상적인 후보라고 선전했다.) 장차 강력한 유권자 집단을 확보해 정치 개혁과 금융 개혁에서 상당한 영향력을 행사하게 될 것이라고 주장했다.[40]

그러나 눈여겨볼 사실은 이 새로운 집단이 전통적인 좌파 대 우파, 보수주의 대 자유주의라는 범주와 딱 맞아떨어지지 않는다는 점이다. 수십 년 동안 당파적 갈등과 브랜드화된 정치를 체험한 우리는 이제 새로운 정치적 중도 세력이 서서히 등장하는 모습을 보게 될지도 모른다. 최근 설문 조사들에 따르면 공화당 지지자, 민주당 지지자, 그리고 그 어느 쪽도 지지하지 않는 유권자들 중에 낙태할 권리부터 신원 조회, 최저임금과 정교분리政教分離에 이르는 폭넓은 주제에서 사실상 합의된 의견을 보인 사람들이 많았다고 한다. 이 새로운 중도 세력을 단일한 유권자로 묶기는 힘들겠지만 《워싱턴포스트》의 중도우파적 칼럼니스트 캐슬린 파커의 지적처럼 이들은 극단적 세력의 합보다 더 크고 이데올로기적 순수성을 거부한다는 공통점이 있다.[41] 물론 이 집단이 존재감을 드러낸 것은 2012년 대선으로, 당시 공화당의 결정적 패인은 티파티의 극단성에 대한 대중의 반감이었다. 그렇지만 미국의 중도 세력은 균형에서 이탈한 극우의 정치를 그저 부정만 하지는 않았다. 이들은 더욱 균형 잡힌 미국의 오랜 신념에 대해 믿음을 보여 주었다. 《워싱턴포스트》의 자유주의적 칼럼니스트이자 『양분된 우리의 정치적 심장』의 저자인 디온 주니어는, 2012년 대선 결과는 "개인주의와 공동체, 민간과 정부의 노력, 시장의 업적과 그 시장이 남긴 문제를 해결하는 정부의 필수적 역할" 사이의 적절한 균형에 관한 전후의 합의를 사실상 인정한 것이라고 표현했다.[42]

보수적 정치인들은 2012년 대선을 정확히 이런 식으로 표현하지는 않았을 것이다. 그러나 분명한 사실은 2012년 대선 이후 주류 공화당 의원들이 적어도 극단주의자들과 선을 긋고 다시 중도적 색채를 띠려 했다는 점이다. 2013년 후반 티파티에 쏟아진 비난은 워싱턴 정계와 동떨어진 영역에서도, 궁극적으로는 '분리된' 공동체에서도 이대로는 안 된다는 자각이 생겼음을 명백히 보여 준 것이었다.

회의론자들은 티파티의 패배가 비즈니스 공동체 특히 금융 부문의 요청에 따른 것이라고 주장할지도 모른다. 금융 세력은 티파티의 극단성이 규제 개혁을 사전에 차단하는 공화당의 역량에

해가 될지 모른다고 우려했기 때문이다. 그렇지만 티파티에 대한 비난은 미국의 정치 문화가 결국 임계점에 도달했음을 보여 준 것이기도 했다. 유권자들은 수십 년째 계속된 정치적 참호전에 지친 기색이 역력했다. 그리고 솔직히 말해 이데올로기적으로 편향된 입법자들 중에도 티파티의 반란이 실패하자 안도한 이들이 있었다. 인간적인 차원에서 보자면, 모든 세력은 연방 정부의 업무 정지로 간절했던 휴식을 누렸다. 몇 달간 당파적 대립을 일삼던 입법자들은 이제 잠시나마 미국의 정치 문화를 벼랑 끝으로 몰아가는 쳇바퀴와 거리를 두게 되었다. 이렇게 새로 열린 공간에서 입법자들은 작지만 중대한 합의를 도출할 수 있었다. 물론 이러한 평화가 계속 이어질 것으로 기대한 사람은 아무도 없었다. 불화를 낳는 정치 머신은 2014년 중간선거에 대비해 잠시 멈춘 것에 불과했기 때문이다. 잠깐의 휴지기이긴 했지만 이는 정치 행위자들이 정치 머신에서 물러나 어떤 공간을 만드는 것이, 즉 정치 머신이 우리의 결정과 전략과 운명을 이끌도록 방치하지 않고 어떤 공간을 만들어 반추하고 숙고하며 행동 방침을 '정하는' 것이 무엇보다 절실하다는 것을 모두에게 각인시켰다. 역설적이게도 그 짧은 순간에 충동 사회의 수도인 워싱턴은 충동 사회의 무장해제 가능성을 모두에게 보여 준 것 같았다.

3부

# 더 나은
# 세상을
# 향하여

**THE
IMPULSE
SOCIETY**

# 9 건강한 공동체를 위한 공간 만들기

**"잠시 꺼 두셔도 좋습니다."**

어떤 차원에서 보면 충동 사회에 대한 반란은 수십 년째 계속 진행되고 있었다. 어떤 공동체에서든 한 주 중 하루라도 효율성과 빠른 수익을 다른 가치보다 우선시하는 사회경제제도와 조금이라도 거리를 두기 위해 부지런히 때로는 필사적으로 노력하는 사람들을 찾아볼 수 있다. 이는 어느 하루 날을 잡아 스마트폰을 끄고 소셜 네트워크와 단절한 채 가정의 화목함을 되찾으려는 이웃집 가족일 수 있다. 혹은 아직 학교에 입학하지 않은 자녀와 시간을 보내기 위해 상사를 설득해 휴가를 얻는, 격무에 시달리는 소프트웨어 엔지니어일 수 있다. 또 외주 마케팅 업체와 러시아 해커들의 스토킹에 질려 온라인 쇼핑과 신용카드 사용을 끊기로 한 여성일 수도 있다. 폭스 채널과 데일리 코스의 에코 효과로 민주주의에 대한 불신이 들자 이 미디어들을 끊어 버린 정치광일 수도 있다. 디지털 암흑세계에서 자신을 해방시킨 브렛 워커 같은 이들도 당연히 이런 부류다. 충동 사회를 향한 이러한 반란은 선언 없이도 이뤄질 수 있다. 그렇지만 저절로 굴러가는 사회경제적 쳇바퀴의 관성과 가치관 그리고 이에 대한 기대감과 어느 정도 거리를 두지 않으면, 어떤 공간에서든 사람들은 필수적이고 대체 불가능한 무언가를 잃고 있다는 느낌이 들 것이다.

우리를 반란으로 이끄는 것은 절망과 분노뿐 아니라 신뢰의 상실이다. 금융 몰락과 정치 붕괴 이후 많은 이들이 사회의 밑바탕을 이루는 기초 조직과 기본 전제를 불신하게 되었다. 정치제도에 대한 신뢰가 그 어느 때보다 낮아졌을 뿐 아니라 경제 제도가 사실상 우리의 이해와 배치된다고 느낀 사람들이 많아졌다. 즉 경제 제도가 빠른 수익과 승자 독식주의로 완전히 부패하자 소득 불평등과 기업의 만행, 주기적인 시장 붕괴를 새로운 현실로 받아들이게 되었다. 우리는 또 다른 형태의 시장 실패도 목격했으며 비용 절감에 대한 맹신이 불합리함을 낳고 파괴적인 극단주의로까지 치닫는 현상도 목격했다. 도급 업체들이 콘크리트를 아끼려다 방글라데시의 노동 착취 공장이 무너진 사건, 석유 회사들이 비용을 아끼려다 멕시코 만에 1억 갤런이 넘는 원유를 유출시킨 사고가 바로 그런 경우였다. 우리는 빅 데이터와 여러 디지털 기술이 국가 안보 기관처럼 우리를 몰래 추적하고 조작할 수 있는 새로운 도구를 주로 대기업들에게 제공한 현상도 목격했다. 더 근본적으로는 효율 시장의 실패뿐 아니라 '시장 사회'의 실패도 목격했다. 시장 사회는 제약 없는 사적 이익의 추구를 통해 공공의 복지를 확대하겠다고 약속했지만 오히려 순간적 만족의 추구로 파괴된 전통 그리고 공허한 주류 문화만 만들었고, 다수의 온건하고 과격함과 거리가 먼 개인들조차 원하는 것을 얻는 것과 필요한 것을 얻는 것 사이의 심오한 차이에 눈뜨게 했다.

그러나 이 고집스러운 제도에 반격을 가하려는 우리의 노력은 서서히 줄어들고 있다. 우리는 더욱 인간적인 것을 앞세워야 한다는 것을 알고 있지만, 충동 사회를 낳은 구조적 동력이 워낙 탄탄해서 우리가 내는 불만의 목소리에는 꿈쩍도 하지 않는다. 세계화라는 경제적 현실과 기술 쳇바퀴는 무엇이든 비효율적인 것을 가루로 만들어 버린다. 투자자들은 변함없이 수익 사냥에 몰두한다. 즉 경영진 보상과 기업 전략은 여전히 분기별 수익과 주가에 얽매여 있다. 정치인들과 정치 머신도 여전히 극단주의와 빠른 승리를 통해 원하는 것을 얻는다. 한편 소비문화는 갈수록 '나'와 '현재'로 규정되는 삶이 타당할 뿐 아니라 필요하다고 우리를 끊임없이 세뇌한다. 게다가 이런 문화에서 한발 물러나거나 플러그를 빼려는 그 어떤 현실의 노력도 남들보다 뒤처지거나 실패할 위험이 있다고 우리에게 속삭인다.

어떻게 보면 소비문화의 이야기가 맞다. 심리적으로 볼 때 많은 이들이 충동 사회의 끈질긴 제안에 넘어간 탓에 이러한 문화와 거리를 두는 작은 공간은 만들기만 해도 사회에서 추방당한 기분을 느낀다. 경제적으로 보더라도 플러그를 뽑으면 가혹한 불이익을 받을 것이라는 두려움은 강박이 아니다. 지금은 할아버지 세대의 고무적이고 용기를 심어 주던 호황기가 아니다. 이전의 번영 사회에서는 개인이든 사회든 모험을 감행할 수 있었다. 그렇지만 지금은 훨씬 조심스럽고 자중하며 때로 두려워하는 분위기다. 요즘 고용 시장에서는 잠시라도 플러그를 빼 놓는 사람, 즉 하루 24시간 일주일 내내 대기하기를 거부하는, 일명 '할 말은 하는' 직원이 되려는 사람은 고용 시장에서 영원히 추방될 각오를 해야 한다. 결국 공간을 만들려는 우리의 노력은 더욱 온건하고 겉으로 티 나지 않는 반항에 그친다. 조금이라도 사회 개혁적인 것에 관심을 쏟기보다 하루하루 제 한 몸 건사하는 것에 더 신경 쓴다. 이렇게 조심스러운 태도 때문에 미국의 전반 문화는 고통 받는다. 외로운 노동자는 영혼을 갉아먹는 직장을 떠나길 두려워하고, CEO와 정치인들은 각각 기득권 세력과 맞서려고 하지 않는다. 이중에는 단지 실용주의에 따른 경우도 있지만, 대개는 조건부 항복이 크게 작용한다. 마치 지금 일어나는 모든 현상, 즉 단기주의와 경제 불평등, 지나치고 극단적인 자기 몰두, '우리보다 나를 앞세우는' 문화는 불가피하며, 본질상 유용한 것을 최대한 생산하는 효율적 사회경제의 논리적 귀결이라고 보는 것 같다. 간단히 말해 사회적 진보의 종착점이 지금의 충동 사회라고 믿는 것이다.

그렇지만 이는 명백히 잘못된 생각이다. 이와는 다른 경제적 결과도 있고 더불어 다른 사회·문화적 결과도 가능하기 때문이다. 그 대안 모델로 서유럽과 아시아 일부 지역(이를테면 독일이나 싱가포르)을 들 수 있는데, 이 사회들은 자신들의 경제 제도에 대해 미국과 전혀 다른 기대를 품는다. 또한 미국 사회가 불가피하게 여기는 도를 넘은 품위 없는 행동에 대해서도 확실히 용인하는 분위기가 아니다. 이와 관련해 미국인은 자국의 역사만 보더라도, 개인과 사회 전체에 필요한 것 이상으로 생산하는 경제를 국민들 손으로 만들 수 있다는 사실을 확인할 수 있다. 보수주의자들은 외국에서 가져온 것이든 미국 역사에서 참고한 것이든 대안을 제시하면, 자유주의적 정부가 시장에 부적절하게 개입한 것이라며 무시하는 경향이 있다. 이러한 불평이 전적으로 부당하지는 않다. 그렇지만 대안 사회에 대한 기본적인 주장, 더 지속성 있고 공정하며 경제적으로 인간적인 결과를 낳는 조치들이 가능하고 또 필요하다는 주장은 결함이 있는 것도 아니고 특별히 '자유주의적'이지도 않다.

산업혁명이 시작된 순간부터, 사람들은 그 엄청난 효율성을 가급적 많은 대중이 누리려면, 애덤 스미스가 자본주의라고 부른 '상업 사회'를 끊임없이 찌르고 쑤시고 건드릴 필요가 있다고 믿었다. 스미스는 『국부론』에서 "어떤 사회든 인구 대부분이 가난하고 비참하면 그 사회는 절대로 번영하거나 행복할 수 없다"라고 적었다.[1] 오늘날 보수주의자들은 스미스와 그의 보이지 않는 손을 끊임없이 들먹이면서 규제 없는 시장을 옹호한다. 그렇지만 사실 스미스는 때로 시장규제가 필요하다고 생각했다. 즉 그는 무엇보다도 부자들에게 부과하는 누진세를 옹호했고, 특히 주목할 사실로 소수의 손아귀에 경제적 힘이 집중되는 것을 막기 위해 강력한 금융규제를 해야 한다고 봤다. 그는 이러한 규제 개입이 "어떻게 보면 자연적 자유를 침해하는 것"이라고 순순히 인정했다. 그렇지만 소수의 개인적 자유를 신중하게 제약하는 것은, 한 나라가 "사회 전체의 안전"을 위해 진지한 노력을 기울일 경우 필수적이라고 그는 주장했다.[2] 독일의 경제평론가 토머스 웰스는 "스미스에게 상업 사회는 투쟁을 통해서만 그 잠재적 이득을 극대화할 수 있는 윤리적 프로젝트"였고, 이 프로젝트의 성공은 "예정된 것이 아니었으므로 필히 노력을 기울여야 했다"라고 언급했다.[3] 이제 우리가 해야 할 질문은 그 목적에 대한 것이다. 우리가 후기 충동 경제로부터 얻으려는 '산물'은 무엇이고, 이를 위해 어떤 식으로 시작할 것인지를 물어야 한다.

### 여전히 많을수록 좋은 걸까?

때마침 스미스는 '전체 사회의 안전'이라는 개념으로 우리에게 좋은 시작점을 알려 주었다. 충동 사회의 아이러니 중 하나는 효율 시장의 가치가 내면화되고 제도화되면서 우리의 문화가 온통 사적인 이익만 추구하는 개별화된 개인으로 원자화되었다는 점이다. (소비자는 물론이고 기업과 정치정당까지 원자화되었다.) 파편화는 특히 개인 차원(적어도 일부 개인들)에서 성공적이었는데, 덕분에 개인들은 더 큰 발전을 이뤘을 뿐 아니라 대체로 부와 소비가 늘고 만족감이 커졌으며 더 많은 자아 표출의 기회를 누리게 되었다. 그렇지만 파편화는 개인의 존재 의미를 재규정하면서 '사회 전체의 안전'을 뒤흔들었다. 우리는 '전체 사회'의 구성원에서 개인의 만족을 위해 경합하는 경쟁자로 변했다. 다원주의적인 승자 독식 투쟁이 벌어지면서 사회적 목적 혹은 '공공의 재산'이라는 개념이

비집고 들어갈 틈이 사라졌다. 이제는 공유한 재산도 없기 때문이었다.

경제성장률만으로 사회 건전성을 측정할 수 있다고 고집하는 것만큼 이 지속 불가능한 현상을 여실히 보여 주는 것도 없다. 경제가 더 적은 비용으로 더 많이 쏟아내는 한(공장과 제품과 수익이 더 많이 생기는 한) 우리는 모든 것이 잘 돌아가고 있다고 스스로에게 속삭였다. 사실 이러한 허구성에 근거가 없지는 않다. 역사적으로 볼 때 파이가 커질수록 각자에게 돌아가는 몫도 컸다. 특히 전후 시기에 효율적이고 급속한 경제성장으로 부가 늘었을 뿐 아니라 일자리가 증가하고 임금도 올랐다. 활발한 혁신으로 유익한 제품이 쏟아졌고, 사람들의 열망이 커지면서 사회 전반적으로 활기가 넘쳤다. 그렇지만 충동 사회가 등장하면서 이러한 연관 고리는 약해졌다. 최근 몇 십 년 사이 우리는 GDP가 급성장하면서도 동시에 사회가 휘청댈 수 있다는 사실을 목격했다. 이는 단지 경제성장의 혜택이 금융 효율성과 패거리 자본주의를 통해 점점 소수에게 집중되고 있기 때문만은 아니다. 이와 더불어 시장이 그 가치를 정하는 사회경제제도에서는 경제적 '성공'이 사회적 성공과 반드시 일치하지는 않기 때문이다. 사실 우리의 사회적 실패가 때로 급성장하는 GDP의 원천이 된다는 사실은 자기중심적 경제의 고약한 속성을 보여 준다. 빠른 성과와 분기별 수익과 주가에 점점 몰두하는 기업 문화에서는, 직원들과 전체 사회를 근본적으로 불안정하게 만드는 전략을 써야 회사와 그 운영자들이 성공하고 GDP가 급증할 수 있다. 임금 인상이 동결되고 직원 교육에 대한 투자가 줄며 장기적인 기초 연구에 대한 지출이 급감한 상황에서, 자사주 매입에 한 해 5000억 달러를 쓴 미국 기업들이 이득을 볼 수 있었던 이유 중 하나도 이처럼 경제적 성장과 사회적 발전 사이의 상관관계가 끊어졌기 때문이었다. 진짜 생산적인 활동과 단지 '자본 효율성'만 높이는 활동을 구분하지 않는 경제모델에서는 인위적으로 조작된 주주들의 이익과 매슬로의 욕구 단계에서 해마다 미끄러지는 노동 인력 사이의 갈등이 공식적으로 드러나지 않는다.

그렇지만 경제성장과 사회적 쇠퇴라는 역설적 현상은 기업 영역에만 국한되지 않는다. 이러한 패턴은 충동 사회의 전반적 특색이다. 아픈 환자는 건강한 사람보다 더 가치가 있는데, 아픈 환자가 수익 창출이라는 면에서 훨씬 유용하기 때문이다. 문 닫은 소도시의 번화가가 활기 넘치는 번화가보다 더 가치 있는 이유도 전자는 세계적인 소매업체들이 또 다른 비효율을 성공적으로 없앴다는 증거이기 때문이다. 삼림 파괴, 사용 한도를 넘긴 신용카드, 대기 중의 이산화탄소 농도 증가, 처방약 남용 추세 등 이 모두가 순수한 성장으로 집계되는 이유 역시 단기 이득만 기록하고 장기 비용은 무시하는 시스템에서는 이 모든 행위가 활발한 생산 행위로 잡히기 때문이다. 또 하나 황당한 사실은 성장과 효율성에 집착하는 경제에서는 사회적 비용을 제대로 반영하지 못하고 동시에 사람들이 일반적인 경제 영역 밖에서 생산하는 상당한 부를 대부분 무시한다는 점이다. 노인복지관에서 자원봉사를 하거나 자녀들과 외식하는 대신 집에서 같이 요리해 먹는 것, 식사 후 아이들에게 오락 기기를 던져 주는 대신 같이 놀아 주는 것 등 상업적 거래와 관련 없는 활동들은 우리가 구입하는 물품과 마찬가지로 건 전한 경제에 필수라 해도 GDP 성장에는 기여하지 못한다. 저널리 스트이자 정책 전문가인 조너선 로는 다음과 같은 우스갯소리를 했다. 경제적 성공에 대한 현재의 기준에 따른다면, "미국에서 최 악의 가정은 진짜 가정다운 가정들, 즉 손수 요리해 먹고, 저녁 식 사 후 산책을 나가며, 자녀를 상업적 문화에 방치하지 않고 같이 대화하는 가정들이다. 집에서 요리하고, 자녀들과 대화하고, 드라 이브 대신 산책하는 활동은 상업적으로 해결하는 것보다 지출이 적게 든다. 그리고 안정적인 결혼 생활은 가정 상담이나 이혼과 관 련된 비용을 줄인다. 따라서 이런 가정은 GDP로 표현되는 경제에 위협적이다."

수십 년 동안 다양한 부문의 활동가들은 지독할 만큼 성장에 만 주목하는 지표를, 효율 시장이 제대로 반영하지 못하는 비용과 편익이 반영된 새로운 경제지표로 대체해야 한다고 주장해 왔다. 1980년대와 1990년대에는 일부 경제학자들이 GDP 개념을 비화 폐적인 사회적 비용과 편익까지 고려한 더욱 복잡한 지표로 대체 하자고 제안하기도 했다. 이러한 새로운 지표가 생기면 국가와 기 업이 경제적 성공에 더욱 포괄적 접근을 한다고 봤기 때문이었다. 이러한 노력에 동참했던 전직 세계은행 수석경제학자 조지프 스 티글리츠는 훗날 이렇게 말했다. "무엇을 측정하느냐가 사람들의 행동에 영향을 줍니다. 올바로 측정하지 않으면, 사람들은 올바로 행동하지 않습니다."[4] 이러한 초기 노력은 폭넓은 정치적 지지를 받지 못했다. 사실 1990년대에 의회는 새로운 GDP를 연구하는 연방 기관들에 대해 자금 지원을 철회하겠다며 위협했다. 그렇지만 금융 위기 이후 새로운 경제지표에 대한 구상이 탄력을 받으면서 우리 경제가 정확히 무엇을 생산해야 하고 진정 더 생산적인 경제는 어떤 모습인지에 대해 광범위하고 필수적인 논쟁이 활발히 벌어졌다. 이는 아직 논의 단계에 불과하다. 그렇지만 이러한 논쟁이 있다는 것 자체가 우리의 운명에 대한 통제력을 되찾기 위한 여정에서 결정적 첫발을 내디딘 것이라 할 수 있다.

이러한 논쟁에서 나온 제안 중에는 급진적인 것도 있었다. 역시 전직 세계은행 경제학자이자 현재 환경경제학의 대부인 허먼 데일리는 '균제均齊 상태의 경제'라는 것을 제안했다. 균제 상태의 경제에서는, 모든 경제활동이 '생태계의 재생력과 동화력이라는 범주'에서 벗어나지 않도록 규제와 조세 그리고 여러 정책 수단들을 동원해 적극적이고 신중하게 사회를 운영한다.[5] 환경운동가들은 자연적 한계에서 벗어나지 않는 경제성장이라는 개념을 한층 발전시켰는데, 그중 빌 매키번은 '심오한 경제'라는 개념을 통해 현재 GDP 개념에서 제외되는 세 가지 종류의 생산량을 극대화하는 경제활동을 구상했다. 그 세 가지는 바로 장기적이고 생태적인 지속성, 평등한 소득, 인간적 행복이다. 매키번은 몇 년 전 온라인 잡지 《살롱》에서, 그러한 경제는 "양보다 질에 더 관심을 두고, 물질적 잉여만큼 인간적 만족을 목표로 삼으며, 사회의 지속성이라는 개념을 적어도 규모의 성장 못지않게 중시한다"라고 설명했다.[6]

그렇지만 자본주의 시스템을 철저히 점검하자거나 자본주의를 전면 부인하려는 이러한 제안들은 주류 문화와 어울리기 힘들었다. 특히 미국처럼 시장 경제의 대안을 제대로 고민해 본 적이 없고 또 온갖 비관론이 쏟아져도 현 상황을 여전히 개선할 수 있다고 보는 문화와는 어울리기가 힘들었다. 미국인에게 더욱 솔깃한 아이디어는 '자유주의'나 '보수주의'라는 명칭과 맞아떨어지는 아이디어, 그리고 기존의 사회경제제도를 현재의 경제적 가정과 목적 내에서 정치적으로 가능한 약간의 조정을 통해 지속 가능하고 인간적인 모습으로 바꾸자는 아이디어들이다. 예를 들면 환경에 관심 많은 몇몇 경제학자들과 경제를 고민을 하는 환경운동가들은 탄소와 관련된 지표를 추가해 GDP 개념을 보완하고(즉 미국의 경제 산출이 1달러 늘어날 때마다 이산화탄소를 얼마나 배출하는지 측정하는 것) 이 지표를 탄소세와 연동하자고 주장한다. 이론상 탄소 배출에 드는 비용이 커지면, 시장은 자동으로 저탄소 기술과 무탄소 기술을 개발하려 할 것이다. 그렇지만 그러한 조세는 현재의 정치 풍토에서 여전히 부담스럽다. 그렇지만 레이건의 경제 고문이었던 아서 래퍼, 공화당 대선 후보였던 밋 롬니의 경제 자문을 지낸 그레고리 맨큐 같은 저명한 보수적 경제학자들을 비롯해 다수의 경제정책 전문가들은, 결국 탄소세가 이산화탄소 배출을 억제하고 동시에 차세대 에너지 기술을 활성화하는 가장 현실적 대안이 될 것으로 전망한다.[7]

또 다른 진보적 개념으로 경제성장을 넘어 경제성장이 안겨줄 인간적 이득을 재는 지표를 제안한 이들도 있다. 스티글리츠와 그의 동료 경제학자인 아마르티아 센은 개인별 소득, 의료보험 접근성, 교육의 질과 교육 수혜 가능성 같은 현실적 지표를 도입하자고 제안했다.[8] 또 다른 이들은 기존의 정부 지표(연방준비제도의 물가 안정 목표제 등)를 사회적으로 진보한 새로운 목표에 맞춰 손질하자고 제안한다. 딘 베이커와 폴 크루그먼 같은 자유주의적 경제학자들은 지금처럼 재정 '긴축'으로 저물가에 주력하는 정책이 그동안 실업률을 높인 원인 중 하나라고 주장해 왔다. 베이커는 "우리 사회가 높은 자연 실업률에 도달해서가 아니라 긴축 재정을 썼기 때문에 실업률이 높아진 것이다"라고 지적했다.

여기에서 핵심은 실업률이나 의료보험 접근성 등 미디어 혹은 자유 시장 옹호자들이 보통 제시하는 경제적 결과에 우리가 훨씬 많은 영향력을 행사한다는 점이다. 정부는 경제의 사회적 '산물'을 사회적 정치적 우선순위에 따라 이동시킬 수 있는 수단(조세, 보조금, 규제 등)을 갖추고 있다. 지난 40년 동안 우리는 이러한 수단들을 선별적으로 이용하면서 사회적 산물의 최적 조합 그리고 서로 경합하는 사회적 목표들의 최적 균형을 시장의 결정에 맡기는 우를 범했다. 그렇지만 이제는 그러한 결정 권한을 시장에 넘길 수 없다. 그 결정을 시장에 맡긴 결과 갈수록 단기적이고 부당하며 지속 불가능한 결과들을 선호하는 부패한 시장이 탄생했기 때문이다. 지금과 다른 결과를 원한다면 우리는 현 시스템의 자동 조정 장치를 끄고 다시 직접 조정대를 잡아야 한다.

더욱 근본적으로는 우리 경제의 목적지가 어디인지 그리고 경제적 우선순위와 그 가치는 무엇인지 진지하게 논의해야 한다. 지금처럼 수익을 자본 쪽에 몰아주는 것이 옳은지 아니면 노동자에게 다시 초점을 맞추는 게 맞는지 논의해야 한다. 점진적 혁신과 빠른 수익에 몰두하는 기술 쳇바퀴에 문제는 없는지, 위험 부담이 큰 기술들이 새로운 산업에 활기를 불어넣고 심각한 자원 문제에 대처할 수 있다고 확신해도 좋은지 논의해야 한다. 점점 많은 사람들이 자신이 소중히 여기는 것을 지킬 수 없게 만드는 경제 질서를 용인해야 하는지, 아니면 근면 성실한 가족들에게 그들의 부모나 조부모 세대처럼 기회와 안전을 누리게 하고 자신감을 갖도록 해주는 경제 질서를 세우는 게 맞는지 논의해야 한다. 이런 논의들은 결코 간단하지 않다. 이 논의들은 복잡하며 현실적인 절충도 필요하다. 그리고 절충을 위해서는 인내뿐 아니라 신중히 고민하고 타협하려는 의지가 필요하다. 이는 미국의 정치 문화(그리고 전반적인 충동 사회)가 우선시하는 가치가 아니며, 사실 기피하거나 완전히 없애야 할 비효율로 여기는 것들이다.

그렇더라도 새로운 일련의 지표, 즉 GDP와 손익만 따지는 태도를 넘어 사회 전반의 건전성을 측정하는 지표를 만드는 것은 충동 사회의 요구에서 벗어나기 위한 중요한 시도가 될 것이다. 이 과정에서 우리는 우리에게 소중한 것이 무엇인지, 소중한 대상을 지키기 위해 무엇을 희생해야 하는지에 대해 사회 전반적으로 폭넓게 논의해야 한다. 더 근본적으로 이러한 논의들은 그 소중한 대상들을 전면에 드러내는 밑작업이 될 것이다. 그리고 무엇보다 결정적인 것은 행동이다. 혹자는 그 어떤 노력도 결국은 우리의 정치제도와 타협적인 민주적 절차가 좌우하므로, 우리의 첫발을 정치 영역에 내디뎌야 한다고 주장하기도 한다. 그러나 충동 사회의 주요 동력은 경제이고 더욱 구체적으로는 기업이므로, 사회 전반적으로 기업의 경로를 바꾸려면 먼저 재계에서 작게나마 현실적인 조치를 취하는 것이 합리적이다. (사실 현재 그러한 조치들이 논의되고 있다.)

## 시장과 거리 두기

수십 년 동안 보수주의자들은 정부가 경제에 깊숙이 개입하고 또 생산자와 소비자의 의사 결정에 지나친 영향력을 행사한 결과 이제 번영이 힘들어졌다고 불평했다. 오늘날 우리는 금융시장에 대해 이와 비슷한 불만을 제기할 수 있으며, 우리의 경제적 삶 곳곳에 침투한 금융시장이야말로 충동 사회의 핵심이다. 소비자 금융의 팽창부터 '행동주의' 주주의 득세에 이르기까지, 금융 부문은 모든 경제 집단에게 빠른 수익과 높은 수익률, 자본 효율성을 서서히 주입해 왔다. 나머지 대다수 사회 영역에도 마찬가지로 주입했다. 금융화의 가장 유해한 징후는 소비자신용의 남용이므로, 미래에서 차입해 현재를 만족시키는 관행을 소비자들이 재고할 수 있다면 우리는 충동 사회에 일대 반격을 가할 수 있을 것이다. 그렇지만 더욱 중요한 것은 금융화가 기업 특히 대기업의 행동에 끼친 영향으로, 고용과 혁신부터 공공 정책에 이르기까지 금융화의 영향이 미치지 않은 곳이 없다. 따라서 금융이 기업 세계에 끼치는 영향력을 줄이는 것은 충동 사회의 경제적 토대를 허물면서 지속력 있고 사회적으로 생산적인 경제 제도를 복원하는 과정에 결정적이다.

기업 차원에서 볼 때 금융화의 가장 치명적 여파는 단기적 이익을 얻으려고 장기적 안정을 희생하는 근시안적 전략에서 드러난다. 앞서 살펴봤듯이 과거 혁신과 인력에 상당한 장기 투자를 했던 기업들은 이제 똑같이 근시안적인 다수 투자자들의 이해를 위해 혁신과 인력에 대한 투자를 모두 줄였다. 이러한 추세에 제동을 걸려면 투자자와 기업들의 단기주의를 부추기는 요인을 제거해야 한다. 바로 이런 내용이 담긴 제안들이 현재 어느 정도 나와 있다. 다수의 전문가들은 증권과 파생 상품, 여타 금융 자산을 사고팔 때마다 투자자들에게 거래세를 부과하자고 요구해 왔다. 거래세를 부과하면 주가 변동에 민감한 거래에서 전보다 비용이 더 발생하므로, 투자자들이 회사 주식을 더 오래 보유하도록 유도할 수 있다. 이는 결국 회사 경영진에게 분기별 수익이라는 부담을 다소 덜어 주게 되므로 비용 절감과 고용 그리고 기술 혁신 투자와 관련해 장기적인 접근을 가능하게 할 것이다.

경영진 보상이라는 잘못된 보상 제도를 겨냥한 제안들도 있다. 예를 들면 고위급 경영자들에게 회사를 떠난 뒤 5년이나 7년 동안은 팔 수 없는 '양도제한부' 주식을 지급해서 주가 급등에 대한 유혹을 없애는 것이다.[9] 《월스트리트저널》에 따르면, '단기주의와 모험 정신을 좇는 기업이 그 가치를 부풀릴 경우 주식 보상을 환수'하게 하는 제안도 있다.[10] 또한 보상을 혁신과 연동시킨 흥미로운 아이디어도 있다. 즉 기업의 현재 이윤에서 신기술로 만든 제품이 차지하는 비중에 따라 보상을 하는 것이다.[11]

정작 경영진들은 이러한 아이디어에 냉담한 반응을 보여 왔지만 경영진 보상과 기업 지배 구조를 연구하는 전문가들은 다수의 기업들이 다름 아닌 이기적인 이유로 보상에 대한 통제를 반길 것이라고 전망한다. 하늘을 찌를 듯한 경영진 보상은 직원들의 사기를 꺾고 미디어와 정치인들로부터 끊임없는 비난을 살 뿐 아니라 기업 실적과도 거의 무관하기 때문이다.[12] 한 연구에 따르면 최고 연봉을 받던 미국 CEO 5명 중 2명은 구제금융을 받았거나 사기 행위로 걸린 적이 있으며 혹은 이미 문 닫은 회사의 경영자였다고 한다.

마찬가지 맥락에서 산업의 탈금융화를 옹호하는 사람들은 자사주 매입이라는 관행을 강력히 단속하자고 주장한다. 이러한 제안은 현재 경영자들이 주가 조작으로 자신의 보상을 높이려는 유혹이 극심하다는 것을 보여 준다. 자사주 매입에 반대하는 사람들은 1982년 레이건 행정부 때 미국 증권거래위원회가 바꾼 규율을 백지화하기만 하면 연방 정부가 자사주 매입을 아주 쉽게 금지할 수 있다고 주장한다. 규율이 바뀌기 전 자사주 매입은 공식적으로 시장을 조작하는 불법 행위였다. 이제 자사주 매입에 대한 본래의 인식을 되찾을 때가 온 것 같다.

### 직원 교육을 장려하고 은행을 쪼개라

이 모든 정책 제안들은 기업들의 정책적 시야 확대가 주요 관심사라는 점에서 공통적이다. 이는 혁신에 대한 장기 투자 같은 쟁점에서 핵심적이다. 그렇지만 이는 미래의 노동력과 관련해 더욱 중대한 의미가 있다. 우리는 전 세계적 교역을 막을 수 없듯이 자동화 추세를 멈출 수 없다. 그렇지만 기업들이 다시 인력이 단지 줄여야 할 비용이 아니라 꾸준히 유지하고 개선해야 할 소중한 자산이라는 인식을 회복한다면, 자동화가 노동에 미치는 여파에 두 드러진 변화를 줄 수 있다. 노동을 자산으로 보는 인식은 주주 혁 명을 거치면서 대부분 폐기됐다. 당시 분기별 수익과 주가를 끌어 올릴 비용 절감에만 골몰하던 경영진은 직원 교육에 대한 투자의 톱니바퀴를 거꾸로 돌렸다. 게다가 기계나 해외의 저렴한 노동력 보다 경쟁력이 떨어진다는 이유로 노동자들을 해고했다. 이러한 위기가 증폭됐던 이유는 회사들이 직원들을 해고하면서도 급증하 는 실업자들의 기술을 유지시키려는 노력을 거의 안 했기 때문이 었다. 이 현상을 다수의 유럽국과 비교해 보면 유럽에서는 재교육 으로 해고 당한 노동자들이 전문 지식을 잃지 않도록, 즉 인적 자 본을 잃지 않도록 지원할 때 기업이 반드시 중요한 역할을 맡게 한 다. 이러한 노력은 과거에 빛을 발휘했다. 즉 불경기가 끝나면 유 럽 기업들은 실직한 노동자들을 훨씬 빨리 작업 현장에 복귀시킬 수 있었다. 미국의 경우는 역사적으로 재교육 노력이 포괄적이었 다고 보기 어렵다. 1980년대에 만발했던, 보수적이고 조세 저항이 심한 반정부적 정치 활동이 그 적잖은 요인으로 작용했다. 결국 미 국의 장기 실업 대책은 누가 봐도 근시안적인 짜깁기였다. 미국인 들은 확대된 실업수당을 자화자찬했지만, 구조적으로 더 뿌리 깊 은 문제에 대처하려는 노력은 거의 없었다. 예를 들면 일자리를 찾 거나 재교육을 원하는 실업자들에게 꾸준한 관심을 보이지 않는 다. 경제학자 윌리엄 라조닉은 이렇게 말했다. "심지어 누가 실업 자인지도 모릅니다. 지금 미국은 엄청난 인적 자본을 낭비하고 있 습니다. 미국의 제조업을 부활시키려면 경험이 풍부하고 제대로 교육된 인력이 필요합니다. 그런데도 미국은 이 인력들을 일터에서 그냥 내쫓으며 인적 자본을 유지할 제도적 메커니즘을 전혀 갖추고 있지 않습니다."

현재 다수의 자유주의자들이 크게 의존해 온 해결책은 기업의 조세율을 올려 증가한 기업 이윤을 노동자 재교육처럼 오랫동안 소홀했던 분야에 재분배하는 것이다. 자유주의자들에게는 이런 주장을 할 만한 강력한 논거가 있다. 2000년 이후 보수주의자들이 대폭적인 감세 조치를 추진한 결과 산더미 같은 정부 지출을 감당할 수 없었는데, 특히 두 차례의 전쟁으로 생긴 지출과 현재 진행 중인 불황 타개책에 들어가는 비용이 문제였다. 보수주의자들이 잊지 말아야 할 점은 보수 진영의 대폭적인 감세 정책이 이번이 처음은 아니라는 것이다. 1981년에 새로 선출된 레이건 대통령은 대대적인 세금 감면을 추진했고 그 바람에 국가 부채가 네 배 이상 늘어나 3조 달러에 육박했었다.[13] 지금과의 차이점이라면 당시 레이건은 자신의 실수를 깨닫고 이후 7년에 걸쳐 세금을 네 배 올린 점이다.[14] 그 결과 법인세의 증가 폭이 역사상 가장 컸고 메디케어 재정 마련을 위한 급여세도 큰 폭으로 올랐다.(몇 해 전 피터 베이나트는 《데일리비스트》에서 이러한 우스갯소리를 했다. "이 상황을 티파티 활동가들이 알아듣게 표현하자면, 레이건이 정부가 운영하는 의료보험에 돈을 대기 위해 세금을 인상했다고 말할 수 있겠지요.") 반면 지금은 보수적 브랜드가 세금 인상과 정부 정책에 반사적으로 반대해서, 현재 미국 인력이 다른 나라 인력보다 뒤처지고 사회 기반 시설이 무너지고 있는데도 증세 논의를 못하고 있다.

그렇지만 자유주의자들의 주장처럼 세금을 걷어 쓰는 정책을 논하기 전에, 우리는 기업이 해고한 직원을 재교육하기 위해 기업에 과세하는 불합리성을 먼저 깨달아야 한다. 이보다 훨씬 나은 방안은 세액 공제 등을 통해 부도덕한 기업들이 세전 이익의 일부를 노동이라는 '자산'에 쓰도록 유도하는 것이다. 일례로 라조닉은 대기업들이 현재 자사주 매입에 쓰는 자금 중 극히 일부라도 직원 교육에 쓴다면 생산성이 늘고 혁신이 활발해질 것이라고 주장한다. 이렇게 되면 애초에 직원을 해고할 이유가 줄어든다. 게다가 해고된 직원들은 적어도 다른 직장을 훨씬 쉽게 구할 수 있다. 예를 들면 애플은 그동안 자사주 매입에 쓴 1000억 달러의 5퍼센트에 해당하는 비용으로 사내 '대학'을 세울 수 있었다. 최고의 강사진과 공인된 직무 향상 프로그램을 갖춘 이 교육제도는 애플사뿐 아니라 다른 기술 분야에도 전반적으로 필요하다. 라조닉은 전 직원에게, 특히 현재 애플 매장에서 일하는 4만 명의 직원들에게 무료로 제공된 이 프로그램 덕분에 애플 직원들은 사내 승진을 위한 교육을 받거나 혹은 뚜렷이 향상된 경력과 직무 능력을 갖추고 구직 시장에 다시 들어가게 된다고 말했다. 라조닉에 따르면 이러한 사내 대학은 인도 같은 개발도상국에 흔한 형태로, 이들 나라의 기업들은 전반적으로 교육 받은 인력이 많아지면 기업에게도 장기적으로 이득이라는 점을 잘 알고 있다고 한다. 이를 미국의 상황과 비교해 보면, 전형적인 충동성을 지닌 미국 기업의 경우 숙련 인력이 부족하면 가급적 저렴한 해결책을 쓴다. 바로 인도 같은 나라에서 숙련된 이주자가 들어올 수 있도록 워싱턴 정계에 로비하는 것이다.

그렇지만 몇몇 부유한 회사들이 사내 대학을 띄우더라도 온정주의적 복지국가 같던 전후 기업의 모습은 재현하기 힘들 것이다. 그렇더라도 이러한 정책 제안들은 애플처럼 대성공한 기업의 전략을 모방하는 재계에 강력한 메시지를 전달할 것이다. 더 근본적으로 이러한 정책 제안들은 현행 사회경제모델의 지배적인 가치가 지속될 수 없다는 점을 명확히 인식시킬 것이다. 30년 전에는 노동을 단지 '비용'으로 여기는 것이 매우 합리적으로 보였다. 그렇지만 그러한 인식이 노동자들의 반감을 키워 결국 기업들이 통제하기 힘들 정도로 커졌다. 이러한 지속 불가능한 전략에서 벗어난다면, 또 효율 시장의 무자비한 요구와 최종 손익을 중시하는 가치관을 노동자에게 적용하지 않는다면, 기업들은 과거 미국의 인력을 세계에서 가장 생산적인 인력으로 만든 집단적 열망을 다시 회복할 수 있을 것이다. 그러한 열망이 또 다른 비효율이라며 효율 시장에서 제거되기 전에 말이다.

그렇지만 결국 가장 중요한 사실은 충동 사회의 경제적 불균형이, 노동 인력을 재교육한다거나 단기주의에 제동을 걸겠다는 기업의 자발적 정책들로는 교정되지 않는다는 점이다.('기업의 지속 가능성' 운동이 내놓은 미흡한 성과를 보라.) 금융화는 충동 사회의 경제에 매우 깊이 뿌리내렸으므로, 노동과 자본 사이의 균형을 회복하고 동시에 빠른 성과와 승자 독식을 지향하는 비즈니스 모델의 냉혹하고 불가피한 조정 과정으로부터 사람들을 보호하려면 외부의 개입이 있어야 한다. 이처럼 엄격한 하향식 조치에 대한 가장 강력한 논거를 제공하는 부문 역시 금융이다. 금융은 최악의 관행을 자발적으로 정화하려는 의지가 거의 없기 때문이다. 오히려 대형 투자은행들은 2008년 미국 경제를 위기로 몰아넣은 위험한 행태들을 상당 부분 되풀이하며, 이제 그 규모가 너무 커져 또 다른 위기를 막기 위한 기존의 규제책이 사실상 통하지 않는다. 한번 생각해 보라. JP모건체이스, 시티그룹, 골드만삭스를 비롯한 단 12개의 은행이 미국 전체 은행 산업에서 69퍼센트의 통제력을 행사한다.[15] 이는 엄청난 지분으로, 이 은행들이 아무리 예외적이고 무모한 행동을 하더라도 정부로서는 다른 경제 부문이 같이 무너질까 봐 이들을 함부로 파산시키지 못한다. 실상 초대형 은행들은 덩치가 너무 크기 때문에, 파산시키거나 규제할 수 없을 뿐 아니라 뻔뻔한 범죄 행위를 하더라도 정부가 기소하기 어렵다. 2013년 의회에서 증언한 미 법무 장관 에릭 홀더는 미국의 초대형 은행들은 규모가 너무 커서 형사소송을 걸면 미국 경제에 부정적 여파를 낳는다고 증언했다.[16] 흔히 말하듯, 초대형 은행들은 너무 커서 파산시키기도 힘들지만 감옥에 보내기도 힘들다.

이러한 이유로 금융 정책 전문가들은 이른바 대마불사 은행들을 규제 가능한 더 작은 단위로 쪼개기 전에는 금융화된 경제의 위험을 제대로 단속하지 못할 것이라고 예전부터 주장해 왔다. 이러한 과감한 정책은 현재의 당파적 분위기로는 추진하기가 매우 힘들겠지만, 정치적으로 실행 가능할 뿐 아니라 충동 정치의 정치적 마비 현상을 깨뜨릴 수 있는 제안이라는 점에서 그 정당성을 찾을 수 있다.

## 브랜드 정치의 종말

충동 사회의 가장 강력한 동맹은 기술 쳇바퀴나 효율성에 대한 끝없는 욕망이 아니다. 그보다는 사회적 병폐 해결사로서 정부의 역할을 둘러싼 미국의 정치 문화 나아가 문화 전반의 교착 상태다. 이는 새로운 논쟁이라고 보기는 어렵다. 지난 세기에 미국의 사회적 합의는 정부가 온갖 사회 문제를 고칠 수 있고 또 고쳐야 한다는 자유주의적 진보 진영의 독단과, 더욱 최근에는 정부가 그 어느 것도 해결할 수 없고 해결하려고 해서도 안 된다는 보수주의자들의 (역시나 터무니없는) 독단에 따라 이리저리 휘둘렸다. 그렇지만 보수주의자들의 주장에는 이를 뒷받침할 만한 근거가 있다. 정부는 자원 할당이나 결과 예측, 개인의 야심을 이용하는 데 딱히 효율적이지 못하다. 이런 것은 언제나 시장이 더 능숙하게 해냈다. 또한 정부는 그동안 여러 번 시도했지만 공동체나 가정의 대안이 될 수 없었고 또 개인의 자신감을 대신할 수도 없었다. 그렇지만 정부는 이러한 경제적 사회적 기능과 늘 중요한 관계였다. 정부는 이러한 기능이 가능한 공간을 만들 수 있기 때문이다. 정부는 금리 생활자와 도박자들의 폐해를 막아 시장의 자원 배분 및 동기 부여 기능을 촉진시킬 수 있다. 또 하나 중요한 사실로, 정부는 물리적 위험을 막아 주는 정책을 통해 미국인이 공동체와 가정을 잘 꾸리고 자신감 넘치는 개인이 되도록 여건을 조성할 수 있다. 예를 들어 정부는 시민을 각종 사고와 자연재해로부터 안전하게 지켜 줄 수 있고 전제적이고 억압적인 지방의 다수파로부터 보호해 줄 수 있다. 혹은 우리가 지금 주목하는 현상과 관련해서는, 가족과 공동체, 전통, 문화를 집어삼킬 수 있는 시장의 포식자들로부터 우리를 방어해 줄 수 있다. 어떻게 보면 이런 무자비한 대상을 막아 낼 수 있는 힘은 '오직' 연방 정부에만 있다. 1980년대에 정부가 시장에서 발뺌하자 충동 사회를 구성하는 사회 분열적 경제 패턴이 대거 등장하기 시작한 것은 결코 우연이 아니었다.

이러한 정부 역할의 필요성 역시 자유주의적인 아이디어라고 보기 힘들다. 이는 초기 공화당 세대들의 핵심적 통찰이었고, 특히 혁신주의 시대에 개혁 성향을 보인 공화당원들의 아이디어였다. 이들은 효율성과 혁신적 기술, 독점적 전략으로 덩치가 커진 기업들을 막을 수 있는 것은 연방 정부뿐이라고 생각했다. 만약 다시 한 번 이러한 개입이 필요한 순간이 온다면 그것은 바로 지금일 것이다. 단 정치 문화의 폐단만 없다면 말이다. 미국의 정치 과정은 금융화를 거치면서 금융과 흡사한 '부문'으로 변했고, 이렇게 부패한 정치판은 달러를 투표만큼이나 중시한다. 그러나 또 하나 중요한 사실은 정치 과정이 '브랜드' 보수주의로 거의 마비됐다는 점이다. 브랜드 보수주의는 필수적인 사회경제적 기능을 위한 정부의 적절한 개입을 반사적으로 묵살한다. 그리고 이러한 정부의 지원이 사라지면서 공동체와 가정, 개인을 해친 금융 부패가 상당 부분 가능해졌다는 사실도 부인한다. 역시나 현재 미국의 보수주의 브랜드는 보수주의가 전통적으로 지키고자 했던 가치들을 부정하고 있다.

그렇지만 이러한 모순 속에 하나의 길이 있다. 우리는 금융 개혁에서 가장 큰 목소리를 낸 이들 중에 보수주의자들이 있었다는 사실에 주목해야 한다. 또한 오바마 행정부가 대마불사 은행들의 해체 작업에 실패했을 때 혹은 이 은행들의 위험한 도박을 막는 규제에 실패했을 때, 자유주의자들뿐 아니라 다수의 우파 역시 함께 분노했다는 사실에 주목해야 한다. 정통 보수주의자들이 보기에 구제금융의 암묵적 약속은, 정부가 시장을 왜곡시키는 정부 보조금을 통해 중소 은행은 엄두도 못내는 모험 투자에 대마불사 은행들이 뛰어들도록 허용하는 것과 다를 바가 없었다. 보수 성향의 경제학자이자 댈러스 연방준비은행 총재인 리처드 피셔는 이렇게 말했다. "이러한 회사들은 자신들의 행동으로 얻는 이득은 정확히 포착하지만 그 행동이 잘못됐을 때 치러야 하는 파산이나 은행 폐쇄 같은 대가는 대부분 무시한다. 이는 시장 자본주의의 기본 교리(적어도 미국에서 지켜야 하는 관행) 중 하나를 위배한 것이다."[17] 대마불사 은행을 향한 보수주의자들의 반감은 매우 강해서, 2013년 독실한 보수주의자인 루이지애나 주 공화당 상원 의원 데이비드 비터는 완고한 자유주의자인 오하이오 주 민주당 상원 의원 셰러드 브라운이 제안한, 초대형 은행들의 부채를 현저히 낮추는 법안에 동의했다. 비록 이 법안은 은행들의 로비로 무산됐지만 정당을 초월해 폭넓은 지지를 얻었고, 특히《월스트리트저널》의 페기 누넌과《워싱턴포스트》의 조지 윌(그는 대마불사 은행을 '이윤은 사적으로 챙기면서 손실은 사회화하는 해로운 관행'의 본보기라고 표현했다.[18]) 같은 보수적 논평가들로부터 지지를 받았다. 다시 말해 대마불사 은행들을 재규제하는 싸움을 통해 우리는 금융화와 맞설 기회를 얻을 뿐 아니라, 정치판이 일종의 승자 독식 전쟁터로 변하기 전 관행이었던 초당파주의로 좌파와 우파가 다시 돌아갈 수 있는 정치 공간을 만들 수 있다.

그러한 초당파주의는 어떤 식으로 전개될까? 우선 이는 연방 준비은행 총재 피셔가 폭스뉴스에 나와 그가 그의 동료들과 함께 2013년 초 도입한, 대마불사 은행들을 통제 가능한 더 작은 단위로 분리시키는 방안을 설명하면서 시작됐다. (이때 핵심은 거의 모든 전통적인 대출 활동에서 연방 정부의 안전망을 없애고, 자발적인 구조 개편을 거부하는 은행에 대한 해체 권한을 규제 기관에 부여하는 것이었다.[19]) 피셔의 계획은 보수적 블로그들을 통해 큰 반향을 일으켰고 동시에 좌파 성향의 미디어도 이에 공감을 표했다. 이렇게 대중적 지지가 확산되자 상원 의원 피터와 브라운은 피셔의 안을 새로운 법안으로 추진했고, 이는 폭넓은 초당파적 지지를 얻었다. 10여 개의 대마불사 은행들은 이 법안을 없애기 위해 대대적 로비를 했지만 여론이 매우 불리해서 협상 입지가 약했다. 결국 초대형 은행들은 전면적 해체는 피해 갈지라도 대공황 시기의 글래스 스티걸법처럼 상업적 대출 업무와 투자 업무 사이에 선을 긋는 조치를 수용해야 했다. 이제 금융 부문은 구조적 위험을 낳는 큰 원인 하나를 제거했다. 이때 또 하나 중요한 사실은 워싱턴 안팎의 당파적 세력들이 국가적 중요성을 띠는 사안에 대해 서로 합의가 가능하다는 것을 보여 준 점이다. 이러한 정치적 성공은 불화와 역기능을 특징으로 하는 현재의 충동 정치에 큰 타격을 줄 수 있을 것이다. 또 이러한 정치 과정을 선례로 남기면, 자유주의와 보수주의가 최근 몇 십 년 동안 만들어 온 분열적인 정치 브랜드가 약해질 것이다.

이런 일은 전에도 있었다. 조지아대학교의 정치학자이자 정치 양극화를 연구하는 키스 풀은 한 세기 전만 해도 양당의 중도파가 기업 개혁을 위해 손잡으면서 '탈양극화'된 미국 사회의 모습을 보여 주었다고 지적했다. 이런 일이 역사에서 반복되려면 양당 모두 중도 성향의 후보들이 수십 명은 당선되어야 한다고 풀은 주장했다. 양극화가 극심한 시기(이때는 중도파 후보를 멀리하는 경향이 있다.)에는 중도적 입장을 내세울 수 없지만, "의회에서 두 정당 간의 합의가 더욱 자주 이뤄지면, 후보들은 중도적 입장에 더욱 끌리게 될 것"이라고 풀은 지적했다.[20] 대형 은행을 해체하는 캠페인 역시 바로 이런 종류의 합의에 해당할 것이다.

브랜드 정치를 잠시 주춤하게 하는 것만으로도 충동 정치에 맹공을 날릴 결정적 교두보를 확보할 수 있다. 중도파 의원들이 조금 더 늘어나면, 의회는 금융화의 가장 고질적이고 최종적인 형태이자 충동 사회의 궁극적 자아 표출인 선거 자금과 맞설 수 있는 역량이 생길 것이다. 2010년 시민연합이 제기한 소송의 판결 이후, 이른바 슈퍼 팩을 통해 모은 수억 달러의 선거 기부금은 정치의 금융화를 거의 완성하기에 이르렀다. 이제 미국의 정치제도는 단지 시장을 반영하는 거울이 아니었다. 이제는 시장과 통합됐다. 전통적으로 선거 자금 문제는 자유주의 진영이 제기해 온 문제였다. 《캐피털뉴욕》의 기사에 따르면, 실제로 엘리자베스 워런과 뉴욕 주 주지사 앤드루 쿠오모 같은 자유주의적 민주당원들은 선거 자금이 "(원문 그대로 옮기자면) 동성 결혼과 총기 규제만큼, 혹은 이보다는 못해도 국가적 파장을 낳는 고부가가치 상품"급 사안임을 충분히 알고 있다고 한다.[21] 그렇지만 선거 자금 개혁이 보수 세력을 결집시키는 사안이 되지 말란 법은 없었다. 경제와 정치의 분리는 사실 보수주의적 원칙이다. 혹은 선거 자금의 쇄도로 좌파와 우파 모두 부패해지기 전에는 보수주의적 원칙이었다. 근대 보수주의 운동의 대부인 배리 골드워터는 1960년에 이렇게 말했다. "정치권력을 가급적 넓게 분산시키려면 선거 자금 기부가 개인 차원에서 이뤄져야 한다. 나는 노조나 기업이 정치에 개입하는 이유를 모르겠다. 노조와 기업 모두 경제적 목적 때문에 생겨났으므로 그에 맞게 활동을 제한해야 한다." 사실 공화당 의원들이 선거 자금 개혁에 흥미가 없다 해도, 워싱턴 정계 밖의 보수주의자들은 이 사안에 열광하는 분위기다. 여론조사를 해 보면 보수주의적 유권자와 각 주의 입법자들은, 일종의 표현의 자유인 거액의 선거 자금 기부를 기업과 노조, 여타 조직에게서 박탈하는 법률 개정에 상당한 지지를 보냈다. 한 여론조사에 따르면 공화당을 지지하는 유권자 10명 중 7명이 이러한 법률 개정에 찬성했다.[22] 보수 성향의 블로거인 크리스 마이어스는 레드 스테이트정치 전문 블로그에서 이렇게 말했다. "사실 상당수의 사람들은 대기업이나 대규모 노조의 이해 때문에 자신들의 이해가 뒷전으로 밀리고 자신들의 목소리가 묻힌다고 느낀다. 그렇지만 이는 보수주의자들에게 하나의 기회로, 사람들이 진정 우려하는 사안을 자신들이 대변하고 있음을 명확히 보여 줄 수 있기 때문이다. 어찌 됐든 자신들은 대중을 대변하기 위해 노력한다고 입버릇처럼 말해 왔으니 말이다."[23]

흥미로운 사실은 티파티가 무너진 이후 보수적 지도자들의 중도를 향한 움직임이, 즉 충동 정치의 브랜드 보수주의에서 벗어나려는 움직임이 이미 일어나고 있었다는 점이다. 《뉴욕타임스》의 보수적 칼럼니스트 중 한 명인 로스 두댓은 중도 우파의 싱크탱크와 현재의 자멸적 흐름을 우려하는 실용주의적 보수 정치인들 사이에서 최근 실용적이고 해결책 중심의 '개혁적 보수주의' 성향이 엿보인다고 지적했다. 개혁적 보수주의의 아이디어는, 예를 들면 유아교육을 활성화하는 것, 각 주들이 연료세를 이용해 자체적으로 교통 체계를 관리하게 하는 것 등으로 미 중산층에게 늘 호소력 있던 전통적 보수주의의 핵심인 현실주의를 강조한다. 또 하나 중요한 사실은 그러한 현실주의가 한때 수많은 초당파적 합의와 효율적 입법을 낳은 토대였다는 점이다. 조세 개혁 같은 굵직한 사안에서 협력할 방안을 모색했던 것은 언제나 좌파와 우파의 실용주의자들이었다. 한편 충동 사회의 브랜드 정치에서 가장 먼저 희생된 것이 실용주의이지만, 우리에게는 이를 복구할 모델이 있다. 《뉴욕타임스》에서 보수의 목소리를 대변하는 또 다른 인물인 데이비드 브룩스의 지적처럼, 에이브러햄 링컨, 헨리 클레이, 대니얼 웹스터를 비롯한 여러 휘그당 의원들 같은 19세기의 보수적 정치인들은 사회계층 이동성과 경제적 기회 같은 기본적이고 비당파적인 사안에 집중함으로써, 그리고 "주변부에 놓인 미국인들에게 자본주의 경제에서 경쟁할 수 있는 수단을 제공하기 위해 정부의 힘을 이용함으로써" 강력한 다수를 구성할 수 있었다. 이는 초창기 중도정치의 효과적인 사례다. 여기에서 중요한 사실은 브룩스의 지적처럼, "분열을 조장하는 서민주의적 잭슨 추종자들"의 적대적 당파성에 대한 대안으로서 휘그당이 이러한 실용적 중도주의를 제시했다는 점이다. 실용성을 추구한 휘그당은 "계층 간 갈등을 부추기기보다 시민들이 각 계층을 이동할 수 있도록 하는 것이 더 낫다"고 판단했다.[24] 브룩스는 오늘날 '기회 연정정재계 인사와 활동가, 기부자로 구성된 초당파적 동맹을 구성해 경제적 기회와 사회 이동성 같은 의제를 추진할 것을 주장하며 브룩스가 제안한 개념'을 구성해 '현재의 정치적 범주를 허물고' 사회적 이동성을 높일 방법(예를 들면 유아교육을 복구하거나 취약 가정의 양육 활동을 돕는 것)에 집중하면 마찬가지로 폭넓은 지지를 얻을 수 있다고 주장했다. 자유주의자들은 이 모든 것을 내분 위기에 처한 공화당의 필사적 자구책이라며 묵살할지도 모르겠다. 그렇지만 개혁적 보수주의는 새로운 중도정치로 나아가는 첫걸음이 될 수 있다. 이는 어떤 당이든 브랜드 정치로는 대다수 사람들의 관심사와 열망을 결코 제대로 반영할 수 없다는 것을 인정하는 것이기 때문이다. 이러한 깨달음은 정치적 색채와 무관하게 정치적 실용주의자들이 공통의 관심사와 잠정적 해결책에 관한 논쟁에 다시 집중하게 하는 계기가 될 것이다. 또 이러한 실용주의는 시험적일지라도 냉소적인 브랜드 정치에서 벗어나 현실적이고 실현 가능한 정치로 이동하기 위한 자극제가 될 수 있을 것이다.

### 요구하지 않으면 바뀌지 않는다

이러한 가능성의 정치가 다시 한 번 현실성을 얻었다고 가정할 때, 충동 사회를 더욱 지속 가능한 궤도로 끌고 오려면 금융 재규제 이상의 것이 필요하다. 정치제도에서 금융적 요소를 제거했

을 때 얻는 주요 이득 중 하나는 정치의 재정이 원상태로 돌아간다
는 점이다. 즉 미국 사회는 필수적인 공공투자에 대한 장기적 의무
를 다시 수행하게 된다. 요약하면 정부는 다시 자유롭게 정부가 가
장 잘할 수 있는 일을 하게 된다. 이는 개인이나 공동체, 재계는 할
수도 없고 할 의향도 없는, 집단적이고 공적인 이해에 장기적으로
헌신하는 일이다. 이는 한 세기 전 혁신주의 시대의 의제를 뒷받침
한 논리였다. 즉 한껏 무르익은 소비자 시장이 전반적으로 사적 재
화에 대한 투자에 집중할 때, 정부는 공공재에 대한 투자가 적절히
이뤄지도록 개입했다.

이 경우에도 역시 좌파와 우파가 타협할 여지가 있다. 자유주
의자들은 두말 않고 실질적인 복지 개혁(예를 들면 메디케어를 점검
할 정책)과 규제 개혁, 특히 중소기업에 대한 개혁을 어느 정도 받아
들여야 한다. 그렇지만 보수주의자들 역시 낡은 보수주의 브랜드
에서 벗어나야 하며, 수십 년간 자동 반사적으로 감세 정책과 당파
적인 예산 전쟁을 밀어붙인 결과 현재 미국이 모든 산업국을 통틀
어 공공투자에 대한 재정 적자가 가장 극심한 나라가 되었다는 사
실을 인정해야 한다. 그 예를 살펴보면 일단 도로, 다리 그리고 여
러 사회 기반 시설에 드는 지출이 매해 2500억 달러 정도씩 부족하
다.[25] (《월스트리트저널》의 보도에 따르면 미국 전역에서 주 정부가 수천 킬
로미터의 도로를 '자갈로 풍화되도록' 방치하고 있다고 한다.[26]) 또 미국의
GDP에서 유아 보육 및 유아교육이 차지하는 비중은 GDP의 1퍼
센트로 36개 선진국 중 28위에 해당한다. 미국보다 빠른 광대역 통
신망을 갖춘 나라는 23개국이나 된다. 이러한 통계 수치는 당황스

럽게도 줄줄이 이어진다. 미국은 에너지 중 약 90퍼센트를 여전히 화석연료에서 얻는다. 반면 중국 정부는 현재 청정에너지 연구에 미국보다 두 배 많은 돈을 쓴다.

이렇게 부족한 공공투자를 개선하려면 정치권이 대폭 바뀌어야 하나 현 정치권은 적자 지출이나 완만한 증세에도 반발하고 나서는 브랜드화된 보수 세력이 장악하고 있다. 그렇지만 최근 등장한 초당파주의의 힘을 빌린다면 정치 지도자들은 특정 사안(예를 들면 사회 기반 시설과 에너지 정책)에 대한 투자 증대의 필요성을 합리적으로 주장할 수 있을 것이다. 매우 수사적인 캠페인을 통해 과거 호황기 때 공공투자가 했던 핵심적 역할을 강조할 수도 있을 것이다. 막대한 공공 지출이 수십 년간 이어지지 않았다면, 전후 호황뿐 아니라 디지털 호황도 불가능했음을 역설하는 것이다. 더 근본적으로는 과거처럼 공공투자에 헌신하면(예를 들면 차세대 에너지 기술 연구에 자금을 지원하는 것) 경제 회복에 시동을 걸 수 있다고 주장할 수 있다. 일례로 핵융합(원자 분열이 아닌 원자 결합을 통해 엄청난 양의 에너지를 생산하는 것) 연구를 헌신적으로 지원하면 3차 산업혁명에 필요한 시장의 판도를 바꿀 기술을 만들 수 있다. 핵융합 에너지는 방사능 피해가 거의 없어 청정하고 그 연료는(특히 중수소라는 수소 동위원소는) 바닷물에 거의 무한히 널려 있다. 그러므로 저탄소 에너지는 현재 시장에 나와 있는 그 어떤 에너지보다 훨씬 저렴할 가능성이 있다. 세계경제에서 에너지가 맡는 핵심적 역할을 고려할 때 이는 경제를 근본적으로 재편하고, 10여 개의 새로운 분야를 만들거나 기존 분야를 확장할 수 있다. 반면 탄소 배출이 심한 연료는 단계적으로 사라질 것이다. 현재 핵융합 연구에 대한 연방 정부의 지원은 감소하는 추세다. 그렇지만 핵융합 연구는 어느 정도의 지원만 있어도 놀라운 사회적 수익을 거둘 수 있다. 한 추산에 따르면 2034년까지 핵융합 원자로를 개발하는 데 드는 비용이 300억 달러라고 한다. 게다가 이렇게 거액의 투자를 하고 장시간 수익을 기다릴 수 있는 기업체는 없으므로, 이것이야말로 정부가 할 수 있고 또 나서야 하는 투자다. 칼럼니스트 조지 월의 표현을 빌리면, 핵융합은 "민간 부문은 뛰어들지 못하고 공공 부문은 경시해서는 안 되는 공공재의 완벽한 사례"다.

물론 현재의 공공투자를 확대하려면 주류 정치인들이 점점 기피하려는 지속적이고 공공연한 정치적 지원이 분명히 있어야 한다. 금융화되고 검증된 여론만 좇는 충동 정치의 세계에서는, 유권자들의 정서를 주도하는 것보다 이를 따르거나 조작하는 것이 훨씬 더 효율적이다. 게다가 유권자들 역시 공공투자나 정부의 역할이 언제나 비효율적이고 부적절하며 부패하다는 식으로 주입받아 왔다. 그렇지만 '브랜드' 정치를 벗어나려는 정치 지도자들에게 용기를 줄 만한 역사적 선례는 얼마든지 있다. 1960년대 초 존 케네디는 1960년대 말까지 인간을 달에 보내겠다는 맹세로 유권자들을 사로잡았다. 1950년대에 아이젠하워는 전국적 고속도로망 건설에 대한 대중적 지지를 얻었는데, 당시 이는 역사상 가장 비용이 많이 드는 공공사업이었다. 대공황 시기에 프랭클린 루스벨트는 막대한 공공사업을 거듭 옹호했다. 그리고 그 전에는 테디 루스벨트가 교육, 공원, 공중보건에 대한 공공 지출을 주장하고 나섰다. 이러한 일들은 간단한 영업이 아니었다. 예를 들면 프랭클린 루스벨트는 공공사업에 대한 지출을 추진하면서 케인스 경제학이 라는 생소한 개념을 신중하게 제시해야 했다. 이는 정부가 수요를 창출하면 멈춰 버린 경제에 다시 시동을 걸 수 있다는 주장이었다.

요즘 미국의 정치 지도자들의 주장은 예전보다 설득력이 떨어진다. 자유주의적 경제학자들은 오바마가 실질적인 금융 개혁을 추진하지 못했다고 비난했다. 또한 이들은 오바마가 금융 위기에 일조한 효율 시장 이데올로기를 공격하지 않았고, 경제정책에 근본적인 방향 전환이 필요함을 역설하지 않았다고 불평했다. 더욱 냉소적인 비평가들은 오바마가 월 가와 긴밀한 관계라서 이들에게 발목이 잡혔다고 주장했다. 그렇지만 대다수 미국 대중이 "우리가 믿는 변화오바마가 대선 후보 시절 외쳤던 정치 슬로건"에 굶주려 있었다 하더라도, 사실 냉정히 말해 미국 대중은 자신에게 진정 필요한 변화를 받아들일 준비가 되어 있지 않았다고 반박할 수도 있다. 대다수 미국인은 경제적 조건에 대해 매우 불안해하고 정부와 재계에 대한 불신이 커서, 사적 이익을 벗어나 더 큰 뭔가를 향해 뛰어들 만한 자신감을 잃어 가고 있다. 다시 말해 미국인은 오바마 대통령에게 든든한 지원군이 아니었다. 《뉴욕타임스》에서 브룩스가 "오바마는 외부에서 조직적 지지를 해 주지 않으면 대통령으로서 할 수 있는 일이 거의 없다는 사실을 깨달았다"라고 말한 것도 바로 이런 맥락에서였다.[27]

이상적으로 보면, 이러한 방관적 태도는 이에 기생하는 사회 경제적 조건을 바꿔야 뒤집을 수 있다. 우리는 정치권을 정화해서 시민들이 정치 참여를 '원하도록' 유도할 수 있다. 그리고 경제 개혁과 공공투자를 통해 이전 세대들이 편협한 사적 이해에서 벗어나 '큰 그림을 그리도록' 자극했던 경제적 기회를 되살릴 수 있다. 그리고 시민과 시장 사이의 균형, 시장과 정치제도 사이의 균형을 회복하여 개인들이 더욱 너그럽고 관대하며 장기적인 관점을 갖도록 할 수 있다.

물론 이렇게 고차원적인 제도적 변화는 시민들이 '요구'하지 않으면 이뤄질 수 없다. 사실 시민들이 그렇게 요구하는 모습은 최근 몇 십 년 사이에 상상하기 힘들어졌다. 우리를 냉소적이고 냉담하게 만든 정치 부패와 경제 부패 때문에 그리고 우리가 원하는 것을 우리 힘으로 얻을 수 있다고 주입하는 소비자 시장 때문에 주류 문화는 차츰 시장이 주도하는 사회의 아이디어와 현 상황을, 이 때문에 사회적 결함과 불평등이 심화됐는데도 차츰 수용해 왔기 때문이다. 그러나 개인적 차원에서는 이렇게 묵인하던 태도에 변화가 일고 있다. 이는 어떤 필요에 따른 것이다. 갈수록 많은 이들에게 현 상황은 아무런 도움이 안 되고 있다. 이제 사람들은 중산층 공동화, 재계의 근시안성, 점점 확연해지는 사회 기반 시설의 실패가 해결되기를 바라고 있을 수만은 없다. 역사상 가장 부유한 국가에 살면서도 삶이 퇴보할까 봐 불안과 두려움에 떠는 불합리한 현실을 더는 외면할 수 없다. 시장과 정치제도가 어떻게든 스스로 개혁될 것이라는 믿음도 이제는 사라졌다. 즉 제도가 망가졌기 때문에 더는 현실을 부정하거나 현실에 무관심할 수가 없다. 뿌리 깊은 정치적 역기능, 언제나 근시안적인 승자 독식 시장, 개인들의 만성적인 자기 몰두 같은 충동 사회를 통제 불능처럼 보이게 하는 비관적 이야기들은 그 자체로 충동 사회의 한 단면, 즉 실질적 개혁을 불가능하게 한 메타 브랜드였음을 점점 많은 이들이 깨닫고 있다. 그렇지만 동시에 많은 이들이 이 메타 브랜드를 꿰뚫어 보면서 개혁의 가능성을 믿고 있다. 현재 기술 관료와 학계, 소수의 개혁적 정치인, 재계 인사들이 정치제도 및 재계의 근시안성과 싸우는 상황에서, 우리들도 이러한 깨달음을 행동으로 옮겨 싸움에 힘을 실어야 한다. 이제 거의 보편화된 절박함과 불안함을 바탕으로, 변화가 가능할 뿐 아니라 현재 충동 사회를 이끄는 제도들이 그러한 변화를 가로막을 수 있다는 사실을 우리 자신에게 그리고 더 넓은 공동체에 입증해야 한다.

### 내면의 소리 듣기

몇 년 전 내 친구 마시는 바로 그런 불안함을 느끼고 중대한 결단을 내렸다. 마시는 국영 건축 회사에서 떠오르는 신예였지만 자신이 하는 일이 사회적으로 가치 있는 것인지 심각한 고민에 빠졌다. 마시는 건축설계를 매우 좋아했지만, 비용 절감과 규모 확대가 대세인 건축 분야에서 창의성을 발휘하기가 힘들었다. 마시는 내게 이렇게 말했다. "대부분의 경우 맡은 프로젝트에서 어떻게 하면 돈을 뽑을까만 궁리해. 내가 디자인한 것이 마음에 들어도 다들 이렇게 말하지. "좋아요, 그럼 최대한 '밸류 엔지니어링제품의 기능을 유지하면서 원가를 절감하는 것'을 해 보도록 합시다." 그 건물은 내 이름이 박힌 채로 50년은 서 있게 될 텐데 업계의 작업 방식에는 정말 동의할 수 없다는 생각이 들었어." 때마침 마시는 지방 교육구에서 아이들을 데리고 도심 건축물을 안내하는 자원봉사 활동을 하고 있었다. 마시는 아이들의 열정과 호기심이 무척 마음에 들었고, 단 몇 시간 만에 아이들의 세계관을 바꿀 수 있다는 점에서 이 일에 애착을 느꼈다. 그리고 왠지 그런 작은 변화가 직장에서 하는 일보다 창의적이고 중요하다는 생각이 들었다.

어느 날 저녁, 마시는 차를 몰고 퇴근하던 중 라디오에서 한 정치인의 인터뷰를 들었다. 수입이 꽤 좋던 일을 그만두고 공직에 출마했다는 그는 정치를 결심한 이유를 설명하면서, 고대 랍비 장로 힐렐의 말을 인용했다. "나 자신을 위해서만 존재한다면 나는 무엇이란 말인가? 지금이 아니라면 언제란 말인가?" 이 감상적 경구에 마시는 크게 공감했다. "딱 내 심정을 대변하는 말이었어. 난 더 중요하고 가치 있는 일을 하고 싶었거든." 그래서 마시는 건축 회사에서 나왔다. 그러고는 다시 학교로 돌아가 교육학 석사 과정을 밟았다. 이제 마시는 효율적 수업을 '설계'하는 일을 하면서 하루하루를 산다. 마시는 내게 말했다. "이 자리는 영향력이 있어. 내 말은 한 아이와 나눈 단 한마디로도 그 아이의 인생을 완전히 바꿀 수 있다는 뜻이야." 마시는 사실 건축일을 관두기가 쉽지 않았다고 말했다. 소득도 더 높았고, 주목받는 일을 하면서 느끼는 자기만족도 있었기 때문이었다. 반면 사람들에게 자신을 교사라고 소개하면 대화 주제를 바꾼다고 마시는 말했다. 그렇지만 마시는 전에 몸담았던 건축 회사의 쳇바퀴에서 벗어날수록, 시장이 정의하는 '성공'한 직업과 자신의 가치관이 규정하는 성공한 직업이 얼마나 다른지를 실감했다. 마시의 가치관에서 성공한 직업은 다른 이들의 삶과 연결돼 있고 그들의 삶에 영향을 주는 일이었다. "이는 마치 성장하면서 얻는 깨달음과 같았어. 내게는 아이들을 가르치는 일이 건물을 설계하는 일보다 더 중요하다고 느낀 것이지. 그건 변함없는 사실이야. 나는 가르치는 일이 좋고 한 번도 과거를 돌아본 적이 없거든."

마시의 감동적인 이야기는 내게 공간 만들기에 관한 생생한 묘사로 들렸다. 즉 충동 사회의 패턴과 가치관을 밀어내는 행동으로, 그렇게 거리를 두어야만 현재 우리가 균형에서 얼마나 벗어나 있는지 알 수 있고, 그러한 불균형에 어떻게 건설적으로 대응할 것인지를 고민할 수 있다. 앞서 우리는 금융시장과 경제가, 그리고 시장과 정치 영역이 각각 거리를 두어야 하는 이유를 살폈다. 그렇지만 충동 사회를 진정으로 넘어서려면, 우리는 개인과 시장 사이의 거리를 넓혀야 하고 또 한 세기에 걸친 시장과 자아의 통합 현상을 뒤집어야 한다. 그래야만 자아는 시장의 단기적 가치관에서 조금이나마 벗어나 더욱 본질적이고 영구적이며 인간적인 가치관과 다시 접할 수 있다. 또 하나 중요한 점은, 시장에서 한발 물러나야만 우리가 소비자 시장에서 미친 듯이 추구하는 것 중 상당수가 사실 다른 영역에 존재한다는 것을 깨닫는다는 것이다. 오늘날 많은 사람들이 갈망하는 것 중 하나는 '교류'다. 즉 다른 사람들과 깊고 진실되며 의미 있는 관계를 맺고 싶어 한다. 반세기 전 사회학자 로버트 니스벳이 남긴 말에 따르면, 우리는 여전히 '공동체성을 추구'하고자 한다. 그렇지만 이는 빠르고 이기적 만족을 앞세우는 소비자 문화에서는 본질적으로 채울 수 없는 욕망이다. 사실 우리가 진정으로 바라는 교류는 소비자 문화와 정반대의 성격이다. 즉 우리는 뭔가 영구적이고 우리보다 더 큰 대상과 교류하길 원한다. 그렇지만 시장에서 이러한 관계를 추구한 우리는 이러한 기본 욕구를 채우지 못했을 뿐 아니라 이를 채워 줄 수 있는 수단마저 약화시켰다.

따라서 우리는 시장을 밀어내야 한다. 아니 우리는 이미 밀어내고 있다. 우리는 어디서든 각자의 우선순위와 우려와 선택을 보여 주는 소소한 반항들을 무수히 한다. 그렇지만 우리는 근본적으로 이보다 더 큰 단일한 목적이 있음을 어떻게든 인정해야 한다. 우리는 교류와 공동체성을 향한 개별적 요구를 바탕으로 더 폭넓은 사회적 정치적 행동에 나서야 한다. 그래야만 공동체의 가치를 지키면서 더 크고 장기적인 목표에 다시 몰두할 수 있다. 그리고 이러한 일은 오로지 집단으로 행동할 때에만 가능하다. 자아와 공동체가 충동 사회에서 같이 무너졌다면 이 둘은 반드시 같이 일어나야 한다.

### 단 하나의 질문과 그 질문에 답할 용기

넓게 보자면 우리는 이미 무엇을 해야 할지 알고 있다. 충동 사회의 탄생이든 충동 사회를 길들이려는 우리의 바람에서든 핵심은 자아와 공동체의 관계라는 점을 우리 대다수는 이미 알고 있다. 자아와 공동체의 상호 관계가 건전할 경우 둘은 서로 힘을 불어넣는 관계가 된다. 공동체가 건강하면 공동의 목적, 협력, 자기

희생, 인내, 장기적 헌신 같은 공동체의 기본 가치가 지탱하는 개인 역시 이 가치들을 공동체에 환원할 수 있는 힘을 갖게 된다. 이러한 관계는 선순환을 그리면서 서로가 서로를 지탱하고 확장시킨다. 그렇지만 이러한 선순환이 깨지도록 방치한 것은 바로 우리 자신이었다. 우리는 개인이 시장에서 온갖 필수적인 힘과 회복 능력을 얻을 수 있다고 확신했다. 그리고 공동체는 제 스스로 돌볼 수 있다고 생각했다. 그렇지만 우리가 개별적 만족을 추구하는 순간 선순환은 악순환으로 변했고, 자아와 공동체의 상호 관계 역시 서로 힘을 빼앗고 약화시키는 관계로 변했다. 충동 사회는 바로 이 유해한 현실을 그 핵심으로 한다. 시장이 우리를 공동체의 의무와 영향력에서 벗어나게 할수록, 우리가 개인으로서 누리는 현실적 힘과 자유는 약해졌다. 시장의 분할 정복 패턴에 대한 저항력도 약해졌고, 그러한 여파에 대항할 힘마저 잃었다. 공동체를 쇠퇴시키는 시장을 막아 내지 못한 우리 자신을 떠올려 보라. 혹은 불평등 심화를 기꺼이 받아들이려 한 우리 대다수를 떠올려 보자. 다방면에서 그리고 다차원에서, 충동 사회는 자신이 원하는 방향으로 우리를 조종했다.

그렇지만 우리의 묵인은 이제 한계에 이르렀다. 시장을 밀어 내는 행위는 그 자체가 정치적 행동으로, 우리가 우리에게 진짜 필요한 것을 시장에서 얻지 못한다는 현실을 인정하는 것이다. 동시에 우리에게 진짜 필요한 것은 우리 가까이에 있다고 인정하는 것이다. 시장의 가치를 멀리하는 순간, 공동체의 가치가 우리의 삶에 다시 침투한다. 그리고 다시 교류하면서 느끼는 기쁨과 진정성은 비록 미약한 수준이라 해도 더 큰 공간을 만들게 하는 자극제가 되므로, 결국 우리는 더 깊고 더 오래가는 교류를 할 수 있게 된다. 그러면 다시 선순환이 서서히 시작될 것이다. 그렇지만 이 과정은 쉽지 않고 장담할 수도 없다. 건강한 공동체에 필요한 사회조직이 수십 년 동안 홀대받으면서 초라하고 약해졌기 때문이다. 게다가 매슬로의 사다리에서 한두 단계 떨어진 사람이 많아지면서 필요한 공간을 만들기 위한 시간과 자원도 부족해졌다. 그렇지만 이러한 여건에서도 사회적 유대와 더 큰 목적을 추구하려는 우리의 노력은 계속될 것이다. 우리에게 최소한의 기회와 용기가 주어진다면 우리가 아주 작게나마 공간을 만들어 낸다면 자아를 공동체에 다시 귀속시키려는 욕망이 꿈틀대면서 도시의 도로 틈새에 핀 잡초처럼 그 싹을 틔워 충동 사회에 깊이 뿌리를 내리면서 태양을 향해 뻗어 나갈 것이다.

우리는 이렇게 만개한 욕망을, 매주 각종 교회와 유대교 회당, 이슬람 사원에서 집단성과 공동체성에 의지해 우리 자신을 되찾으려는 모습에서 발견한다. 또 금요일 밤 고등학교 축구 시합에서 뿜어 나오는 부족적 에너지와 고등학교 졸업식장의 고조된 낙관주의에서 확인한다. 로터리클럽 기금 모금자의 목적에 대한 확신에서, 토지 이용에 관한 열띤 공청회 현장에서, 농산물 시장의 유쾌한 풍경에서도 이러한 욕망을 본다. 그렇지만 무엇보다도 우리는 공동체의 가장 기본 단위를 보편적으로 숭배하는 모습에서 그러한 욕망을 확인한다. 그 숭배의 대상은 바로 협력과 양육, 장기적 헌신을 그 가치로 하는 가족이다. 그렇지만 우리 대다수가 추구해 온 것은 시장의 가치와 정치판의 가치였다. 바로 여기에서 공동체성과 유대감에 대한 갈망이 싹튼다. 우리에게 필요한 것은 사회모든 차원에서 구조적 편견, 부패, 브랜드 정치의 냉소주의 같은정치적 경제적 잔해를 깨끗이 걷어 내고 공동체성에 대한 갈망을바탕으로 더욱 균형 있고 온전한 상태에 이르기 위해 다 같이 노력하는 것이다.

대대적 개혁은 아닐지라도 공동체성을 회복하려는 이러한 흐름이 이미 주변부에서 일어나고 있다. 바로 '지역성'에 점점 집착하는 현상으로 이는 니스벳이 '중재적 기관'이라고 명명한 것에 대한 재평가가 이뤄지고 있음을 보여 준다. 여기에서 중재적 기관이란 가족, 교회, 지역, 학교뿐 아니라 개인들을 지탱해 주고 자연재해든 인재든 더 큰 힘으로부터 개인들을 보호할 수 있는 지역 단위의 작은 사회구조를 뜻한다. 지역성에 대한 열광은 바람직하다. 지역 차원에서 맺는 사회적 관계는 그 밀도와 빈도와 친숙함 덕분에자아와 공동체의 상호 유대에서 얻는 이점을 개인에게 가장 뚜렷이 보여 줄 수 있기 때문이다. 노트르담대학교 법학과 부교수이자고전 사상 전문가인 패트릭 데닌은 "공공선을 이해하는 능력 그리고 공공선을 위해 행동하려는 의지를 갖추려면(과거로부터 물려받은 유산에 대해 책임감과 부채 의식을 느끼고, 미래에 대해 감사하는 마음에서 의무감을 느끼는 것) 우리에게는 매우 친밀한 규모의 공동체가 있어야 한다"라고 썼다. 지역적 규모에서는 "서로 연결된 감각기관처럼 우리의 행동이 남들에게 남들의 행동이 우리에게 서로 영향을 주고받는 것"을 느낄 수 있다. 마찬가지로 지역적 규모에서는 시장과 비시장의 차이를 가장 쉽게 구분할 수 있고, 이를 바탕으로 진정성과 도덕성, 질적 가치, 공동체 그 자체와 같은 비시장적 가치를 명확히 알 수 있다.

그렇지만 이러한 중요성에도 불구하고, 우리는 작고 밀접하며 친밀한 공동체에 대한 제퍼슨식 이상이 공동체성 회복의 일부일 뿐이라는 점 역시 인정해야 한다. 지역사회는 더 이상 우리가 사는 세계가 아니며, 우리가 쓰는 '공동체'라는 개념은 국가적 문제 나아가 전 세계적 문제까지 포괄할 만큼 광범위해야 하고 또 인간의 모든 경험과 창의성을 포괄할 만큼 다양해야 한다. 예를 들면 우리는 진정한 사회적 유대로서의 노동 개념을, 그리고 적법하고 중요한 공동체의 궤적으로서의 노동 개념을 되살려야 한다. 노조와 직장 연대가 권위를 갖던 시절은 다시 올 수도 있고 안 올 수도 있다. 여하튼 우리에게 중산층을 구제할 기회가 다시 온다면 '노동자'들은 집단적이고 유대적이며 자각적이고 적극적인 공동체의 구성원으로 다시 등장해야 한다.

또한 우리는 공동체의 잠재적 범주도 포용해야 한다. 특히 디지털 공동체를 비롯해 공동체라는 맥락에서 비난받는 대상들을 껴안아야 한다. 우리는 온라인 환경이 오늘날 우리가 잃어버린 회복적 공동체가 되기에는 심각한 한계가 있음을 솔직히 인정해야 한다. 페이스북과 트위터는 동네 반상회나 사친회의 기금 마련 활동, 가족 모임의 친밀감을 절대로 대신하지 못한다. 마찬가지로 정치인을 '팔로잉'한다고 해서 주와 연방 차원의 정치 개입이라는 시민의 의무가 사라지지도 않는다. 더 근본적으로는 현재 디지털 세계의 소셜 네트워크가 효율 시장의 쳇바퀴 패턴을 유지하면서, 그리고 빠른 수익과 자기 홍보와 불완전한 일회성 소통(바로 우리가 벗어나고 싶어 하는 것들이다.)을 강조하면서, 효율 시장을 완전히 구현하고 있음을 우리는 알아야 한다. 그렇지만 디지털 세계의 시장적 속성을 다소 억제할 수 있다면, 즉 이를 엄격히 분리해 내거나 더 현실적인 방안으로 사용자들에게 디지털 영역 도처에 깔린 시장의 존재를 주지시킨다면(모든 6학년 학생들에게 '디지털 교육'을 의무화하는 방안을 생각해 볼 수 있다.) 디지털 기술은 우리가 상상 못한 사회적 유대의 초석으로서 무한한 잠재력을 보여 줄 것이다. 과거에 인터넷이 처음 시작된 과정을 떠올려 보라. 휘황찬란한 주류 문화에서 벗어나 각자의 정보를 공유하기 위해 뭉친 커뮤니티로서 인터넷은 시작됐다. 그렇다면 새로운 시민 담론의 장에도 그러한 기운을 불어넣을 수 있지 않을까? 더 광범위하고 더 일상적인 온라인 시민회관이 이미 등장한 것도 이러한 맥락에서가 아닐까?

그렇지만 디지털 세계에 양면적 속성이 있다고 하더라도, 우리는 비디지털 세상에 아직 발현되지 못한 공동체적 잠재력이 있음을 인정해야 한다. 수십 년 전, 디지털 세상을 꿈꾸기 전인 전후 시기에 우리는 공동체 건설과 시민 참여 활동, 사회적 자본 축적에 우리의 역량을 믿기 힘들 만큼 쏟아부었다. 우리는 현란한 디지털 세상 그리고 디지털 세상 창조자들이 소위 말하는 커뮤니티에 현혹되어 '오프라인' 공동체 회복이 가진 잠재력을 등한시해서는 안 된다. 개인과 더 큰 공동체가 다시 선순환을 이루도록 이끌어 줄 의미 있고 중요한 사회적 유대의 장은 스포츠 리그에 자발적으로 참여하는 것부터 디지털 기기를 꺼 버린 가족 모임에 이르기까지 말 그대로 수천 가지다.

사실 우리가 재건 노력을 궁극적으로 쏟아야 할 대상은 가장 큰 공동체인 '국가 공동체'다. 소규모 공동체의 회복 못지않게 중요한 것은, 거대하고 무질서하며 불안정한 민주주의에서 우리의 시민으로서의 의무를 실현하는 공간인 '국가' 공동체라는 개념을 하루빨리 복원하는 것이다. 이러한 국가 공동체는 지역 공동체가 지닌 친밀감과 익숙함, 순수함이 전혀 없을 수도 있다. 그렇지만 우리가 직면한 다수의 과제를 해결하려면 국가적 규모와 그 영향력이 필요하다는 점에서 국가 공동체의 회복은 우리의 선택 사항이 아니다. 기후변화나 새로운 에너지 시스템 마련 같은 문제와 맞설 수 있는 자원은 오직 국가 공동체에만 있다. 더 근본적으로 사회 전체를 위한 더 큰 목표 설정은 순기능적이고 어느 정도 결속력이 있는 국가 공동체만이 할 수 있으며, 이러한 정책적 우선순위는 결국 지역과 개인 차원의 공동체 건설 노력에 영향을 줄 것이다. 또한 지역과 주 차원의 공동체 건설 노력에 정치적 경제적 '보호막'을 제공할 수 있는 것 역시 국가 공동체뿐이다. 물리적 자본과 인적 자본에 대한 장기 투자를 유도하고 이 투자들이 합리적이고 장기적인 목표를 향하도록, 그리하여 지역과 전국, 국가와 개인이 서로 오래도록 힘을 주는 관계를 유지하도록 조율하는 일 또한 국가 공동체만이 할 수 있다.

국가 공동체를 다시 활성화하자는 제안은 오늘날 다수의 우파에게, 정부를 반사적으로 불신하는 브랜드 보수주의로 여전히 혼란스러운 우파 세력에게 하나의 도전이 될 것이다. 그렇지만 우리의 정치 문화가 조금만 변해도, 예컨대 정치적 분열을 낳는 미디어의 에코 효과를 억누르기만 해도 보수 세력은 건설적 참여와 변화 가능성을 허용하는 비브랜드 정치에 전략적 이득이 있음을 깨닫게 될 것이다. 게다가 이러한 변화 역시 자기 영속적 패턴을 낳을 수 있다. 실용적 보수주의자들이 이미 인정했듯이, 전후 경제의 기적은 무엇보다도 지역과 전국 사이의 선순환에서 나온 것이었다. 사회보장과 업무 규율부터 사회 기반 시설에 대한 대대적 투자에 이르기까지 방대한 하향식 정책 덕분에 개인은 안정감을 느끼고 미래에 대한 낙관을 키웠으며, 각종 차원의 공동체들도 번영을 이룰 수 있었다.

　사회적 투자로 얻는 '수익'은 굉장했다. 로버트 퍼트넘을 비롯한 여러 학자들이 입증했듯이, 전후 공동체의 번영은 유례없는 사회참여와 정치 참여로 나타났다. 즉 자원봉사주의, 애국심, 협동심 그리고 희생정신으로 이어져, 이를 바탕으로 나라 전체가 굵직한 과제들을 해결할 수 있었다. 사실 우리는 선거철이면 이러한 상호 관계를 목격한다. 이때는 양당의 모든 관계자들이 선거운동에 완전히 몰입하며, 때로 격분하는 모습도 보여 준다. 그렇지만 우리가 추구하는 것은 더욱 지속적인 참여로, 당 지도자와 유권자 모두가 더 차분하고 건설적이며 꾸준하게 정책 마련과 정치 논쟁에 임하는 것이다. 그리고 에코 효과를 내는 극단주의 세력이 더 이상 논쟁 구도를 좌우하지 못하도록 차단하고 원래 있던 자리인 비주류로 밀어내는 것이다.

가장 희망적인 징조는 사회적 불평등과 관련해 분노가 들끓고 논쟁이 활발해진 현상일 것이다. 우리는 심화된 빈부 격차를 보면서 이것이 공동체와 민주주의의 이상에 가장 큰 위협임을 느낀다. 경제적 불안과 불확실성 속에서, 개인들은 고귀한 후기 물질주의적 열망을 잃어 가고 자신의 이해를 벗어나 공동체를 위한 일에 선뜻 나서지 못한다. 공동체는 시민들이 가장 절실히 원하는 바로 그 순간에 쇠퇴했다. 선순환이 악순환으로 돌변한 가장 안타까운 경우다. 그렇지만 소득 불평등이야말로 국가 공동체가 가장 효과적으로 대처할 수 있는 사안이다. 우리가 앞서 논의한 개혁들을 통해 시장 불균형을 바로잡고 공정성을 회복하기 위해 꾸준히 노력한다면 우리는 다시 바람직한 순환을 일으킬 수 있을 것이다. 또한 사람들에게 더욱 안정감을 느끼게 하고 더 큰 사회가 이들의 이해와 복지를 우선시한다는 인상을 주게 되면, 사람들은 자신의 이해에서 벗어나 가족과 이웃, 학교에 더 많은 시간을 쏟으려고 할 것이다. 또 하나 중요한 사실로, 불평등을 해소하면서 경제가 부유한 사람들이나 정치적 연고가 있는 자들의 전유물이 아니라는 것을 보여 준다면, 폭넓은 미국식 실험과 민주주의 전반에 대해 예전처럼 신뢰를 얻게 될 것이다. 또한 양당의 정치인들이 불평등을 논의하기 시작한 시점에서 불평등에 대한 '논의'만으로도 그동안 홀대받은 냉소적 집단에게 이제야 나라가 제대로 굴러간다는 안도감을 심어 줄 수 있을 것이다.

사실 수십 년 동안, 국가 공동체는 상상하기 힘든 개념이었다. 경제적 실패, 정치적 당파성과 정치 금융화, 정치를 또 하나의 소비 공간이자 정체성 형성 공간으로 취급하는 유권자 등 모두가 여기에 원인 제공을 했다. 그러나 최근 들어 우리는 관계 회복을 암시한 잠깐의 타협에서 변화의 가능성을 보았다. 물론 여기에 큰 기대를 걸 수는 없다. 그렇지만 이는 충동 사회의 지속 불가능성과 무능력한 정치제도의 불합리성을 깨달은 유권자들에게 기회의 창이 될 수도 있다. 우리의 정치제도가 얼마나 형편없는지 깨닫게 해주는 공간 만들기는 이러한 제도들이 아무리 미흡할지라도 제 기능을 회복하도록 요구하는 것부터 시작해야 한다. 그 본래의 기능이란 바로 우리 개인의 사적 이익을 장기적이고 집단적 효용을 위한 수단으로 전환하는 기능이다.

선순환을 낳을 수 있는 예는 또 있다. 사망판정위원회(오바마의 의료 개편에 제동을 걸기 위해 공화당에서 지어낸 허구적 개념. 공화당은 의료 개혁이 이뤄지면 중증 환자나 노인 환자의 치료 여부를 결정하는 사망판정위원회가 생길 것이라며 유권자들에게 공포심을 불어넣었다.)나 마리화나 합법화, 오바마의 출생증명서(보수 진영은 오바마가 미국 태생이 아닌 부친의 고향인 케냐 태생이므로 헌법상 대통령 피선거권이 없다고 공격했는데, 이에 오바마는 출생증명서를 제시해 출생지 논란을 일축했다.) 같은 문제가 아닌, 우리의 경제적 운명과 사회적 운명을 이끄는 실질적 사안을 논의하는 정치 풍토를 조성하는 것이다. 근대 가족이 직면한 과제들, 기업 윤리와 직업윤리의 쇠퇴, 잘못된 혁신, 규제받지 않는 금융시장과 제한 없는 선거 자금이라는 시한폭탄 등 이러한 쟁점을 다루는 정치 문화라면 사람들은 신뢰와 관심을 보일 것이다. 이런 문제들은 초당적 사안이기 때문이다. 우리는 공화당과 민주당으로 조각조각 나뉜 자신들의 모습이 한탄스러울지 모른다. 그렇다고 우리의 합당한 차이를 초월해 서로의 공통분모를 찾거나 만들려는 노력을, 그리고 정의롭고 자유로운 사회의 기본 원리에 다 같이 헌신하려는 노력을 소홀히 해서는 안 된다. 이를 통해 우리는 공존 불가능이라는 해로운 가정과 에코 효과를 차단하고 공동의 이해와 중도정치의 영역을 재발견하면서, 우리들 대다수가 딱히 공화당이나 민주당 성향은 아니라는 사실을 깨닫게 될 것이다.

우리는 이러한 선순환이 다른 영역에서 전개되는 모습과 다른 국가적 쟁점들이 이와 비슷한 상향식 방식으로 해결되는 과정을 볼 수도 있을 것이다. 일례로 기후변화의 경우 우리는 국가적 차원에서 해결하지 못했다. 탄소세를 입법하려는 노력이 에너지 산업을 보호하려는 금융화된 정치제도에 가로막혔기 때문이었다. 이는 바로 전형적인 충동 사회의 패턴이었다. 그렇지만 동시에 주와 지역 차원에서, 제대로 결집만 된다면 국가적 흐름으로 전환될 수 있는 흐름이 있다. 캘리포니아 주의 경우 주민들이 가뭄과 화재, 먼지바람 같은 기후변화의 참상과 거의 흡사한 체험을 하면서 지역적 관심사를 건설적인 주 정책으로 확대하는 데에 일조해 왔다. 이 정책들은, 매사추세츠 주의 의료 제도가 국가적 정책으로 발전된 것처럼, 다른 주 나아가 연방 정부에도 하나의 귀감이 될 수 있을 것이다. 이러한 진전의 속도를 높이기 위해 주로 밀레니엄 세대 지역 활동가로 구성된 급성장 중인 전국적 공동체가, 현재 전국에서 정치적 압력을 높이기 위해 기존의 환경 단체들이 더 이상

쓰지 않는 새로운 '점거' 전술을 구사하고 있다. 예를 들면, 탄소 배출이 심한 원유를 캐나다의 타르샌드에서 끌어오는 키스톤 XL 송유관 건설 사업을 저지하기 위해 7만 5000명이 넘는 활동가들이 항시 대기 중이다. 오바마 행정부가 송유관 건설 사업을 승인하지 않은 배경에는 이러한 위협도 일부 작용했을 것이다.

이러한 상하향식 역학이 가장 큰 가능성을 보여 주는 분야는 바로 교육일 것이다. 교육 분야는 충동 사회에서 더욱 취약해졌다. 다른 '덜' 산업화된 나라와 비교해 미국의 형편없는 학업 성취도는 이미 미국 경제의 회복 능력을 떨어뜨리고 있고, 나아가 장기 번영에 대한 사고마저 어렵게 하고 있다. 그렇지만 참여와 개선, 공동체 형성의 기회는 풍부하며 빨리 활용되길 기다리고 있다. 전국 차원에서는 연방 정부가 각 주의 학교들에게 단일한 교과 기준을 제시하는 '공통 교과과정'이 어느 정도 성공하면서, 전국 공통의 기준에 반발하는 지역이 있긴 하지만, 그 여세를 몰아가고 있다. 지역 차원에서는 학교 운영과 교과과정을 자율화하는 차터 스쿨부터 학생들이 집에서 온라인으로 강의를 듣고 교실에 나와 '숙제'를 하는 '거꾸로 된' 학교 모델에 이르기까지, 교육 개혁가들이 온갖 시도를 하고 있다. 이중에는 논란을 일으키는 것들도 많다. 그렇지만 이러한 시도 자체는 미국 문화의 전반적 특징이었던 직접 참여해 해결하는 모습을 보여 주는 것으로, 적절한 지원이 뒷받침된다면 다시 한 번 참여적 문화가 생겨날 것이다.

사실 근대 사회의 모든 분야를 통틀어, 개인이 동참하고 행동하도록 유도하기에 가장 쉬운 분야는 교육일 것이다. 우리가 성인

이 되어 공식적으로 처음 참여하게 되는, 가족이나 이웃을 넘어선 공동체는 보통 교육 분야다. 우리가 정부와 첫 대면하는 분야 역시 대개 교육이다. 우리는 자녀의 학교 교육에 불만이 있으면 곧장 조치한다. 그래서 학급 시설 마련을 위한 모금 활동, 지역 차원의 교육 과세 캠페인, 교육위원회 출마 등을 한다. 내 친구 마시가 깨달은 것처럼, 교육은 더 큰 공동체로 돌아가려는 야심 찬 개인에게 하나의 명확하고 잘 다져진 길을 보여 준다. 더 큰 공동체로 돌아가려는 충동, 오래 유지되는 진정한 가치 생산에 동참하려는 충동은 그 어떤 파충류적 충동 못지않게 자연스럽고 인간적이다. 이때 필요한 것은 단지 시간과 공간, 그리고 활성화를 위한 자극뿐이다. 그리고 우리는 그러한 시간과 공간과 활성화를 계속 추구해야 한다. 그러한 고집은 내면에서 나와야 한다. 내 친구 마시가 교사가 되기로 결심한 순간을 설명하면서 꺼낸 얘기도 바로 임계점이었다. 즉 자신에게 '나 같은 사람이 아니면 누가 그런 일을 하겠는가'라며 결정적 질문을 던진 순간이었다.

충동 사회에서는 이런 식의 질문을 던지기가 쉽지 않다. 수익률 사냥과 다람쥐 쳇바퀴, 완벽한 개인적 만족에 대한 부단한 추구를 동력으로 삼는 사회에서는, 단기성과 이기심에서 벗어난 현실을 고려하는 것조차 힘든 일이다. 자신에게 익숙한 현실을 벗어날 수 있는지 묻는 것, 남들을 위하지 않는다면 우리는 누구이고, 지금이 아니면 언제인지를 묻는 것은 시장의 논리에 저항하는 것이자 다른 오래된 가치관을 고집하는 것이다. 또 이 질문은 개인의 진정한 자유와 힘이 더 큰 대상을 위해 봉사할 때 존재할 수 있음을 깨닫게 해 준다. 가장 중요한 사실은, 그러한 질문을 던지는 것 자체가 충동 사회를 넘어서기 위한 첫걸음이라는 것이다. 이는 충동 사회를 지탱하는 개념, 즉 근시안적이고 자기 몰두적이며 파괴적인 지금의 현실이 한 사회가 보여 줄 수 있는 최선이라는 개념을 거부하는 것이기 때문이다. 충동 사회를 떠받드는 이 핵심적 '진실'이 거짓임을 깨닫기 위해서는 단 하나의 질문 그리고 그 질문에 대답하기 위한 용기만이 필요할 뿐이다.

## 1 조금 더 빨리 조금 더 많이

1. Andrew Nusca, "Say Command: How Speech Recognition Will Change the World," *SmartPlanet*, Issue 7, at http://www.smartplanet.com/blog/smart-takes/say-command-how-speech-recognition-will-change-the-world/19895?tag=content;siu-container.

2. 시리를 소개하는 애플사의 영상은 다음을 참고하라. http://www.youtube.com/watch?v=8ciagGASro0.

3. *The Independent*, 86–87(1916), at http://books.google.com/books?id=IZAeAQAAMAAJ&lpg=PA108&ots=L5W1-w9EDW&dq=Edward%20Earle%20Purinton&pg=PA246#v=onepage&q=Edward%20Earle%20Purinton&f=false.

4. Daniel Bell, *The Cultural Contradictions of Capitalism*(New York: HarperCollins, 1976), p. 66.

5. James H. Wolter, "Lessons from Automotive History," research paper,

presented at the Conference on Historical Analysis and Research in Marketing, Quinnipiac University, New York, 1983, p. 82.

6 인용된 출처는 다음과 같다. David Gartman, "Tough Guys and Pretty Boys: The Cultural Antagonisms of Engineering and Aesthetics in Automotive History," Automobile in American Life and Society, at http://www.autolife. umd.umich.edu/Design/Gartman/D_Casestudy/D_Casestudy5.htm.

7 V. G. Vartan, "'Trust Busters' Aim Legal Cannon at GM," *Christian Science Monitor*, Feb. 10, 1959, p. 12.

8 G. H. Smith, 1954, in Ronald A. Fullerton, "The Birth of Consumer Behavior: Motivation Research in the 1950s," paper presented at the 2011 Biennial Conference on Historical Analysis and Research in Marketing, May 19–22, 2011.

9 *Recent Social Trends in the United States: Report on the President's Research Committee on Social Trends, with a Foreword by Herbert Hoover*(New York: McGraw-Hill, 1933), pp. 866–867, at http://archive.org/stream/recentsocial tren02presrich#page/867/mode/1up.

10 1933년 3월 4일에 취임한 루스벨트의 연설은 다음에서 확인할 수 있다. http://historymatters.gmu.edu/d/5057/.

11 Alexander J. Field, "The Origins of U. S. Total Factor Productivity Growth in the Golden Age," *Cleometrica* 1, no. 1(April 2007): 19, 20.

12 Alexander J. Field, "The Impact of the Second World War on U. S. Productivity Growth," *Economic History Review* 61, no. 3(2008): 677.

13 Gary Nash, "A Resilient People, 1945–2005," in *Voices of the American People, Volume 1*(New York: Pearson, 2005), p. 865.

14 매해 미국의 실질 GDP는 다음을 참고하라. "US Real GDP by Year," http://www.multpl.com/us-gdp-inflation-adjusted/table.

15 매해 미국의 1인당 GDP는 다음을 참고하라. "US Real GDP per Capita," http://www.multpl.com/us-real-gdp-per-capita.

16 G. Katona et al., *Aspirations and Affluence*(New York: McGraw-Hill, 1971), p. 18.

17 1945년 중위 소득은 다음을 참고하라. "Current Population Reports: Consumer Income," Series P-60, No. 2, Washington D.C, March 2, 1948,

http://www2.census.gov/prod2/popscan/p60-002.pdf; 1962년 중위 소득은 다음을 참고하라. "Current Population Reports: Consumer Income," Series P-60, No. 49, Washington D.C, Aug. 10, 1966, http://www2.census.gov/prod2/popscan/p60- 049.pdf.

18  Nash, "A Resilient People, 1945–2005," p. 864.

19  Gregg Easterbrook, "Voting for Unemployment: Why Union Workers Sometimes Choose to Lose Their Jobs Rather Than Accept Cuts in Wages," *The Atlantic*, May 1983, http://www.theatlantic.com/past/docs/issues/83may/eastrbrk.htm; and Timothy Noah, "The United States of Inequality," *Salon*, Sept. 12, 2010, http://www.slate.com/articles/news_and_politics/the_great_divergence/features/2010/the_united_states_of_inequality/the_great_divergence_and_the_death_of_organized_labor.html.

20  Standard Schaefer, "Who Benefited from the Tech Bubble: An Interview with Michael Hudson," *CounterPunch*, Aug. 29–31, 2003, http://www.counter punch.org/2003/08/29/who-benefited-from-the-tech-bubble-an-interview-with-michael-hudson/; "Kaysen Sees Corporation Stress on Responsibilities to Society," *The Harvard Crimson*, March 29, 1957, http://www.thecrimson.com/article/1957/3/29/kaysen-sees-corporation-stress-on-responsibilities/; and Gerald Davis, "Managed by the Markets"(New York: Oxford University Press, 2009), p. 11.

21  "Life Expectancy by Age," Information Please, Pearson Education, 2007, http://www.infoplease.com/ipa/A0005140.html.

22  Ernest Haveman, "The Task Ahead: How to Take Life Easy," *Life*, Feb. 21, 1964.

23  Pierre Martineau, "Motivation in Advertising: A Summary," in *The Role of Advertising*(New York: McGraw-Hill, 1957), cited in Fullerton.

24  Bellah et al., *Habits of the Heart: Individualism and Commitment in American Life*(Berkeley: University of California Press, 1985), p. 108.

25  William Shannon, quoted by Richard Rovere in *The American Scholar*(Spring 1962).

26  "U. S. Federal Spending," graph, in U. S. Government Spending, http://www.usgovernmentspending.com/spending_chart_1900_2018USp_

XXs1li111mcn_F0f_US_Federal_Spending.

27  다음에서 인용했다. Mary Ann Glendon, "Lost in the Fifties," *First Things*
57(Nov. 1995): 46–49, http://www.leaderu.com/ftissues/ft9511/articles/
glendon.html.

28  A. H. Maslow, "A Theory of Human Motivation," Classics in the History of
Psychology: An Internet Resource, http://psychclassics.yorku.ca/Maslow/
motivation.htm.

29  다음에서 인용했다. Ellen Herman, "The Humanistic Tide," in *The Romance
of American Psychology: Political Culture in the Age of Experts*(Berkeley:
University of California Press, 1995), http://publishing.cdlib.org/
ucpressebooks/view?docId=ft696nb3n8&chunk.id=d0e5683&toc.
depth=1&toc.id=d0e5683&brand=ucpress.

30  Ronald Inglehart and Christian Welzel, *Modernization, Cultural Change, and
Democracy: The Human Development Sequence*(Cambridge, UK: Cambridge
University Press, 2005), p. 149.

31  Ibid., p. 144.

## 2  자아실현을 향한 불안한 열망

1  "Survey of Consumers," University of Michigan, Survey Research Center,
http://www.sca.isr.umich.edu/fetchdoc.php?docid=24776.

2  Michael C. Jensen and William H. Meckling, "Theory of the Firm:
Managerial Behavior, Agency Costs and Ownership Structure," research
paper, http://www.sfu.ca/~wainwrig/Econ400/jensen-meckling.pdf.

3  저자와의 인터뷰.

4  Gary Hector and Carrie Gottlieb, "The U.S. Chipmakers' Shaky Comeback,"
CNNMoney, http://money.cnn.com/magazines/fortune/fortune_
archive/1988/06/20/70690/index.htm.

5  "GM Speeds Time to Market through Blistering Fast Processors,"
FreeLibrary, http://www.thefreelibrary.com/GM+speeds+time+to+market+t
hrough+blister-ing+fast+processors%3a+General..-a0122319616.

6   "S&P 500: Total and Inflation-Adjusted Historical Returns," Simple Stock
    Investing, http://www.simplestockinvesting.com/SP500-historical-real-
    total-returns.htm.

7   William Lazonick and Mary O'Sullivan, "Maximizing Shareholder Value:
    A New Ideology for Corporate Governance," *Economy and Society* 29, no.
    1(Feb. 2000): 19.

8   Ibid.

9   Ted Nordhaus and Michael Shellenberger, *Break Through: From the Death of
    Environmentalism to the Politics of Possibility*, p. 156.

10  "Work Stoppages Falling," graph, U. S. Bureau of Labor Statistics, http://
    old.post-gazette.com/pg/images/201302/20130212work_stoppage600.png.

11  Loukas Karabarbounis and Brent Neiman, "Declining Labor Shares and the
    Global Rise of Corporate Savings," research paper, October 2012, http://
    econ.sciences-po.fr/sites/default/files/file/cbenard/brent_neiman_LabShare.
    pdf.

12  William Lazonick, "Reforming the Financialized Corporation," http://www.
    employmentpolicy.org/sites/www.employmentpolicy.org/files/Lazonick%20
    Reforming%20the%20Financialized%20Corporation%2020110130%20(2).
    pdf.

13  2013년 4월 15일에 윌리엄 라조닉과 진행한 저자 인터뷰.

14  Gerald Davis, *Managed by the Markets: How Finance Re-Shaped
    America*(New York: Oxford University Press, 2009), p. 90–91.

15  저자와의 인터뷰.

16  "The Rise of Freakonomics," *Wired*, Nov. 26, 2006, http://www.longtail.com/
    the_long_tail/2006/11/the_rise_of_fre.html.

17  *The Oxford Companion to American Food and Drink*, edited by Andrew F.
    Smith(New York: Oxford University Press, 2006), p. 266.

18  "Supply Chain News: Will Large Retailers Help Manufacturers Drive Out
    Supply Chain Complexity?" *Supply Chain Digest*, June 30, 2009, http://www.
    scdigest.com/assets/On_Target/09-06-30-2.php

19  Robert Peters, "Chronology of Video Pornography: Near Demise and
    Subsequent Growth," Morality in Media, http://66.210.33.157/mim/full_

article.php?article_no=175; and Tony Schwartz, "The TV Pornography Boom," Sept. 13, 1981, http://www.nytimes.com/1981/09/13/magazine/the-tv-pornography-boom.html?pagewanted=all.

20    Press release, "Industry History: A History of Home Video and Video Game Retailing," Entertainment Merchants Association 2013, http://www.entmerch.org/press-room/industry-history.html. Accessed February 3, 2014.

21    "'Father of Aerobics,' Kenneth Cooper, MD, MPH to Receive Healthy Cup Award from Harvard School of Public Health," press release, April 16, 2008, http://www.hsph.harvard.edu/news/press-releases/2008-releases/aerobics-kenneth-cooper-to-receive-harvard-healthy-cup-award.html.

22    J. D. Reed, "America Wakes Up," *Time*, Nov. 16, 1981, http://www.time.com/time/subscriber/printout/0,8816,950613,00.html.

23    2012년 10월 5일에 개인적으로 나눈 대화.

24    Kurt Eichenwald with John Markoff, "Wall Street's Souped-up Computers," *New York Times*, Oct. 16, 1988, http://www.nytimes.com/1988/10/16/business/wall-street-s-souped-up-computers.html.

25    Dean Baker, "The Run-up in Home Prices: Is It Real or Is It Another Bubble?" briefing paper, Center for Economic and Policy Research, August 2002, http://www.cepr.net/documents/publications/housing_2002_08.pdf; and Dean Baker, "The Productivity to Paycheck Gap: What the Data Show," briefing paper, April 2007, http://www.cepr.net/documents/publications/growth_failure_2007_04.pdf.

26    Peter Marin, "The New Narcissism," Harper's, October 1975.

27    스콧 런던(Scott London)의 서평에서 인용했다. http://www.scottlondon.com/reviews/lasch.html.

28    Glendon, "Lost in the Fifties."

29    All in Putnam, R. *Bowling Alone: The Collapse and Revival of American Community*(New York: Simon & Schuster, 2000), except visiting and close confidants, which is from McKibben, Bill. "Money ≠ Happiness. QED." *Mother Jones*, March/April 2007, http://www.motherjones.com/politics/2007/03/reversal-fortune?page=3Issue.

30    Ibid.

31  Charles Fishman, "The Revolution Will Be Televised(on CNBC)," FastCompany, http://www.fastcompany.com/39859/revolution-will-be-televised-cnbc.


### 3 충동은 우리를 어떻게 무너뜨리는가?

1  저자와의 인터뷰.
2  Michelle J. White, "Bankruptcy Reform and Credit Cards," *Journal of Economic Perspectives* 21, no. 4(Fall 2007): 175–179, http://www.econ.ucsd.edu/~miwhite/JEPIII.pdf.
3  Reuven Glick and Kevin J. Lansing, U. S. Household Deleveraging and Future Consumption Growth, Federal Reserve Bank of San Francisco Economic Letter, May 15, 2009, http://www.frbsf.org/publications/economics/letter/2009/el2009-16.html; and "U. S., World's Growing Household Debt," research paper, June/July 2004, http://www.marubeni.com/dbps_data/material_/maruco_en/data/research/pdf/0407.pdf.
4  White, "Bankruptcy Reform and Credit Cards."
5  Richard H. Thaler, *Quasi Rational Economics*, p. 78.
6  Smith, "The Theory of Moral Sentiments." In "Adam Smith, Behavioral Economist", Carnegie Mellon University, www.cmu.edu/dietrich/sds/docs/loewenstein/AdamSmith.pdf.
7  개인적으로 나눈 대화.
8  Ibid.
9  Michael E. Lara, "The New Science of Emotion: From Neurotransmitters to Neural Networks," SlideShare, http://www.slideshare.net/mlaramd/science-of-emotion-from-neurotransmitters-to-social-networks.
10  George Loewenstein, "Insufficient Emotion: Soul-Searching by a Former Indicter of Strong Emotions," *Emotion Review* 2, no. 3(July 2010): 234–239.
11  Richard Sennett, *The Culture of the New Capitalism*(New Haven, CT: Yale University Press, 2006), p. 23.

12 Vivian Yee, "In Age of Anywhere Delivery, the Food Meets You for Lunch," *New York Times*, Oct. 5, 2013, http://www.nytimes.com/2013/10/06/nyregion/in-age-of-anywhere-delivery-the-food-meets-you-for-lunch.html?hp.

13 Hilary Stout, "For Shoppers, Next Level of Instant Gratification," *New York Times*, Oct. 8, 2013, http://www.nytimes.com/2013/10/08/technology/for-shoppers-next-level-of-instant-gratification.html?hpw.

14 Jonah Lehrer, "DON'T! The Secret of Self-Control," *The New Yorker*, May 18, 2009, http://www.newyorker.com/reporting/2009/05/18/090518fa_fact_lehrer?currentPage=all.

15 다음에서 인용했다. Thomas Frank, *Commodify Your Dissent*, p. 32.

16 Leonard N. Fleming, "David Kipnis, 74, Psychology Professor," obituary, Philly.com, http://articles.philly.com/1999-08-29/news/25482558_1_psychology-professor-social-psychology-absolute-power; Kipnis quoted in David M. Messick and Roger M. Kramer, eds., *The Psychology of Leadership: New Perspectives and Research*(Mahwah, NJ: Lawrence Erlbaum Associates, 2005).

17 Fleming, "David Kipnis, 74."

18 저자와의 인터뷰.

19 저자와의 인터뷰.

20 Jeremy Laurance, "4x4 Debate: Enemy of the People," *The Independent*, June 23, 2006, http://www.independent.co.uk/life-style/health-and-families/health-news/4x4-debate-enemy-of-the-people-405113.html.

21 Jon Bowermaster, "When Wal-Mart Comes to Town," April 2, 1989, http://www.nytimes.com/1989/04/02/magazine/when-wal-mart-comes-to-town.html?pagewanted=all&src=pm.

22 "The Sovereignty of the Consumers," Ludwig von Mises Institute, http://mises.org/humanaction/chap15sec4.asp.

23 "Robert Nisbet and the Conservative Intellectual Tradition," Ludwig von Mises Institute, http://mises.org/media/4211.

24 Bell, *The Cultural Contradictions of Capitalism*, pp. xxiv.

25 R. Putnam, *Bowling Alone: The Collapse and Revival of American*

*Community*(New York: J. Simon & Schuster, 2000) p. 335.

## 4 쉽게 버는 세상

1 저자와의 인터뷰.

2 저자와의 인터뷰.

3 저자와의 인터뷰.

4 Leith van Onselen, "Ireland, the Greatest Property Bust of All," *Macro Business,* April 8, 2013, http://www.macrobusiness.com.au/2013/04/ireland-the-greatest-property-bust-of-all/.

5 Matthew Benjamin, "Bond Traders Who Gave Bush a Pass May Ambush Obama or McCain," Bloomberg, Aug. 10, 2008, http://www.bloomberg.com/apps/news?pid=newsarchive&sid=ayrMJ4R.bmLY&refer=home.

6 Bob Woodward, *The Agenda: Inside the Clinton White House*(New York: Simon & Schuster), 1994.

7 Brian J. Hall, "Six Challenges in Designing Equity-Based Pay," NBER Working Paper 9887, July 2003, http://www.nber.org/papers/w9887.pdf?new_window=1.

8 Ben Heineman, Jr. and Stephan Davis, "Are Institutional Investors Part of the Problem or Part of the Solution?," Yale School of Management, 2011. http://www.ced.org/pdf/Are-Institutional-Investors-Part-of-the-Problem-or-Part-of-the-Solution.pdf.

9 위의 책. 다음도 참고하라. Sennett, *The Culture of the New Capitalism*, p. 40, who argues that it is from four years in 1960s to four months today.

10 앤드루 할데인(Andrew G. Haldane)과 리처드 데이비스(Richard Davies)의 연설. "The Short Long."

11 "Shooting the Messenger: Quarterly Earnings and Short-Term Pressure to Perform," Wharton-University of Pennsylvania, July 21, 2010, http://knowledge.wharton.upenn.edu/article.cfm?articleid=2550.

12 G. Polsky and A. Lund, "Can Executive Compensation Reform Cure Short-Termism?" *Issues in Governance Studies* 58, Brookings, March 2013.

13  "Shooting the Messenger."

14  Google Inc. (Nasdaq-Goog), graph, Google Finance, https://www.google. com/finance?cid=694653.

15  저자와의 인터뷰.

16  "A National Conversation on American Competitiveness," panel discussion, Wilson Center, March 28, 2012, http://www.wilsoncenter.org/event/ regaining-americas-competitive-edge.

17  Gustavo Grullon and David Eikenberry, "What Do We Know about Stock Repurchases?" Bank of America and *Journal of Applied Corporate Finance* 15, no. 1(Spring 2000), http://www.uic.edu/classes/idsc/ids472/research/ PORTFOLI/JACFSU~1.PDF.

18  Patrick Bolton, Wei Xiong, and Jose A. Schienkman, "Pay for Short-Term Performance: Executive Compensation in Speculative Markets," ECGI Finance Working Paper No. 79/2005, April 2005, http://papers.ssrn.com/ sol3/papers.cfm?abstract_id=691142.

19  Al Lewis, "Record Number of Companies Restate Earnings in 2005," *Denver Post*, Jan. 2, 2006, http://blogs.denverpost.com/lewis/2006/01/02/ record-number-of-companies-restate-earnings-in-2005/75/.

20  저자와의 인터뷰.

21  Bethany McLean and Andrew Serwer, "Goldman Sachs: After the Fall," *Fortune* Nov. 9, 1998, http://features.blogs.fortune.cnn.com/2011/10/23/ goldman-sachs-after-the-fall-fortune-1998/.

22  Bethany McLean and Joe Nocera, "The Blundering Herd," *Vanity Fair*, Nov. 2010.

23  "Home Equity Extraction: The Real Cost of 'Free Cash,'" Seeking Alpha, April 25, 2007, http://seekingalpha.com/article/33336-home-equity-extraction-the-real-cost-of-free-cash.

24  저자와의 인터뷰.

25  Sameer Khatiwada, "Did the Financial Sector Profit at the Expense of the Rest of the Economy? Evidence from the United States," discussion paper, Digital Commons@ILR, Jan. 1, 2010, http://digitalcommons.ilr. cornell.edu/cgi/viewcontent.cgi?article=1101&context=intl; "Wages and

Human Capital in the U. S. Finance Industry: 1909–2006," *Quarterly Journal of Economics*(Oct. 9, 2012), http://qje.oxfordjournals.org/content/early/2012/11/22/qje.qjs030.full; and Thomas Philippon, "Are Bankers Over-Paid?" EconoMonitor, Jan. 21, 2009, http://www.economonitor.com/blog/2009/01/are-bankers-over-paid/.

26  로렌초 비니 스마기(Lorenzo Bini Smaghi)의 연설. "A Paradigm Shift after the Financial Crisis."

27  Stephen G. Cecchetti and Enisse Kharroubi, "Reassessing the Impact of Finance on Growth."

28  Gregory N. Mankiw, "Defending the One Percent," *Journal of Economic Perspectives* 27, no. 3(Summer 2013).

29  Kevin J. Murphy, "Pay, Politics, and the Financial Crisis," in *Rethinking the Financial Crisis*, edited by Alan S. Blinder, Andrew W. Lo, and Robert M. Solow.(New York: Russell Sage Foundation, 2012).

30  U. S. Chamber of Commerce Foundation, "Manufacturing's Declining Share of GDP Is a Global Phenomenon, and It's Something to Cele-brate" March 22, 2012, http://emerging.uschamber.com/blog/2012/03/manufacturing%E2%80%99s-declining-share-gdp; "U. S. Manufacturing In Context" Advanced Manufacturing Portal, U. S. government website, http://manufacturing.gov/mfg_in_context.html.

31  Justin Latiart, "Number of the Week," *The Wall Street Journal*, Dec. 10, 2011.

32  Adam Mellows-Facer, "Manufacturing a Recovery," Publications and Records, Parliament.uk, http://www.parliament.uk/business/publications/research/key-issues-for-the-new-parliament/economic-recovery/modern-manufacturing-and-an-export-led-recovery/.

33  Stephen Burgess, "Measuring Financial Sector Output and Its Contribution to UK GDP," *Bank of England Quarterly Bulletin 2011*(Sept. 19, 2011), http://www.bankofengland.co.uk/publications/Documents/quarterlybulletin/qb110304.pdf.

34  Cecchetti et al.

35  All finance shares at L. Maer, et al., "Financial Services: Contribution to the UK Economy," House of Commons, England, August 2012, p4 http://

www.parliament.uk/briefing-papers/sn06193.pdf; all manufacturing shares at "Manufacturing, value added (% of GDP)," The World Bank at data. worldbank.org/indicator/NV.IND.MANF.ZS.

36  Lydia Depillis, "Congrats, CEOs! You're Making 273 Times the Pay of the Average Worker," *Wonkblog, Washington Post,* June 26, 2013, http://www .washingtonpost.com/blogs/wonkblog/wp/2013/06/26/congrats-ceos-youre-making-273-times-the-pay-of-the-average-worker/.

37  Ahmed Abuiliazeed and Al-Motaz Bellah Al-Agamawi, "AOL Time Warner Merger: Case Analysis, Strategic Management of Technology," SlideShare, http://www.slideshare.net/magamawi/aol-time-warnercase-analysis.

38  A. Rappaport, et al., "Stock or Cash: The Trade-offs for Buyers and Sellers in Mergers and Acquisitions," *Harvard Business Review,* Nov.-Dec. 1999, p. 147. http://www2.warwick.ac.uk/fac/soc/law/pg/offer/llm/iel/mas_sample_ lecture.pdf

39  딘 베이커가 경제정책연구센터에서 수행한 연구에 따른 것이다.

40  William Lazonick, "The Innovative Enterprise and the Developmental State: Toward an Economics of 'Organizational Success,'" Discussion paper presented at Finance, Innovation & Growth 2011.

41  H. Minsky, in E. Tymoigne and R. Wray, *The Rise and Fall of Money Manager Capitalism*(Oxford: Routledge, 2013).

42  "IBG YBG," review of Jonathan Knee, *The Accidental Investment Banker*(Oxford University Press, 2006), in Words, Words, Words, http:// wordsthrice.blogspot.com/2006/12/ibg-ybg.html.

43  Yexin Jessica Li, Douglas Kenrick, Vladas Griskevicius, and Stephen L. Neuberg, "Economic Decision Biases in Evolutionary Perspectives: How Mating and Self-Protection Motives Alter Loss Aversion," *Journal of Personality and Social Psychology* 102, no. 3(2012), http://www.csom. umn.edu/marketinginstitute/research/documents/HowMatingandSelf-ProtectionMotivesAlterLoss-Aversion.pdf.

44  저자와의 인터뷰.

45  William Lazonick, "The Innovative Enterprise and the Developmental

State: Toward an Economics of 'Organizational Success,'" Discussion paper presented at Finance, Innovation & Growth 2011.

46  William Lazonick, "Everyone Is Paying Price for Share Buybacks," FT.com, Sept. 25, 2008, http://www.ft.com/intl/cms/s/0/e75440f6-8b0e-11dd-b634-0000779fd18c.html#axzz2r21JdHWo.

47  In Kevin Phillips, *American Theocracy: The Peril and Politics of Radical Religion, Oil, and Borrowed Money in the 21st Century*(New York: Penguin, 2006), p. 312.

48  Richard Fisher, "Ending 'Too Big to Fail': A Proposal for Reform Before It's Too Late(With Reference to Patrick Henry, Complexity and Reality).

49  존 그리샴 경(Sir John Gresham)을 기리는 2011년 연례 강의에서 앤드루 할데인이 한 연설. 다음에서 인용했다. "Get Shorty," Financial Services Club Blog http://thefinanser.co.uk/fsclub/2011/11/get-shorty-andrew-haldane-speech.html.

50  Eric Reguly, "Buyback Boondoggle: Are Share Buybacks Killing Companies?" *The Globe and Mail*, Oct. 24, 2013, http://www.theglobe andmail.com/report-on-business/rob-magazine/the-buyback-boondoggle/article15004212/.

## 5  나 홀로 집에

1  "Bike + Walk Maps," Portland Bureau of Transportation, City of Portland, OR, http://www.portlandoregon.gov/transportation/39402.

2  저자와의 인터뷰.

3  Bill Bishop, *The Big Sort: Why the Clustering of Like-Minded America Is Tearing Us Apart.*(Boston: Houghton Mifflin, 2008), p. 5–6, 그리고 저자와 개인적으로 나눈 대화.

4  "2012 General Presidential Election Results," table, Dave Leip's Atlas of U. S. Presidential Elections, http://uselectionatlas.org/RESULTS/.

5  다음에서 인용했다. Tom Murphy, "An Angel and a Brute: Self-Interest and Individualism in Tocqueville's America," essay for preceptorial on *Democracy*

*in America*, St. John's College, Santa Fe, NM, http://www.brtom.org/sjc/sjc4. html.

6    Michio Kaku, "The Next 20 Years: Interacting with Computers, Telecom, and AI in the Future," keynote address, RSA Conference 2011, https:// www.youtube.com/watch?v=Y6kmb16zSOY.

7    Nicholas Carr, *The Shallows: What the Internet Is Doing to Our Brains*(New York: W. W. Norton, 2011), p. 117.

8    Kent Gibbons, "Advanced Advertising: Obama Campaign Showed Value of Targeting Viewers," MultichannelNews, Nov. 13, 2012, http://www. multichannel.com/mcnbc-events/advanced-advertising-obama-campaign- showed-value-targeting-viewers/140262.

9    C. Duhigg, "How Companies Learn Your Secrets," *New York Times Magazine*, Feb. 16, 2012.

10   Cass R. Sunstein, *Republic.com 2.0: Revenge of the Blogs*(Princeton, NJ: Princeton University Press, 2007), p. 5.

11   Cass R. Sunstein, *Infotopia: How Many Minds Produce Knowledge*(New York: Oxford University Press, 2006), p. 95.

12   Cass R. Sunstein, *Why Societies Need Dissent* (*Oliver Wendell Holmes Lectures*) (Cambridge, MA: Harvard University Press, 2003), cited in Bishop p. 67.

13   저자와의 인터뷰.

14   Putnam, *Bowling Alone*, p. 332.

15   "Community connectedness linked to happiness and vibrant communities,"Social Capital Community Benchmark Survey John F. Kennedy School of Government of Harvard University. http://www.hks. harvard.edu/saguaro/communitysurvey/results4.html; This Emotional Life, Public Broadcasting System, January 2010. http://www.pbs.org/ thisemotionallife/topic/connecting/connection-happiness.

16   Putnam, *Bowling Alone*, p. 333.

17   Ibid.

18   Belinda Goldsmith, "Friendships Cut Short on Social Media as People Get Ruder: Survey," Reuters, Apr 10, 2013, http://www. reuters.com/article/2013/04/10/us-socialmedia-behaviour-survey-

idUSBRE9390TO20130410.

19    Christopher Lasch, *The Culture of Narcissism: American Life in an Age of Diminishing Expectations*(New York: W. W. Norton, 1979), p. 47.

20    개인적으로 나눈 대화.

21    James A. Good and Jim Garrison, "Traces of Hegelian Bildung in Dewey's Philosophy," in Paul Fairfield, ed., *John Dewey and Continental Philosophy*(Carbondale, IL: Board of Trustees, Southern Illinois University, 2010).

22    Allen W. Wood, "Hegel on Education," in Amélie O. Rorty, ed., *Philosophy as Education*(London: Routledge, 1998), www.stanford.edu/~allenw/webpapers/HegelEd.doc.

23    다음에서 인용했다. Ken Auletta in "Outside the Box," *The New Yorker*, Feb. 3, 2014.

## 6  노동자를 위한 나라는 없다

1    Alex Aldridge, "Law Graduates Face a Bleak Future at the Bar," *The Guardian*, Nov. 25, 2011, http://www.guardian.co.uk/law/2011/nov/25/law-graduates-bleak-future-bar.

2    Daniel Katz, "Quantitative Legal Prediction–Or–How I Learned to Stop Worrying and Start Preparing for the Data-Driven Future of the Legal Services Industry," *Emory Law Journal*, 62, no. 909(2013): 965.

3    Laura Manning, "65 Students Chasing Each Training Contract Vacancy," Lawyer 2B, June 28, 2011, http://l2b.thelawyer.com/65-students-chasing-each-training-contract-vacancy/1008370.article.

4    John Markoff, "Armies of Expensive Lawyers, Replaced by Cheaper Software," *The New York Times*, March 4, 2011, http://www.nytimes.com/2011/03/05/science/05legal.html?pagewanted=1&_r=1&hp.

5    Thor Olavsrud, "Big Data Analytics Lets Businesses Play Moneyball," ComputerworldUK, Aug. 24, 2012, http://www.computerworlduk.com/in-depth/it-business/3377796/big-data-analytics-lets-businesses-play-money

ball/.

6     Daniel Martin, Katz "Quantitative Legal Prediction–Or–How I Learned to Stop Worrying and Start Preparing for the Data-Driven Future of the Legal Services Industry," *Emory Law Journal,* 62, no. 909(2013): 938.

7     Gary Burtless, "How Far Are We From Full Employment?" Brookings, Aug. 27, 2013.

8     Paul Krugman, "Defining Prosperity Down," *The New York Times,* July 7, 2013, http://www.nytimes.com/2013/07/08/opinion/krugman-defining-prosperity-down.html?src=recg; "Median Household Income, by Year," table, DaveManuel.com, http://www.davemanuel.com/median-household-income.php; Robert Pear, "Median Income Rises, but Is Still 6% below Level at Start of Recession in '07," *The New York Times,* Aug. 21, 2013, http://www.nytimes.com/2013/08/22/us/politics/us-median-income-rises-but-is-still-6-below-its-2007-peak.html; past years' data was adjusted using the CPI Inflation Calculator at the U.S. Bureau of Labor Statistics — ttp://www.bls.gov/data/inflation_calculator.htm.

9     John Kenneth Galbraith, "The Winner Takes All…Sometimes," review of Robert H. Frank and Philip J. Cook, *The Winner-Take-All Society*(Free Press, 1995), *Harvard Business Review*(Nov. 1995), http://hbr.org/1995/11/the-winner-takes-allsometimes/ar/1.

10    "The New Normal? Slower R&D Spending," Federal Reserve Bank of Atlanta *Macroblog*, Sept. 26, 2013, http://macroblog.typepad.com/macroblog/2013/09/the-new-normal-slower-r-and-d-spending.html.

11    Adam Davidson, "Making It in America," *The Atlantic*, Dec. 20, 2011, http://www.theatlantic.com/magazine/archive/2012/01/making-it-in-america/308844/.

12    Patrice Hill, "The Mean Economy: IBM workers suffer culture change as jobs go global Technological advances demand new skill sets, lower labor costs," *The Washington Times*, August 26, 2012, http://www.washingtontimes.com/news/2012/aug/26/innovators-working-their-way-out-of-a-job/?page=all.

13    Vinay Couto, Mahadeva Mani, Arie Y. Lewin, and Dr. Carine Peeters,

"The Globalization of White-Collar Work: The Facts and Fallout of Next-Generation Offshoring," Booz Allen Hamilton, https://offshoring.fuqua. duke.edu/pdfs/gowc_v4.pdf.

14 Fareed Zakaria, "How Long Will America Lead the World?," *Newsweek*, June 11, 2006, http://www.thedailybeast.com/newsweek/2006/06/11/how-long-will-america-lead-the-world.html; and "Graphic: Going Abroad," BloombergBusinessWeek, Feb. 2, 2003, http://www.businessweek.com/stories/2003-02-02/graphic-going-abroad.

15 Sam Ro, "The Case for the Robot Workforce," *Business Insider*, December 4, 2012, http://www.businessinsider.com/robot-density-for-select-countries-2012-11. Accessed February 1, 2014.

16 저자와의 인터뷰.

17 Bruce Stokes, "Europe Faces Globalization-Part II: Denmark Invests in an Adaptable Workforce, Thus Reducing Fear of Change," YaleGlobal, May 18, 2006, http://yaleglobal.yale.edu/content/europe-faces-globalization-%E2%80%93-part-ii.

18 개인적으로 나눈 대화.

19 John Hagel et al., "The 2011 Shift Index: Measuring the Forces of Long-Term Change," Deloitte Center for the Edge, pp. 10-11.

20 Diana Farrell et al., "Offshoring: Is It a Win-Win Game?" McKinsey and Company: Insights and Publications, Aug. 2003, http://www.mckinsey.com/insights/employment_and_growth/offshoring_is_it_a_win-win_game.

21 Hedrick Smith, "When Capitalists Cared," *The New York Times*, Sept. 2, 2012, http://www.nytimes.com/2012/09/03/opinion/henry-ford-when-capitalists-cared.html?_r=0.

22 William McGaughey Jr., "Henry Ford's Productivity Lesson," *Christian Science Monitor*, Dec. 22, 1982, http://www.csmonitor.com/1982/1222/22232.html.

23 Nathan Heller, "Laptop U," May 20, 2013.

24 저자와의 인터뷰.

25 저자와의 인터뷰.

26 Lazonick and O'Sullivan, "Maximizing Shareholder Value," p. 31.

27  2014년 1월 10일에 개인적으로 나눈 대화.

28  "Coming Home: Reshoring Manufacturing," *The Economist*, Jan. 19, 2013, http://www.economist.com/news/special-report/21569570-growing-number-american-companies-are-moving-their-manufacturing-back-united.

29  Alan B. Krueger, "Fairness as an Economic Force," lecture delivered at "Learning and Labor Economics" Conference at Oberlin College, April 26, 2013, http://www.whitehouse.gov/sites/default/files/docs/oberlinfinalrevised.pdf.

30  Richard Sennett, *The Culture of the New Capitalism*, pp. 4–5.

31  Christopher Null and Brian Caulfield, "Fade to Black: The 1980s Vision of 'Lights-Out' Manufacturing, Where Robots Do All the Work, Is a Dream No More," CNNMoney, http://money.cnn.com/magazines/business2/business2_archive/2003/06/01/343371/index.htm.

32  "Coming Home: Reshoring Manufacturing."

33  "Robots Are Coming, Part 2," SoundCloud discussion on InnovationHub, https://soundcloud.com/innovationhub/robots-are-coming-part-2.

34  저자와의 인터뷰.

35  NPR Staff, "Tired of Inequality? One Economist Said It'll Only Get Worse," NPR.org, Sept. 12, 2013, http://www.npr.org/2013/09/12/221425582/tired-of- inequality-one-economist-says-itll-only-get-worse.

36  Ibid.

37  Hannah Kuchler, "Data Pioneers Watching Us Work," *Financial Times*, February 17, 2014.

38  NPR, "Tired of Inequality."

39  Paul Sullivan, "Twitter Tantalizes, but Beware the I. P. O." *The New York Times*, Oct. 25, 2013, http://www.nytimes.com/2013/10/26/your-money/asset-allocation/twitter-tantalizes-but-beware-the-ipo.html?hpw.

40  "IPO Performance," graph, Renaissance Capital IPO Center, http://www.renaissancecapital.com/ipohome/press/mediaroom.aspx?market=us.

41  Susan Fleck, John Glasser, and Shawn Sprague, "The Compensation-

Productivity Gap: A Visual Essay," *Monthly Labor Review*(Jan. 2011).

42    Jacob S. Hacker and Paul Pierson, *Winner-Take-All Politics: How Washington Made the Rich Richer __ and Turned Its Back on the Middle Class*(New York: Simon & Schuster, 2011), pp. 3–4.

43    "Graph: Corporate Profits after Tax(without IVA and CCAdj)(CP)/Gross Domestic Product(GDP)," Federal Reserve Bank of St. Louis: Economic Research, http://research.stlouisfed.org/fred2/graph/?g=cSh.

44    Alan Krueger, "Fairness as an Economic Force."

45    Mina Kimes, "Caterpillar's Doug Oberhelman: Manufacturing's Mouthp iece,"BloombergBusinessWeek, May 16, 2013, http://www.businessweek. com/articles/2013-05-16/caterpillars-doug-oberhelman-manufacturings-mouthpiece#p4.

46    Lydia Depillis, "Britain's Chamber of Commerce Says Corporations Should Share Their New Prosperity with Line Workers. Wait, What?," *Washington Post*, Dec. 30, 2013, http://www.washingtonpost.com/blogs/wonkblog/ wp/2013/12/30/britains-chamber-of-commerce-says-corporations-should-share-their-new-prosperity-with-line-workers-wait-what/.

47    Eliezer Yudkowsky, "The Robots, AI, Unemployment Anti-FAQ," *LessWrong*(blog), July 25, 2013, http://lesswrong.com/lw/hh4/the_robots_ ai_and_unem ployment_antifaq/.

48    King, Ian and Beth Jinks, "Icahn seeks $150 million Apple stock buyback," *San Francisco Chronicle*, October 1, 2013. http://www.sfgate.com/business/ article/Icahn-seeks-150-million-Apple-stock-buyback-4860812.php.

## 7 질병으로 치료되는 사회

1    "Benefits, Costs, and Policy Considerations of Proton Therapy," *Asco Daily News*, June 1, 2013, http://am.asco.org/benefits-cost-and-policy-considerations-proton-therapy.

2    Dani Fankhauser, "Google Wants You to Live 170 Years," Oct. 24, 2013, Mashable.com, http://mashable.com/2013/10/24/google-calico/; and Harry

McCracken and Lev Grossman, "Google vs. Death," *Time*, Sept. 30, 2013, http://content.time.com/time/subscriber/printout/0,8816,2152422,00.html.

3    Amy Goldstein and Juliet Eilperin, "Healthcare.gov: How Political Fear Was Pitted against Technical Needs," *Washington Post*, Nov. 3, 2013, http://www.washingtonpost.com/politics/challenges-have-dogged-obamas-health-plan-since-2010/2013/11/02/453fba42-426b-11e3-a624-41d661b0bb78_print.html.

4    Lee Wohlfert, "Dr. John Knowles Diagnoses U.S. Medicine," *People*, May 6, 1974, http://www.people.com/people/archive/article/0,,20064026,00.html.

5    John Knowles, "The Responsibility of the Individual," *Daedalus* 106, No. 1, The MIT Press(Winter 1977): p. 59.

6    Ibid., p. 75.

7    Ibid., p. 59.

8    David Brown, "A Case of Getting What You Pay For: With Heart Attack Treatments, as Quality Rises, So Does Cost," *The Washington Post*, July 26, 2009, http://www.washingtonpost.com/wp-dyn/content/article/2009/07/25/AR2009072502381_pf.html.

9    David M. Cutler and Mark McClellan, "Is Technological Change in Medicine Worth It?" *Health Affairs* 20, no. 5(September/October 2001): 11–29.

10    저자와의 인터뷰.

11    Fareed Zakaria, "Health Insurance Is for Everyone," *Fareed Zakaria*(blog), March 19, 2012, http://fareedzakaria.com/2012/03/19/health-insurance-is-for-everyone/.

12    저자와의 인터뷰.

13    Courtney Hutchison, "Provenge Cancer Vaccine: Can You Put a Price on Delaying Death?" ABCNews, July 29, 2010, http://abcnews.go.com/Health/ProstateCancerNews/provenge-cancer-vaccine-months-life-worth-100k/story?id=11269159.

14    Zakaria, "Health Insurance Is for Everyone."

15    Jonathan Rowe, "Our Phony Economy," *Harper's*, June 2008, http://harpers.org/print/?pid=85583.

16 저자와의 인터뷰.

17 Jeffrey M. Jones, "Majority in U.S. Favors Healthcare Reform This Year," Gallup, July 14, 2009, http://www.gallup.com/poll/121664/majority-favors-healthcare-reform-this-year.aspx.

18 Benjamin Zycher, "Obamacare Inhibits Medical Technology," *Washington Times*, Jan. 9, 2012, http://www.washingtontimes.com/news/2012/jan/9/obamacare-inhibits-medical-technology/.

19 Thomas B. Edsall, "The Obamacare Crisis," *New York Times*, Nov. 19, 2013, http://www.nytimes.com/2013/11/20/opinion/edsall-the-obamacare-crisis.html?pagewanted=1&_r=2&smid=tw-share&&pagewanted=all.

20 저자와의 인터뷰.

21 저자와의 인터뷰.

## 8 나쁜 균형에 빠진 정치

1 Sam Stein, "Robert Draper Book: GOP Anti-Obama Campaign Started Night of Inauguration," *Huffington Post*, April 25, 2012, http://www.huffingtonpost.com/2012/04/25/robert-draper-anti-obama-campaign_n_1452899.html.

2 Ibid.

3 Ibid.

4 "Vote Tallies for Passage of Medicare in 1965," Official Social Security Website, http://www.ssa.gov/history/tally65.html.

5 Alan Abramowitz, "Don't Blame Primary Voters for Polarization," *The Forum: Politics of Presidential Selection* 5, no. 4(2008), http://www.themonkeycage.org/wp-content/uploads/2008/01/Abramowitz.Primary.Voters.pdf.

6 David Schoetz, "David Frum on GOP: Now We Work for Fox," ABCNews, March 23, 2010, http://abcnews.go.com/blogs/headlines/2010/03/david-frum-on-gop-now-we-work-for-fox/.

7 "Q3 2013 Cable News Ratings: Fox #1 Overall, MSNBC #2 in Primetime,

CNN #2 in Total Day," *Mediate*, Oct. 2, 2013, http://www.mediaite.com/tv/
q3-2013-cable-news-ratings-fox-1-overall-msnbc-2-in-primetime-cnn-2-
in-total-day/.

8   Abramowitz, "Don't Blame Primary Voters for Polarization."

9   "Polarized or Sorted? Just What's Wrong with Our Politics, Anyway?"
    *American Interest*, March 11, 2013, http://www.the-american-interest.com/
    article.cfm?piece=1393.

10  저자와의 인터뷰.

11  Kevin Drum, "You Hate Me, Now with a Colorful Chart!" *Mother Jones*,
    Sept 26, 2012, http://www.motherjones.com/kevin-drum/2012/09/you-
    hate-me-now-colorful-chart.

12  Steven Pearlstein, "Turned off from Politics? That's Exactly What the
    Politicians Want," *The Washington Post*, April 20, 2012, http://www.
    washingtonpost.com/opinions/turned-off-from-politics-thats-exactly-
    what-the-politicians-want/2012/04/20/gIQAffxKWT_story.html.

13  Alex C. Madrigal, "When the Nerds Go Marching In," *The Atlantic*, Nov.
    16, 2012. http://www.theatlantic.com/technology/archive/2012/11/when-
    the-nerds-go-marching-in/265325/?single_page=true.

14  Michael Scherer, "How Obama's Data Crunchers Helped Him Win," *Time*,
    Nov. 8, 2012, http://www.cnn.com/2012/11/07/tech/web/obama-campaign-
    tech-team/index.html.

15  Madrigal, "When the Nerds Go Marching In."

16  Tom Agan, "Silent Marketing: Micro-Targeting," a Penn, Schoen, and
    Berland Associates White Paper, http://www.wpp.com/wpp/marketing/
    reportsstudies/silentmarketing/.

17  저자와의 인터뷰.

18  Schoetz, "David Frum on GOP."

19  Nicholas Confessore, "Groups Mobilize to Aid Democrats in '14 Data
    Arms Race," *New York Times*, http://www.nytimes.com/2013/11/15/us/
    politics/ groups-mobilize-to-aid-democrats.html?hp=&adxnnl=1&adxnnlx
    =1384974279-yMZXrvK1b5WLU7mXxrJ6yg.

20  "Data Points: Presidential Campaign Spending," *U. S. News & World*

*Report*, http://www.usnews.com/opinion/articles/2008/10/21/data-points-presidential-campaign-spending.

21 David Knowles, "U. S. Senate Seat Now Costs $10.5 Million to Win, on Average, while U. S. House Seat Costs $1.7 Million New Analysis of FEC Data Shows," (New York) *Daily News*, http://www.nydailynews.com/news/politics/cost-u-s-senate-seat-10-5-million-article-1.1285491.

22 "The Cost of Winning an Election, 1986–012," table, http://www.cfinst.org/pdf/vital/VitalStats_t1.pdf.

23 "The Money behind the Elections," OpenSecrets, http://www.opensecrets.org/bigpicture/.

24 Alan Abramowitz, Brad Alexander, and Matthew Gunning, "Incumbency, Redistricting, and the Decline of Competition in U.S. House Elections," *Journal of Politics* 68, no. 1(Feb. 2006): 75–88, http://www.stat.columbia.edu/~gelman/stuff_for_blog/JOParticle.pdf.

25 다음에서 인용했다. A. Lioz, "Breaking the Vicious Cycle: How the Supreme Court Helped Create the Inequality Era and Why a New Jurisprudence Must Lead Us Out," *Seton Hall Law Review* 43, no. 4, Symposium: The Changing Landscape of Election Law, Nov 1, 2013.

26 Sabrina Siddiqui, "Call Time for Congress Shows How Fundraising Dominates Bleak Work Life," *Huffington Post*, Jan. 8, 2013, http://www.huffingtonpost. com/2013/01/08/call-time-congressional-fundraising_n_2427291.html.

27 "Tom Perriello: President & CEO of the Center for American Progress Action Fund, Counselor to the Center for American Progress," staff bio, http://www.americanprogress.org/about/staff/perriello-tom/bio/.

28 저자와의 인터뷰.

29 "Finance/Insurance/Real Estate Long-Term Contribution Funds," graph, http://www.opensecrets.org/industries/totals.php?cycle=2014&ind=F.

30 "Ideology/Single-Issue: Long-Term Contribution Trends," graph, OpenSecrets, http://www.opensecrets.org/industries/totals.php?cycle=2014&ind=Q.

31 Patrick Basham, "It's the Spending, Stupid! Understanding Campaign

Finance in the Big-Government Era," Cato Institute Briefing Paper No. 64, July 18, 2001, http://www.cato.org/sites/cato.org/files/pubs/pdf/bp64.pdf.

32 "Ranked Sectors," table, OpenSecrets, http://www.opensecrets.org/lobby/top.php?showYear=2012&indexType=c.

33 Eric Lipton, "For Freshman in the House, Seats of Plenty," *New York Times*, Aug. 10, 2013, http://www.nytimes.com/2013/08/11/us/politics/for-freshmen-in-the-house-seats-of-plenty.html.

34 Ibid.

35 Jeffrey Rosen, "Citizens United v. FEC Decision Proves Justice Is Blind — Politically," *The New York Times*, Jan. 25, 2012, http://www.politico.com/news/stories/0112/71961.html.

36 Ibid.

37 Peter Beinart, "The Rise of the New New Left," *The Daily Beast*, Sept. 12, 2013, http://www.thedailybeast.com/articles/2013/09/12/the-rise-of-the-new-new-left.html.

38 "Man and Woman of the Year: The Middle Americans," *Time*, Jan. 5, 1970, http://www.time.com/time/subscriber/printout/0,8816,943113,00.html.

39 Clifford Cobb, Ted Halstead, and Jonathan Rowe, "If the GDP Is Up, Why Is America Down?" *The Atlantic*, Oct. 1995, http://www.theatlantic.com/past/politics/ecbig/gdp.htm.

40 Beinart, "The Rise of the New New Left."

41 Kathleen Parker, "A Brave New Centrist World," *The Washington Post*, Oct. 15, 2103, http://www.washingtonpost.com/opinions/kathleen-parker-a-brave-new-centrist-world/2013/10/15/ea5f5bc6-35c9-11e3-be86-6aeaa439845b_story.html.

42 E. J. Dionne, *Our Divided Political Heart: The Battle for the American Idea in an Age of Discontent:*(New York: Bloomsbury, 2012), p. 270.

## 9 건강한 공동체를 위한 공간 만들기

1 Book 1, chapter 8, http://econlib.org/library/Smith/smWN3.html#I.8.35.

2    Book 2, chapter 2, http://econlib.org/library/Smith/smWN7.html#II.2.94.

3    "The Real Adam Smith Problem: How to Live Well in Commercial Society," *The Philosopher's Beard*(blog), Sept. 12, 2013, http://www. philosophersbeard.org/2013/09/the-real-adam-smith-problem-how-to-live. html.

4    Peter S. Goodman, "Emphasis on Growth Is Called Misguided," *New York Times*, Sept. 22, 2009, http://www.nytimes.com/2009/09/23/business/ economy/23gdp.html?ref=business&_r=0.

5    Herman E. Daly, "A Steady-State Economy," text delivered to UK Sustainable Development Commission, April 24, 2008.

6    Bill McKibben, "Breaking the Growth Habit," *Scientific American*, April 2010, http://www.scientificamerican.com/article.cfm?id=breaking-the-growth-habit&print=true.

7    Coral Davenport, "Industry Awakens to Threat of Climate Change," *New York Times,* Jan. 23, 2014, http://www.nytimes.com/2014/01/24/science/ earth/threat-to-bottom-line-spurs-action-on-climate.html?hp.

8    Goodman, "Emphasis on Growth Is Called Misguided."

9    Gregg D. Polsky and Andrew C. W. Lund, "Can Executive Compensation Reform Cure Short-Termism."

10   Susanne Craig, "Cuomo, Frank Seek to Link Executive Pay, Performance," *Wall Street Journal*, March 13, 2009, http://online.wsj.com/news/articles/ SB123690181841413405?mg=reno64-wsj&url=http%3A%2F%2Fonline. wsj.com%2Farticle%2FSB123690181841413405.html#mod=testMod.

11   Gretchen Morgenson, "An Unstoppable Climb in C.E.O. Pay," *New York Times*, June 29, 2013, http://www.nytimes.com/2013/06/30/business/an-unstoppable-climb-in-ceo-pay.html?pagewanted=all.

12   Diane Stafford, "High CEO Pay Doesn't Mean High Performance, Report Says," *Kansas City Star*, Aug. 28, 2013, http://www.kansascity. com/2013/08/28/4440246/high-ceo-pay-doesnt-mean-high.html.

13   Brian Montopoli, "Ronald Reagan Myth Doesn't Square with Reality," CBSNews, Feb. 4, 2011, http://www.cbsnews.com/news/ronald-reagan-myth-doesnt-square-with-reality/.

14 Peter Beinart, "The Republicans' Reagan Amnesia," *The Daily Beast*, Feb. 1, 2010, http://www.thedailybeast.com/articles/2010/02/01/the-republicans-reagan-amnesia.html.

15 Richard W. Fisher, "Ending 'Too Big to Fail.'"

16 Evan Pérez, "First on CNN: Regulator Warned against JPMorgan Charges," CNN, Jan. 9, 2014, http://www.cnn.com/2014/01/07/politics/jpmorgan-chase-regulators-prosecutors/.

17 Fisher, "Ending 'Too Big to Fail.'"

18 George F. Will, "Time to Break Up the Big Banks," *Washington Post*, Feb. 9, 2013, http://www.washingtonpost.com/opinions/george-will-break-up-the-big-banks/2013/02/08/2379498a-714e-11e2-8b8d-e0b59a1b8e2a_story.html.

19 Fisher, "Ending 'Too Big to Fail.'"

20 저자와의 인터뷰.

21 Liz Benjamin, "What Would Cuomo Do to Get Public Financing?" *Capital New York*, Jan. 20, 2014, http://www.capitalnewyork.com/article/albany/2014/ 01/8539039/what-would-cuomo-do-get-public-financing.

22 Liz Kennedy, "Citizens Actually United: The Bi-Partisan Opposition to Corporate Political Spending and Support for Common Sense Reform," Demos, Oct. 25, 2012, http://www.demos.org/publication/citizens-actually-united-bi-partisan-opposition-corporate-political-spending-and-support.

23 Chris Myers, "Conservatism and Campaign Finance Reform: The Two Aren't Mutually Exclusive," *RedState*, April 24, 2012, http://www.redstate.com/ clmyers/2013/04/24/conservatism-and-campaign-finance-reform/.

24 David Brooks, "The Opportunity Coalition," *The New York Times*, Jan. 30, 2014.

25 "2013 Report Card for America's Infrastructure," American Society of Civil Engineers, http://www.infrastructurereportcard.org/.

26 In Robert Frank, *The Darmn Economy: Liberty, Competition, and Common Good.*

27 Brooks, "The Opportunity Coalition."

참고 문헌

Alder, Nathan. *New Lifestyles and the Antinomian Personality*. New York: Harper & Row, 1972.

Alexander, Jennifer Karns. *The Mantra of Efficiency: From Water Wheel to Social Control*. Baltimore: Johns Hopkins Press, 2008.

Baker, Dean. *The End of Loser Liberalism: Making Markets Progressive*. Washington D.C: Center for Economic and Policy Research, 2011.

Baker, Dean, and Thomas Frank. *Plunder and Blunder: The Rise and Fall of the Bubble Economy*. San Francisco: PoliPoint Press, 2009.

Bell, Daniel. *The Cultural Contradictions of Capitalism*. New York: Basic Books, 1996.

Bellah, Robert et al. *Habits of the Heart: Individualism and Commitment in American Life*. Berkeley: University of California Press, 1985.

Bevan, Tom, and Carl Cannon. *Election 2012: The Battle Begins*. The RealClearPolitics Political Download. 2011.

Bishop, Bill. *The Big Sort: Why the Clustering of Like-Minded America Is Tearing Us*

*Apart.* Boston: Houghton Mifflin, 2008.

Bloom, Allan. *The Closing of the American Mind.* New York: Simon & Schuster, 1988.

Bowles, Samuel, and Herbert Gintis. *A Cooperative Species: Human Reciprocity and Its Evolution.* Princeton, NJ: Princeton University Press, 2011.

Bradsher, Keith. *High and Mighty: SUVs—the World's Most Dangerous Vehicles and How They Got That Way.* New York: Public Affairs, 2003.

Braudel, Fernand. *The Structure of Everyday Life: The Limits of the Possible. Civilization and Capitalism, 15th–18th Century.* Vol. I. Translated from the French by Sian Reynolds. Berkeley: University of California Press, 1992.

Brown, Clair, and Greg Linden. *Chips and Change: How Crisis Reshapes the Semiconductor Industry.* Cambridge, MA: MIT Press, 2009.

Brynjolfsson, Erik, and Andrew McAfee. *Race against The Machine: How the Digital Revolution Is Accelerating Innovation, Driving Productivity, and Irreversibly Transforming Employment and the Economy.* Boston: Digital Frontier Press, 2012.

Burnham, Terry, and Jay Phelan. *Mean Genes: From Sex to Money to Food Taming Our Primal Instincts.* New York: Penguin, 2000.

Calder, Lendol. *Financing the American Dream: A Cultural History of Consumer Credit.* Princeton, NJ: Princeton University Press, 1999.

Carr, Nicholas. *The Shallows: What the Internet Is Doing to Our Brains.* New York: W. W. Norton, 2011.

Chandler, Alfred. *Scale and Scope: The Dynamics of Industrial Capitalism.* Cambridge, MA: Harvard University Press, 1994.

———. *The Visible Hand: The Managerial Revolution in American Business.* Cambridge, MA: Harvard University Press, 1977.

Coates, John. *The Hour between Dog and Wolf: Risk Taking, Gut Feelings and the Biology of Boom and Bust.* New York: Penguin Press, 2012.

Cowen, Tyler. *Average Is Over: Powering America beyond the Age of the Great Stagnation.* New York: Dutton, 2013.

———. *The Great Stagnation: How America Ate All the Low-Hanging Fruit of Modern History, Got Sick, and Will (Eventually) Feel Better.* New York:

Dutton, 2011.

Davis, Gerald. *Managed by the Markets: How Finance Re-Shaped America*. New York: Oxford University Press, 2009.

Dionne, E. J. *Our Divided Political Heart: The Battle for the American Idea in an Age of Discontent*. New York: Bloomsbury, 2012.

Donaldson-Pressman, Stephanie, and Robert M. Pressman. *The Narcissistic Family: Diagnosis and Treatment*. New York: Macmillan, 1994.

Fishman, Charles. *The Wal-Mart Effect: How the World's Most Powerful Company Really Works — and How It's Transforming the American Economy*. New York: Penguin Press, 2006.

Frank, Robert. *The Darwin Economy: Liberty, Competition, and the Common Good*. Princeton, NJ: Princeton University Press, 2011.

Frank, Robert, and Philip J. Cook. *The Winner-Take-All Society: Why the Few at the Top Get So Much More Than the Rest of Us*. New York: Penguin Books, 1995.

Frank, Thomas, and Matt Weiland, eds. *Commodify Your Dissent: The Business of Culture in the New Gilded Age*. New York: W. W. Norton, 1997.

Friedman, Milton. *Capitalism and Freedom. Fortieth Anniversary Edition*. Chicago: University of Chicago Press, 2002.

Hacker, Jacob S., and Paul Pierson. *Winner-Take-All Politics: How Washington Made the Rich Richer — and Turned Its Back on the Middle Class*. New York: Simon & Schuster, 2011.

Hammond, Phillip E. *Religion and Personal Autonomy: The Third Disestablishment in America*. Columbia: University of South Carolina Press, 1992.

Hirschman, Albert. *The Passions and the Interests: Political Arguments for Capitalism before Its Triumph. Twentieth Anniversary Edition*. Princeton, NJ: Princeton University Press, 1997.

Horowitz, Daniel. *Anxieties of Affluence: Critiques of American Consumer Culture, 1939–1979*. Amherst: University of Massachusetts Press, 2004.

Inglehart, Ronald. *Culture Shift in Advanced Industrial Society*. Princeton, NJ: Princeton University Press, 1990.

Inglehart,. Ronald, and Christian Welzel. *Modernization, Cultural Change, and Democracy: The Human Development Sequence*. Cambridge: Cambridge

University Press, 2005.

Jackson, Tim. *Inside Intel: Andy Grove and the Rise of the World's Most Powerful Chip Company*. New York: Penguin, 1997.

Kanigel, Robert. *The One Best Way: Frederick Taylor and the Enigma of Efficiency*. New York: Viking, 1997.

Katona, George et al. *Aspirations and Affluence: Comparative Studies in the United States and Western Europe*. New York: McGraw-Hill, 1971.

Kling, Arnold. *Crisis of Abundance: Rethinking How We Pay for Health Care*. Washington D.C: Cato Institute, 2006

Krippner, Greta. *Capitalizing on Crisis: The Political Origins of the Rise of Finance*. Cambridge, MA: Harvard University Press, 2011.

Landes, David. *The Wealth and Poverty of Nations: Why Some Are So Rich and Some So Poor*. New York: W. W. Norton, 1999.

Lasch, Christopher. *The Culture of Narcissism: American Life in an Age of Diminishing Expectations*. New York: W. W. Norton, 1991.

Levins, Richard. *Willard Cochrane and the American Family Farm*. Lincoln: University of Nebraska, 2000.

Lichtenstein, Nelson. *The Retail Revolution: How Wal-Mart Created a Brave New World of Business*. New York: Picador, 2009.

Lichtenstein, Nelson, ed. *Wal-Mart: The Face of Twenty-First-Century Capitalism*. New York: The New Press, 2006.

Lindsey, Brink. *The Age of Abundance: How Prosperity Transformed America's Politics and Culture*. New York: HarperCollins, 2009.

Lowenstein, Roger. *When Genius Failed: The Rise and Fall of Long-Term Capital Management*. New York: Random House, 2000.

Lynch, Michael. *True to Life: Why Truth Matters*. Cambridge, MA: Bradford Books, 2004.

Marin, Peter. *Freedom and Its Discontents: Reflections on Four Decades of American Moral Experience*. South Royalton, VT: Steerforth, 1995.

Marsh, Peter, and Peter Collett. *Driving Passion: The Psychology of the Car*. Boston: Faber & Faber, 1986.

Messick, David M., and Roger M. Kramer, eds. *The Psychology of Leadership: New*

*Perspectives and Research*. Mahwah, NJ: Lawrence Erlbaum Associates, 2005.

McCloskey, Deirdre. *The Bourgeois Virtues: Ethics for an Age of Commerce*. Chicago: University of Chicago Press, 2006.

Mokyr, Joel. *The Lever of Riches: Technological Creativity and Economic Progress*. New York: Oxford University Press, 1992.

Morozov, Evgeny. *To Save Everything, Click Here: The Folly of Technological Solutionism*. New York: Public Affairs, 2013.

Noah, Timothy. *The Great Divergence: America's Growing Inequality Crisis and What We Can Do about It*. New York: Bloomsbury, 2012.

Nordhaus, Ted, and Michael Shellenberger, *Break Through: From the Death of Environmentalism to the Politics of Possibility*. Boston: Houghton Mifflin, 2007.

Packard, Vance. *The Hidden Persuaders*. New York: Pocket Books, 1958.

———. *The Waste Makers*. New York: Pocket Books, 1964.

Pelfrey, William. *Billy, Alfred, and General Motors: The Story of Two Unique Men, a Le-gendary Company, and a Remarkable Time in American History*.

Phillips, Kevin. *American Theocracy: The Peril and Politics of Radical Religion, Oil, and Borrowed Money in the 21st Century*. New York: Penguin, 2006.

Putnam, Robert. *Bowling Alone: The Collapse and Revival of American Community*. New York: Simon & Schuster, 2000.

Rappaport, Alfred. *Saving Capitalism from Short-Termism: How to Build Long-Term Value and Take Back Our Financial Future*. New York: McGraw-Hill, 2011.

Sennett, Richard. *The Culture of the New Capitalism*. New Haven, CT: Yale University Press, 2006.

Shiller, Robert. *Irrational Exuberance*. Second Edition. Princeton, NJ: Princeton University Press, 2005.

Slade, Giles. *Made to Break: Technology and Obsolescence in America*. Cambridge, MA: Harvard University Press, 2009.

Smith, Adam. *The Wealth of Nations*. New York: Penguin Classics, 1982.

Smith, Merrit Roe, and Leo Marx, eds. *Does Technology Drive History? The Dilemma of Technological Determinism*. Cambridge, MA: MIT Press, 1994.

Sunstein, Cass R. *Republic.com 2.0: Revenge of the Blogs*. Princeton, NJ: Princeton University Press, 2007.

———. *Why Societies Need Dissent(Oliver Wendell Holmes Lectures)*. Cambridge, MA: Harvard University Press, 2003.

Thaler, Richard H. *Quasi Rational Economics*. New York: Russell Sage Foundation, 1991.

Thaler, Richard, and Cass Sunstein. *Nudge: Improving Decisions about Health, Wealth, and Happiness*. New Haven, CT: Yale University Press, 2008.

Turkle, Sherry. *Alone Together: Why We Expect More from Technology and Less from Each Other*. New York: Basic Books, 2011.

Twenge, Jean, and W. Keith Campbell. *The Narcissism Epidemic: Living in the Age of Entitlement*. New York: Free Press, 2009.

Tymoigne, Eric., and L. Randall Wray. *The Rise and Fall of Money Manager Capitalism: Minsky's Half Century from World War Two to the Great Recession*. Routledge Critical Studies in Finance and Stability. Oxford: Routledge, 2013.

Weiss, Eugene H. *Chrysler, Ford, Durant and Sloan: Founding Giants of the American Automotive Industry*. Jefferson, NC: McFarland, 2003.

Wood, Michael, and Louis Zurcher Jr. *The Development of a Postmodern Self: A Computer-Assisted Comparative Analysis of Personal Documents*. New York: Greenwood Press, 1988.

## 인용 글

Abramowitz, Alan. "Don't Blame Primary Voters for Polarization." *The Forum: Politics of Presidential Selection* 5, no. 4 (2008).

Abramowitz, Alan, Brad Alexander, and Matthew Gunning. "Incumbency, Redistricting, and the Decline of Competition in U. S. House Elections." *Journal of Politics* 68, no. 1 (Feb. 2006): 75–88.

Abramowitz, Alan, and Morris P. Fiorina. "Polarized or Sorted? Just What's Wrong with Our Politics, Anyway?" *American Interest*, March 11, 2013.

Accessed November 18, 2013. Doi: http://www.the-american-interest.com/article.cfm?piece=1393.

Auletta, Ken. "Outside the Box." *New Yorker*, Feb. 3, 2014.

Baker, Dean. "The Productivity to Paycheck Gap: What the Data Show," briefing paper, Center for Economic and Policy Research, April 2007. http://www.cepr.net/documents/publications/growth_failure_2007_04.pdf

———. "The Run-Up in Home Prices: Is It Real or Is It Another Bubble?" briefing paper, Center for Economic and Policy Research, August 2002, http://www.cepr.net/documents/publications/housing_2002_08.pdf.

Beinart, Peter. "The Rise of the New New Left." *Daily Beast*, Sept. 12, 2013. Doi: http://www.thedailybeast.com/articles/2013/09/12/the-rise-of-the-new-new-left. html.

Brooks, David. "The Opportunity Coalition." *New York Times*, Jan. 30, 2014, A27.

Cecchetti, Stephen G., and Enisse Kharroubi. "Reassessing the Impact of Finance on Growth." Band for International Settlements Working Paper No. 381, July 2012. Accessed August 4, 2013. Doi: http://www.bis.org/publ/work381.pdf.

Cobb, Clifford, Ted Halstead, and Jonathan Rowe. "If the GDP Is Up, Why Is America Down?" *Atlantic*, Oct. 1995. Accessed Nov. 7, 2012. Doi: http://www.theatlantic.com/past/politics/ecbig/gdp.htm.

Cutler, David, and Mark McClellan. "Is Technological Change in Medicine Worth It?" *Health Affairs* 20, no. 5 (September/October 2001): 11–29.

Daly, Herman E. "A Steady-State Economy." Text delivered to UK Sustainable Development Commission, April 24, 2008.

Davidson, Adam. "Making It in America." *Atlantic*, Dec. 20, 2011.

Duhigg, C. "How Companies Learn Your Secrets." *New York Times Magazine*, Feb. 16, 2012, MM30.

Drum, Kevin. "You Hate Me, Now with a Colorful Chart!" *Mother Jones*, Sept. 26, 2012. Accessed March 14, 2013. Doi: http://www.motherjones.com/kevin-drum/2012/09/you-hate-me-now-colorful-chart.

Easterbrook, Gregg, "Voting for Unemployment: Why Union Workers Sometimes Choose to Lose Their Jobs Rather Than Accept Cuts in Wages."

*Atlantic*, May 1983. Accessed September 12, 2013. Doi: http://www. theatlantic.com/past/docs/issues/83may/eastrbrk.htm.

Edsall, Thomas B. "The Obamacare Crisis." *New York Times*, Nov. 19, 2013. Doi: http://www.nytimes.com/2013/11/20/opinion/edsall-the-obamacare-crisis. html?pagewanted=1&_r=2&smid=tw-share&&pagewanted=all.

Field, Alexander J. "The Impact of the Second World War on U. S. Productivity Growth." *Economic History Review* 61, no. 3 (2008): 677.

_____. "The Origins of U.S. Total Factor Productivity Growth in the Golden Age." *Cleometrica* 1, no. 1 (April 2007): 19, 20.

Fisher, Richard. "Ending 'Too Big to Fail': A Proposal for Reform before It's Too Late (with Reference to Patrick Henry, Complexity and Reality)." Remarks by the president of the Federal Reserve Bank of Dallas to the Committee for the Republic. Washington D.C, January 16, 2013. Accessed December 1, 2013, Doi: http://www.dallasfed.org/news/speeches/fisher/2013/fs130116. cfm.

Fleck, Susan et al. "The Compensation-Productivity Gap: A Visual Essay." *Monthly Labor Review*, January 2011. Accessed October 13, 2012. Doi: http://www.bls.gov/opub/mlr/2011/01/art3full.pdf.

FRED Economic Data. Federal Reserve Bank of St. Louis. "Graph: Corporate Profits after Tax (without IVA and CCAdj) (CP)/Gross Domestic Product (GDP)." March 13, 2014. Doi: http://research.stlouisfed.org/fred2/ graph/?g=cSh.

Fullerton, Robert. "The Birth of Consumer Behavior: Motivation Research in the 1950s." Paper presented at the 2011 Biennial Conference on Historical Analysis and Research in Marketing, May 19–22, 2011.

Good, James A., and Jim Garrison. "Traces of Hegelian *Bildung* in Dewey's Philosophy." In *John Dewey and Continental Philosophy*, edited by Paul Fairfield. Carbondale: Southern Illinois University, 2010. Available at Google Books.

Hagel, John et al. "The 2011 Shift Index: Measuring the Forces of Long-Term Change." Deloitte Center for the Edge, 2011.

Haldane, Andrew. "Financial Arms Races." Essay based on a speech given at the

Institute for New Economic Thinking, Berlin, April 14, 2012.

———. "The Race to Zero." Speech given at International Economic Association Sixteenth World Congress, Beijing, China, July 8, 2011.

Haldane, Andrew G., and Richard Davies. "The Short Long." A speech delivered at Twenty-Ninth Société Universitaire Européene de Recherches Financières Colloquium: New Paradigms in Money Finance, Brussels, May 2011. http://www.bankofengland.co.uk/publications/Documents/speeches/2011/speech495.pdf.

Haveman, Ernest, "The Task Ahead: How to Take Life Easy." *Life*, Feb. 21, 1964. Available at Google Docs.

Heller, Nathan. "Laptop U: Has the Future of College Moved Online?" *New Yorker*, May 20, 2013. http://www.newyorker.com/reporting/2013/05/20/130520fa_fact_heller?currentPage=all

Jensen, Michael C., and William H. Meckling, "Theory of the Firm: Managerial Behavior, Agency Costs and Ownership Structure," *Journal of Financial Economics* 3, no. 4 (October 1976): 305–360.

Karabarbounis, Loukas, and Brent Neiman. "Declining Labor Shares and the Global Rise of Corporate Savings." National Bureau of Economic Research Working Paper No. 18154, June 2012. Accessed October 4, 2013. Doi: http://www.nber.org/papers/w18154.

Katz, Daniel. "Quantitative Legal Prediction-or-How I Learned to Stop Worrying and Start Preparing for the Data-Driven Future of the Legal Services Industry." *Emory Law Journal* 62, no. 909 (2013): 965.

Knowles, John. "The Responsibility of the Individual." *Daedalus* 106, no. 1(Winter 1977).

Krueger, Alan B. "Fairness as an Economic Force." Lecture delivered at "Learning and Labor Economics" Conference at Oberlin College, April 26, 2013. Accessed August 14, 2013. Doi: http://www.whitehouse.gov/sites/default/files/docs/oberlin_final_revised.pdf.

Krugman, Paul. "Defining Prosperity Down." *New York Times*, July 7, 2013. http://www.nytimes.com/2013/07/08/opinion/krugman-defining-prosperitydown.html?src=recg.

Kuchler, Hannah. "Data Pioneers Watching Us Work." *Financial Times*, February 17, 2014.

Lazonick, William. "The Innovative Enterprise and the Developmental State: Toward an Economics of 'Organizational Success.'" Discussion paper presented at Finance, Innovation & Growth 2011.

Lazonick, William, and Mary O'Sullivan. "Maximizing Shareholder Value: A New Ideology for Corporate Governance," *Economy and Society* 29, no. 1 (Feb. 2000): 19.

Loewenstein, George, "Insufficient Emotion: Soul-Searching by a Former Indicter of Strong Emotions." *Emotion Review* 2, no. 3 (July 2010): 234–239. http://www.cmu.edu/dietrich/sds/docs/loewenstein/InsufficientEmotion. pdf.

Lynd, Robert S. "The People as Consumers." In *Recent Social Trends in the United States: Report on the President's Research Committee on Social Trends, with a Foreword by Herbert Hoover*, 857-911. New York: McGraw-Hill, 1933. Accessed May 11, 2013. Doi: http://archive.org/stream/recentsocialtren02pres rich#page/867/mode/1up.

Madrigal, Alexis C. "When the Nerds Go Marching In." *Atlantic*, Nov. 16, 2012. Accessed Sept. 27, 2013. Doi: http://www.theatlantic.com/technology/archive/2012/11/when-the-nerds-go-marching-in/265325/?single_page=true.

Mankiw, Gregory N. "Defending the One Percent," *Journal of Economic Perspectives* 27, no. 3 (Summer 2013). http://scholar.harvard.edu/files/mankiw/files/defending_the_one_percent_0.pdf.

Maslow, A. H., "A Theory of Human Motivation," originally published in *Psychological Review* 50 (1943): 370–396

McGaughey, William Jr. "Henry Ford's Productivity Lesson." *Christian Science Monitor*, Dec. 22, 1982. Accessed March 11, 2012. Doi: http://www.csmonitor.com/1982/1222/122232.html.

McKibben, Bill. "Breaking the Growth Habit." *Scientific American*, April 2010. Accessed May 8, 2012. Doi: http://www.scientificamerican.com/article.cfm?id=breaking-the-growth-habit&print=true.

———. "Money ≠ Happiness. QED," *Mother Jones*, March/April 2007.

McLean Bethany, and Joe Nocera. "The Blundering Herd." *Vanity Fair*, Nov. 2010. http://www.vanityfair.com/business/features/2010/11/financial-crisis-excerpt_201011.

Murphy, Kevin J. "Pay, Politics, and the Financial Crisis." In *Rethinking the Financial Crisis*, edited by Alan S. Blinder, Andrew W. Lo, and Robert M. Solow. New York: Russell Sage Foundation, 2012.

Murphy, Tom. "An Angel and a Brute: Self-Interest and Individualism in Tocqueville's America." Essay for preceptorial on Democracy in *America*. St. John's College, Santa Fe, NM, Summer 1985. Accessed June 8, 2013. Doi: http://www.brtom.org/sjc/sjc4.html.

Noah, Timothy, "The United States of Inequality," *Salon*, Sept. 12, 2010. Accessed September 12, 2013. Doi: http://www.slate.com/articles/news_and_politics/the_great_divergence/features/2010/the_united_states_of_inequality/the_great_divergence_and_the_death_of_organized_labor.html.

Parker, Kathleen. "A Brave New Centrist World." *Washington Post*, Oct. 15, 2013. Accessed November 1, 2013. Doi: http://www.washingtonpost.com/opinions/kathleen-parker-a-brave-new-centrist-world/2013/10/15/ea5f5bc6–35c9–11e3-be86–6aeaa439845b_story.html.

Polsky, G., and Lund, A. "Can Executive Compensation Reform Cure Short-Termism?" *Issues in Governance Studies* 58 (March 2013). Washington D.C: Brookings Institute.

Purinton, Edward. "The Efficient Home." *Independent* 86–87 (May 15, 1916): 246–248. Available in Google Docs.

Rappaport, A. et al. "Stock or Cash: The Trade-Offs for Buyers and Sellers in Mergers and Acquisitions." *Harvard Business Review*, Nov.–Dec. 1999, p. 147. Accessed July 13, 2013. Doi: http://www2.warwick.ac.uk/fac/soc/law/pg/offer/llm/iel/mas_sample_lecture.pdf

Reguly, Eric. "Buyback Boondoggle: Are Share Buybacks Killing Companies?" *Globe and Mail*, Oct. 24, 2013. Accessed November 4, 2013. Doi: http://www.theglobeandmail.com/report-on-business/rob-magazine/the-buyback-boon-doggle/article15004212/.

Rowe, Jonathan. "Our Phony Economy." *Harper's*, June 2008. Accessed November

8, 2012. Doi: http://harpers.org/print/?pid=85583.

Schoetz, David. "David Frum on GOP: Now We Work for Fox." ABCNews, March 23, 2010. Accessed November 18, 2013. Doi: http://abcnews.go.com/blogs/headlines/2010/03/david-frum-on-gop-now-we-work-for-fox/.

Senft, Dexter. "Impact of Technology of the Investment Process." Conference Proceedings of the CFA Institute Seminar "Fixed-Income Management 2004." CFA Institute, 85–90.

Smaghi, Lorenzo Bini (member of the Executive Board of the European Central Bank). "The Paradigm Shift after the Financial Crisis." Speech at the Nomura Seminar.Kyoto, April 15, 2010. http://www.ecb.europa.eu/press/key/date/2010/html/sp100415.en.html.

Smith, Hedrick. "When Capitalists Cared." *New York Times*, Sept. 2, 2012, A19.

Stokes, Bruce. "Europe Faces Globalization — Part II: Denmark Invests in an Adaptable Workforce, Thus Reducing Fear of Change." *YaleGlobal*, May 18, 2006.

*The Economist.* "Coming Home: Reshoring Manufacturing." Jan. 19, 2013. Accessed January 23, 2913. Doi: http://www.economist.com/news/special-report/21569570-growing-number-american-companies-are-moving-their-manufacturing-back-united.

White, Michelle J., "Bankruptcy Reform and Credit Cards," *Journal of Economic Perspectives* 21, no. 4 (Fall 2007): 175–199.

Will, George F. "Time to Break Up the Big Banks." *Washington Post*, Feb. 9, 2013. Accessed September 2, 2103. Doi: http://www.washingtonpost.com/opinions/george-will-break-up-the-big-banks/2013/02/08/2379498a–14e–11e2–b8d-e0b59a1b8e2a_story.html.

Wohlfert, Lee. "Dr. John Knowles Diagnoses U.S. Medicine." *People*, May 6, 1974. Accessed April 11, 2013. Doi: http://www.people.com/people/archive/article/0,,20064026,00.html.

Wolfe, Thomas. "The 'Me' Decade and the Third Great Awakening." *New York Magazine*, August 23, 1976.

Wood, Allen W. "Hegel on Education." In *Philosophy as Education*, edited by Amélie O. Rorty. London: Routledge, 1998.

# 근시사회

내일을 팔아 오늘을 사는
충동인류의 미래

1판 1쇄 펴냄 2016년 1월 29일
1판 5쇄 펴냄 2020년 5월 18일

지은이  폴 로버츠
옮긴이  김선영
발행인  박근섭, 박상준
펴낸곳  (주)민음사

출판등록  1966. 5. 19. 제16-490호
주소      서울시 강남구 도산대로1길 62
          강남출판문화센터 5층 (우편번호 06027)
대표전화  02-515-2000 │ 팩시밀리  02-515-2007
www.minumsa.com

ISBN 978-89-374-3244-6 (03300)

* 잘못 만들어진 책은 구입처에서 교환해 드립니다.